城市智能交通设计与实践技术丛书

CHENGSHI JIAOTONG YIKATONG
DASHUJU YINGYONG

城市交通一卡通大数据应用

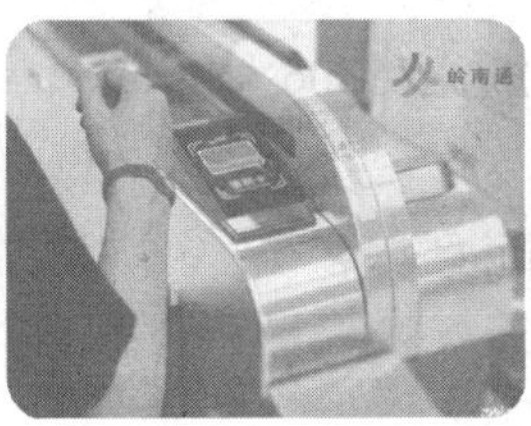

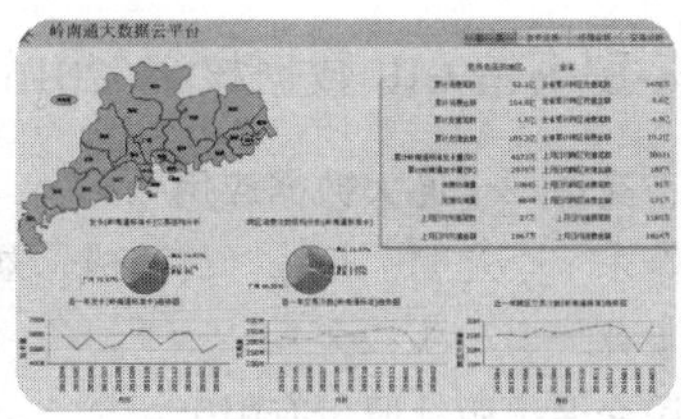

谢振东　李之明　徐锋　吴金成　刘雪琴　编著

人民交通出版社股份有限公司
China Communications Press Co.,Ltd.

内 容 提 要

大数据的发展与应用逐渐成为人们的普遍共识，未来城市交通一卡通大数据的应用将是在大数据技术浪潮的推动下城市交通一卡通发展到一定阶段的必然产物，并且可以预见，城市交通一卡通大数据将在城市智能交通发展、一卡通行业发展、一卡通产业链发展、公众智慧出行等方面发挥重要作用。

本书从概念、特征、需求、技术、应用等多方面剖析和延伸城市交通一卡通大数据的内在价值，重点突出交通一卡通大数据在提高城市交通的智能化水平、促进一卡通产业数据资源的整合、提高公众出行的便利度、实现产业链的优化升级等方面所起的关键作用和重要意义，为一卡通行业大数据的发展提供参考和借鉴。

图书在版编目(CIP)数据

城市交通一卡通大数据应用 / 谢振东等编著.—北京：人民交通出版社股份有限公司，2016.5

ISBN 978-7-114-13015-1

Ⅰ.①城… Ⅱ.①谢… Ⅲ.①城市交通—数据处理—研究 Ⅳ.①U12

中国版本图书馆 CIP 数据核字(2016)第 103306 号

书　　名：城市交通一卡通大数据应用
著 作 者：谢振东　李之明　徐锋　吴金成　刘雪琴
责任编辑：刘永芬
出版发行：人民交通出版社股份有限公司
地　　址：(100011)北京市朝阳区安定门外外馆斜街 3 号
网　　址：http://www.ccpress.com.cn
销售电话：(010)59757973
总 经 销：人民交通出版社股份有限公司发行部
经　　销：各地新华书店
印　　刷：北京市密东印刷有限公司
开　　本：720×960　1/16
印　　张：19.75
字　　数：350 千
版　　次：2016 年 6 月　第 1 版
印　　次：2016 年 6 月　第 1 次印刷
书　　号：ISBN 978-7-114-13015-1
定　　价：48.00 元

前言

城市交通一卡通在我国起步于1999年,最近几年发展十分迅速。目前全国累计有超过440个城市建立了不同规模的公交IC系统,已有254个地市级以上城市发行了城市交通一卡通,全国累计发卡量超过7.5亿张,其中涉及跨区域实现互联互通的公交卡累计发行1.5亿张,使用范围覆盖了公共交通领域的公交、地铁、轮渡、出租汽车、有轨电车、城市公共自行车等多种交通方式,应用功能扩展到小额消费领域(如餐饮、便利店、休闲娱乐等)、公共管理领域(如企业、社区、医院、校园等范围内的门禁、缴费、考勤、身份识别等)以及电子商务领域(在线支付、在线充值、在线缴费等)。随着城市交通一卡通的发展,未来实现全国范围内的互联互通已经成为必然的趋势。作为全国领先的跨区域交通互联互通典范的广东省公交一卡通——岭南通已覆盖广州、深圳、东莞、佛山、肇庆等省内21个地市,并与香港、澳门实现互联互通,累计发卡量超过4700万张,成为中国国内规模最大的区域交通一卡通系统。

在当前大数据时代的背景下,越来越多的行业逐渐意识到大数据潜在的价值。城市交通一卡通领域也不例外,面对每天数量庞大的出行人群在使用城市交通一卡通过程中产生的大量交易数据,政府部门、企业机构、科研单位纷纷开始思考并研究这些数据蕴藏着的内在价值。随着信息技术的发展,城市交通信息化以及智慧城市建设的不断深入,各个城市交通运行管理所产生的数据、相关行业和领域形成的数据以及公众互动过程的数据均呈爆炸式的增长,这些数据将成为城市交通一卡通数据分析过程中不可缺少的关联数据。若这些数据通过不同渠道、网络汇集在一起,形成大数据的聚合效应,将是一笔巨大的财富和资源。目前,大数据的发展与应用已上升到国家战略的高度,引起了全社会各行各业的普遍关注,编者认为未来城市交通一卡通大数据的应用将是在大数据技术浪潮的推动下城市交通一卡通发展到一定阶段的必然产物,并且可以预见,城市交通一卡通大数据将在城市智能交通发展、一卡通行业发展、一卡通产业链发展、公众智慧出行等方面发挥重要作用。

基于以上背景的研究与分析,城市交通一卡通大数据的研究、分析与应用具有十分重要的意义,主要体现在:

1)有助于促进城市智能交通系统的建设,提高城市交通的智能化水平

城市交通一卡通数据蕴含着丰富的城市公共交通客流信息、乘客的出行规律等信息,这些信息在智能交通系统有着非常重要的应用。美国、韩国、日本等国家,国内北京、上海、广州等城市都建立了智能交通系统,这些国家或城市的城市交通一卡通系统都具有较好的应用基础,并在智能交通系统的建设中实现了城市交通一卡通数据的应用,大大提高了城市交通的智能化水平。以广州为例,广州基于"羊城通"刷卡数据建立了公交线网分析系统,系统通过刷卡数据提取公交客流特征,并根据影响特征分布进行客流预测,通过客流分配模型完成客流在公交线网上的分布模拟,通过生成与优化模型完成线网优化调整,通过评价模型对规划结果做综合评价,并将最终结果在分析系统上实现模拟仿真。在未来,借助城市交通一卡通大数据,城市智能交通系统的建设水平必将更上一层楼,大大提高城市交通的智能化水平。

2)有助于促进一卡通产业数据资源的整合,实现产业链的优化升级

城市交通一卡通在我国经过几十年的发展,得到了大力推广与应用,目前已经取得了很好的社会经济效益,并以此逐渐形成庞大的产业链。随着我国经济结构体制改革的逐步深化,各行业都在探索挖掘新的业务增长点以提升自身实力并在新的经济浪潮中占领先机,一卡通产业链上的各大企业也不例外。城市交通一卡通大数据可以对一卡通产业链上的供需信息、风险信息、企业信息等信息进行有效的整合,实现产业链各环节数据的互通,有助于省去原有产业链的过度环节,优化产业链结构,拉近产业链上下游的关系,打造效率更高、架构更优、沟通更顺的一卡通产业链。在此背景下,城市交通一卡通大数据势必成为一卡通产业链中重要的大数据资源,实现一卡通产业数据资源的整合,促进一卡通产业的产业升级与产业优化,进一步提高资源的利用率,实现一卡通产业健康、良好、有序的发展。

3)有助于促进公众智慧出行系统的建设,提高公众出行的便利度

随着城市交通的发展和人们对交通出行要求的提高,传统的出行方式已经无法满足公众庞大出行的需求。随着智慧城市概念的推出,众多城市也不断加入到智慧城市的建设中。基于这个大背景,人们提出了智慧出行的创新理念,即希望建立一个智慧出行服务平台,可以为出行民众提供交通信息、实时路况信息、换乘信息、交通气象信息、停车场信息以及与出行相关的其他信息,使出行者可以根据这些实时信息灵活安排与规划自己的出行线路,而基于城市交通一卡通系统产生的数据正好满足这种需求。因此,建设基于城市交通一卡通大数据的智慧出行服务平台,将有效满足大数据量、大用户量的系统应用,为用户提供持续、有效、动态、便捷的出行信息服务,提高公众出行的效率。

本书从当下热门讨论的大数据技术与应用的角度,引入城市交通一卡通大数

据的应用与发展,沿着这个思路,本书结构安排如下:第1章主要介绍大数据的发展概况,进而引入大数据在交通领域的应用,重点从交通大数据概述、特征分类、采集方式及实践等方面论述;第2章进一步细化切入交通一卡通的应用主题,介绍了交通一卡通数据来源、特点、管理等;第3章探求了交通一卡通大数据的研究与应用,涉及内容包括一卡通大数据需求、国内外对一卡通数据研究与应用等;第4章论述了交通一卡通大数据技术体系,从技术框架、采集方式、数据预处理等方面构建交通一卡通的数据分析体系,并配以一些实际案例来说明大数据的应用;第5章从不同需求论述交通一卡通大数据服务;第6章归纳了城市交通一卡通大数据发展过程中的机遇与挑战,并在此基础上对城市交通一卡通大数据的发展进行展望和思维探索。

本书作为《城市智能交通设计与实践技术丛书》之一,与其他各册共同构成有机统一的整体,是对其他分册有益的补充。

本书适合城市交通一卡通大数据领域的相关技术人员阅读,同时也可作为城市交通一卡通相关行业从业人员决策、管理和研究的参考书。

本书的编著小组主要成员包括谢振东、李之明、徐锋、吴金成、刘雪琴。另外,方秋水、杨晓丽、常振廷、谭丹丹、曾烨、余红玲、刘强、何建兵、张景奎等人员亦对本书提供了宝贵的意见和技术指导,在此表示衷心的感谢,同时也感谢广州羊城通有限公司等岭南通产业联盟成员单位的大力支持和帮助。

由于编写时间紧迫、任务重,编者在城市交通一卡通大数据领域的研究还不够深入,因此,书中选材、论述、引用等可能存在不当或错误的地方,望广大读者能够多加理解,并及时联系编者以便修正,以期在后续出版中进行完善。

编者

2016年3月

目　　录

第1章 交通大数据概述

随着信息技术的迅猛发展和普及应用,移动互联网、云计算、物联网、社交网络、智能终端等技术和产品相继融入我们日常的工作和生活,在这个过程中所产生的视频、音频、图像、日志等数据信息量呈现指数式爆炸增长之势。国际数据公司(IDC)的研究结果表明,2008年全球产生的数据量为0.49ZB,2009年的数据量为0.8ZB,2010年增长为1.2ZB,2011年的数据量更是高达1.82ZB,据推算,到2020年底,全世界所产生的数据规模将达到35.2ZB。

丰富的数据来源和爆炸式的数据增长促使大数据出现,并得到广泛的关注和应用。大数据以其多源、海量、异构等特性冲击着社会的各个领域,为传统的数据库系统在存储、访问、管理、挖掘分析大数据方面带来巨大的考验,同时,大数据的分析与利用突破了信息技术产业的局限性,在政府、医疗、互联网、制造业、金融业、运输业等诸多领域和行业得到了广泛的应用。

大数据以前所未有的速度,带来了思维变革、管理变革及商业变革,驱动了产业间的融合与分立,颠覆了人们探索世界的方法,然而大数据时代的到来并不是突如其来的,它在人类进步的大潮中酝酿而生。本章将介绍大数据的基础知识,使读者对大数据的起源、发展历程、定义及特征、发展现状与趋势等内容有基础的认识和了解,从而对大数据的应用与发展产生兴趣。

城市化的快速发展,特别是大城市人口的扩张,使得本来有限的资源变得更为紧张,这种情况在交通领域表现得更加突出。城市交通拥堵、交通污染日益严重、交通事故频繁发生,这些都是各大城市亟待解决的问题。智能交通成为改善城市交通的关键所在。为此,及时、准确获取交通数据并构建交通数据处理模型是建设智能交通的前提,通过大数据技术的发展与应用可使上述问题得以有效解决。

1.1 交通大数据内涵

1.1.1 大数据概念的演化

在论述交通大数据之前,应先了解什么是数据。一般来说,数据是指存储在某一种媒体或介质上能够被识别的物理符号,包括数据的内容和数据的形式两个方面。数据的内容是所描述的客观事物的具体特质,数据的形式是指数据存储在某种媒体上的具体形式。数据不仅包含数字、字母、文字等文本展示形式,而且还包括多媒体数据，如图形、图像、动画、影像、声音等。“大数据”一词由英文单词“Big Data”翻译而来，“Big”是形容词，意为大的、庞大的、巨大的、大量的，“Data”为名词，意为资料、数据。在大数据研究过程中，也有学者将“Big Data”翻译为“海量数据”或“巨量数据”，主要突出了其数量上的规模，但不足以概括“Big Data”的丰富内涵，相反，“大数据”这一翻译简单直白同时也更贴近“Big Data”实质内涵的广阔性、复杂性、抽象性和神秘性，故而在学术界的认可度较高。

虽然数据在日常工作和生活中无处不在，也经常能到接触到，然而对于大数据的概念，却少有人能说得清楚。那么，是谁最早提出大数据这一概念，或者说大数据这一概念是如何产生的，从数据发展到大数据经历了哪些过程？

大数据的概念进化史是一个漫长的过程，有一点可以肯定：大数据是由一般原始数据进化过来的。伴随着科学技术的发展与进步，特别是移动互联网、云计算等技术的日益普及和应用，全球数据总量不断扩展，增长速度日渐加速，人们开始思考一个问题：数据量积累到某个程度是否会产生某些预料不及的后果或价值，人们甚至开始担忧有一天会出现“数据爆炸”，这种担心并不是没有道理的。

卫斯理大学图书馆员弗莱蒙特·雷德在其1944年出版的《学者与研究型图书馆的未来》书中估计：美国高校图书馆的规模每16年就会翻一番。按照这一增长速度，雷德推测2040年耶鲁大学图书馆将拥有“约2亿册藏书，将占据6000余英里书架，需要的编目人员超过6000人”，这无疑将对世界图书的存储和管理产生巨大的挑战。

德里克·普赖斯在其1961年出版的《巴比伦以来的科学》书中，通过观察科学期刊和论文的增长规律来研究科学知识的增长。他得出以下结论：新期刊的数量以指数方式增长而不是以线性方式增长，每15年翻一番，每50年以10为指数倍增长。

由此可见，20世纪的学者已经意识到数据增长的速度之快与未来数据量的庞大，并对这种增长速度表示担忧。

在经过一系列的探索与讨论后，人类社会仍没有找到解决数据量增长带来的种种问题的办法，依然对存储和利用这些数据感到迷茫。这一阶段为大数据的萌芽阶段。到了1980年，著名未来学家阿尔文·托夫勒在《第三次浪潮》一书中，将大数据热情地赞颂为“第三次浪潮的华彩乐章”。阿尔文·托夫勒在这本书中使用了大数据这个词，但此时对大数据的理解比较模糊，大数据与大量数据存在着模糊的界限，没人能够说明大数据与大量数据有什么区别。作者更多只是将“大数据”简单地意为“量大的数据”。在这之后，学者继续对数据的增长、大量数据的存储进行研究分析。

2001年2月，梅塔集团分析师道格·莱尼发布了一份研究报告，题为《3D数据管理:控制数据容量、处理速度及数据种类》。这份报告提出了 3D 数据的 3V 特征,即数据容量大、处理速度快和种类多。10 年后,3V 作为定义大数据的三个维度而被广泛接受。

2010 年 2 月,肯尼斯 · 库克尔在《经济学人》上发表了一份关于管理信息的特别报告《数据,无所不在的数据》。库克尔在文中写道:"……世界上有着无法想象的巨量数字信息,并以极快的速度增长……从经济界到科学界,从政府部门到艺术领域,很多地方都已感受到了这种巨量信息的影响。科学家和计算机工程师已经为这个现象创造了一个新词汇——'大数据'。"

2011 年 5 月,全球知名咨询公司麦肯锡发布了一份题为《Big data:The next frontier for innovation,competition and productivity》(大数据:下一个竞争、创新和生产力的前沿领域)的研究报告。在该报告中,麦肯锡给出了大数据的定义:大数据是指无法在一定时间内用传统数据库软件工具对其内容进行采集、存储、管理和分析的数据集合。同时指出,数据已经渗透到每一个行业和业务职能领域,逐渐成为重要的生产因素;而人们对于海量数据的运用将预示着新一波生产率增长和消费者盈余浪潮的到来。这份报告最早使用今天为大家理解的"大数据"概念并提出了大数据时代已经到来。报告发布后,大数据迅速成为计算机行业争相传诵的热门概念,也引起了其他各界的高度关注。

自此,大数据受到了越来越多的研究与关注,人们渐渐明白大数据与大量数据之间的差异,大数据的概念、特征等也渐渐明晰,大数据受到世界的重视。

1.1.2 交通大数据概念

所谓交通大数据,简单来说就是通过各种途径收集和整合交通出行、运营及行政管理数据,通过大数据分析技术,使其应用于交通管理的各个领域,形成一套具有交通领域特色的数据分析体系和应用主题,为完善交通部门管理、企业运营、公众出行服务提供数据支撑。

社会经济的快速发展促使城市机动车辆的数量大幅增加,城镇化的加速打破了城市道路系统的均衡状态,传统的交通管理信息系统难以满足当前复杂的交通需求,交通堵塞成为棘手问题。而长尾理论告诉我们,大数据将海量数据聚合在一起,将离散的数据需求聚合能形成数据长尾,从而满足传统中难以实现的需求。例如交通需求,个体对某一交通路段的特定信息需求,尽管人数不多、份额较少,但聚合效应加长了数据的长尾,这些个体的需求数据会在数据的长尾下形成庞大的需求市场,为满足人群的需求以及个性化服务奠定了数据基础。可见,用大数据管理交通是交通管理模式的变革,与此同时也变革了公共交通市场管理的整个内涵,未来交通管理呼唤大数据的应用。

交通大数据应用的本质是在原有的道路交通资源的基础上，通过挖掘数据的潜在价值，分析交通行为规律，优化交通管理结构，改善交通环境，提升交通智能化水平，为人们提供更为人性化的出行服务，降低交通出行成本。

推动交通大数据实施的关键基础包括三个主要方面：设备的连接、大数据管理以及数据开放。

在“大数据”时代，人与人、人与设备以及设备之间都依靠数字网络进行连接，通过这些连接不断产生数据，是推动社会管理创新、经济结构优化的重要动力。在交通领域，公共交通数据的获取途径有无线网络、传感设备、有线采集等方式。例如在车联网的背景下，通过车辆连通互联网来上传数据或下载数据，或是车辆与车辆之间进行数据共享。这些都有赖于整个地区网络速度的提升，以提高数据的传送速度，减少所有车辆的宽带费用。还有一种可能的解决方案是，在每辆车内置WiFi以便车辆之间共享数据，每辆车也可以从电视广播中获取数据。

大数据管理是一个系统工程，是基于一种操纵和管理大数据的数据库大型软件，用于建立、使用和维护大数据仓库，对数据库进行统一的管理和控制，以保证数据库的安全性和完整性，它可使多个应用程序和用户用不同的方法在同时或不同时刻去访问数据库。但仅依靠技术是难以解决问题并带来高效益的。需要通过高效的管理，使该管理系统可连续、实时地采集相关数据，将这些数据整合在大数据管理系统中，以便进行科学分析，并及时将智能分析后的用户个性化需求结果转交用户，使用户、交通线路以及拥堵影响因素有机聚合为相互关联的、物联化与智能化的交通运输体系。

维基百科指出“开放数据具有这样一种思想：对任何人来说，他们都能如自己所愿那样免费使用和再次发布某些数据，而不用受版权、专利或其他控制机制的限制”。开放数据所提倡的是一种积极的信息公开理念，可公开的数据必须公开，以使其发挥更大的作用。只有将与交通相关的所有信息进行公开，才有助于大数据管理系统科学地分析问题，提供被分析的数据越多越及时，所得出的结论就可能越精确。若没有与交通相关的大量公共信息的公开，大数据管理将是无源之水。

城市交通信息数据系统是基于大数据应用技术的交通行业信息共享交换中心，数据中心建立以后，将成为城市交通信息的枢纽。

城市交通综合监测和预警系统可以实现对整个城市交通状况的实时监测。交通管理部门可以对城市交通中可能发生的大面积交通瘫痪做出有效的预判。同时，该系统也可以引导公众出行，为公众提供全面、及时的出行信息，真正达到绿色交通的出行要求。

交通大数据包括道路信息数据、GPS导航数据、客运数据信息、公交运营信息、站场数据、客流信息、一卡通数据、交通监控数据、车辆数据、从业人员数据、诚信从业信息数据、交通工程数据、交通执法数据等,这些数据分布在不同的部门,需要通过一个有效机制进行融合,打破数据孤岛,形成具有新的应用价值的大数据资源宝库(图 1-1)。

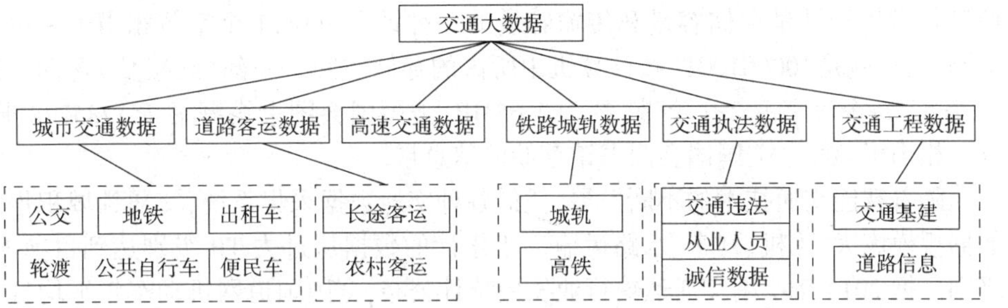

图 1-1 交通大数据框架

1.2 交通大数据特征与分类

大数据具有四大特征,分别是规模大(Volume)、数据类型多样(Variety)、速度快(Velocity)、价值高(Value),即所谓的 4V 特性(图 1-2)。虽然后续不断有人补充对大数据特征的理解,如准确(Veracity),强调处理的数据必须准确而精确,这样不仅可以保证数据的处理速度和时间,还可以保证分析决策的正确性;也如多样性(Variability),指出数据流的不一致对数据加载造成挑战,特定事件的发生会导致数据量急剧增加而使系统维护变得困难,比如淘宝“双十一”产生的数据量对系统的承载力就是很大的考验等;也有学者给大数据增加了“C”特性,即复杂(Complexity),认为大数据的结构相互关联和相互依存的程度不一,一个或几个元素的微小变化可能会产生非常大的扰动。虽然来自各行业研究人员对大数据特征的诠释和补充都有各自的道理和适用的合理性,但总的来说都不及“4V”具有代表性。

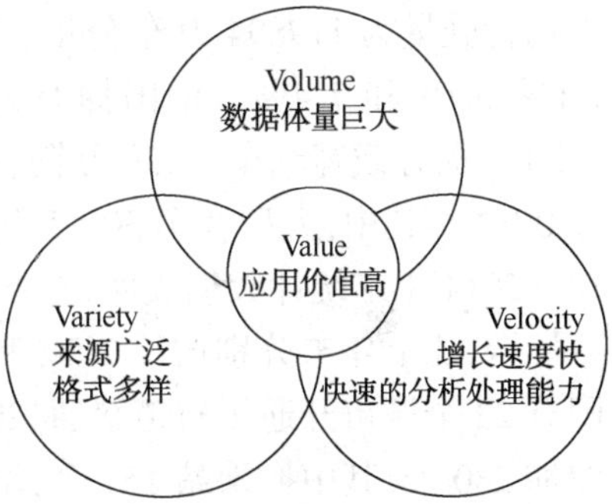

图 1-2 大数据的 4V 特征

1.2.1 交通大数据特征

经上节分析大数据的特征后,对大数据的内涵与概念的延展也有了一定的认识,不妨将大数据的触角延伸至交通领域,具体分析交通大数据的基本特征和表现。

1)规模大(Volume)

在说大数据规模大的特性之前,不得不提一下数据的计量单位:字节。现有数据大多存储于计算机中,计算机是采用二进制数进行工作的,字节(Byte)是计算机信息技术用于计量存储容量和传输容量的一种计量单位,1个字节相当于8位二进制数,也就是“00001001”在计算机中所占的存储空间。一部《红楼梦》含标点约87万字,每个汉字占2个字节,约为1.65MB,美国国会图书馆藏书151785778册,1EB相当于400个美国国会图书馆存储的信息量。

随着智能交通技术的不断发展,凭借各种交通数据采集系统,交通领域积累的数据规模庞大,飞机、列车、水路运输逐年累计的数据从过去TB级别达到目前PB级别。据2014年全国交通运输行业发展统计公布,全国国道网机动车年平均日交通量为15157辆(当量标准小客车,下同),按可比口径(下同)比2013年增长3.8%。全国国道网机动车日平均行驶量为186538万车公里(当量标准小客车,下同),增长2.4%。其中,国家高速公路日平均交通量为23551辆,日平均行驶量为97423万车公里,年平均交通拥挤度为0.39,分别增长5.5%、4.2%和5.7%;普通国道日平均交通量为10899辆,日平均行驶量为89048万车公里,年平均交通拥挤度为0.63,分别增长1.9%、0.5%和持平。全国高速公路日平均交通量为22021辆,日平均行驶量为119894万车公里,年平均交通拥挤度为0.36,比2013年分别增长7.1%、6.1%和7.4%。全国拥有公路营运汽车1537.93万辆,比2013年末增长2.2%。拥有载客汽车84.58万辆、2189.55万客位,比2013年末分别减少0.8%和增加0.9%。其中,大型客车30.67万辆、1326.24万客位,分别增长2.6%和3.4%。

2014年末统计数据表明,全国城市及县城拥有公共汽电车52.88万辆、59.79万标台,比上年末分别增长3.8%和4.3%,其中BRT车辆5339辆,增长19.1%。全国有22个城市开通了轨道交通,2014年新开通3个。拥有轨道交通车站1829个,增加280个,其中换乘站151个,增加17个;运营车辆17300辆、41770标台,其中,地铁车辆15696辆,轻轨车辆1372辆。出租汽车运营车辆137.01万辆,城市客运轮渡329艘。全年全国铁路完成旅客发送量23.57亿人,如图1-3所示,旅客周转量11604.75亿人公里,比2013年分别增长11.9%和9.5%。其中,国家铁路完成23.24亿人,11556.36亿人公里,分别增长12.0%和9.5%。

这些庞大的数字背后隐藏一个巨大的数据黑洞,吸纳了海量数据,并在以几何级别的速度高速增长,若将这些数据进行分类整理和存储,通过大数据的分析,未来将产生不可估量的价值。

2014年广东全省公路客运量和周转量分别完成了15.7亿人和1629.8亿人公里,同比增长9.64%和11.41%;公路货运量和周转量分别完成了25.7亿吨和3113.8亿吨公里,同比增加7.38%和16.4%(来源:广东省交通运输厅数据统计)。

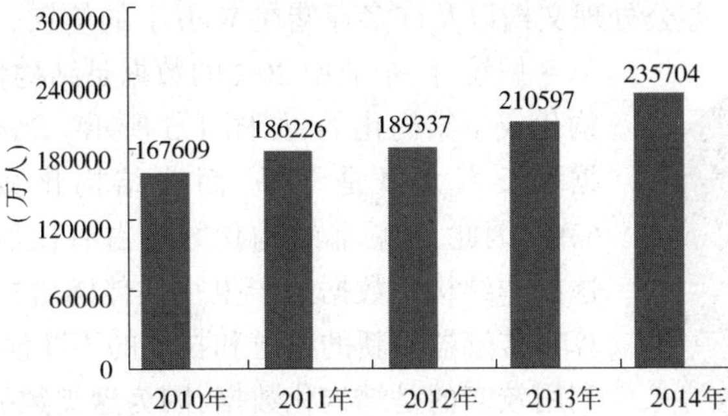

图 1-3 2010—2014 年铁路旅客发送量(来源:全国交通运输行业发展统计公报)

全国有 31 个城市的汽车数量超过 100 万辆,其中北京、天津、成都、深圳、上海、广州、苏州、杭州 8 个城市汽车数量超过 200 万辆,北京市汽车超过 500 万辆。2013 年,广州市内公交车总数达 10850 台,全市出租汽车总运力达到 21889 台。

无论从国家还是省市交通运输发展的现状来看,每天在交通领域中产生的数据是不可估量的,这将为交通大数据分析提供海量的数据来源,如图 1-4 所示。

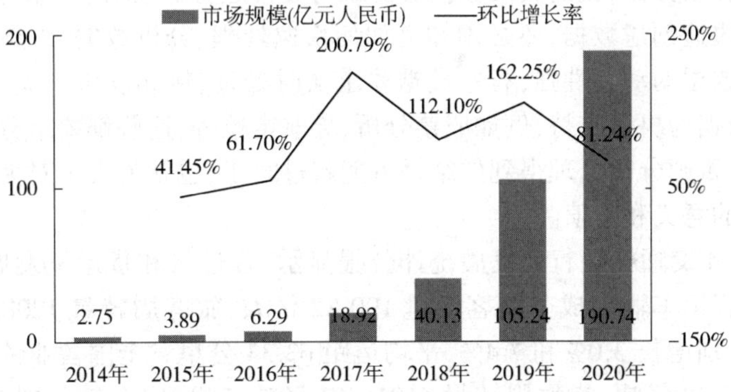

图 1-4 2014—2020 年中国交通领域大数据市场规模及增长情况
(来源:贵阳大数据交易所)

2)数据类型多样(Variety)

造成数据类型多样的主要原因是数据来源广泛和数据格式多,不同的应用系统、不同的设备产生的数据类型各不相同,数据类型包括表格数据、分层数据、文件、电子邮件、计量数据、视频数据、音频数据、图片、金融交易和其他更多种类,这些多样化的数据从结构上分大体可以分为三类:一是结构化数据,即行数据,存储在数据库里,可以用二维表结构来实现的数据,如一卡通交易数据、高速公路收费及通行数据、站场发班数据、交通从业人员数据等;二是非结构化的数据,如视频、图片、音频、网页等,如交通监控视频数据、交通违法拍照数据等;三是半结构化数据,包括电子邮件、办公处理文档以及许多存储在 Web 上的信息。

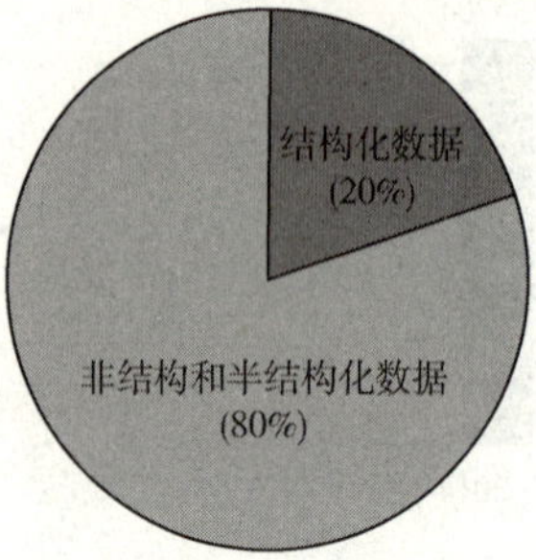

图 1-5 结构化数据

据统计,企业中 20%的数据是结构化的,80%是非结构化或半结构化的,如图 1-5 所示。当今世界结构化数据增长率大概是 32%,而非结构化数据增长率则是 63%,因此,今后非结构化数据占有比例还将继续增加,这些非结构化数据的产生往往伴随着社交网络、移动计算和传感器等新的渠道和技术的不断涌现和应用。现在利用较多的是结构化数据,因为这类数据规律性较强,数据整齐易于分析,但是大数据需要处理的数据不单单是结构化的数据,那样会导致分析结果不准确全面,如此多样的数据对大数据分析处理带来很大的挑战。

3)速度快(Velocity)

该特征一方面体现了数据量呈现快速增长的趋势,更重要的是突出对数据要求具有快速的分析和处理能力。在网络时代,通过基于实现软件性能优化的高速电脑处理器和服务器,创建实时数据流已成为流行趋势。政府、企业等机构不仅需要了解如何快速创建数据,还必须知道如何快速处理、分析数据,以满足自身的实际需求。大数据的动态性强,有些数据要求实时处理,例如发生火灾、地震等紧急事件,有些数据为决策支持,例如股票分析、导航定位等,这些都要求分析处理速度必须足够快,否则分析处理得到的结果可能就过时了,也就失去了对大数据进行分析原本应有的意义和价值。

据 2014 年交通运输行业发展统计公报显示,客运量和货运量发展迅速:全年全国营业性客运车辆完成公路客运量 190.82 亿人、旅客周转量 12084.10 亿人公里,比上年分别增长 3.0%和 7.4%,平均运距 63.33 公里。全国营业性货运车辆完成货运量 333.28 亿吨、货物周转量 61016.62 亿吨公里,比上年分别增长 8.3%和 9.5%,平均运距 183.08 公里。

全国交通运营线路和里程快速上升:全国拥有公共汽电车运营线路 45052 条,运营线路总长度 81.78 万公里,比上年末增加 3314 条、6.88 万公里,其中公交专用车道 6897.3 公里,增加 1006.7 公里;BRT 线路长度 2790.3 公里,增加 37.7 公里;轨道交通运营线路 92 条,运营线路总长度 2816.1 公里,增加 11 条、408.2 公里,其中地铁、轻轨线路分别为 76 条、2418.0 公里和 9 条、303.5 公里。城市客运轮渡运营航线 126 条,运营航线总长度 497.6 公里,比上年末分别减少 17 条、77.8 公里。全国公路客运量如图 1-6 所示。

城市客运需求快速增长:全年城市客运系统运送旅客 1315.66 亿人,比上年增长 2.5%。其中,公共汽电车完成 781.88 亿人,增长 1.4%;BRT 客运量 14.76 亿人次，增长 34.7%；公共汽电车运营里程 346.69 亿公里，下降 0.6%；轨道交通完成 126.66 亿人，运营里程 3.27 亿公里，分别增长 16.0%和 19.2%；出租汽车完成 406.06亿人，运营里程 1618.11 亿公里，分别增长 1.0%和 1.6%，平均每车次载客人数 1.96 人/车次，空驶率 31.2%；客运轮渡完成 1.07 亿人，增长 0.7%。

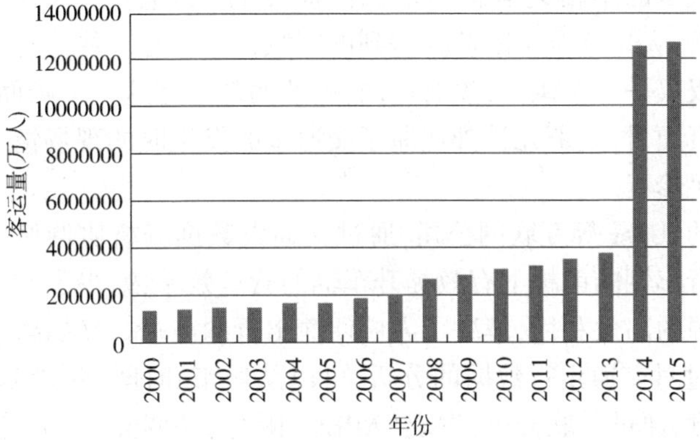

图 1-6 全国公路客运量

交通一卡通全国互联互通已提上日程：交通运输部发布的《关于促进交通一卡通健康发展加快实现互联互通的指导意见》中指出，推进以区域为重点的互联互通，选择京津冀、长三角、珠三角、长江经济带中游城市群等条件比较成熟、有内生需求的重点地区，以及公交都市创建城市，率先启动实施城市间交通一卡通互联互通工程。大力开展交通一卡通在出租汽车、长途客运、城际轨道、水上客运、公共自行车及停车场等交通运输领域的应用，积极推进在高速铁路、民航等领域的应用。到 2020 年基本实现各大城市群跨市域、跨省域的交通一卡通互联互通。未来全国交通一卡通互联互通将覆盖交通全出行链，形成无比庞大的交通出行数据，涉及数量之大、面积之广、人数之多将是前所未有的。

庞大的交通运输基数以及高速增长的交通基础设施建设、客运量、运营里程将大大推动交通大数据的增长，并对交通大数据分析技术提出更高的要求。

4）价值高（Value）

价值是大数据的终极目的，大数据本身是一个“金矿”，可以从大数据的分析和处理中获得意想不到的有价值的信息，特别是在激烈竞争的商业领域，大数据正成为一种新型资产，各领域都在追求数据最大价值化。正因为如此，谁拥有数据，谁就有拥有资产。每个城市每天都产生海量的数据，而这些数据如果能够得到充分的应用，将有效提升城市公共交通的运行效率，减少不必要的道路拥挤，降低城市整体运行成本和人们的出行成本，体现交通大数据的应用价值。

虽说大数据背后蕴含着巨大的价值,但在收集的海量数据中,真正有价值的数据所占比例是很小的,大数据的价值性体现在从大量不相关的各种类型的数据中,挖掘出对未来趋势与模式预测分析有价值的数据,并通过机器学习方法、人工智能方法或数据挖掘方法深度分析,将其运用于交通、金融、医疗等各个领域,以创造更大的价值。从大量的不相关信息中挖掘出需要的"真金"并不是一件容易的事。以监控视频为例,大量连续不断监控得到的视频往往都是一些没有价值的东西,有用的数据可能仅仅是一个画面,仅有一两秒,然而却正是这一个画面让警察看到了犯罪嫌疑人的真面目,是那几秒钟还原了交通事故发生时的现场情景,不得不说浪里淘沙却又弥足珍贵。

如滴滴快的、Uber 等互联网公司,通过交通大数据分析协调城市交通车辆,在未明显增加运行车辆的前提下有效提升车辆的营运效率,减少了空乘车辆,实现了车辆和道路资源的高效利用,解决了人们便捷出行的需求。又如高德地图的"交通报告"显示,通过对交通出行数据的分析,可以从城市、时间、路段多个维度交叉进行交通状态预测,通过关联分析,发现"APEC"限行、暑期开学、天气状况对交通的影响,报告建议针对快速路设置较长的缓冲带、关键出入口设置车流诱导、对相邻的入口匝道的车流量进行协调;针对城市道路则可以采取"改善道路交通组织、疏通道路、治理停车不规范等"措施。

1.2.2 交通大数据的分类

交通大数据按数据模型的不同可以分成结构化数据、半结构化数据和非结构化数据三种类型,这三种数据类型的比较如表 1-1 所示。

结构化、半结构化与非结构化数据类型比较　　表 1-1

数据类型	数据模型	特　点	示　　例
结构化数据	二维表	因果关系强	交通事故数据、交通违法数据、一卡通系统数据
半结构化数据	树或图	因果关系弱	电子邮件、办公处理文档,以及许多存储在 Web 上的信息
非结构化数据	没有数据模型	没有因果关系	交通视频监控、交通违法拍照等

1)结构化数据

可以用数据库二维逻辑表来实现的数据就是结构化数据,即行数据,其特点是数据因果关系强,其数据模型为二维表。例如要保存公共交通一卡通在公交 POS 机上的刷卡消费数据,系统有设计相应的表格,然后将交易类型、交易日期、交易时间、消费金额、卡内余额、卡类型、线路号、车辆号、卡号等信息以行的形式保存在表格中存入数据库(表 1-2),数据因果关系强的特点体现在数据与数据是相关联的,它们之间存在着某种联系，比如相同车辆号的线路号是一样的，同一辆车类型相同的卡消费金额相同。结构化数据是非结构化数据的特殊形式。

岭南通卡部分数据记录　　表 1-2

发卡地	使用地	线路	终端号	卡　号	交易时间	交易金额	卡类型
佛山	广州	A	05065000	9999999691003881	20140801002100	00003.00	普通卡
佛山	广州	A	06800410	9999991563300706	20140801003351	00003.00	普通卡
佛山	广州	B	01100612	9999994711415031	20140801000604	00003.00	普通卡
佛山	广州	C	12600405	9999994213135352	20140801002656	00003.00	普通卡
清远	广州	B	12600405	9999994310505706	20140801001658	00003.00	普通卡
佛山	广州	C	01000075	9999997130004523	20140801004350	00003.00	普通卡
河源	广州	C	44068090	9999995070395370	20140801000707	00004.00	普通卡
河源	广州	B	44068090	9999995070395370	20140801000707	00004.00	普通卡
佛山	广州	D	06008566	9999993231065793	20140801101426	00002.00	普通卡
佛山	广州	D	40670306	9999990016287384	20140801190041	00002.00	普通卡
佛山	广州	D	07400212	9999999411873831	20140801185403	00001.00	普通卡
佛山	广州	E	06000144	9999999141701194	20140801001103	00004.00	普通卡

注：已脱敏处理。

2）半结构化数据

介于结构化数据（如关系型数据库、面向对象数据库中的数据）和非结构化的数据（如声音、图像文件等）之间的数据就是半结构化数据，其特点是数据因果关系弱，半结构化数据的数据模型为树或图。这种数据包括电子邮件、办公处理文档以及许多存储在 Web 上的信息。半结构化数据是基于内容的，可以被搜索。半结构化数据与结构化数据还有一点不同，半结构化数据先有数据再有结构，而结构化数据是先有结构再有数据。

3）非结构化数据

不方便用数据库二维逻辑表来表现的数据即称为非结构化数据，包括所有格式的办公文档、文本、图片、XML、HTML、各类报表、图像、音频和视频信息等，其特点是数据间没有因果关系。这些数据一般是自描述的，数据的结构和内容混在一起，没有明显的区分。非结构化数据库是指其字段长度可变，并且每个字段的记录又可以由可重复或不可重复的子字段构成数据库，用它不仅可以处理结构化数据

(如数字、符号等信息),而且更适合处理非结构化数据(如全文文本、图像、声音、影视、超媒体等信息)。

1.2.3 交通大数据内涵延伸

经过前面章节的介绍可知,交通大数据的概念和内涵与海量数据、大量数据是不同的,评价标准也各有不同,不应混淆。以下将对这些概念进行对比分析,为读者呈现更清晰的区分和说明。大数据是一种技术,代表着一种思维方式,也是一种全新的商业模式。它是大规模数据的集合体,也是数据对象、集成技术、分析应用、商业模式的统一体。

1)从对象角度看,大数据是数据规模超出目前常用软件工具处理能力的数据集合

在单一数据集里,数据规模超出目前常用软件工具在合理的可容忍时间里可以访问、管理、处理能力的数据集就是大数据。由于软件的能力是与时俱进的,因而大数据规模的定量界限就是随着技术进步而不断增大。大数据的规模是一个不断演化的指标,目前范围是指在一个单一的数据集从数十 TB 到十几 PB 级的数据规模。实际上,不能简单地以数据规模来界定大数据,而要考虑满足用户需求的数据处理与分析的复杂程度。针对简单的用户需求(如关键字搜索),数据量为 TB 至 PB 级时可称为大数据;而针对复杂的用户需求(如数据挖掘),数据量为 GB 至 TB 级时即可称为大数据。存在数据量很大,计算任务简单的“小数据”;也存在数据量不大,但数据和计算复杂性高的“大数据”。需要注意的是,大数据并非是大量数据简单、无意义的堆积。数据量大并不意味着一定具有可观的利用前景,由于最终目标是从大数据中获取更多有价值的“新”信息,所以必然要求这些大量数据之间存在或多或少的关联性,这才具有相当的分析挖掘价值。数据间是否具有结构性和关联性,是“大数据”与“大规模数据”的重要差别,除此之外,大数据需要收集和分析与某事物相关的“全部”数据,而非“部分”数据。

2)从技术角度来看,大数据是从海量数据中快速获得有价值信息的技术

人们在描述大数据时,通常会表明其具备 4V 特征,即 4 个以 V 为首字母的英文描述:Volume(体量大)、Variety(种类多)、Velocity(速度快)和 Value(价值大)。本质上看,大数据的最重要的特征是 Value,即背后蕴藏的价值。试想倘若大数据里没有价值,那么前面 3 个 V 特征就不存在任何意义,所以大数据必然是有价值的数据的集合,同时大数据这一概念还包括从纷乱复杂的数据中挖掘出数据潜在价值的技术。大数据集成了数据采集、数据存储、数据管理、数据分析挖掘、数据可视化等技术。“大数据”与“大规模数据”、“海量数据”等类似概念间的关键

区别就在于“大数据”这一概念中包含着对数据对象的处理行为。而完成这一行为,从大数据中快速挖掘更多有价值的信息,使大数据“活起来”,就需要综合运用灵活的、多学科的方法,包括数据预处理、数据挖掘、分布式处理等,这就需要拥有对各类技术、各类软硬件的集成应用能力。这些技术的集成也就是大数据技术,由此可知,大数据技术是使大数据中所蕴含的价值得以发掘和展现的重要工具。

3)从应用角度来看,大数据是利用大数据技术对特定数据集利用并获得价值的行为

大数据有着旺盛的应用需求和广阔的使用前景,具有极强的行业应用需求特性。通过数据分析可以帮助政府掌握各种现象之间的关联,为政府实施社会管理、公共服务、政策制定等方面提供必要的支持。正由于与具体应用紧密联系,甚至是一对一的联系,才使得“应用”成为大数据不可或缺的内涵之一。

需要明确的是,大数据分析处理的最终目标是从复杂的数据集合中发现新的关联规则,继而进行深度挖掘,得到有效用的新信息。如果数据量不小,但数据结构简单,重复性高,分析处理需求也仅仅是根据已有规则进行数据分组归类,未与具体业务紧密结合,依靠已有基本数据分析处理技术已足够,则不能算作是完全的“大数据”,只是“大数据”的初级发展阶段。

4)从商业模式角度来看,大数据是企业获得商业价值的业务创新方向

大数据资源与技术的工具化应用,推动大数据产业的发展与产业链的形成,以大数据为中心的扩张引发行业的跨界与融合。大数据使得企业在战略决策、业务发展、业务创新、收益模式等方面发生转变,向着全数据的模式演进,以利用数据价值为核心,新型商业模式不断出现。在产业方面,大数据产业可分为6大类,共38种产品/商业模式,分别是大数据基础设施类、大数据分系类、大数据应用类、大数据数据源类、跨基础设施分析、开源项目。

1.3 交通大数据的采集方式

随着信息技术的不断发展和应用领域的扩大,数据的来源也将更加广泛,数据的采集技术得到不断更新。传统意义上的数据采集是指从传感器和其他待测设备等模拟和数字被测单元中自动采集信息的过程,主要为了测量电压、电流、温度、压力或声音等物理现象。随着互联网的快速发展,大数据时代到来,此时的数据采集已经演变成一种信息的获取途径,数据采集方式也更加多样,主要有表格法、调查法、传感器采集技术、视频检测技术、智能IC卡采集、服务器数据采集、数据库数据采集、网络数据采集等多种方式。

1.3.1 表格法

表格法是一种最传统的数据采集方式,也是当前最为常见的数据采集方式。最初表格法的采集过程较为简单,只需表格和笔,调查人员随身携带表格和笔,获取信息后将信息输入表格,如图 1-7 所示。而后随着计算机的出现,表格法存在取阅困难等问题,为了解决这个问题,人们开始将表格所采集而来的数据输入计算机中,需要用的时候随时就可以调取出来。随着计算机的普及和典型电子表格办公处理软件功能的强大,人们渐渐抛弃传统的表格数据采集方式,转而直接录入电子表格或数据库。但纸质表格数据采集方式由于其成本低廉、操作简单,仍被一些运营管理部门采用,比如到站场出入车辆车牌登记、人员身份登记、服务投诉等,这种采集方式采集而来的数据大多意义不大,传统纸质表格已可以满足需求。表格这种数据采集方式最大的优点就是简便、快捷,缺点是数据采集时间长、智能化程度低。

交通状况调查表

对象	职业	交通工具	每天在路上的时间	感觉交通拥挤吗

图 1-7 抽样调查表

1.3.2 调查法

基于某种研究或决策的需要,制订相应的计划,全面或比较全面地收集研究对象的相关情况的各种材料,并对其作出分析、综合,得到某一结论的研究方法,就是调查法。它能帮助人们全面把握和了解当前的现状,也可以揭示目前存在的问题,通过分析前因后果,为进一步的研究或决策提供观点和论据。调查法的主要特点是,以问题的方式要求被调查者针对问题进行陈述。但根据研究的需要,可以向被调查者本人做调查,也可以向熟悉被调查者的人做调查。调查法可以分为书面调查和口头调查两种。

调查法的形式是多种多样的。访谈、电话调查、问卷调查(图 1-8)、抽样调查等都属于调查法。其优点是能在短时间同时调查很多对象,获取大量资料,并能对资料进行量化处理,经济省时。调查法能够同时收集到大量的资料,使用方便,并且效率高。其主要缺点是被调查者由于种种原因,可能对问题做出虚假或错误的回答,从而严重影响数据的真实性。

年龄	性别	线路设置	出行方式	一周几次出行	交通拥堵
33	男	不合理	地铁	16	中等

图 1-8　交通状况调查问卷

1.3.3　传感器采集

传感器是一种检测装置,能感受到被测量的信息,并能将感受到的信息,按一定规律变换成为电信号或其他所需形式的信息输出,以满足信息的传输、处理、存储、显示、记录和控制等要求。由于传感器一般输出的是连续的模型信号,所以要通过模数转化成数字信号以便存储和分析。根据基本感知功能,传感器可分为热敏元件、光敏元件、气敏元件、力敏元件、磁敏元件、湿敏元件、声敏元件、放射线敏感元件、色敏元件和味敏元件十大类。传感器采集数据的优点是易于安装、成本低廉、覆盖面广,其缺点是电阻值和灵敏系数的温度稳定性差,有较大应变时出现非线性严重失真,需在后期对数据进行修复。目前汽车上都安装有大量的传感器,用于为汽车行驶提供必要的数据,汽车传感器如图 1-9 所示。

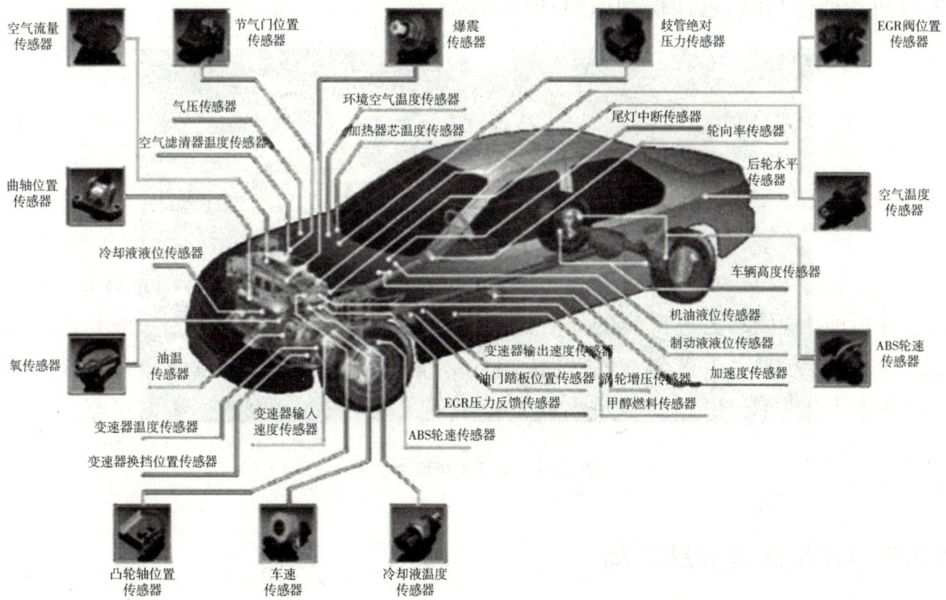

图 1-9　汽车传感器采集信息

1.3.4 视频检测技术

视频检测技术是一种基于视频采集和图像处理的技术，广泛应用于交通车辆安全监控、运行监控、产品检测等多个方面。它能够提供实时数据并保存历史数据。视频检测系统一般包括一个或多个摄像机、微处理器、通信模块等，视频图像检测器安装在设备机柜里，用于接收多台摄像机传来的视频信号。其优点是能检测较大的场景面积，减少传感器的安装数目。缺点是容易受天气影响，由灰尘、雨雪，甚至摄像机镜头上的蜘蛛网引起的视觉模糊、视觉障碍都会影响到检测结果；昼夜交替引起的光线变化，其他物体造成的阴影，路面反光，太阳折射等也会影响到检测结果。

利用视频检测技术进行交通拥堵检测时，一般有两种方式。一是采用传输视频图像到监控中心的方式，如图 1-10 所示。另一种是在获取诸如流量、道路占有率、时间占有率、速度、车间距、排队长度等交通状态参数后，选取其中的多个交通状态参数，并利用预先定义的拥堵判别算法实现对交通拥堵状态的检测。例如在该方法的一种应用中，通过利用时间占有率、流量、速度作为交通状态参数，设计三个模糊分类器同时对交通状态进行判断，进而得到交通拥堵情况。在该方法的另一种应用中，通过利用道路占有率，进而得到占有率方差，并通过设计拥堵模糊聚类判别器进行判断，进而得到道路拥堵情况。

图 1-10 交通视频检测技术

1.3.5 GPS 交通信息采集

GPS 是全球定位系统（Global Positioning System）的简称，系统是以空间卫星为基础的无线电导航定位系统，具有全能性（陆地、海洋、航空和航天），能全天候、连续并且实时地实现导航定位功能,为各类用户提供精密的三维坐标、速度和时间。GPS 系统从根本上解决了人类在地球上的导航和定位问题,它成为继阿波罗登月计划和航天飞机计划之后的第三项庞大空间计划。GPS 系统最初是美国为增强其国防力量而建立的,但是它在民用和商业领域中的价值不断地被认识和开发。完整的 GPS 包括三部分,分别是空间部分、地面控制部分和用户设备部分。

例如图 1-11 所示的 GPS 公交智能调度系统,是基于 GSM/GPRS 移动通信网,利用 GPS 定位技术及数字电子技术、计算机技术等手段,结合运用矢量化地理信息电子地图(GIS)软件平台,实现了对被监控车辆全程监控和柔性化的智能调度。该 GPS 系统能实时掌握线路运行状态、合理调整运力、减轻公交驾驶员劳动强度,使信息沟通更加及时、方便,有效地实现安全监控与考核,降低事故发生率,形成更加准确、丰富的统计报表。

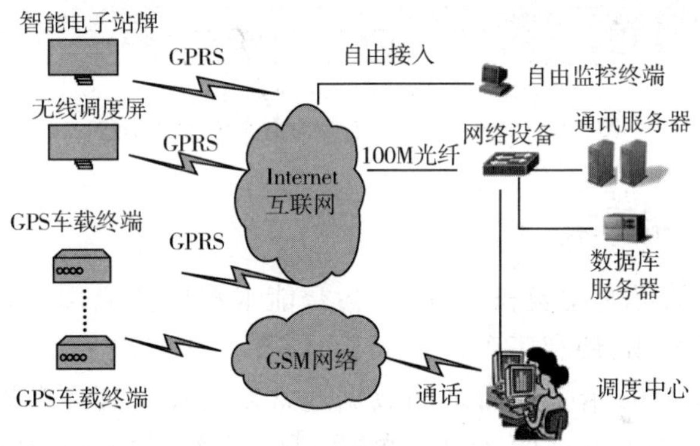

图 1-11 GPS 公交智能调度系统

智能公交系统采用全球定位系统接收机进行数据采集,包括精确的经纬度、方向、当前时间,并获取与定位相关的有效性和可信度的信息。公交车载终端系统根据车辆这些位置信息进行自动报站等服务,并将定位数据等信息反馈给中心,中心进行分析、判断、计算,再将结果中心分发给电子站牌,电子站牌接到信息及时更新其显示信息,从而实现完整的自动服务,实现公交车辆的自动报站、监控调度和指挥,使出行者能够通过电子站牌了解车辆的到达时刻及相关信息。

在城市交通一卡通大数据的应用中,GPS 数据有重要的价值,例如利用 GPS 数据推算乘客的上下车站点、获取公交车实时地理位置和了解当前路面的拥堵情况等,如图 1-12 所示。

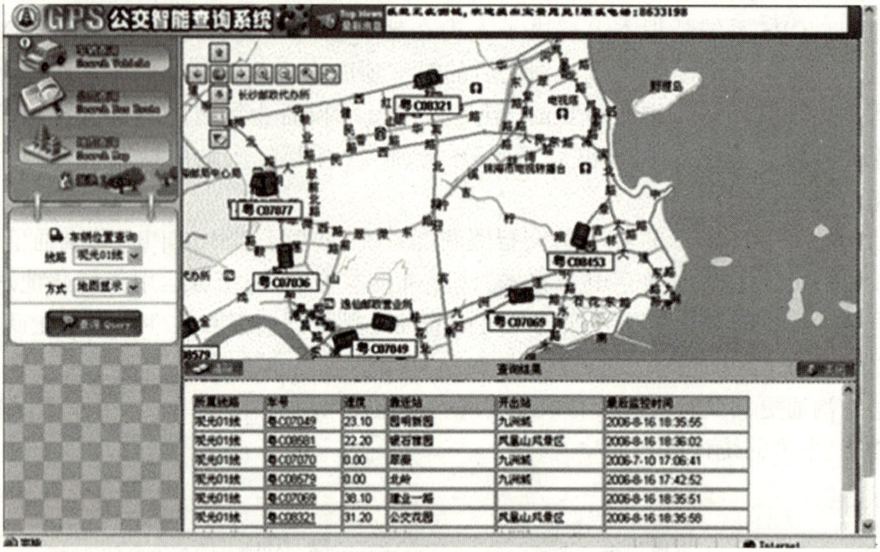

图 1-12　GPS 公交智能交通数据(来源:亿程信息)

1.3.6　智能 IC 卡采集

随着智能卡的迅速发展和普遍应用,智能卡被广泛应用于政府、企业、学校的门禁、饭堂、停车场、便利店等多个场景,许多行业实现了一卡多用,例如城市交通一卡通。通过 IC 卡采集而来的数据通常对行业管理和发展具有重要的意义,比如分析一个停车场的 IC 卡刷卡数据,可以了解该停车场的用户停车时间、停车场利用率等信息,从而实现停车场的合理利用;基于交通智能卡终端收集的海量数据,辅助政府部门对交通行业及其规范进行针对性的管理,使行业发展更科学合理。

由图 1-13 可知,公交 IC 卡数据采集流程如下:

(1)IC 卡记录的产生。乘客进入公共汽车后,划卡缴费;车载收费机将在划卡的短暂时间内,完成 IC 卡身份识别、对 IC 进行减法操作,同时记录该卡卡号和划卡时间。

(2)数据传递过程。工作人员通过数据采集盒将 IC 卡记录导入数据采集盒内,再将其导出到数据采集分中心的计算机中,或者通过无线数据采集方式将数据直接传送到清算中心。

(3)IC 卡数据的接收。数据采集分中心将 IC 卡数据以数据通信方式,传送到 IC 卡管理中心。

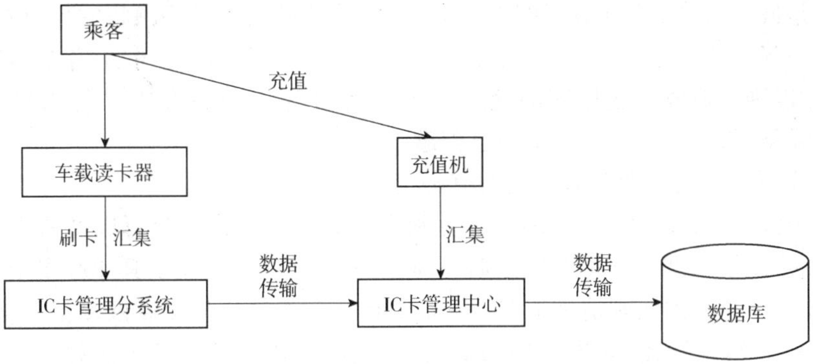

图 1-13 公交 IC 卡数据采集流程

城市交通一卡通大数据的核心数据就是城市交通一卡通在各种应用中产生的刷卡数据,实现对刷卡数据的采集也就变得至关重要。

1.3.7 网络数据采集

网络信息越来越海量化,而网络成为主要的舆论场,网络意见越发不容忽视,网络数据采集也成为当前各大企业、机构等的一项重要工作。目前运用较广的网络信息采集工具是网络信息采集系统,它可以根据用户自定义的任务配置,批量而精确地抽取因特网目标网页中的半结构化与非结构化数据,将其转化为结构化的记录,保存在本地数据库中,用于内部使用或外网发布,快速实现外部信息的获取。

1.4 交通大数据的实践

大数据概念起源于西方,在美国、英国、德国等发达国家发展较为成熟,将大数据分析应用于交通治理也非常突出和成功,这些成果的经验和成熟技术可作为我国大数据发展的重要参考。特别是随着我国开始重视大数据在各行业的应用价值,甚至把大数据的发展提升为国家战略高度,这将为加快大数据在传统交通行业的发展提供强有力的政策支持和历史机遇。

1.4.1 美国的智能交通管理

美国许多州都积极运用大数据管理理念,以实现智能交通管理目标,其主要交通大数据应用实践有四点。

1)应用大数据减小交通堵塞

美国新泽西州安装了 INRIX 计算机系统,可对手机和 GPS 信号进行分析,因为它们是最有前途的数据源,可以保持较高的准确性。新泽西州将它们分析之后,转化为一张完整的道路交通状况地图,并在地图上以不同颜色标示各个路段的运行现状,以确定造成交通堵塞的地点。例如,如果某个位置变成红色的"蛇形"和黑色的线条,就意味着这一段交通已停歇。

2)应用大数据处理恶劣天气的道路状况

美国俄亥俄州运输部(ODOT)充分利用 INRIX 的云计算分析以及所提供的交通信息,帮助俄亥俄州利用大型数据,从而实现在暴风雪淹没了其 400 多个关键路线后,在 3 个小时内实现清理道路状况的目标。为了尽快将交通恢复至正常状况,ODOT 使用来自气象信息站和 INRIX 交通高速数据的信息,以评估对全州关键路线的道路进行清理所要耗费的时间,从而提高处理道路状况的效率。这种大数据应用减少了冬季连环撞车事故发生概率,通过提高公共安全来确保商业正常运行和日常生活有序。

3)应用大数据评估路况

美国俄亥俄州运输部(ODOT)计划使用 INRIX 交通的高速数据和分析结果,评估出关键路段的行驶可靠性。此外,为了能从高速公路改善工程中最大受益,ODOT 通过 INRIX 确定哪些路段的行驶速度低于最高限制速度,以评估出公路改善的实施战略和须改善的路段位置。

4)定位拥挤路段

波士顿城市计划推出名为"Street Bump(路拱)"的手机应用程序,该程序可以利用类似于重力系统的原理来确定城市道路中的拥挤路段。重力系统原理指的是,当智能手机屏幕处于倾斜时,通过重力来转换智能手机的方向。而与该原理有所差别的是,这款应用程序能通过检测手机中的加速度计的微小变化来确定不同路段的拥挤程度。这个应用为路段改善指明了方向,因为过去波士顿为改善路段花费大量资金,例如,每年除了投入 8 万美元来开发减速带之外,还花费约 20 万美元来使用传统技术测量整个波士顿道路系统。

1.4.2 英国的"智能城市"

英国除了投入 1 亿英镑在 10 个城区创建 100Mbit/s 的全市网络之外,还投入 5000 万英镑用于改善其他 10 个城市的互联网接入,目的在于开展"连接城市"项目,以使用大数据减少交通堵塞。具体讲来,其原理就是以对大数据的不间断分析为基础,利用超高速连接和强健的数据管理,将各城市之间互相连接起来,从而实现更好地控制市区城市的目标。"连接城市"能通过大数据推进各个部门对基础设施的高度共享,并能更便捷地实现跨部门合作,从而完善交通和道路系统。在教育方面,伦敦教育信息资源管理局(LGfL)已经将 2500 所学校连接至高速光纤网络,从而彻底改变了首都的教育。

此外,在举办奥运会期间,英国政府也利用免费 INRIX 应用软件和在线服务确保交通顺畅。INRIX 的大数据实时路况平台为消费者提供了一些有用的应用程序,使用户能了解何处正在拥堵,从而选择出行的最佳模式。这些程序包括:

(1)INRIX 交通(包含 iPhone、Android 系统、Windows Phone 和黑莓的不同版本)。INRIX 交通是一个免费的软件,该软件在同行业中排名第一,这与其具有较强实用性、便利性有关。这个软件能根据所有驾车人的数据,帮助用户确定速度最快的路线,避免出现不必要的延误。此外,那些使用 iPhone 版本的 INRIX 交通的用户只需点击两次,就可通过文本或电子邮件将实际抵达时间告知正在路上的同伴,从而能准时与他们会和,以减少时间成本损耗。

(2)INRIX 旅行收音机。英国驾驶者大多通过商业广播电台报告获取实时交通情况,但这些信息并不能满足各个车主的个性交通信息需求。然而,INRIX 旅行收音机能为用户提供按需获取整个运输 24/7 模式①的实时行程状况,这些运输涵盖公路、铁路、海运、空运等领域。此外,INRIX 旅行收音机亦会对全国范围内的最新旅游情况进行实时更新,以保证数据准确性、及时性。对于用户而言,其只需通过下载 INRIX 旅行收音机应用程序,就可在线收听当前交通状况。

1.4.3 广州智能交通大数据

广州智能交通大数据应用,作为一个热门领域一直都被高度重视。广州在智能交通领域耕耘多年,也取得了不少成绩。在交通大数据分析方面,广州交警与高德地图合作,为广州交警定制开发了专属的交通信息分析平台。该平台不仅具备"城市堵点排行""热点商圈路况""权威交通事件""堵点异常监测"等交通信息分析功能,还有交通视频查看、交通事件上图、交通研判分析和大型活动专题等功能模块,为交通管理和决策实现智能服务。

在交通信息公众服务方面,通过高德地图,广州市民除了可以实现基本的导航功能以外,还能获取到更为准确的实时路况信息,如道路施工、交通事故、管制信息、电子警察提示等,同时将提供积水地图、交通热点实时路况图片查看、交通路况诱导屏实时显示等多种服务功能。

广州市综合性交通系统针对数据分享不够的问题,引入更多的统计资源在平台上进行数据加工、共享,对现有的大数据处理进行高效检索、快速响应;在利用大数据帮助企业运营方面,广州针对面对终端用户的计量、安全性都做了研究。一些互联网企业想对交通信息服务进行渗透或者运营商想销售自己的产品,都可以通过大数据进行差异化的服务和竞争。

据 2014 年 05 月新华网报道,广州交通信息化建设投资营运有限公司(以下简称“广州交投公司”)在广州交通大数据分析方面走在时代的前列。广州交投公司在广州交通领域的日常数据信息很多,包括1.2万辆出租车运行数据、1.9万公交车运营数据、4.3万辆社会各种车辆的运营数据,以及全市400个停车场和79个驾校教练车的数据等等。每天产生的数据量大约为300GB,一周则能达到2TB,一个月大概是10TB的规模,面对如何庞大的数据,如何有效利用这些数据为交通服务将成为重要课题。

广州交通建设的广州交通数据仓库管理及决策支持系统(图1-14)是依托广州市已有的ITS共用信息平台、智能公交监控调度系统、羊城通系统、出租车综合管理系统、客运联网售票系统、交通运政管理信息系统、交通信息客户服务中心、运政稽查远程监控系统、停车诱导系统、交通信息门户网站和广州市道路运输行业综合考评等系统,采用先进的数据仓库技术,建立统一的数据平台、统一的数据接口、统一的数据访问、统一的数据管理、统一的数据处理、统一的数据展示,同时采用联机分析处理技术和数据挖掘技术实现交通数据的深度应用。该系统的应用将有效提高公共交通行业的整体管理水平,高效快捷地进行数据分析处理和预测,利用系统进行数据分析,为广州市公共交通行业主管部门掌握全面的交通信息,根据实际情况的变化迅速进行调整、优化、决策提供支持,为公共交通提供宏观决策依据。

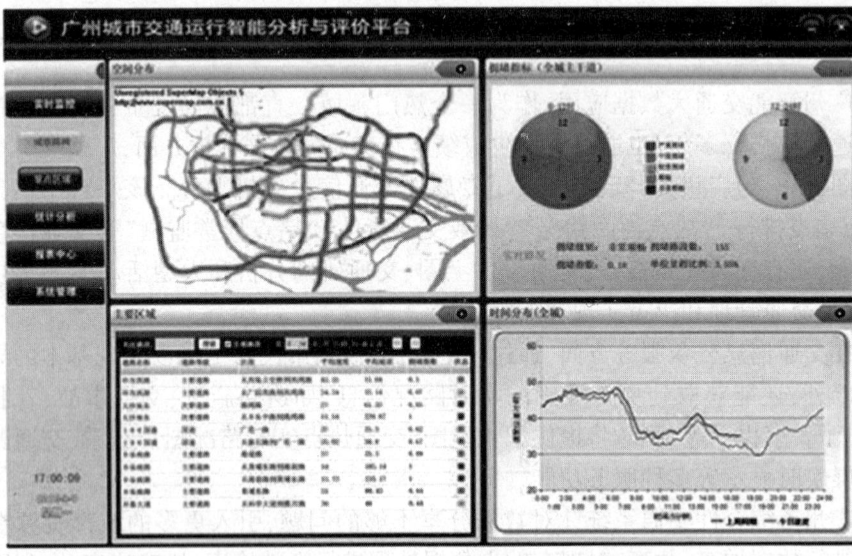

图1-14　广州交通数据仓库管理及决策支持系统

1.4.4　贵州交通大数据应用

2014年是贵州大数据发展的元年,而短短的一年里,大数据产业成绩喜人。

数据显示：2014 年，贵州大数据电子信息产业规模总量突破千亿，以大数据为引领的电子信息产业实现规模总量 1460 亿元，同比增长 62%；市场主体加快发展，电子信息企业共 1721 家，较 2013 年底增加 400 余家，新增大数据及关联产业注册企业 263 家。

1）贵阳市交通大数据孵化器

贵阳市交通大数据孵化器依托于政府专业部门搭建，整合贵阳市交通大数据资源，使各单一行业的条数据融合成交通块数据，实现数据资源的互联互通，形成贵阳大交通数据中心，实现交通数据的共享开放。同时，整合贵阳市冗余的云计算资源，结合贵阳市科技孵化体系，构建起一个全面、开放、共享的创新创业环境，如图 1-15 所示。

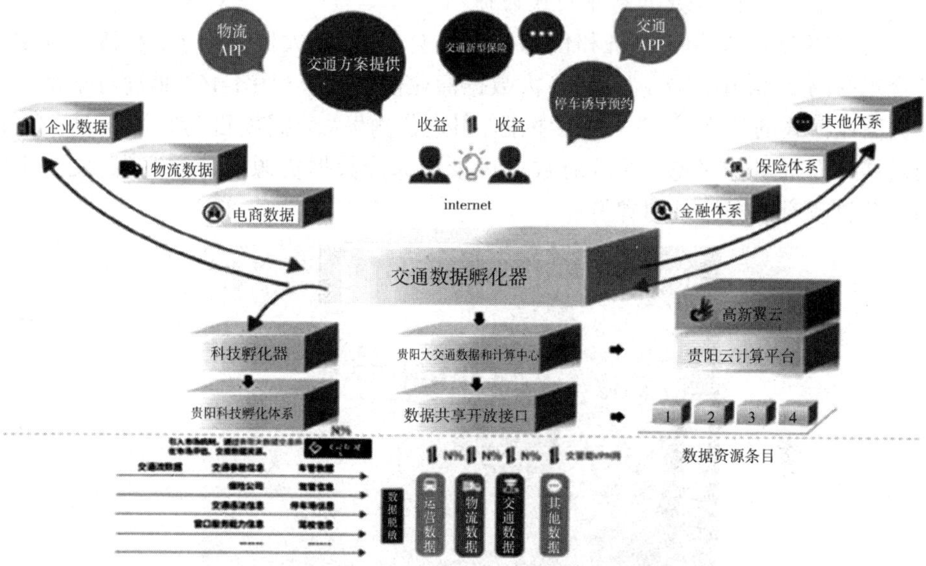

图 1-15 贵阳市交通大数据孵化器运行模式

通过创新的数据开放、数据交易、数据应用、产业孵化方式，贵阳市交通大数据孵化器打破常规，创业初期免费试用，给创客提供更优质更低门槛的创业资源，以开放交通数据资源和计算资源，吸引和推动社会各方力量利用交通数据进行创新、创业，鼓励企业推出更多的便民利民服务，从而驱动交通服务水平和服务能力不断提升，实现公众出行服务的信息化、智能化，助力智能交通。

贵阳市交管局已建立起云计算中心、交通管控平台和交通大数据中心，前端集成了视频监控、信号控制、交通诱导、信息采集与统计分析、可视化警员定位和交通仿真六大子系统，共计 172 个功能模块。现阶段，贵阳市已有超 1 万路高清视频监控点位、205 个路口行为监测、100 个交通流量检测点、154 个拥堵检测点及 146 块信息发布屏，每天增加过车记录近 1600 万条，视频图像记录 495TB，车辆流量记录 2500 万条，视频数据已突破 50PB，图片存储数据已突破 10PB，结构化流量数据已突破 150TB，其他非结构化数据增加近 600TB。

贵阳市交管局将开放近 2000GB 数据，贵阳市交通大数据孵化器还将全面整合公交、物流、客货运输等交通领域内的相关数据进行开放，为创业者研发交通、停车、物流类软件等产品提供数据支持。

为了支持互联网创业，贵州省举办大数据商业模式大赛，通过开放政府数据资源目录或数据资源，征集商业模式，再通过基金跟进、项目扶持、融资支持等方式支持项目落地，激发创新活力，培育市场主体。

2)“云上贵州”大数据商业模式大赛

由清华大学、贵州省经济和信息化委员会、贵阳市人民政府、贵安新区管委等联合主办的 2014 中国（云上贵州）大数据商业模式大赛（图 1-16）通过对全世界大数据商业模式的征集、评选与深度挖掘，引进优秀“大数据项目”落地，推动大数据的发展。而贵州省率先开放政府数据目录和部分数据资源支持参赛者，成为中国率先开放政府数据目录的省份。

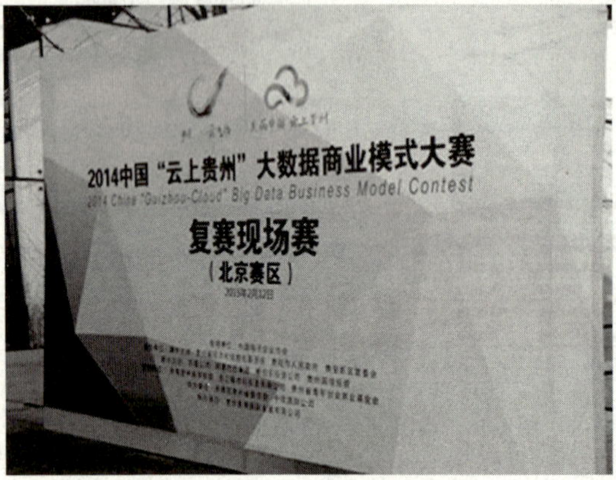

图 1-16 “云上贵州”大数据商业模式大赛

作为“云上贵州”大数据商业模式大赛的重要分赛之一，阿里巴巴集团与贵州省共同宣布将面向全球启动“智慧交通算法大挑战”。贵阳市的海量交通数据将向参赛选手开放，选手可借助基于阿里云计算搭建的“天池”平台进行算法建模，通过模拟控制红绿灯时间，寻找减轻道路拥堵的方法。为使参赛者能够更为准确地模拟十字路口交通情况，借助贵州省“智慧交通云”平台，贵阳市开放了海量的脱敏交通数据，包括公交车 GPS 数据、出租车 GPS 数据、高德导航数据。

现有的城市红绿灯控制系统虽然在一定程度上可以满足指挥路口交通的需要，但是随着城市车辆的增长，城市拥堵情况越来越严重，原有的红绿灯控制系统已经表现出明显的缺点：红绿灯时间相对固定，不能伴随车流量的改变而调整红绿灯的显示时间。人们常常会遇到这样的情况，在一个十字路口，本车道非常拥堵，而垂直车道非常空闲，但是红绿灯仍然不能优先照顾已十分拥堵的车道，只能机械地变换。

在贵州省和阿里云合作的基础上，市区的交通已经可以通过传感器来实现数据化。如竞赛中开放了贵州省贵阳市南明区交通流量数据，包括了公交车 GPS 信息、出租车 GPS 信息，还结合了高德公司普通市民导航数据，在充分脱敏与保护用户隐私的前提下，模拟贵阳市整体的十字路口交通流量情况，根据交通流量情况实时控制红绿灯的亮灯策略，以最大限度地减少拥堵，加快通行速度。

该大赛共有 3743 支数据爱好者团队参与了挑战，在赛题的假设条件下，其中最好的算法可以让红绿灯前所有车辆的等待时间减少 86%。这是最近贵州省和阿里云联合推出云上贵州天池智慧交通算法挑战赛的理论结论。冠军队的智能红绿灯控制算法虽然暂时还没有应用到实际，但从理论上基于未来车流量预测优化红绿灯方案，可以大大缩短南明区的车辆在红绿灯路口整体等待时间。

3）贵州大数据经典案例

案例：贵州“5·20”山体滑坡事故用“大数据”精准判断损失。

2015 年 5 月 20 日上午 11 点 29 分，贵阳市发生山体滑坡，造成人员伤亡。在事故救援过程中，搜救人员发现有一辆汽车被掩埋，引起高度重视。究竟还有没有其他车辆和人员被掩埋，判断这个问题直接关系到下一步救援工作采取何种措施。贵州省启动了大数据分析，先后用到交警系统当天上路的车辆号牌、高速公路管理系统当天进入收费站的车辆号牌，以及户籍管理系统的相关数据。最终得到结论，除了这一辆汽车外，没有车辆被掩埋。

事故指挥部当即下令，对现场进行挖掘，结果与大数据分析的判断一模一样。该决策加快了救援工作的进度。这是大数据分析在贵州省应急管理中的一次成功应用，大大提高了政府应急管理效率和水平。

1.4.5 北京交通大数据应用

1）北京智能交通系统的发展

北京是全国 ITS 发展最快的城市，目前已建起了智能化交通管理监控中心、卫星公交调度指挥中心、出租车卫星定位系统等。北京市 ITS 发展最开始主要是围绕 2008 年奥运会开展的，在坚持对 ITS 基础以及关键技术研究的基础上，以交通管理系统、公共交通系统以及从公众角度出发的交通综合服务系统的建设为主。

北京市智能交通系统主要包括奥运智能交通系统规划、交通综合信息平台、智能交通管理系统、停车诱导系统、智能公交系统等。奥运 ITS 是为了 2008 年的奥运会规划的，旨在通过有效地利用 ITS 技术，组织奥运交通，满足与奥运会相关的客运和货运需求。交通综合信息平台是 ITS 各相关部门的信息枢纽，通过它可以实现信息的共享与交互，完成各系统的集成以及信息的发布。智能交通管理系统是一个以信息技术为主导，以计算机通信网络和智能化指挥控制管理平台为基础建立的集高新技术应用为一体的智能化道路交通管理系统。该系统不仅可以实现交通指挥现代化、管理数字化、信息网络化、办公自动化，同时还能充分利用城市交通相关信息，曾为北京圆满承办 2008 年奥运会提供优质的交通保障。

2）北京市大数据的开放与应用案例

北京市政务资源网由北京市经济和信息化委员会牵头建设，北京市各政务部门共同参与，于 2012 年 10 月开始试运行。该网站致力于提供北京市政务部门可开放的各类数据的下载与服务，为企业和个人开展政务信息资源的社会化开发利用提供数据支撑，推动信息增值服务业的发展以及相关数据分析与研究工作的开展。

北京市政务资源网开放资源目录包括三大类别：按主题、按机构和按电子文件三种方式。开放数据领域较为广泛，涉及旅游住宿、交通服务、餐饮美食、医疗健康、文体娱乐、消费购物、房屋住宅等 18 大类，开放的机构包括有市交通委、市科委、市教委、市公安局等 28 个政府部门，它们为企业、个人提供大量有价值的数据，有效推动了数据分析和基础研究。

3）北京市综合交通运行数据体系建设

2001 年，北京市交通委员会启动交通综合信息平台示范工程，于 2006 年推出了基于浮动车城市道路动态信息发布；2009 年北京市交通行业数据中心建成，奠定了数据基础；2011 年，北京市交通运行协调指挥中心（TOCC）一期工程建成，把整个体系框架搭建起来；2014 年，二期工程取得重要阶段性成果，构建了整个数据体系，包括统一了日常运行监测服务和协同工作平台、统一了交通视频资源管理应用平台、统一了综合交通多方式发布平台、统一了综合交通大数据平台和支撑环境虚拟化平台。

4）北京交通运行监测体系建成

北京市交通运行监测调度中心现在已经接入了 34 个应用系统、6000 多项静动态数据、6 万多路视频，涵盖三大路网、四大市内交通方式、三大城际交通方式等。其中监测服务框架分为四大块：路网全面、轨道交通、地面公交、综合运输，现在已形成总体业务格局，实现全面监测、协调联动、应急调度、运行分析、综合服务等。综合交通运行监测体系构建的体系由于涉及数据资源来源较多，所以采取了多种数据采集方式。另外,通过对数据层的归纳梳理,结合数据来源、数据接入方式统一设计数据存储结构,初步地构建了几个体系:对于城市路网来说,交通指数、运行速度、运行时间;对轨道交通来说,AFC 刷卡数据和运行的数据,这些原始数据构建了轨道交通客运量指标、运行指标等方面。通过二期工程建设,初步构建了交通管理平台,目前这个平台接入了 41 个业务系统,每天数据增量 26GB,6000 项数据类型,为 37 个业务系统提供共享。

5)基于交通综合信息平台的交通大数据分析应用

(1)通过浮动车数据,每天都在动态计算交通指数,反映北京市城市路网运行长期态势。

(2)北京公交票改后,通过对一卡通数据的分析,票改对轨道交通客运量产生了比较大的影响,地面公交和轨道交通在票价调整以后,客运都有短时间明显的下降。

(3)基于海量的出租车 GPS 数据、交易数据、电召数据等计算运营指标、设备完好率、小时出车率、重点区域小时出车数量、电召订单数量等,服务于行业考核、监管和监测。

(4)基于多种数据融合方式,包括断面、视频、ETC 收费、手机信令、营运车辆 GPS 数据等等,实现全部高速公路、5 条国道、12 条省道的动态路况信息发布,也对一些重点时段进行专项的监测和分析,包括节假日时期综合交通运行时空特征提取分析、春运期间对外交通客流特征与运力投放分析、强需求调控条件下综合交通运行时空特征提取分析、长持续性重大活动交通影响与客流时空分布特征分析、不利天气条件下道路交通流特征参数提取与分析,特别是一些重大节假日,比如 APEC 单双号限行条件下的交通情况进行了专项分析。

(5)基于手机信令数据、公共交通刷卡数据、公共交通运行数据、出租车 GPS 数据、路网运行数据等对出行强度、出行时间特征、出行空间特征以及出行方式选择规律等进行分析。

1.4.6 上海交通数据应用

1)上海市智能交通系统的发展

上海市 ITS 研究始于 20 世纪 80 年代初,2002 年,在科技部的支持下开展了“上海市智能交通系统应用试点示范工程”项目,从系统、技术、管理和运行等多个方面进行了深入研究和全面规划。在工程的实施范围内,交通流数据和视频监视信息的采集达到了高架道路全部覆盖,地面主、次干路基本覆盖;信息诱导发布做到高架道路全部覆盖、地面道路部分覆盖;实现了高架和地面道路的交通运行状况、交通流原始数据和其他相关信息在存储共享平台上的汇集、共享和交换,取得了显著的社会经济效益。

(1)城市交通管理领域

①交通信号控制自适应系统。上海市交通信号控制自适应系统(SCATS)已基本覆盖内环线以内的道路网络及部分外延主要干路,并通过交通模拟和仿真技术的应用,模拟交叉口的交通流,辅助交叉口信号控制,基本实现了对市区道路信号灯的区域化管理,并具有对交叉口交通信号控制进行实时优化的功能。

②城市道路监控系统。城市道路建成快速路监控中心和外环线监控系统,视频监控覆盖全部高架道路及地面部分路段和1000多个道路交叉口。传感线圈覆盖中心城全部高架道路及地面79条主、次干路,用于测量点车速、饱和度、流量等数据。

③停车诱导系统。黄浦区、静安区、卢湾区和徐汇区的部分区域已先后试点建立了停车诱导系统。目前,全市停车诱导系统已覆盖各类停车泊位上万个。

④交通违章监测系统。近年来,上海市增设了较多的交通违章监测系统,对道路交叉口及路段等交通违章行为进行24小时自动检测,部分路段实现了系统数据和视频图像的自动回传功能。

⑤应急处理与实时监测。交通事故反应系统能够迅速接收、处理报警信息,实现交通事故的及时报警和快速处理;交通警用车辆卫星定位系统初步建成,通过GPS卫星定位技术和无线网络技术的有效集成,实现对警用车辆的实时监测和调度。

(2)公共交通领域

上海市公交“一卡通”电子付费系统以城市交通与公用设施为目标市场,以计算机网络与智能IC卡技术为基本手段,实现了公交付费的智能化。目前服务范围已包括常规公交、轨道交通、出租汽车、轮渡、高速公路以及加油站等市政设施费用的收缴,并实现了在长三角部分城市内的公共交通一卡通行。同时,出行者可通过公共交通信息网、公共交通信息查询系统等查询出行起终点间可采用的公交线路、停靠站点、票价等信息。另外,目前有数千出租汽车已经安装了GPS卫星定位系统,具有车辆定位、防盗、IC卡数据采集等功能,并利用液晶显示屏传递短信息,实现对车辆的指挥调度。

(3)交通综合信息平台

为了整体推进上海市交通信息化的发展,改变交通信息系统按照行业或部门各自为政、信息资源重复采集与低水平利用的现象,上海市交通信息中心已于2006年初正式挂牌,“上海市交通综合信息平台”的建设也初具规模,该平台是汇集上海市交通信息资源、实现跨行业交通信息资源整合、为各相关部门和社会公众进行交通组织管理、综合信息服务提供基础信息支持的交通综合信息集成系统。

总体来说,上海市智能交通系统由道路交通信息采集系统、车辆诱导系统、停车诱导系统、停车信息服务平台、红绿灯智能集群优化系统、牵引车优化调度 GIS 系统、ETC 不停车收费系统、ERP 电子道路收费系统、交通一卡通系统、交通规划 GIS 系统、交通信息服务系统、车载智能导航系统、智能手机道路实况查询系统、辅助决策系统等系统组成。上海 ITS 的发展摸索出自己的一套经验,首先通过持续、滚动的规划,以中心区道路交通信息采集系统工程作为实施 ITS 的切入口,形成建立交通信息平台的基础性条件;其次扩大信息采集范围,完善信息采集内容,提升数据加工能力;然后建设数据交换与共享平台;最后面向决策者、管理者、使用者开发应用服务系统。

2)上海市大数据开放与应用案例

"上海市政府数据服务网"于 2012 年 6 月在国内率先上线,截至 2015 年 7 月底,该网已累计开放数据集逾 500 项,涵盖了经济建设、资源环境、教育科技、道路交通等 11 个重点领域,到 2015 年底上海开放数据集总量已达到 1000 项,例如上海市交通委提供了包括全市搬场企业名录、全市公交枢纽站分布、中心城区公交站点分布、停车场位置等数据;上海市住房保障管理局开放了保障房工程信息、房地产开发企业信息、房地产经纪企业信息等数据。

3)上海市综合交通数据特征分析

(1)出行活动日趋多样

居民出行需求持续增长。从市民平均每天的出行次数来看,2014 年和 2009 年没有变化,均为 2.16 次/日,但由于常住人口和流动人口的增加,2014 年全市出行总量较 2009 年增加 12%,达到 5550 万人次/日。同时由于城市规模在扩大,市民的出行距离增加,市民的出行日周转量达到 3.83 亿人次公里,较 2009 年增长 19%。

出行活动趋向多样化。由于近 5 年来全市 60 岁以上人口比重上升 2 个百分点,通勤目的人均出行次数从 1.1 次下降到 1.04 次。而另一方面,在收入提高的背景下,居民文化休闲娱乐活动明显增加,出行活动日趋多样化,非通勤目的人均出行次数从 1.06 次上升到 1.12 次。

(2)上班的路"越来越长"

居住地和工作地的分离增加了出行距离。外环外的中心城周边地区成为新增人口的主要导入区域,而这些人口的主要就业地依然在内环以内区域,使得这部分人群的出行距离较长,全市长距离出行比重增加。居住和工作地的分离也加剧了交通的潮汐现象。早高峰进内环和出内环轨道断面客流需求规模为 2∶1,高架道路进城车速和出城速度之比为 1∶2。放射性交通走廊潮汐现象更加明显,交通压力增大。特别是中心城北部通道潮汐交通最为明显,早高峰轨交 1 号线和 7 号线北向南进、出内环客流规模比达到3∶1,南北高架车速之比达到1∶4,轨道交通和地面道路早高峰进城方向极其拥堵。

(3)高峰时间不断延长

早晚高峰出行量持续增加,晚高峰有提前的趋势,平峰出行量增幅较大。对比2009年,2014年早高峰出行量增加10%,10时~15时出行量增加11%,午后平峰15时~17时和晚高峰后平峰19时~21时出行量均增加15%。

反映到道路运行,中心城道路拥堵的累计时间在延长,形成了早、午后、晚的三个拥堵高峰。早高峰时段有持续提前的趋势,午后高峰向晚高峰延展,呈现与晚高峰时段连成一体的倾向。

反映到轨道运行,工作日早高峰轨道客流进一步集聚,对比2009年,2014年高峰小时(8时~9时)客流增加90%。平峰客流比重上升较快,平峰(10时~15时)客流增加120%。

(4)机动化出行是首选

随着出行距离的增加,机动化出行比重增高。步行和脚踏自行车方式持续向机动化方式转移,全市所有出行中,机动化(含轨道交通、公共汽电车、大客车、出租车、社会小客车、摩托车等)出行比重从40%提高到45%。

出行方式结构在深度调整。轨道交通、小客车和电动自行车出行的分担比重显著提高。全市轨道交通出行占所有方式出行的9%;小客车比重为16.7%;电(助)动车比重为20.4%。出行比重下降幅度较大的是脚踏自行车和摩托车,分别下降7个百分点和3个百分点。

中心城公共客运方式比重接近"十二五"规划目标。外环线以内的中心城出行使用公共客运交通方式(包括轨道、公共汽电车、出租车和轮渡)占所有使用交通工具出行的比例达到48%,基本达到"十二五"规划目标(50%)。

(5)轨交客运量比重大

到2014年底,全市运营轨道交通线路(含磁浮线)共15条,运营线路长度577.6km,运营车站339座。外环以内的中心城站点600m服务半径覆盖47%人口和岗位,直接服务人口较2009年增加50%。

2014年全市公共交通(含轨道、公共汽电车、轮渡及三岛客运、毗邻公交)日均客运总量为1521万乘次/日,较2009年上升34%。其中,轨道日均客运量达到775万乘次,公共汽(电)车日均客运量为730万乘次。中心城轨道交通占公共交通客运量比重达到51%,超过"十二五"规划目标(50%)。

轨道交通拥堵问题日趋严重。全天进出客流超过15万的车站近20个,人民广场、世纪大道等换乘站的日均换乘客流超过35万。在大客流背景下,上海轨道交通高峰发车间距逐步缩短,部分线路高峰发车间隔逐步缩短到2.5~3min。

(6)小客车增长量迅猛

截至2014年底,沪牌小客车达219万辆(其中市区号牌152万辆,郊区号牌67万辆)。另外,通过停车调查、车牌识别数据、交强险、车辆年检等多途径数据的校核,摸清长期在沪使用的外牌小客车近100万辆。上海市实有小客车总量近320万辆,较2009年增加约一倍。28%的家庭拥有私家车,其中24%的家庭拥有一辆私家车,4%的家庭拥有2辆及以上私家车。

郊区新城的小客车拥有水平为160辆/千人,已大大高于中心城128辆/千人的拥有水平。调查显示,10%的无车家庭和8%的有车家庭计划在近两年新增小客车,据此推算,未来两年每年有近40万辆新增车辆的意愿。

小客车的出行强度呈下降趋势。在小客车总量增长的同时,每车平均日均使用里程从2009年的38km下降到2014年的32km,主要是因为很多车主买车但较少开车出行,因此,白天小区内小客车停放数量显著增加。

居住区夜间停车矛盾日益突出。全市居住区配建停车位为179万个,居住区夜间停放需求为290辆,配建缺口为38%;中心城居住配建为64万个,居住区夜间停放需求为133万辆,配建缺口达52%。

(7)交通拥堵持续恶化

道路交通量由2009年的1.34亿当量车公里增加到2014年的每天1.90亿当量车公里。在增加的道路使用量中,81%来自于小客车。而与此同时,道路交通设施增速相对放缓,2014年全市道路总里程1.78万公里,道路网容量较2009年增长24.6%,但增长量主要在外环外的郊区,外环以内的中心城路网格局日趋固化,2014年中心城路网通行能力较2009年仅增长8%。

道路拥堵程度有所加剧。中心城区的道路拥堵时间提前至7点左右,部分地面道路路段行驶车速低于10km/h;午后高峰道路平均行程车速较2013年下降4%左右,快速路拥堵里程比重达9%左右。放射性干道车速有所下降,高峰平均行程车速为20~27km/h,同比下降4%~7%。

(8)对外交通规模扩大

全市高速公路通车里程达到825km,较2009年增长7%。铁路方面,全市铁路里程共计465km,其中,高铁里程140km,占总营业里程的30%。

2014年对外客运到发量日均92万人次,增长50%。铁路客运量增长最快,日均客运量46万人次,增长60%,占比为50%;其次是民航客运量增长近60%,日均客运量25万人,占比为27%;公路长途客运承担20万人,水运承担0.5万人。铁路和民航客运占比提高,公路客运占比下降,反映了高铁建设和居民收入增加对市民出行的重要影响。

第2章 大数据时代下的城市交通一卡通大数据

2.1 城市交通一卡通大数据定义及特点

城市交通一卡通大数据是指以城市交通一卡通数据为核心，连接与交通相关其他数据的集合，包括城市交通一卡通运行所产生的数据、城市交通运行管理直接产生的数据（道路交通、公共交通、地理位置、视频、图片等数据）、相关行业和领域的数据（气象、环境、人口、规划等数据），以及来自公共互动平台的交通状况数据（微博、微信、论坛、广播电视等提供的图片、文字、视频等），并且该数据集无法在可容忍的时间内用传统IT技术和软硬件工具对其进行感知、获取、管理、处理和服务。城市交通一卡通大数据不仅包含交通领域直接产生的数据资源，还包括许多相关领域的数据资源、公众互动的数据资源，这些数据共同构成了城市交通一卡通大数据。城市交通一卡通大数据具有以下特点。

1）数据量大

城市交通一卡通大数据每时每刻都在产生大量的数据，庞大的城市一卡通覆盖范围使得每一秒都有人使用城市一卡通进行交易，地面公交、轨道交通、出租车以及省际客运、旅游、物流运输、停车、租车等运输行业川流不息，各种传感器记录着数据。每天，广东省一卡通刷卡记录多达千万条，最高可达1200万条，4万辆浮动车产生2000万条记录等等。各类数据的汇集，导致城市交通一卡通大数据流量巨大，再加上相关行业和领域导入的数据和移动平台提供的数据，数据量更是巨大。

另据新华网报道，仅仅是广州交通信息化建设投资营运有限公司在广州交通领域收集的日常数据信息量就非常庞大，包括1.2万辆出租车运行数据、1.9万公交车运营数据、4.3万辆社会各种车辆的运营数据，以及全市400个停车场和79个驾校教练车的数据等等。同时每日产生的数据量大约为300GB，一周是2TB，一个月大概是10TB的规模。这些庞大的数据规模将为未来交通大数据的发展奠定重要的基础。

2）信息实时处理要求性高

城市交通一卡通大数据产生速度快，时效性也较强。政府、企业等机构不仅需要快速采集到数据，还必须知道如何快速处理、分析数据，以满足自身的实际需求，同时还需将准确的信息及时提供给不同需求的主体，例如市民需要了解此刻出门哪条道路相对不那么拥堵，倘若得到错误的信息或采集的信息十分迟滞，交通车辆或出行民众已经到达拥堵的路面才收到此条道路出现拥堵的信息，显然这个信息根本没有起到提前预测的作用，就失去了任何意义。因此，城市交通一卡通大数据的很多应用，如拥堵情况预测、交通大流量分流与疏导、重大活动时的交通管制、实时信息的发布等等，都需要在获取到数据后能够及时准确地处理，时效性是保证对城市交通一卡通大数据进行分析具有意义和价值的前提。

3）数据类型多样

从数据来源来看，城市交通一卡通大数据包含公共交通、公共服务、小额消费、电子商务、一卡通产业链及相关联数据源，数据来源广泛，采集方式也多种多样，各种采集方式对应的数据形式、数据格式多样。从数据格式上来看，数据既有结构化数据，也有半结构和非结构化数据；从数据形式上看，既有保存在数据库、数据表中的数据记录，比如城市交通一卡通刷卡记录，也有各类传感器采集而来的数据，还有互联网数据等。由此可见城市交通一卡通大数据种类多样。

4）蕴含丰富的价值

城市交通一卡通大数据具有丰富的价值，通过多维度对一卡通大数据的分析挖掘，城市交通一卡通大数据可以实现交通管理的智能化，满足出行人员的交通出行服务需求，为城市管理、城市规划、部门决策、公众出行提供决策支持。

2.2 城市交通一卡通大数据来源

城市交通一卡通在我国起步于1999年，近年来发展非常迅速。目前全国累计有超过440个城市建立了不同规模的公交IC系统，已有254个地市级以上城市发行了城市公交卡，截至2014年，全国总发卡量达到7.5亿张，其中涉及跨区互联互通的卡片发行1.5亿张，使用范围覆盖公共交通领域的公交、地铁、轮渡、出租汽车、有轨电车、城市公共自行车等多种交通方式，应用功能扩展到餐饮、便利店、休闲娱乐等小额消费领域，企业、社区、医院、校园的门禁、缴费、考勤、身份识别等公共服务领域以及网上购物、在线充值、在线缴费等电子商务领域。

城市交通一卡通大数据涉及的领域较多，来源也相对广泛，采集方法呈现多样化，为更深入了解城市交通一卡通数据的来源和采集方式，本节将基于城市交通一卡通常见的应用领域进行深入细化分析，梳理不同领域的一卡通大数据来源，为大数据研究提供数据识别的基本路径。

2.2.1 公共交通

城市交通一卡通在公交、地铁、出租车、轮渡等公共交通领域的广泛使用过程产生了大量的数据（图2-1），同时随着一卡通系统覆盖范围的延伸和服务人群的扩大,一卡通数据呈现快速增长的趋势,并成为城市交通一卡通大数据的核心组成部分。

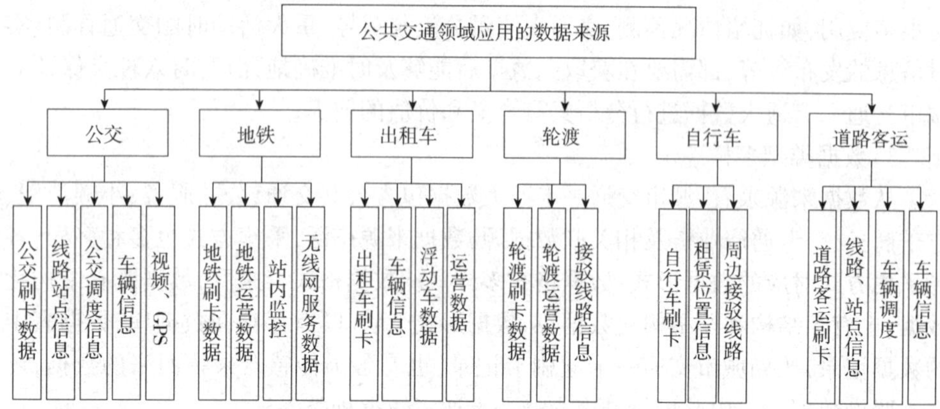

图 2-1　公共交通领域的城市一卡通数据来源

1)公交

城市交通一卡通在公交上的应用构成了公交 IC 卡系统,公交 IC 卡系统包括车载终端、数据采集盒、充值机、服务器、工作站、数据库平台等设备。与城市一卡通大数据的来源与采集密切相关的是车载终端和数据采集盒,下面将对这两种重要的采集设备作简要介绍。车载终端(图 2-2)放置在公交车内,固定在公交车入口的栏杆上,主要作用是识别 IC 卡,按照预定车票价格扣除 IC 卡中预存金额并存储相应的 IC 卡交易数据。数据采集盒是车载终端与数据采集分中心进行数据交换的存储设备,一般由公交公司的管理人员保管,它主要有两个作用,一是将车载终端的数据采集出来,并转移到计算机系统中,二是将系统发布的"禁止交易清单"(即黑名单)传入车载终端。每个数据采集盒大约可以采集 30 台车载终端的数据。采集数据时,管理人员将数据采集盒插入车载终端后,数据采集盒将自动进行工作,采集时间约 10min。

图 2-2　公交一卡通车载终端设备

在城市交通一卡通数据采集过程中,其中包含了一项重要的信息记录,即公交 IC 刷卡数据。所谓公交 IC 刷卡数据是指通过公交乘客上车刷卡,由车载终端记录并存储下来形成的具有特定结构化信息,如表 2-1 所示。

广东岭南通跨区公交刷卡数据　　表 2-1

发卡地	使用地	线路	终端号	卡　号	交易时间	交易金额	卡类型
佛山	广州	A1	05065000	9999999691003881	20140801002100	00003.00	普通卡
佛山	广州	A2	06800410	9999991563300706	20140801003351	00003.00	普通卡
佛山	广州	B1	01100612	9999994711415031	20140801000604	00003.00	普通卡
佛山	广州	C1	12600405	9999994213135352	20140801002656	00003.00	普通卡
清远	广州	C2	12600405	9999994310505706	20140801001658	00003.00	普通卡
佛山	广州	D2	01000075	9999997130004523	20140801004350	00003.00	普通卡
河源	广州	E2	44068090	9999995070395370	20140801000707	00004.00	普通卡
河源	广州	D1	44068090	9999995070395370	20140801000707	00004.00	普通卡
佛山	广州	A2	06008566	9999993231065793	20140801101426	00002.00	普通卡
佛山	广州	F1	40670306	9999990016287384	20140801190041	00002.00	普通卡
佛山	广州	F2	07400212	9999999411873831	20140801185403	00001.00	普通卡
佛山	广州	B1	06000144	9999999141701194	20140801001103	00004.00	普通卡
汕尾	广州	E2	02750206	9999990331056012	20140801015023	00004.00	普通卡
佛山	广州	C1	50600302	9999996817471801	20140801010155	00003.00	普通卡
佛山	广州	B2	70490309	9999990036305381	20140801002935	00004.00	普通卡
佛山	广州	C1	50600302	9999991161647410	20140801010412	00003.00	普通卡

注:数据经脱敏处理,属于模拟数据。

经过近 30 年的公交 IC 刷卡应用历史,IC 卡的数据采集通过经验的积累和技术的发展逐步形成规范化的采集流程,确保数据快速、准确归集到数据库,以便运营单位间的结算工作。

目前公交已经成为城市居民出行的主要交通方式,分担了民众大部分的出行任务,逐渐累积形成了十分庞大的公交 IC 的刷卡量。以广州市为例,根据广州市交通委员会官方网站的数据显示,2015 年 9 月,广州市全市公共交通客运量为4.7 亿人次,日均客运量为 1569 万人次,其中常规公交日均客运量达 715 万人次,地下铁路日均客运量 683 万人次,出租车日均客运量是 171 万人次。从公共交通分担率来看,常规公交客运量占45.55%,地铁占 43.56%,出租车占 10.89%(图 2-3)。根据一卡通在城市的普及程度和人们的使用习惯,在常规公交上频繁的一卡通刷卡将产生大量的公交 IC 刷卡数据。除此之外,广东地区已实现了全省 21 个地市及港澳地区的交通一卡通互联互通,每天基于简单的刷卡行为能产生的数据记录就高达 1200 多万条,全省每日的公交刷卡数据量达到 50GB,由此推

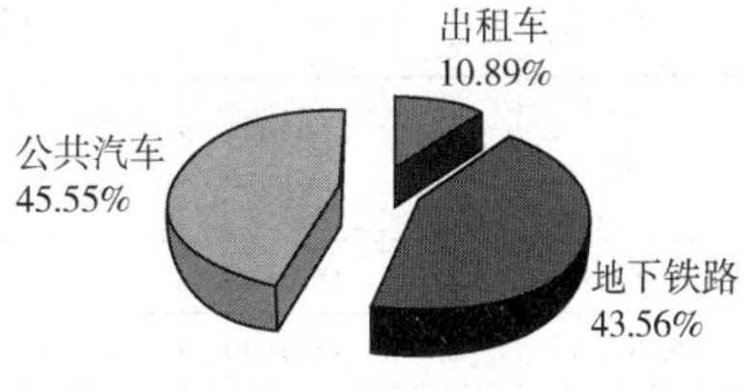

图 2-3　广州市 9 月份的公共交通方式占比(来源:广州交委)

算全年的数据量高达 18TB。

除公交 IC 刷卡数据之外，城市交通一卡通在公共交通领域应用过程中还连带产生了其他数据。为了更清楚地说明数据来源类型，将公交 IC 卡刷卡数据看作第一类数据，则第二类数据是公交线路及站点信息。公交线路信息包括线路编号、线路名称、线路长度、站点数、起点站点、终点站点、中间站点、运行时间。公交站点信息包括站点名称、站点位置、站点编号、相邻站间距。公交线路及站点信息比较稳定，不易经常发生更改变化。通常公交公司或者客运管理部门掌握城市公交线路及站点信息，因此可以直接从这些部门获取。但是，相关部门掌握的资料往往不够详细、不够准确，特别是公交站点的位置等信息，线路的走向有时也会出现一些偏差，这就需要对城市公交线路及站点进行补充调查。对于有疑问的线路走向和站点位置进行实地调查，确定其正确走向和位置。运用直接获取和实地调查相结合的方法，获取准确而全面的公交线路及站点信息。

第三类是公交调度信息。公交调度信息包括日期、运营线路、车辆编号、车辆站号、进站时间、发站时间、停站时间、进站速度等信息，如表 2-2 所示。公交运营调度信息是公交车辆的运营情况，是公交公司对公交车辆运营进行合理调配的依据，它是公交系统的核心部分。最初公交公司采用传统的人工编制调度表的形式，对公交车辆进行调度。当车辆运行至起讫站点时，由调度员记录车辆编号、运营线路号、车辆到达时间及下次发车时间。随着科技的进步，当前公交车的调度也发生了翻天覆地的变化。图 2-4 为南京江宁公交集团调度中心，该中心不仅能实现对车辆发车时间、运行间隔的监测，还能实现对上车人数、甚至是空调车内实时温度的监测。公交的运营状况受到诸多因素的影响，例如工作日和非工作日的客流量不同，一天之中不同时段客流量情况也不一样，道路拥堵情况不一，公交调度数据也是根据公交运营状况而随时调整的。公交调度指挥着公交运输的正常运行，一个合理的调度方案，既可以使人们的出行更加快捷和便利，同时也可以提高公交公司的经济效益和社会效益，达到双赢的目的。公交调度数据保存着大量的、充足的实时数据和历史数据，对其进行数据挖掘具有十分重要的意义。

公交线路调度表 表 2-2

日期	线路	车辆编号	车辆站号	车站	进站时间	出站时间	停站时间(s)	进站速度(km/h)
2015/8/20	1	000109	0	供电局	—	8:35:04	0	0
2015/8/20	1	000109	1	市政府	8:35:04	8:35:27	10	28
2015/8/20	1	000109	2	怡丰花园	8:35:50	8:36:13	23	37
2015/8/20	1	000109	3	地税局	8:37:34	8:38:12	38	30

续上表

日　期	线路	车辆编号	车辆站号	车　站	进站时间	出站时间	停站时间(s)	进站速度(km/h)
2015/8/20	1	000109	4	东山新村	8:38:45	8:39:27	42	36
2015/8/20	1	000109	5	五局大院	8:39:52	8:40:15	23	30
2015/8/20	1	000109	6	荆溪小学	8:40:40	8:41:20	40	34
2015/8/20	1	000109	7	荆溪新村	8:41:21	8:42:02	41	30
2015/8/20	1	000109	8	茶西新村	8:42:13	8:43:05	52	32
2015/8/20	1	000109	9	妇幼保健	8:43:32	8:44:08	36	24
2015/8/20	1	000109	10	人民医院	8:44:29	8:45:08	39	12
2015/8/20	1	000109	11	中国联通	8:45:53	8:46:16	23	22
2015/8/20	1	000109	12	亚细亚	8:47:52	8:48:23	31	20
2015/8/20	1	000109	13	通达大厦	8:49:13	8:49:32	19	16
2015/8/20	1	000109	14	苏南商厦	8:49:48	8:50:19	31	20
2015/8/20	1	000109	15	望湖花园	8:51:02	8:51:35	33	9

注:数据来源为一卡通世界官网。

图 2-4　南京江宁公交集团调度中心

其他与公交相关的数据的还有公交车的 GPS 定位数据等和公交车辆信息。公交车辆 GPS 数据是定时上传的,以北京公交 GPS 数据为例,上传时间间隔为 20s,且每条记录都包含了定位时间。后者不仅包括公交车车龄、最大载客量、行驶里程等数据,也包括视频采集系统所采集而来的数据,这类数据可在公交运营公司处采集而来,这类数据的数据量也十分庞大。

2)地铁

地铁(Metro)是指城市中各种地下与地上的路权专有、高密度、高运量的城市轨道交通系统(Metro)。《2014 年—2020 年中国城市轨道交通行业发展模式与未来前景分析报告》中的统计数据表明，2013 年底中国共有 19 个城市建成投运城轨线路 87 条，运营里程 2539km，在 2539km 的运营里程中，地铁 2074km，占总里程的 81.7%；轻轨 192km，占总里程的 7.6%；单轨 75km，占总里程的 3.0%；现代有轨电车 100km，占总里程的 3.9%；磁浮交通 30km，占总里程的 1.2%；市域快轨 67km，占总里程的 2.6%。

与其他交通方式相比，地铁具有效率高、承载量高、速度快的特点，所以很多人口密集型的城市都建设了地铁，地铁在许多城市交通中担负了主要的乘客运输任务，乘坐地铁成为人们最主要的出行方式。国外的地铁建设较早，发展到现在已较为成熟，莫斯科地铁是世界上最繁忙的地铁之一，800 万莫斯科市民平均每天每人要乘一次地铁，地铁担负了该市客运总量的 44%；东京地铁的营运里程和客运量与莫斯科地铁十分接近；巴黎地铁的日客运量超过 1000 万人次；纽约的地铁营运线路总长居世界第五，日客运总量已达到 2000 万人次，占该市各种交通工具运量的 60%。国内地铁建设相比国外起步较晚，很多城市的地铁仍然在建设之中。总体来说，香港的地铁建设全面，虽然香港地铁总长只有 43.2km，但它的日客运量高达 220 万人次，最高时达到 280 万人次，如按地铁总长折算，完全可以与上述国外那些城市地铁相媲美；广州地铁(图 2-5)承担全市 40%的客运任务，每日平均客流量超 630 万人次；在深圳，每天的地铁运输量达到 2.5 万人次，占到公共交通的三分之一。每天地铁承担着巨大的出行客流运输，同时产生海量的出行数据，据最新统计，广州地铁日均客流高峰突破 800 万人次，刷新历史记录，这些数据可能每天都在产生和积累。

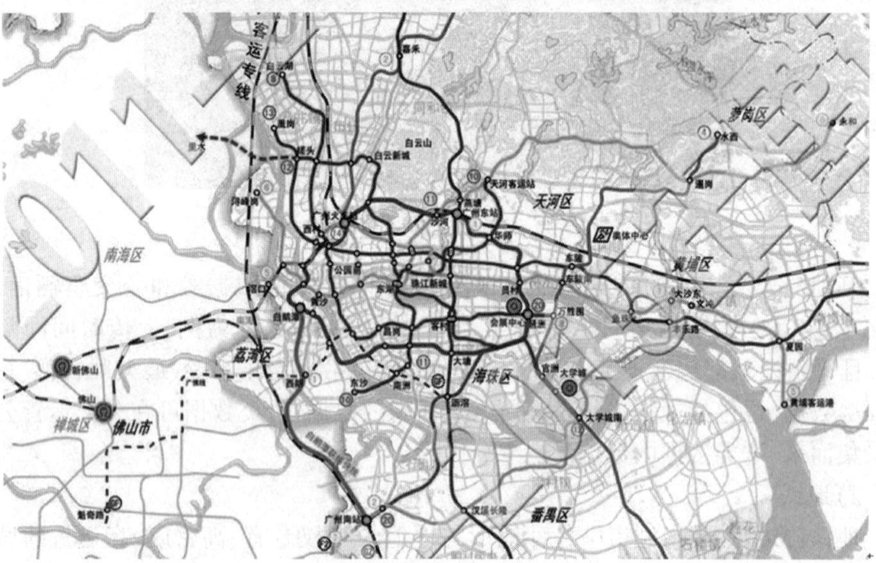

图 2-5　广州地铁线网布局

在这些现代化大都市中,城市交通一卡通系统已初具规模,且覆盖至地铁。得益于城市交通一卡通在地铁的应用,一卡通系统积累大量数据,主要包括以下几类数据:地铁 IC 刷卡数据、地铁线路及站点信息、地铁调度信息、地铁视频客流监控信息及其他相关数据,如图 2-6 所示。

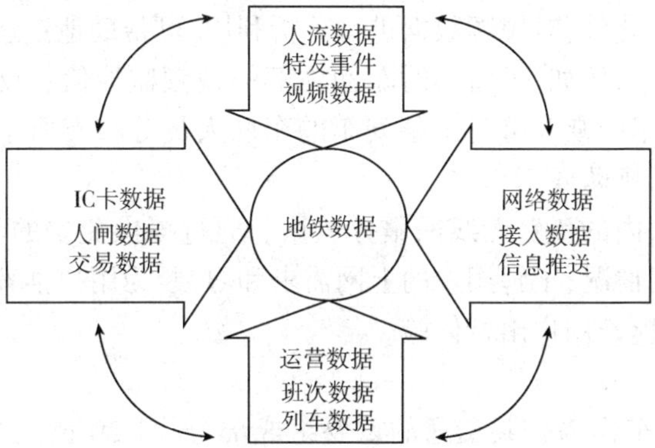

图 2-6 地铁数据

第一类数据是地铁 IC 卡刷卡数据。地铁 IC 卡刷卡数据是指乘客在乘坐地铁时出入闸机刷卡,由终端记录并存储下来形成的具有特定结构化信息。地铁刷卡数据与公交 IC 卡刷卡数据不同,公交大多采用一票制乘车收费,刷卡数据的记录只有一条且没有站点信息,而地铁按段收费,刷卡数据有两条且数据记录中包含站点信息。地铁 IC 卡刷卡数据是十分庞大的,据 2015 年 08 月 06 日广州日报报道,广州已建成开通 9 条地铁线路,260 公里地铁线网及 1 条有轨电车试验线,11 条线路建设同时推进,广州地铁现已承担全市 40%的客运任务,每日平均客流量超 630 万。这些乘客在出入闸机留下的数据记录高达 1200 万条,如图 2-7 所示。

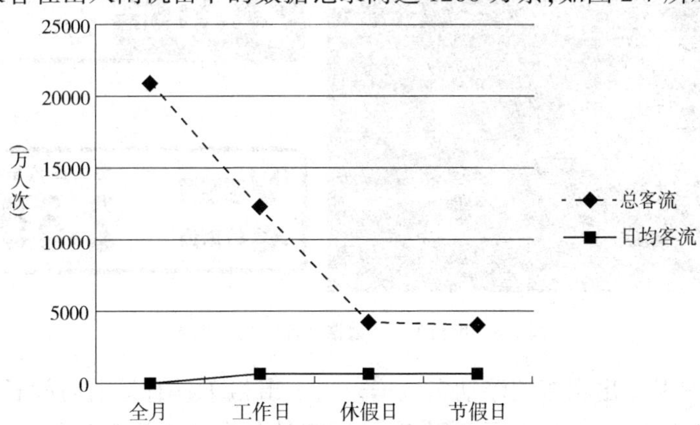

图 2-7 2015 年 10 月广州地铁客流统计

第二类数据是地铁线路运营数据，包括地铁线路信息图、地铁规划图、地铁运营时刻表、地铁资讯、地铁票价等，这些数据在相应的城市地铁运营公司可获得。

第三类是地铁站内视频监控数据。这一类数据量十分巨大，也十分有价值。地铁站内往往人多而密集，极易发生突发事件，视频监控信息对了解事件发生时的场景有很大帮助。此外，对视频数据进行分析利用，可帮助地铁运营公司为乘客提供更加优质的服务。例如，可将实时车厢内部的视频监控信息反映到对应车厢前的屏幕上，即将上车的乘客可对下趟列车的车厢人员分布有所了解而选择在相对不那么拥挤的车厢排队候车。

第四类是地铁内的免费无线网服务数据。通过提供免费的无线网服务，掌握用户的接入和使用情况，了解用户的上网需求和习惯，为用户推荐合理的出行线路和相关路况警示，提升用户出行体验。

3）出租车

在我国，出租车作为公共交通的重要组成部分，自 20 世纪 90 年代以来在有关政策的扶持下得到了迅猛的发展。随着城市公交一卡通在出租车上的应用，一卡通在出租车出行上产生了乘客的刷卡数据；另外，出租车自身配备的定位和无线设备也在实时记录其运行状态数据，这两种数据构成了出租车的基本数据信息。

第一类是出租车刷卡数据，即通过乘客的城市交通一卡通在出租车刷卡终端进行刷卡而产生的数据（图 2-8），该类数据可由出租车刷卡数据采集器采集，出租车司机将记录乘客刷卡数据的 IC 卡片，几秒钟就能完成数据采集。

图 2-8　出租车刷卡数据（岭南通、羊城通）

第二类是基于出租车的浮动车数据。由于出租车具有运营时间长、道路覆盖面广、采集成本低、便于集中管理等特点，国内外各个城市浮动车采集系统都将城市出租车作为典型的终端搭载车辆。作为浮动车的出租车连续回传车辆坐标、方向、速度、载客状态等数据，一方面为交通信息服务系统提供了重要的交通路况信息，另一方面成为城市出租车运营特性分析的重要数据基础。浮动车数据采集系统是通过交通流中一定比例的安装有定位和无线通信装置的普通车辆（如出租车、公交车等）与调度管理中心实时交换数据的一种新型路网交通信息采集系统。当浮动车在道路上行驶时，来自路网纵剖面的实时交通状态数据被收集，这样可以方便地测得可靠、准确的车辆行驶速度、路段行程时间等路况参数及出行 OD 等交通规划基础数据。

基于出租车调度系统建设起来的城市浮动车采集系统以出租车作为浮动车，出租车在回传坐标位置的同时，回传出租汽车运营中的事件（如客人上下车），并同时生成状态（如空驶、载客等）信息，详细记录出租车的实时运营状态。

4）轮渡

越江轮渡（图 2-9）是城市公共交通体系中有益的补充，而且历史悠久。轮渡数据的采集与深入分析轮渡运输特性，尤其是船舶靠岸的过程与实践特性，对于确定发船最小间隔时间，分析航线最大运输能力有着重要的意义。轮渡作为一种公共交通工具，在很多城市也有应用，如北京、上海、香港、广州等，大部分与城市交通一卡通系统对接，因此一卡通可在轮渡上的使用。跟常规公交一样，轮渡也存在着多种类型的数据信息，其中包括刷卡数据、运营数据、接驳数据等。第一类是刷卡数据，由于轮渡也采用的是一票制乘船刷卡，故渡口收费机与公交上的车载终端相同，其采集方式也与公交刷卡数据相同；第二类是轮渡运营数据，包括发班信息、行驶路线等；第三类是接驳公交路线信息。

图 2-9 越江轮渡

5）道路客运

道路客运是指运用道路载客工具（主要指汽车）在道路（公路、城市道路）上使旅客进行位置移动的活动。城市交通一卡通在城乡道路客运领域已有应用，岭南通的电子票证系统正是为解决客运站场购票便捷化问题而建设（图 2-10）。岭南通电子票证以岭南通卡为支付介质，在购票时由系统对卡进行信息写入，生成电子凭证，在客运站闸口直接刷卡即可乘车，整个过程不会出现任何纸质票证，且票价结算全部在后台系统完成，既简化乘客出行过程，又辅助客运站自动结算，减少出错的可能。通过电子票证系统的应用，道路客运过程产生的大量数据将通过一卡通后台数据库进行处理，对这些数据进行分析与应用有利于改善城乡道路客运行业的服务质量。道路客运数据主要有以下几类。

图 2-10　道路客运站场和自助售票机

第一类是一卡通售票数据。道路客运的票价收取主要有以下几种方式，一种是分段式的票价，即按站进行区分，在某些区间内上车刷卡是一个票价，从另一个区间内上车又是另外一个票价，可从不同收费档次和标准数据提取乘客的出行范围，这是道路客运特有的数据，应与一般的城市公交数据相区别。这些数据都可以通过一卡通终端方式采集到，并通过有线或无线方式上传至后台。

第二类是线路及站点信息。线路信息包括线路编号、线路名称、线路长度、站点数、起点站点、终点站点、中间站点、运行时间。站点信息包括站点名称、站点位置、站点编号、相邻站间距。目前客运站场线路及站点信息均可以通过运政 IC 卡终端收集，并实时与运政系统进行信息交换，用于验证线路班次的发班和客流状况。

第三类是车辆调度信息。调度信息包括车辆代号、运营线路、线路方向、发车时刻、到达时刻发车间隔。客运车辆运营调度信息是客运车辆的运营情况，是客运运营公司对客运车辆运营进行合理调配的依据。客运车辆调度信息可在客运运营公司处采集而来。

其他与客运车辆相关的数据的还有客运车辆的 GPS 定位数据和客运车辆信息等，与公交车辆类似，这里不再赘述。

6）城市公共自行车

城市公共自行车是城市公共交通中不可或缺的一部分，率先倡导和推广这一健康、经济、环保的“自行车自由行”运动的是北欧国家。荷兰的公共自行车系统由国家铁路总公司负责运营管理，在 230 多个火车站和其他交通枢纽投放了 6000 辆公共自行车。英国伦敦的巴莱克公共自行车租赁系统由巴莱克银行赞助，该系统全天 24 小时开放运营，覆盖区域 44km^2，在伦敦的中心城区有大约 600 个自行车停取点，8000 多辆自行车。2008 年，西班牙政府的能源多样化和节能协会为公共自行车系统提供了 2500 万欧元的资金支持，购置了 8264 辆自行车。纽约市公共自行车系统有 10000 辆公共自行车、330 个站点。2013 年 4 月 15 日,纽约市公共自行车系统开始受理会员注册,在短短 30 个小时里,有 5000 人注册成为会员。纽约已经从汽车道上划出了 483km 的自行车专用车道,现在把自行车作为交通工具的人是 2000 年的 3 倍。全球公共自行车统计如图 2-11 所示。

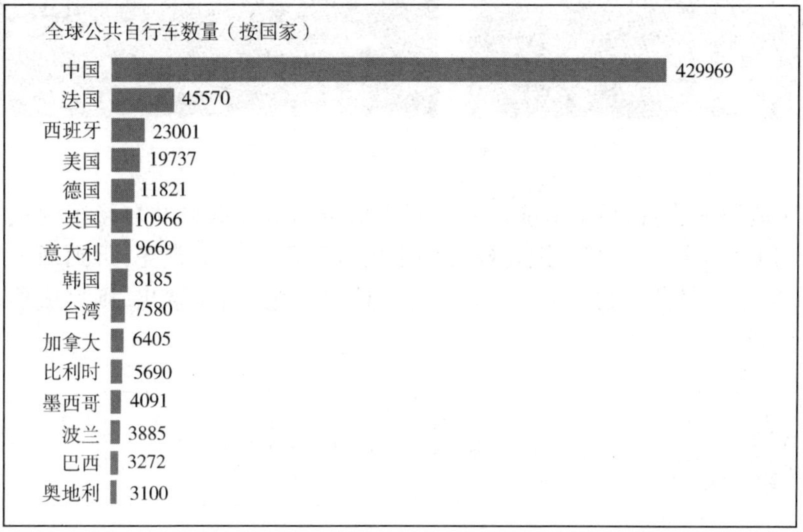

图 2-11　全球公共自行车数量

(数据来源:www.bikesharingworld.com)

自行车曾是我国普及最广的代步交通工具,其拥有量为世界各国之最,在机动车成为大城市主要的出行工具的背景下,自行车则成为了解决最后一公里的重要交通方式。以广州公共自行车为例(图 2-12),作为广州市常规公交和轨道交通的重要补充,其为市民提供了一种绿色低碳、灵活便捷的交通接驳方式,它延伸了公共交通服务,对于提高城市公共交通机动性和可达性,吸引小汽车出行者改变出行方式,以及对于节约道路资源、减少环境污染、缓解"出行难"问题将起着重要作用。2010 年 10 月前,广州公共自行车系统完成 BRT 沿线及周边居住小区、商业中心、主要公交首末站、市内主干道上的部分公交中途站及市内大型居住小区、商业中心、客运站等人流集散地配套服务点建设并投入使用,全市累计投放 15000 辆。据统计,广州公共自行车日最高租车已超过 23000 辆次,平均每辆车日周转率为 4.2 次,在全国公共自行车城市中居于第三位。全年公共自行车租还量达 800 万人次,其中 10 个服务网点日租还量超过 1000 辆次,44 个服务网点日租还量超过 500 辆次,单个服务网点日最高租还量已达 1650 辆次。当广州公共自行车系统与智能卡终端对接后,人们只需注册成为租车卡用户,通过刷卡可完成租还车过程。

图 2-12　广州公共自行车

租车流程描述:将租车卡或公共自行车服务卡放在有公共自行车的锁止器上方界面刷卡区上刷卡,此时,锁止器界面上的绿灯闪一下变常亮,听到蜂鸣器发出“嘀”响声,表示锁止器已打开,租车人应及时(30s 内)将车取出,则完成租车。租车流程如图 2-13 所示。

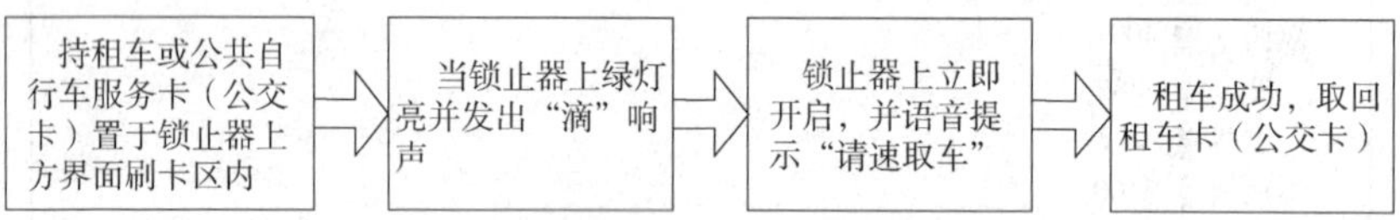

图 2-13　租借流程

还车流程描述:将所租借的公共自行车推入锁止器,当绿灯闪亮时,及时将租车卡或公共自行车服务卡在锁止器上方界面刷卡区刷卡,当绿灯停止闪亮,听到蜂鸣器发出“嘀”的一声响声时,表示车辆已锁止,还车成功。同时还车刷卡时,系统已停止计时,按照收费规定实时扣取租车人租车消费金额,并将计时结算数据实时返还给节点计算机或中心服务器,流程如图 2-14 和图 2-15 所示。

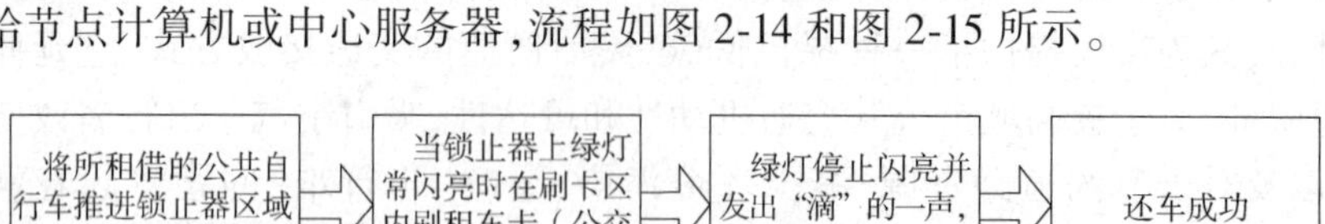

图 2-14　还车流程

常见的公共自行车租赁点一般分布在地铁出口、公交站附近、社区大门口等地,方便交通接驳,解决市民出行的最后一公里的问题,表现形式为在某个区域内,隔一定距离规划出一些停放自行车的点,一个租赁点根据客流量或者使用量放置数辆自行车。城市公共自行车租赁点与公交车站点和地铁站点一样,在城市分布范围较广。城市公共自行车通过公共自行车管理系统实现自行车的管理和租赁,每辆自行车都单独有一个可以锁自行车的装置和读卡租车、还车的读卡器。这里的卡就是城市交通一卡通(图 2-16),每次租车时把卡放到上面读一下,锁就开了,自行车就可以骑走了;由于系统是联网的,骑到任何一个其他租赁点都可以还车,还车时只需把车放到锁的位置,把卡靠近读卡器刷一下,车就锁了,即代表还车成功,在此过程中卡片会根据公共自行车的收费标准自助扣费。

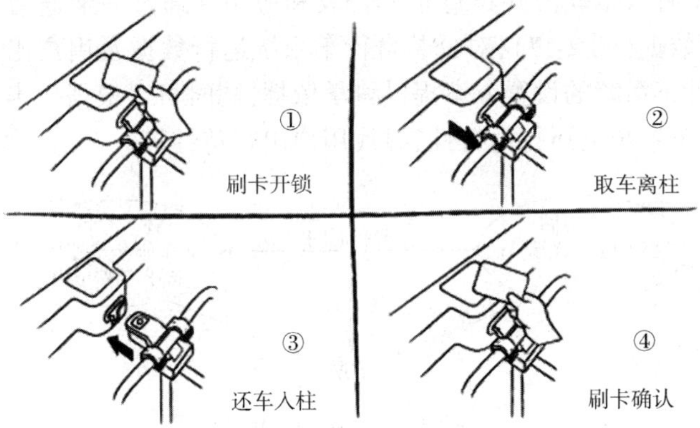

图 2-15　通过 IC 卡实现租还车

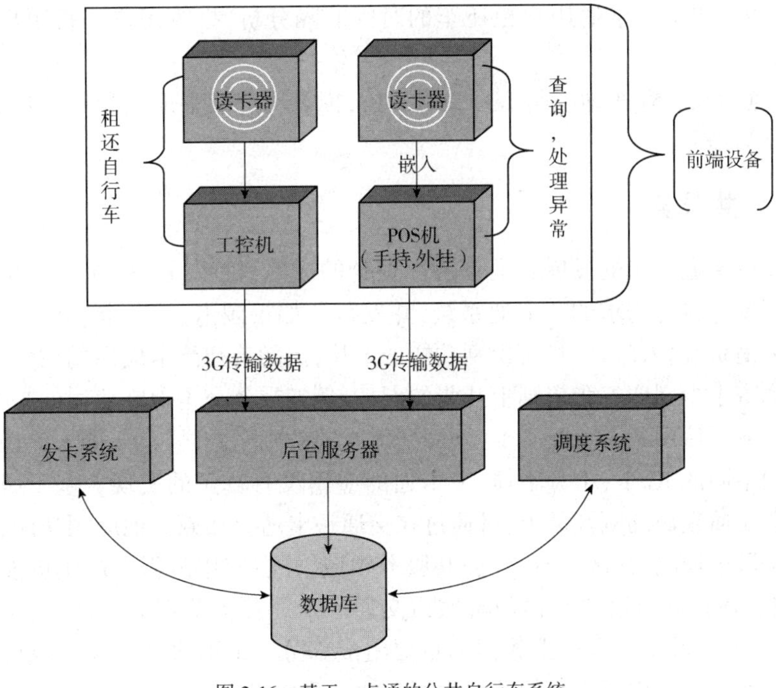

图 2-16　基于一卡通的公共自行车系统

通过用户刷卡租还车过程在公共自行车系统后台将产生大量数据,其中包括租车时间、地点、卡号及还车时间、地点、消费额等。

城市公共自行车是解决公共自行车交通与公共交通“无缝对接”,破解交通末端“最后一公里”难题的关键。随着城市公交一卡通系统与公共自行车系统的连接,有效解决了自行车租用的付费问题,随着城市公共交通绿色环保出行理念的流行与发展,这将有效带动公共自行车的普及和应用。通过一卡通后台能获取自行车使用的大量数据(图 2-17),对公共自行车系统运行数据及用户出行规律进行分析,为公共自行车系统的设置方案提供科学依据,同时可以根据一卡通交易的数据分析公共自行车系统借还行为特性,寻找用户出行特性等。

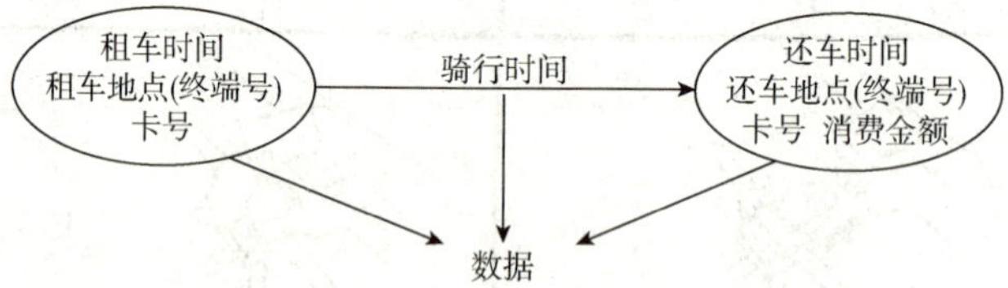

图 2-17 公共自行车数据

公共自行车数据可用于各种应用分析如下。

(1)可通过对一卡通用户租还车的时间间隔分析,推算用户出行距离和生活圈半径。

(2)通过对租还车地点与卡号关联分析,推算用户换乘地点和最终目的点(工作地或生活地)。

2.2.2 公共服务

随着一卡通技术的发展和上下游产业链的成熟,校园、社区、企业等机构也陆续建立了基于自身需求的一卡通系统,并发行了如校园卡、社区卡、企业员工卡等具有刷卡消费、出入门禁、身份识别功能的卡片,但随着智能卡应用的增多,很多人身上都携带了少则四五张多则十几张的卡片,例如乘公交坐地铁使用的是交通卡,到了公司签到使用的企业员工卡,到园区饭堂消费则用的是饭卡,即人们在不同场景下使用不同的 IC 卡,十分不便,一卡通的应用没有真正的实现。基于城市交通一卡通在交通领域的刚性需求,可通过在交通一卡通上加载其他应用功能,使其应用范围扩展至校园、社区、企业等公共服务领域,并在使用过程中产生更多的刷卡数据(图 2-18),同时这些数据随着城市交通一卡通覆盖范围的延伸,增长速度逐渐加快,并成为城市一卡通大数据的重要组成部分。下面将详细介绍城市交通一卡通在这些领域应用所产生的数据来源和数据采集方式。

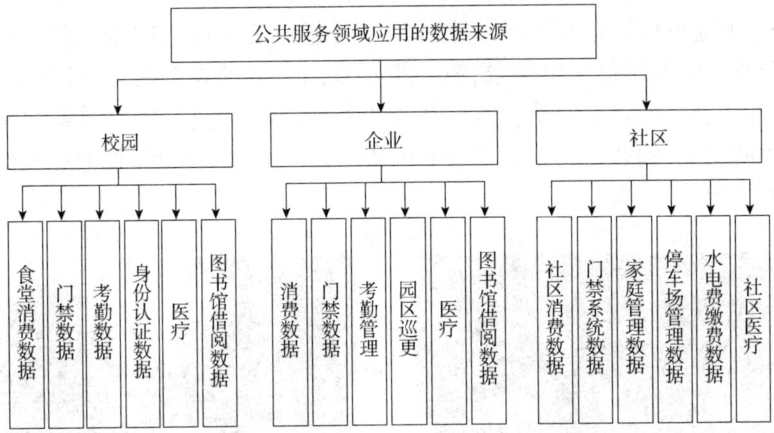

图 2-18 公共服务领域的城市一卡通数据

1)校园一卡通

随着校园信息化建设的推动,校园一卡通在全国各大高校得到了快速的发展和普及,并由以前单一的后勤餐饮系统发展为全校的校园一卡通平台,包括了食堂收费、超市收费、图书馆、校医院、注册报到、宿舍管理、会议签到、门禁、考勤、机房上机、试验室管理、科研、教学等几十个系统(图 2-19),涉及全校师生的授(上)课、消费、科研、管理等方面。城市交通一卡通在现有的城市公共交通应用的基础上,扩展实现了校园一卡通的功能,借助城市一卡通区域互通标准实现校园图书、教学等资源的互通共享应用,助力校园数字化、网络化管理。

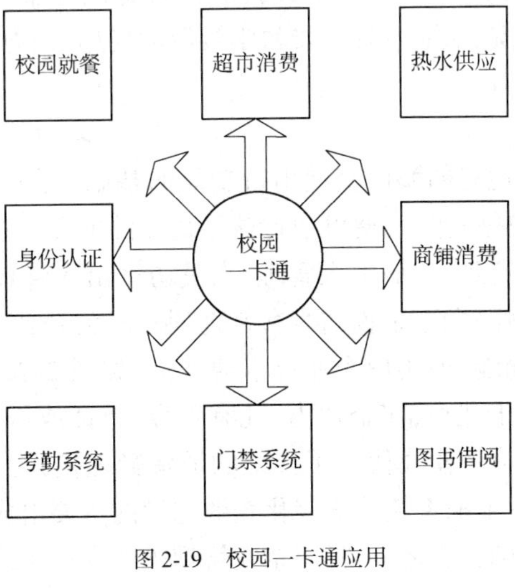

图 2-19 校园一卡通应用

城市公交一卡通在校园里的应用产生了大量的数据。第一类是刷卡消费数据,校园一卡通可供师生在校园饭堂、便利店、超市等地进行刷卡支付,图 2-20 是校园一卡通在图书馆的应用场景;第二类是校园一卡通在图书馆、校医院、注册报到、宿舍管理、会议签到、门禁、考勤、机房上机、试验室管理、科研等系统中使用时产生的数据记录,例如门禁系统记录下的持卡人的门禁出入时间、考勤系统记录的考勤打卡时间。

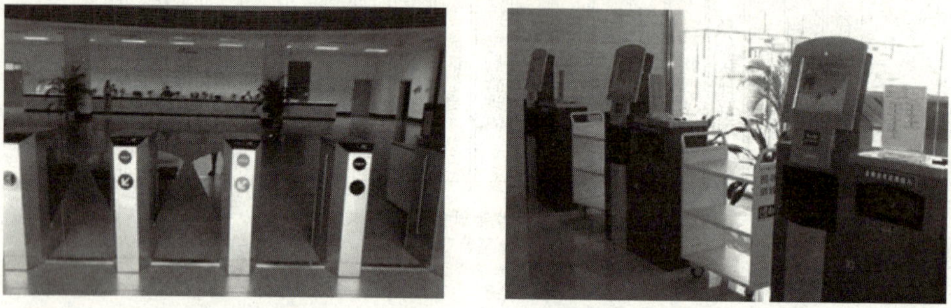

图 2-20　一卡通在校园图书馆应用的一角

校园一卡通在高校已经使用多年,经过多年的发展与应用,在校园一卡通数据中心已经存储了海量的数据,这些刷卡消费数据、上机数据、借书数据、用水数据等一卡通数据越来越被学校重视,因为校园一卡通数据记录了学生在学校的一般活动及各种行为,对这些海量的数据进行研究分析,可以获取一些重要的信息,例如对学生的用水数据进行研究与探索,了解学生使用热水的一些情况,又或者分析学生在食堂的刷卡数据,了解学生的就餐时间、消费金额分布等,这些分析有助于学校了解学生的更多情况,从而合理安排教学资源的使用,助力校园基础设施的完善与学校教学水平的提升。

2)企业一卡通

城市一卡通可在现有的城市交通出行功能的基础上,将其应用范围扩展企业内。企业园区人员可凭一张卡,便可通过该系统硬件配套设备进行消费、门禁出入控制、考勤管理、会议签到、车辆出入管理,人员访客出入管理,并能扩展到企业园区巡更、电梯控制、医疗、图书借阅等"一卡通"服务,为企业员工提供电子钱包支付、联机刷卡支付等功能,即实现企业一卡通功能,如图 2-21 所示。所谓"企业一卡通"即以卡代证、以卡代币,在企业内,凡有现金、票证或需要识别身份的场合均采用卡来完成。此种管理模式代替了传统的消费管理模式,为企业的管理带来了高效、方便与安全。一卡通系统是数字化企业建设的重要组成部分,是为企业信息化提供信息采集的基础工程之一,具有企业管理决策支持系统的部分功能。

图 2-21 企业一卡通应用

城市一卡通在企业内的应用也会产生大量数据。企业园区人员凭卡在企业园区进行消费、门禁出入、考勤打卡、会议签到、车辆出入停车场、企业园区巡更、电梯控制、医疗、图书借阅等“一卡通”服务时均会产生相应的数据记录,这些数据均可由相应的数据采集设备采集而来。下面以企业一卡通在考勤系统产生数据为例说明,通常安放在企业或公司的前台附近,员工上下班时进行刷卡,考勤机记录下员工的刷卡时间,产生考勤数据表,如表 2-3 所示。

企业考勤机的数据表 表 2-3

部门	用户员工号	姓名	日期	上午上班	上班描述	下午下班	下班描述	迟到分	早退分
财务管理部	11	张三	2013/10/1		休息		休息	0	0
财务管理部	11	张三	2013/10/2		休息		休息	0	0
财务管理部	11	张三	2013/10/3		休息		休息	0	0
财务管理部	11	张三	2013/10/4		休息		休息	0	0
财务管理部	11	张三	2013/10/5		休息		休息	0	0
财务管理部	11	张三	2013/10/6		休息		休息	0	0
财务管理部	11	张三	2013/10/7		休息		休息	0	0
财务管理部	11	张三	2013/10/8	8:21:04		17:34:28		0	0
财务管理部	11	张三	2013/10/9	8:16:34		17:34:20		0	0

续上表

部　门	用户员工号	姓　名	日　期	上午上班	上班描述	下午下班	下班描述	迟到分	早退分
财务管理部	11	张三	2013/10/10	8:17:24		17:30:38		0	0
财务管理部	11	张三	2013/10/11	8:13:14		17:33:06		0	0
财务管理部	11	张三	2013/10/12	8:06:06	加班	17:36:22	加班	0	0
财务管理部	11	张三	2013/10/13		休息		休息	0	0

3)社区一卡通

城市交通一卡通可在现有的城市交通出行功能的基础上,将其应用范围扩展至社区,即构建社区一卡通。一般来说城市交通一卡通在社区的应用包括社区消费系统、社区门禁系统、物业管理系统、停车场管理系统、社区机电设备自动化系统、消防报警(含煤气/天然气泄漏报警)系统、保安监控系统、可视对讲系统、三表远程计费系统、信息网络服务系统等,其中的部分系统是社区实现智能化的硬件设备和保障,但从实际的使用和对用户的便利来讲,其核心应该是数字社区的"一卡通",即用户通过一张 IC 卡便可完成资金结算和某些控制操作等。社区"一卡通"的实施将给用户带来极大的方便。一卡通社区是 IC 卡应用的一个重要领域,也是拉动 IC 卡经济发展的新的增长点。

城市交通一卡通在社区这些系统中的使用同样地产生了大量数据(图 2-22),下面以社区消费系统、社区门禁系统、家庭物业管理系统和停车场管理系统为例说明。

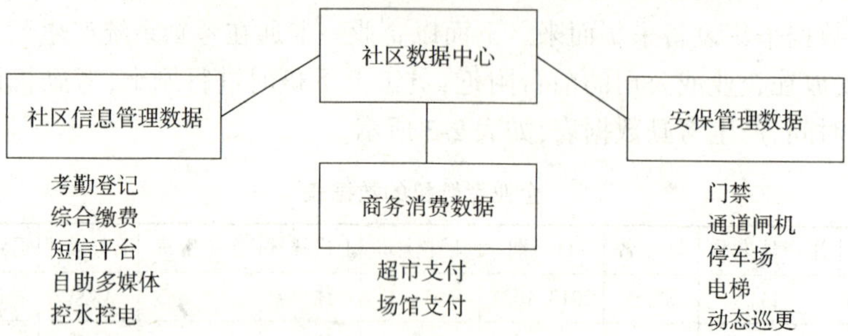

图 2-22　社区一卡通数据

社区消费系统用于社区内商务中心、娱乐中心、餐厅、停车场等收费场所,实现 IC 卡持有者及外来的非持卡用户的收费,减少不必要的现金流动。社区消费系统由 IC 卡消费/收费终端(POS)、管理主机、IC 卡读写器、通信网络和管理软件组成。移动 POS 机采用脱机方式,通过数据采集器实现 POS 机与主机的数据上传和下载,固定 POS 机采用连网方式,由管理主机实时汇总各消费点的消费数据,并通过网络下传 POS 中的消费数据。

社区门禁系统采用了先进的计算机技术、智能卡技术、精密机械制造技术等,并采用 IC 卡作为房门开启的钥匙，提高了房门的安全性和可靠性，是未来门锁控制的发展方向。与普通门锁相比，IC 卡门禁系统具有安全性高、一卡多锁、一锁多卡、一卡多用、存储刷卡记录、非法卡操作报警、遗失补发等特点。IC 卡门禁系统采用联网工作方式。联网方式可实时监控每个单元门的状态，下发 IC 卡卡号、实现提取刷卡记录等功能。

物业管理系统主要是为小区居民提供以 IC 卡为依托，针对家庭日常消费和保安的管理系统。物业管理系统的设计以安全为核心，简便易用为目标，为小区的居民提供安全、周到的服务。物业管理系统包括 IC 卡取电、IC 卡取水、IC 卡取煤气、IC 卡支付有线电视费、可视门铃和闭路电视监控等功能。

停车场管理系统在社区实现了对进出小区车辆的门禁管理、车辆图像的采集以及停车场的管理。停车场管理系统支持租用式停车、储值卡停车和临时停车等方式的自动控制、计费和显示；随机现金核对，随机各种报表统计，并可完成误操作报表统计。对于多出口多入口的停车场实行网络管理，开放式系统结构，容易升级和系统增容。系统进行人性化设计，具备车场空位信息显示的功能；采用语音及屏幕指挥调度，可实现满位提示；噪声低、平衡好、节能。图 2-23 是社区停车场的刷卡系统，该系统借助城市交通一卡通实现停车时间计时计费与扣费。表 2-4 所示为社区一卡通数据及类型。

图 2-23 社区停车场刷卡系统

社区一卡通数据 表 2-4

数 据 项	数据来源描述
社区消费数据	社区便利店、健身场所、休闲娱乐消费
社区物业数据	水、电、气、有线电视、卫生等公共缴费
社区停车场数据	车辆进出数据
社区门禁数据	人员进出社区数据
社区监控数据	视频监控数据

2.2.3 小额消费

城市一卡通运营机构属于公共交通领域的第三方支付类公司。作为承担一定社会公益属性的第三方支付公司，城市一卡通运营机构在公共交通领域掌握了从发卡、受理环境到收单清算的过程管理，同时也在非公交领域积极拓展小额消费等第三方支付应用。目前，北京、广州、香港等城市的交通一卡通均可在便利店、快递、超市、影院、菜市场、快餐店等小额支付领域使用，如图 2-24 所示。

图 2-24　一卡通在小额消费领域的应用

小额消费系统是城市交通一卡通系统业务拓展的重要组成部分，它的广泛应用将为持卡客户和小额消费管理服务商提供一系列的 IC 卡支付服务，是连接消费客户和合作商户的重要纽带，为建设数字化消费环境奠定良好的基础。

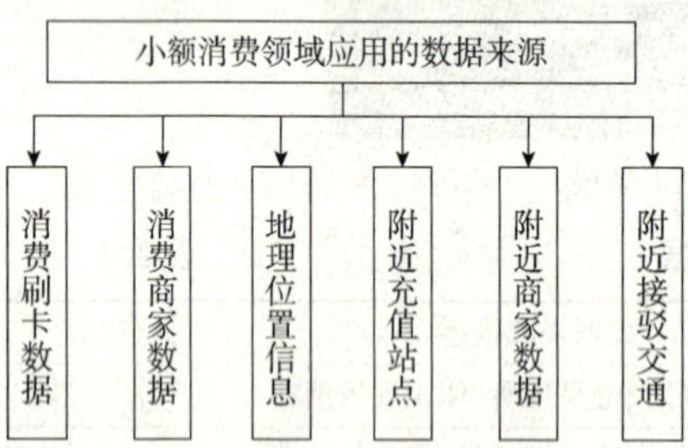

图 2-25　小额消费领域数据

城市公交一卡通在小额消费领域的应用产生了大量的数据，如图 2-25 所示。小额消费系统具有读卡、发卡、充值、退款、挂失、解挂、补卡、销户、退卡、修改、修卡、错扣补款等功能，每一项操作都会产生对应的数据记录，最主要的一类就是 IC 卡刷卡消费数据。以广东省公交一卡通（岭南通）为例，其合作运营商家已超过 1200 家。此外，与之相关联的数据还有小额消费网点商家的类型、店铺大小、刷卡交易占比、附近主要交通站点等信息，对这些数据进行分析可协助小额商家提升其自身业务量。

2.2.4 电子商务

随着互联网应用的普及、移动支付的发展，城市交通一卡通也逐渐开始向网上支付、手机移动支付过渡，目前城市公交一卡通顺应大众的需要逐步拓展至电子商务领域，实现网上充值的功能，让市民足不出户就能实现对公交卡网上余额查询、网上充值以及网上消费等功能，满足了市民对用卡便利的需求。图 2-26 为广东岭南通卡的网充终端，借助该终端持卡用户可在电脑端实现交通卡的充值、余额查询、网上消费功能。

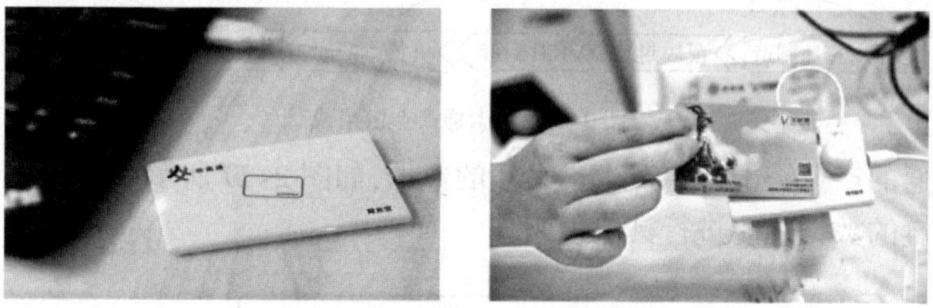

图 2-26 岭南通网充终端的应用

城市交通一卡通在电子商务领域的应用主要包括在线支付、电子票证、移动支付等，在电子商务领域的应用产生了以下几类数据，如图 2-27 所示。第一类就是 IC 卡交易数据，包括消费数据、充值数据和票证数据，交易数据的获取来自对应系统的数据记录；第二类是在线账户数据，包括账户信息、历史订单等数据；第三类是互联网数据，主要产生于用户在访问网站时在网上所留下的“足迹”；第四类是在线充值数据；此外还包括商家数据及其他相关数据。

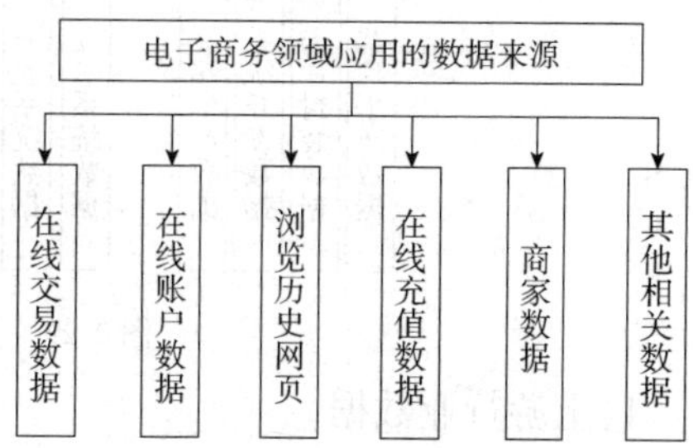

图 2-27 电子商务领域数据

2.2.5 一卡通产业链

一卡通产业链是指以一卡通系统研发和应用为中心而衍生出来的上下游供应链、一卡通研发行业、一卡通运营企业等一系列相关企业及行业组织的关联体，如图 2-28 所示。一卡通行业的上游供应商包括智能卡、芯片及其他电子元器件制造企业、系统集成商、设备供应商等，而其下游的应用领域非常广泛，只要有人群集中居住、生活和工作的地方，就可能存在对公共交通一卡通系统的潜在需求，例如,社区、企业、学校、工业园区等人群集中点,均构成了一卡通产业链的重要组成部分。

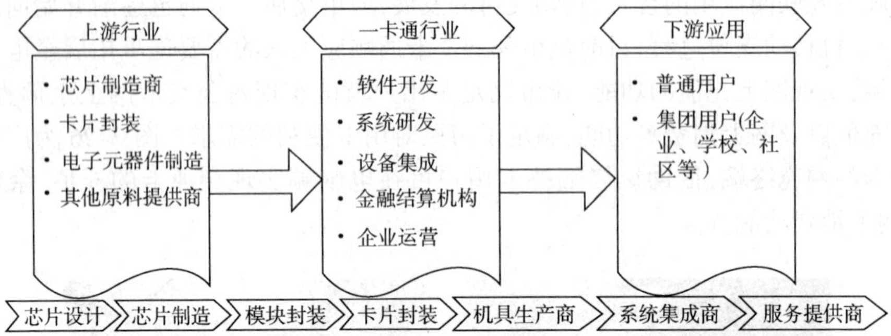

图 2-28　一卡通产业链组成

一卡通的产业链上下游产生了大量的数据,如图 2-29 所示。随后几节将对一卡通产业链的数据来源进行具体说明。

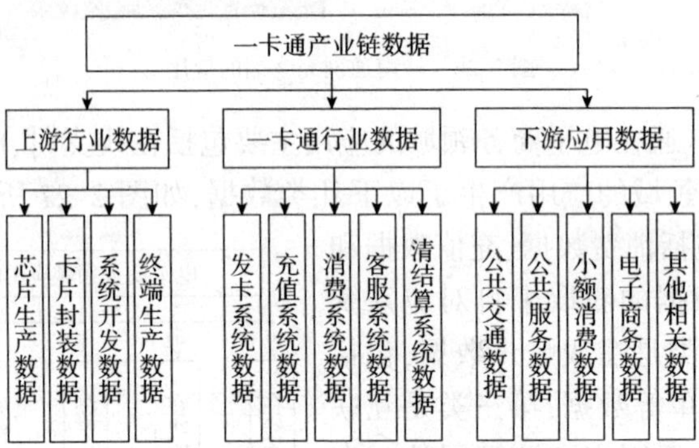

图 2-29　一卡通产业链数据

1)上游行业数据

城市公交一卡通产业上游是一卡通关键技术供应商,如芯片生产商、卡片封装商、系统开发商和终端生产商。芯片制造商一方面推出大容量先进芯片,提升产品扩展性能;另一方面开发与行业应用相结合的 COS,促进多卡融合应用。卡片封装就是把集成电路公司提供的半导体芯片和卡基制造公司提供的塑料卡结合在一起。系统开发商负责为客户提供端到端的解决方案,从硬件设备、安全操作系统、场景应用,到个人化、远程管理、密钥管理等服务。系统集成商的主要作用是整合其他场所设备,并进行系统测试、试运行,解决设备之间的电气兼容性,目的是使系统能稳定工作,对其他输入能得到快速的响应。一卡通系统配套终端生产商是指完成 IC 卡相关配套服务的终端(硬件)生产商,车载收费机、地铁闸机等均为终端产品。这些行业产生的数据与城市一卡通密切相关，以芯片制造商来说，了解其行业发展有利于帮助一卡通运营企业了解整体智能卡行业的发展趋势，促进城市一卡通运营企业进行业务拓展；以终端生产商来说，分析各个地市一卡通收费终端在公交车上的累计安装量、新增终端安装量，可以了解城市一卡通在公交领域的覆盖范围与增长趋势。表2-5所示为一卡通产业上游企业数据。

一卡通产业上游企业数据　　表2-5

数　据　项	数据来源描述
芯片设计数据	芯片设计方案、流程、文档
芯片测试数据	芯片测试方案、流程、文档
终端生产数据	生产过程数据
设备集成数据	设备集成
运维数据	设备维护、运营、改造数据
生产数据	生产、管理、品质、封装等数据

2）一卡通行业数据

一卡通产业链最重要的数据来源于一卡通运营行业，一卡通行业围绕城市一卡通业务建立了一套相应的一卡通应用系统，该系统按功能可分为发卡、充值、消费、客服、清结算等关键子系统，根据功能的不同可将一卡通数据分为发卡系统数据、充值系统数据、消费系统数据、清/结算系统数据、客服系统数据5大系统数据，以下将对一卡通系统数据进行说明。

（1）发卡系统数据

IC卡发卡数据主要完成IC卡的发行与管理，是公共交通一卡通系统的重要组成部分。发卡系统数据有以下几类。

票卡发行数据：各个地市各种类型用户卡的发行量，用户卡类型包括普通卡、员工卡、老人卡、学生卡、残疾人卡等。

清除票卡的数量：向卡厂商退卡时，发卡系统会删除票卡上写入的数据使之变成空白卡，发卡系统会记录下清除票卡的数量、时间、原因等信息。

退卡数据：发卡系统对无质量问题、卡面整洁完好并且通过客户系统做了相应退卡操作的票卡会进行洗卡、再次发行，这一操作会产生退卡数据。

（2）充值系统数据

充值系统的主要功能是实现持卡用户为智能卡充值、查询功能。充值方式目前有三种，联机充值、自动充值和网上充值。充值系统数据包含以下数据。

持卡人充值的记录：持卡人每充值一笔，相应的就会产生一条数据，包含卡号、金额、时间、终端设备号、充值方式等。

账户及额度管理数据：充值系统为充值商户分配账户，为各个地区的商户提供充值额度控制，实现资金的监管功能。额度指可为一卡通充值的额度，分为储值额度和信用额度；储值额度是商户交多少钱额度就增加多少，信用额度是商户可超额使用的额度。充值系统记录着商户的相关信息，包含终端设备号、储值额度、信用额度等。

(3)消费系统数据

消费系统的目的是规范化管理一卡通应用场景消费流程，实现统一扣费、电子化财务记账、电子化消费场所营业统计，形成一卡通消费记录清单。一般来说，消费系统都拥有详尽的报表功能，营业收入统计表、个人消费统计表和卡内余额统计表、存款统计表、发卡明细表和现金收支报表等经典财务报表汇集。采集数据后，财务人员可以按照某个消费机、某个消费点、某个部门、全部条件等进行组合查询并分类统计、汇总，报表可以直接打印，也可输出 Excel 格式；消费报表包含消费次数统计，可按卡号、类型、消费点等分类条件统计并显示消费次数，为一卡通应用场所数据分析提供决策依据。

(4)清/结算系统数据

清结算中心是整个系统的管理中心，完成系统的数据转换和清算等功能，实现电子支付数据的传输、收集、认证、拆分、结算和划拨等环节。

清分系统对客服、充值、消费和票卡发行等各类一卡通数据进行检查、集中备份，提供数据文件接入及分发功能，提供黑名单管理功能，对有效数据按区域进行分账、出局报表。清分系统会产生清算结果文件生成各种报表、黑名单记录表等数据。

结算主要提供准确和及时的支付结算服务。结算系统主要负责充值业务、消费业务、客服、跨区域交易资金的对账与结算，各类业务都需要出具对账、结算报表，并在财务系统登记。

(5)客服系统数据

客服系统主要有 5 大功能，即客户服务、业务审核、人员管理、业务汇总和数据交换。客户服务即为客户解决各种问题，比如票卡信息查询、交易历史查询、处理故障卡、投诉处理等，审核主要是针对各地市涉及投诉的消费、充值金额，还要管理各地市客服人员、管理人员，并以自然日为统计单位，对当日业务进行汇总，出具统计报表，数据交换就是将每个自然日的各类数据打包成文件送清算。

3)下游应用数据

城市一卡通的下游应用领域非常广泛，特别是人群集中居住、生活和工作的地方，对公共交通一卡通系统的应用存在巨大的需求，例如社区、企业、学校、工业园区等人群集中点。目前城市一卡通已成功地应用到公共交通、公共服务、小额消费、电子商务等领域,城市一卡通在这些领域的应用所产生的数据来源及数据采集方式在前面已有介绍,这里就不再赘述,这些数据是城市交通一卡通大数据的主要来源。

2.2.6 相关联数据

城市交通一卡通大数据中还包含了一些相关联数据,例如,在对城市客流进行预测分析时,需要考虑当前的天气、是否节假日、周边是否有旅游景点、市政道路工程等因素,所以相关联数据在城市交通一卡通大数据也是必要的组成部分。

1)城市人口数据

城市人口分布、社会经济活动都影响着城市交通,国内一线城市如北京、上海、广州、深圳等的人口数量密度大、综合经济实力较强,城市交通的通达能力也比其他二三线城市更为优越。而同样是出行,考虑到年龄、职业、收入、受教育程度等因素,不同的人出行习惯也不同,所以在城市交通一卡通大数据分析时,加入城市人口分布及结构数据会使分析结果更加准确和符合实际要求。下面以广州市为例,说明人口分布数据在一卡通数据分析中的关联应用。以下数据均来源于2010年第6次人口普查数据。

(1)广州市人口数量和密度的空间分布

人口数量和密度决定了交通需求的产生量,总体来看,广州市全市常住人口12700800人,同第五次全国人口普查2000年11月1日零时的9943000人相比,十年共增加2757800人,增长27.74%,年平均增长率为2.48%。全市常住人口中,中心城区为7727163人,占60.84%;新城区为3343491人,占26.33%;县级市为1630146人,占12.83%。从空间分布上看,广州市常住人口分布最多的在白云区,白云区占总人口的17.5%,为广州市人口最多的一个区。番禺、海珠、天河、越秀几个区占有较多的人口。从人口密度上看,广州市四个核心区:越秀区、荔湾区、海珠区、天河区的人口密度较高,近郊区黄埔、白云、番禺的人口密度次之,最低的为从化区,广州市的平均人口密度为1708人/km^2,远远大于全国平均水平(140人/km^2)。

基于人口的分布区域和人口密度状况,城区线路数量分布也呈现密度不均的现象,中心城区公交线路明显较多,且以短途为主,通过部分线路的客流量的对比发现,城区客流量与城郊客流相比明显频繁很多,呈现的需求也不同。图2-30所示是人口结构与公交线路分布、出行客流相关关系图,而表2-6所示是广州市分地区的常住人口分布。

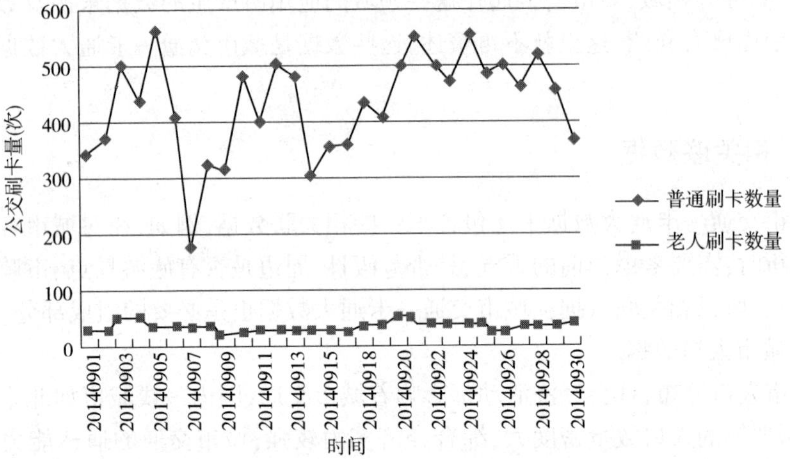

图 2-30　人口结构与公交线路分布、出行客流相关关系

广州市分地区的常住人口分布(来源:广州市统计局)　　表 2-6

地　区	人口数(人)	比重(%)	人口密度(人/km²)
全市合计	12700800	100.00	1708
荔湾区	898204	7.07	15198
越秀区	1157277	9.11	34239
海珠区	1558663	12.27	17242
天河区	1432431	11.28	14870
白云区	2222658	17.50	2793
黄埔区	457930	3.61	5035
番禺区	1764869	13.90	2245
花都区	945053	7.44	974
南沙区	259899	2.05	493
萝岗区	373670	2.94	950
增城区	1036731	8.16	641
从化区	593415	4.67	301

(2)年龄构成

总体来看,全市常住人口中,0~14 岁人口为 1456396 人,占 11.47%;15~64 岁人口为 10403534 人,占 81.91%;65 岁及以上人口为 840870 人,占 6.62%。同 2000 年第五次全国人口普查相比,0~14 岁人口的比重下降 4.97 个百分点,15~64 岁人

口的比重上升 4.37 个百分点,65 岁及以上人口的比重上升 0.6 个百分点。值得注意的是,广州市 65 岁及以上人口占 6.62%,而按照联合国的新标准老龄化社会是 65 岁老人占总人口的 7%,即该地区视为进入老龄化社会。广州市的这一比例非常接近该标准,且从 1982—2010 年的 28 年间,广州人口老龄化趋势持续,儿童人口系数大幅下降,老年人口系数逐渐接近年老型标准,说明广州市人口有老龄化趋势。与广东省和全国总体水平相比,广州人口老龄化有显著特点。2010 年,广州市第六次人口普查总人口显示,65 岁及以上老年人口 84.09 万人,比 1982 年增加 54.23 万人,平均每年增加 1.92 万人,年平均增长速度为 3.72%,快于同期总人口 3.21%的增速。图 2-31 所示为某线路公交老人卡的刷卡量,特色是途经热门站点和公园。

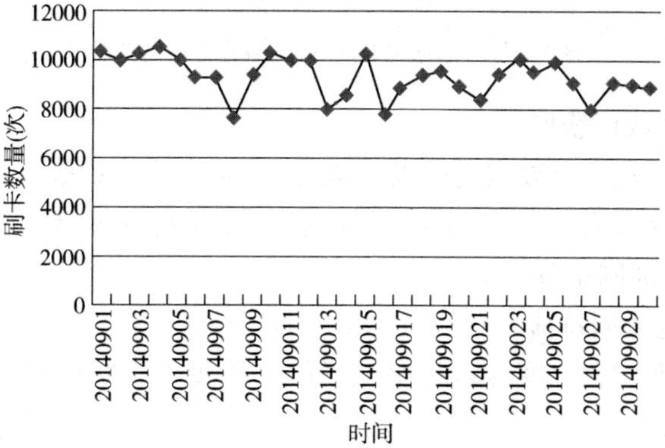

图 2-31 某线路公交老人卡的刷卡量

人口数量、分布区域、年龄层次等因素与公共交通出行系统存在一定的相关性。人口数量越多,对公共交通出行需求必然越大,如 2014 年广州市常住人口为 1308.05 万人,当年的公共交通数据显示:广州日均常规公交为 744 万人次、地铁 675 万人次、出租车为 199 万人次。若按广州市羊城通卡的持有率为 75%来算,日均出行的一卡通刷卡量达 1213 万人次。

2)气象与环境信息

在城市交通大数据分析中,除了要利用交通数据外,还会利用天气与环境数据,例如恶劣的天气状况(如下雨、台风)会对交通出行行为有巨大的影响,如图 2-32 所示,非刚性出行会大大减少,节假日期间前往景点游玩的客流量会比较大,对城市交通大数据进行分析数据源必须要全面,分析结果也更为准确。

环境为人类的社会生产和生活提供了广泛的空间、丰富的资源和必要的条件,包括自然环境和社会环境两种。

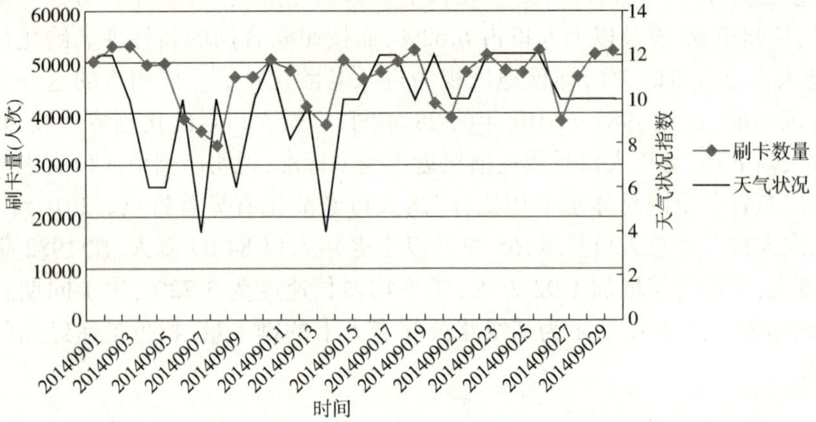

图 2-32　一卡通刷卡量与天气状态之间的关系

(1)气象环境数据获取

随着互联网的发展及数据透明度的提升,气象环境的获取较为方便,国内比较著名的网上气象台有天气在线、中国天气网、上海天气网等,环境监测站点有中国环境网、环境保护部网站等。

(2)气象环境数据特征

气象环境数据包含温度、露点、湿度、气压、能见度、风向、风速、天气状况等属性,具有以下特征:

①连续性。温度、湿度、气压等数据均是连续数据,通过定量分析,可以得到气象环境数据属性随时间变化的连续曲线。

②可预测性。可预测性是指在未来一定时期内天气和环境状况是可以预测的,通常根据对卫星云图和天气图的分析,结合有关气象资料、地形及季节特点等综合研究后作出。

③区域性。气象环境数据具有区域性的特点,城市与城市之间,甚至是一个城市的各个区的气象环境状况都各不相同。

3)城市规划与土地利用

城市规划是处理城市及其邻近区域的工程建设、经济、社会、土地利用布局以及对未来发展预测的学科。它的对象偏重于城市物质形态的部分,涉及城市中产业的区域布局、建筑物的区域布局、道路及运输设施的设置、城市工程的安排,主要内容有空间规划、道路交通规划、绿化植被和水体规划等内容。城市规划是城市建设和管理的依据,位于城市管理之规划、建设、运行三个阶段之首,是城市管理的龙头。

土地利用是指人类对土地自然属性的利用方式和目的意图，是一种动态过程。20世纪以来，由于人口急剧增长，而可利用的土地资源相对越来越少，因此土地利用问题逐渐引起世界各国的重视。人口向城市集中的趋势和城市占地面积的日益扩大，引起城市用地与国民经济其他部门用地，特别是与农业用地的矛盾。此外，由于技术进步，人类改造、利用自然环境的能力日益提高，如处理不当，就会出现污染环境和破坏生态平衡的问题，往往首先表现在土地利用上。土地利用既受自然条件制约，又受社会、经济、技术条件影响，是这些因素共同作用的结果。

城市用地布局决定了城市中人和物的空间分布情况，而城市交通就是指城市中人和物的空间流动，是城市中一切活动联系的载体。城市用地布局模式和交通运输设施形成闭环系统，如图2-33所示。

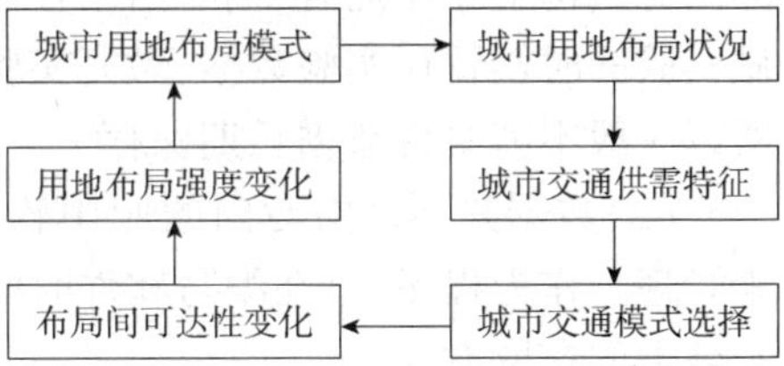

图2-33　城市用地布局模式与城市交通的关系

城市土地利用和交通系统之间的关系是一种循环的作用和反馈关系。城市交通与土地利用相互联系、相互制约，不同的城市土地状况对城市的交通影响是非常大的。如市中心模式的城市，市中心交通需求量大，远离市中心的需求量小；而多中心城市的交通需求则分散在各个中心，交通需求分布比较均匀。不同的土地利用状况，都有不同特点的交通模式与之对应，这是交通在城市活动中的功能所决定的。城市土地利用对交通影响的另一个主要方面表现在小区土地利用对交通产生的影响。过强的土地利用，必将导致拥挤的交通，从而要求高运载能力的交通方式与之对应，如公共交通；反之，则可能导致自由方式的交通。城市交通系统所具有的实际运行水平会对城市空间结构及城市的发展规模产生影响，从而影响到城市土地利用状况，特别是城市交通可达性对城市经济、商业和文化活动用地的空间分布具有决定作用。沿交通线发展是城市发展中的普遍现象。道路交通是组成城市物质实体的骨架，各种不同性质的用地是依存这些骨架的肌体。因此，土地利用结构决定市内交通运输需求，道路及交通设施的改善又反过来改变土地利用的强度和模式，其主要矛盾随城市发展阶段的不同而改变。

2.3　城市交通一卡通大数据的管理

城市交通一卡通大数据管理是利用计算机硬件和软件技术对城市交通一卡通数据进行有效的收集、存储、处理和应用的过程，其目的在于充分有效地发挥数据的作用。

2.3.1 数据管理技术的发展阶段

数据管理经历了人工管理、文件系统、数据库系统三个发展阶段。

1)人工管理阶段

20 世纪 50 年代中期以前,计算机主要用于科学计算,这一阶段数据管理的主要特征有 4 点。

(1)不能长期保存数据。在 20 世纪 50 年代中期之前,计算机一般在关于信息的研究机构里才能拥有,当时由于存储设备(纸带、磁带)的容量空间有限,都是在做实验的时候暂存实验数据,做完实验就把数据结果打在纸带上或者磁带上带走,所以一般不需要将数据长期保存。

(2)数据并不是由专门的应用软件来管理,而是由使用数据的应用程序自己来管理。作为程序员,在编写软件时既要设计程序逻辑结构,又要设计物理结构以及数据的存取方式。

(3)数据不能共享。在人工管理阶段,可以说数据是面向应用程序的,由于每一个应用程序都是独立的,一组数据只能对应一个程序,即使要使用的数据已经在其他程序中存在,程序间的数据是不能共享的,因此程序与程序之间有大量的数据冗余。

(4)数据不具有独立性。应用程序中只要发生改变,数据的逻辑结构或物理结构就相应地发生变化,因而程序员要修改程序就必须都要做出相应的修改,这给程序员的工作带来了很多负担。

2)文件系统阶段

20 世纪 50 年代后期到 20 世纪 60 年代中期,计算机开始应用于数据管理方面。此时,计算机的存储设备也不再是磁带和卡片了,硬件方面已经有了磁盘、磁鼓等可以直接存取的存储设备了。软件方面,操作系统中已经有了专门的数据管理软件,一般称为文件系统,文件系统一般由三部分组成:与文件管理有关的软件、被管理的文件以及实施文件管理所需的数据结构。文件系统阶段存储数据就是以文件的形式来存储,由操作系统统一管理。文件系统阶段也是数据库发展的初级阶段,使用文件系统存储、管理数据具有以下 4 个特点。

(1)数据可以长期保存。有了大容量的磁盘作为存储设备,计算机开始被用来处理大量的数据并存储数据。

(2)有简单的数据管理功能。文件的逻辑结构和物理结构脱钩,程序和数据分离,使数据和程序有了一定的独立性,减少了程序员的工作量。

(3)数据共享能力差。由于每一个文件都是独立的,当需要用到相同的数据时,必须建立各自的文件,数据还是无法共享,也会造成大量的数据冗余。

(4)数据不具有独立性。在此阶段数据仍然不具有独立性,当数据的结构发生变化时,也必须修改应用程序,修改文件的结构;而应用程序的改变也将改变数据的结构。

3)数据库系统阶段

20世纪60年代后期以来,计算机管理的对象规模越来越大,应用范围又越来越广泛,数据量急剧增长,同时多种应用、多种语言互相覆盖地共享数据集合的要求越来越强烈,数据库技术便应运而生,出现了统一管理数据的专门软件系统——数据库管理系统。四十多年来,数据库技术和系统有了长足发展,从早期的层次与网状数据库技术到主流的关系型数据库技术,再到各类非关系型数据管理技术,一直到新近的大数据管理技术。从文件系统到数据库系统,标志着数据库管理技术的飞跃。

数据库系统一般由数据库、数据库管理系统(DBMS)、应用系统、数据库管理员和用户构成。数据库管理系统是数据库系统的基础和核心。数据库系统的主要特点是:

(1)能够保证数据的独立性。

(2)冗余数据少,数据共享程度高。

(3)系统的用户接口简单,用户容易掌握,使用方便。

(4)具有可修改性和可扩充性。

(5)能够充分描述数据间的内在联系。

(6)能够确保系统运行可靠,出现故障时能迅速排除;能够保护数据不受非受权者访问或破坏;能够防止错误数据的产生,一旦产生也能及时发现。

(7)有重新组织数据的能力,能改变数据的存储结构或数据存储位置,以适应用户操作特性的变化,改善由于频繁插入、删除操作造成的数据组织零乱和时空性能变坏的状况。

2.3.2　数据管理基本问题

1)数据质量

在城市交通一卡通大数据的管理与应用过程中,数据质量问题自始至终都是一卡通大数据使用者十分关注的问题。这一方面是由于大数据用户对大量的城市交通一卡通大数据较为陌生,用户对数据的内在属性并不熟悉;另一方面,在完成原始数据的采集之后,现有的采集部门采用提升数据质量的工作较为欠缺。因此,必须做好数据的属性表征和质量控制工作。高质量的城市交通一卡通大数据是政府进行交通规划和管理、企业制订有效决策、个人应用交通大数据服务的基础,没有高质量的数据就无法得到准确的数据分析结果。城市交通一卡通大数据应用人员所关心的数据质量问题大体包括数据用户的特征、数据用途、数据集成度、数据访问接口、需保存的数据类型和适合的数据格式等。

2)数据集成

在交通领域中,由于涉及不同的管理部门和企业,往往有多个异构的、运行在不同的软硬件平台上的信息系统同时运行,这些系统的数据源彼此独立、相互封闭,使得数据难以在系统之间交流、共享和融合,从而形成了“信息孤岛”。随着信息化应用的不断深入,组织内部与外部信息交互的需求日益强烈,急切需要对已有的信息进行整合,联通“信息孤岛”,共享信息。

数据集成就是把不同来源、格式、特点性质的数据在逻辑上或物理上有机地集中,从而为企业组织提供全面的数据共享。在数据集成领域,已经有了很多成熟的框架可以利用。目前通常采用联邦式、基于中间件模型和数据仓库等方法来构造集成的系统,这些技术在不同的着重点和应用上解决数据共享的问题和为企业提供决策支持。

国内外的大数据管理中心存储的数据有两种形式:集成数据和原始数据。对数据进行集成可以大幅降低存储空间,并且不同集成度的数据具有不同的应用范围,如何确定适合的数据集成度成为城市交通一卡通大数据亟须解决的问题。

3)数据存储

如何高效地保存和管理庞大的数据量是城市交通一卡通大数据存储面临的首要问题。以往各个交通部门数据量较少,对其进行管理和分析应用也较为简单,随着信息化建设的加快,交通部门的数据来源更加广泛、数据量快速增多,要想实现城市交通一卡通大数据的应用必须首先解决大量数据的存储问题。相对于传统存储系统,城市交通一卡通大数据存储与上层应用系统结合得更加紧密。目前针对特定的大数据应用,很多新兴的大数据存储技术被设计和开发出来,比如专门用来存储大量图片或者小文件的在线存储,或者支持实时事物的高性能存储等。城市交通一卡通大数据存储也需要设计特定的存储技术实现一卡通大数据的良好应用。

4)数据维护和管理的规划

城市交通一卡通大数据管理中心必须对自身的数据管理和分析能力有足够的考虑,并且对未来的数据需求进行预测以便预先规划所需的存储空间,这将有助于保证数据管理系统的有效运作,同时降低未来的运作成本,并且在开发自身的数据管理系统时,应该成立专门的负责数据管理和存档的工作小组。

5)数据管理策略

未来城市交通一卡通大数据需要大量的数据存储空间,尽管物理存储空间的承载已不存在障碍，但若缺乏有效的数据管理策略，即便完成了数据的物理存储，也不能对这些数据进行高效率的管理。与处理后的数据相比，原始数据的存储管理由于质量问题的存在而显得更为棘手。

6）数据访问途径

城市交通一卡通大数据需要快捷的访问途径，大量数据用户通常自行开发或使用现有的软件来分析和处理海量数据以满足自身的需要。大部分交通管理中心都考虑未来采用在线网络方式进行数据发布，而不是传统的磁带或其他脱机存储设备，若能辅以合理的数据管理策略，必将为用户的数据访问提供便捷的途径。

2.3.3　数据管理解决途径

前面讲到数据管理经历了人工管理、文件管理、数据库管理三个阶段和城市交通一卡通数据管理面临的基本问题。随着城市交通一卡通大数据的发展，传统数据库管理技术明显无法适应大规模数据的存储，必须找到新的管理系统，这种新的数据管理系统将面向大规模的数据提供业务支持，不仅要覆盖整个组织的各类业务，而且要有能力覆盖整个组织（全球或者全国）。为此，作为城市交通一卡通大数据系统的核心功能，数据管理将采用一个新的方式，即面向数据应用的数据管理技术。这也是城市交通一卡通大数据管理需要的新技术。

面向数据应用的数据管理是一种以数据应用为核心的数据管理模式，其特点是在运行过程中，需要不断获取、更新、存储大量数据，并对这些数据进行各种计算，包含以下两方面内容：第一，面向数据应用的数据管理是对数据进行管理。面向数据应用的数据管理所处理的数据具有海量、分布式、异构、多样化、更新快等多个特点，因此，不能使用传统数据管理模式和方法对所处理的数据进行管理。第二，对海量信息的各种处理技术，从数据的获取到管理再到分析理解，与传统的数据检索和数据库查询存在诸多差异，面向数据应用的数据管理是一种将海量数据存储和海量数据分析挖掘综合在一起的新型应用。

面向数据应用的关键之处在于数据管理。它与传统的数据管理相比存在诸多差异，主要表现在以下几个方面：一是面向数据应用的数据管理使用的数据是海量、动态、分布、异构，甚至是多维的数据，因此不能使用传统的数据存储、索引技术对其进行管理。这些数据分布式存储于多个地方，又非常容易发生更新等变化，传统的针对静态数据库的数据管理技术根本不能满足需求；二是面向数据应用的数据管理中的数据处理包含多重含义。它既包括查询、搜索等传统处理，也包括分析、理解等智能处理，因此涉及的数据处理算法必须适用于数据密集面向数据应用的数据管理应用的数据特点；三是海量数据往往分布存储在不同的地方，因此选择使用 Web 服务方式对数据进行访问。

归纳起来,面向数据应用的数据管理存在以下五个方面的难点:一是海量数据的有效存储;二是动态、异构数据的实时更新;三是索引视图的建立;四是高效查询分析;五是数据应用的集成服务。

2.4 城市交通一卡通大数据平台构建

2.4.1 整体架构

城市交通一卡通大数据平台旨在通过大数据平台关键技术研发,建立城市交通一卡通大数据分析与应用平台,面向政府部门、交通行业企业、公众提供数据支持服务。该平台为政府层面突破交通数据资源互通、共享的壁垒,消除信息分散,内容单一等问题提供技术支撑,在确保数据安全性、开放性的同时提高了城市交通一卡通数据资源的综合利用效率。

城市交通一卡通大数据云平台整体架构主要包括六层:基础设施层、数据采集整合层、数据资源层、数据存储层、数据综合分析层、应用示范层。标准规范与管理体系、运维与信息安全保障体系自始至终贯穿这六个层次,如图 2-34 所示。

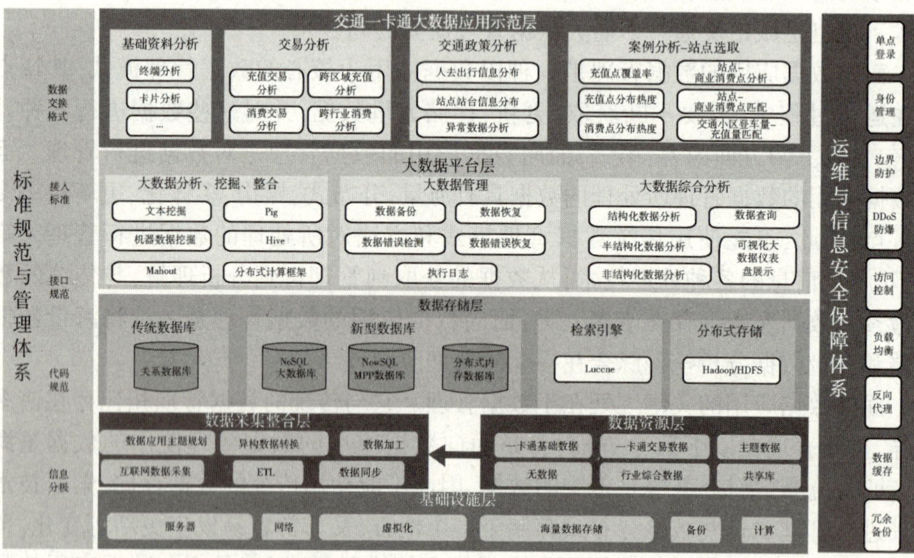

图 2-34　城市交通一卡通大数据云平台整体架构

1)基础设施层

基础设施层是指系统正常运转和管理的基础设施环境,包括网络、主机服务器、存储备份、基础软件(操作系统、数据库管理软件、应用发布中间件及其他第三方软件)、虚拟化平台和海量数据管理平台等。

2)数据采集整合层

把多种来源的各种形态的城市交通一卡通数据(基础数据、交易数据、终端数据、关联数据等)通过不同的采集方式(异构数据转换、数据清洗、互联网数据采集等)有效地采集到数据资源库中,并在采集的过程中进行数据的初步审核,把好第一道数据质量关。同时对采集过程进行全程的配置管理和监控调度,通过统一的配置管理来兼顾各种采集形式的需要,确保过程的标准化、自动化和可控性。

3)数据资源层

数据资源层实现对各级各类信息的存储和管理,为业务应用提供数据支撑。数据资源管理层主要包括元数据库、基础数据库、综合数据库、主题/专题数据库、共享发布库。

4)数据存储层

数据存储层实现结构化数据、半结构化以及非结构化数据和文件(块)的底层存储,保证为不同类别文件的高速存储和实时交互提供稳健的实现环境;实现存储数据的智能一体化的管理服务,实现对海量文档的动态信息提取,并实现基于元数据、关键词、段落、文档以及语义等高级条件的精准和模糊检索服务。

5)数据综合分析层

数据综合分析层提供丰富多样的统计分析方法和工具,同时支持个性化的算法引擎,按照分析应用的需要,组合相关数据资源和服务资源进行各种综合分析活动,从而满足决策人员、管理人员、操作人员等不同层面的人员的需要。

6)应用示范层

应用示范层研究客流分布规律分析、公交线网布局分析、公交调度信息等,为城市交通管理部门提供更好更科学的决策依据;研究服务网点优化分析、充值消费交易分析、出行特征规律分析,为城市居民出行提供更好的服务水平;研究公交补贴决策分析,为更好地鼓励公众使用公共交通出行和发展公共交通事业提供支持。

7)相关体系保障

(1)标准规范与管理体系包含了系统建设过程中必须遵守或逐步形成的各类技术要求与标准规范,包括接口规范、代码规范、接入标准、数据交换标准、信息分级等众多内容,保证数据资源的一致性与服务高质量。

(2)运维与信息安全保障体系从单点登录、身份管理、系统访问、权限控制、角色配置及网络安全、软件安全、数据安全、备份安全、物理安全、负载均衡、反向代理、数据缓存、冗余备份等方面全方位保障系统的安全可靠性。

2.4.2 系统规划研究

1) 大数据云计算平台

(1) 基础设施云计算平台

城市交通一卡通大数据平台采用云计算、虚拟化的方式,为城市一卡通大数据应用提供按需分配、弹性化的服务器、存储系统、备份系统、网络运行环境等相关软硬件基础设施服务。城市交通一卡通大数据基础设施平台总体系统框架如图2-35所示。

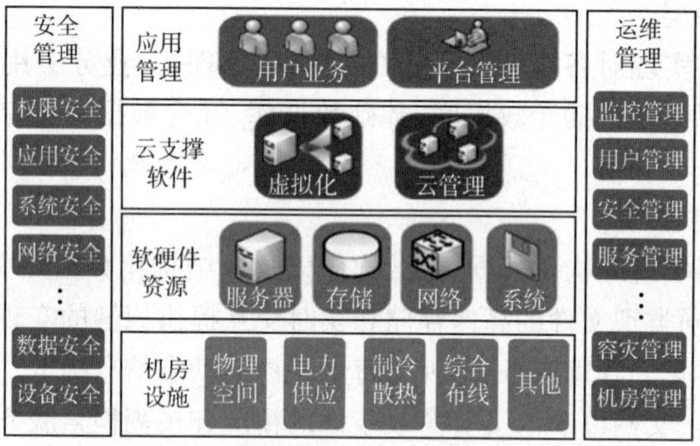

图2-35 基础设施云计算平台架构

总体架构分为六大部分,包括机房设施、软硬件资源、云支撑软件、应用管理、安全管理以及运维管理。岭南通公司管理的网络中心共有15台物理服务器,经过云平台工程的扩建,物理服务器总数将达到20台。城市交通一卡通大数据云计算平台通过虚拟化技术和基于策略的自动化管理技术,构成虚拟化资源池,实现对物理资源、虚拟资源的统一管理和分配。

①计算资源包括虚拟机资源、物理机资源。云计算资源池监控与管理能够根据资源的类别进行分类,并列出每个类别的资源清单,主要包括物理服务器、虚拟机、网络设备、存储设备、IP地址等资源的清单。当物理资源和虚拟化资源发生变化时,云计算资源池监控与管理内的资源清单能根据变化实时动态更新。

一方面,云计算资源池监控与管理通过物流服务器配置系统对物理机资源进行部署和管理,为用户的物理机资源申请提供服务实例,为提高物理机资源池管理的灵活性,云计算资源池监控与管理应支持多种异构厂商服务器的配置系统;另一方面,云计算资源池监控与管理提供虚拟化软件对虚拟机资源进行部署和管理,为用户的虚拟机资源申请提供服务实例。

②在城市交通一卡通大数据云计算平台中,存储设备包括通用的NFS、iSCSI

和SAN光纤等共享存储。存储在添加到虚拟化管理后,管理平台能够发现存储,并将其加入到管理平台,成为可被管理和调度的物理资源。云计算资源池监控与管理通过对存储设备管理软件实现对存储类资源的管理,将多个存储设备的资源整合在一起并抽象化,对外提供整体的出口和存储空间管理,让它看上去如同一个资源。城市交通一卡通大数据云计算平台存储资源池含有虚拟化能力的存储设备(如分布式文件系统、虚拟化存储),因此云计算资源池监控与管理将提供集成和兼容不同存储设备管理软件的接口和能力。

③网络资源是指虚拟化平台使用的网络交换机和网络存储设备。网络交换机和存储设备在添加到云计算资源池监控与管理后,资源池监控与管理能够发现网络设备,并将其加入到管理平台,成为可被管理和调度的物理资源。云计算资源池监控与管理可将网络资源整合为一个整体,对外提供统一的网络资源分配和集中式管理。由于城市交通一卡通大数据云计算平台的网络设备的多样性,云计算资源池监控与管理将提供集成和兼容不同网络设备的接口和能力。

(2)基于OpenStack的基础设施服务

云平台基础设施服务采用OpenStack建立云计算平台,将城市一卡通各类基础设施转化为设备资源服务。OpenStack通过各种互补的服务提供了基础设施即服务(IaaS)的解决方案,每个服务提供API以进行集成。基于开放API和完全解耦的模块化系统架构设计思路,OpenStack系统架构具有非常好的开放性与兼容性,从底端异构物理硬件到异构虚拟化平台,以及上层各类应用具有完全开放性。OpenStack是一个开源的云计算管理平台,几乎囊括了云计算中的各类模式,其中包括资源分配、机器—镜像配准与控制,以及数据存储等,提供实施简单,可大规模扩展、丰富,标准统一的云计算管理平台。通过OpenStack插件式框架挂接异构物理和虚拟化基础设施,通过OpenStack横向纵向扩展能力进行业务扩展,通过OpenStack标准接口的云总线,通过OpenStack云总线构建互连互通、各核心部件及应用独立发展的云计算生态系统,能够使运营商最大限度地规避Vendor-Lock-In的风险。应用也可以无须关心底层的物理资源和虚拟化基础设施,可以透明部署在OpenStack云总线的资源池上。

2)大数据采集与整合

(1)大规模、稳定的数据来源

根据广东省公交一卡通技术规范,该平台对全省数据进行了统一规划与采集处理。每日最高数据量超过1200万条,且每条数据包含至少20项属性,包括持卡人交易时间、交易地点、交易类型、交易频率等数据信息。广东省交通一卡通运营主体拥有城市交通一卡通所有的数据资源,是平台现有的较大规模、稳定的数据来源。数据源类型如表2-7、表2-8、表2-9和表2-10所示。

基础管理数据源 表2-7

序号	数据类型	数据信息
1	卡片发行数据	卡种类
2		发行时间
3		票卡卡号
4		票卡余额
5		卡类型
6		发行城市
7		押金
8		金额上限
9		卡片有效期
10	客服数据	交易号
11		票卡卡号
12		SAM卡卡号
13		操作类型
14		操作日期
15		操作员编号
16		用户资料标识
17		金额
18	基础资料信息	地域信息
19		行业信息
20		渠道信息
21		商户信息

交易数据源 表2-8

序号	数据类型	数据信息
1	充值、消费数据	交易卡号
2		所属城市
3		上次交易设备编号
4		本次交易设备编号
5		上次交易日期时间
6		本次交易日期时间
7		原票价金额
8		实际金额
9		本次余额
10		票价
11		交易类型

续上表

序　　号	数据类型	数据信息
12	充值、消费数据	票卡充值交易计数
13		票卡消费交易计数
14		累计门槛月份
15		公交门槛计数
16		地铁门槛计数
17		联乘门槛计数
18		本地卡外地充值信息
19		本地卡外地消费信息
20		外地卡本地消费信息
21		外地卡本地充值信息

终端数据源　　表2-9

序　　号	数据类型	数据信息
1	终端记录数据	设备编号
2		所属城市
3		线路编码
4		车辆编码
5		司机编码
6		票价
7		折扣率
8		卡类型+折扣率
9		区域卡类型+折扣率

合作关联数据源　　表2-10

序　　号	数据类型	数据信息
1	公交车进出站数据	运营线路编码
2		时间
3		站点编码
4		进/出站标识
5		报站方式
6		上一站到站时间
7		班次

续上表

序　号	数据类型	数据信息
8	线路数据	线路名称
9		线路代码
10		站点顺序号
11		站点编号
12		上下行标志
13	站点数据	站点编码
14		站点名称
15		经度
16		纬度
17	调度数据	班次编号
18		线路编号
19		时间
20		所属公司
21		发班数量
22		发班类型
23	视频数据	视频数据

(2)广东省公交一卡通数据体系

从应用范围来看,目前广东省公交一卡通(岭南通)已经实现了公交、地铁、出租车、轮渡公共交通领域的覆盖,以及超市消费、快餐店、景点影院门票等小额支付增值业务。从地域范围来看,已经实现了广州、深圳、东莞、佛山、肇庆、江门、汕尾、惠州、茂名、揭阳、云浮、河源、韶关、阳江等二十一个城市的互联互通,基本实现全省公交一卡通,并且已经与香港八达通合作推出了"岭南通·八达通"联名卡,实现了与香港公共交通系统的互联互通。未来岭南通将实现城际轨道、城际客运、农村客运交通数据的接入。岭南通本身所承载的数据,面向交通出行链全覆盖、社会生活服务、跨区域、跨领域应用,其数据体系结构图如图2-36所示。

3)大数据存储与检索

一卡通大数据包含着海量的基础数据、交易数据、终端数据、合作关联数据等,这些数据不仅来自人机会话,也通过设备、服务器、应用自动产生。这些数据的类型既有结构化的数据,也有非结构、半结构化的数据。机器产生的数据正在呈几何级增长,比如各种用户行为数据、定位数据、图片、视频等等。

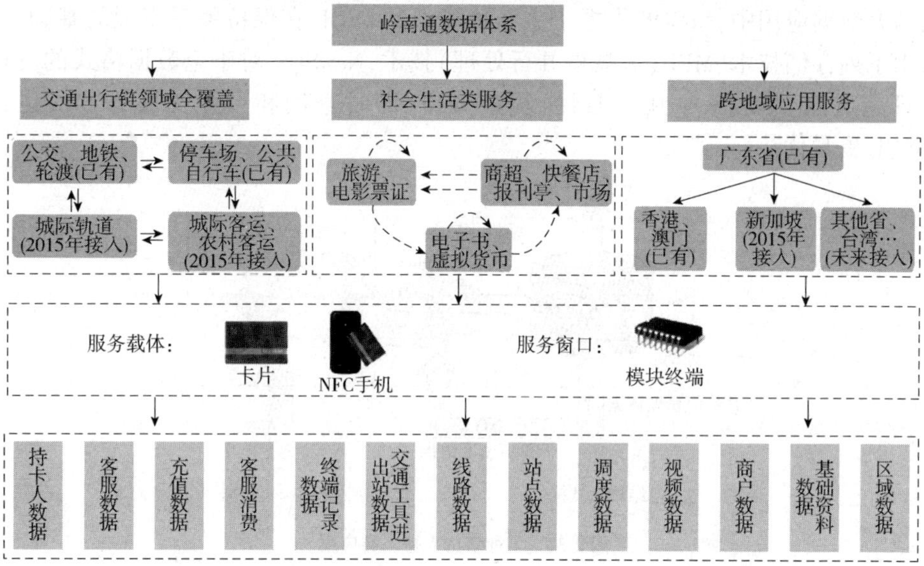

图 2-36　广东省公共交通一卡通数据体系结构

一卡通多源异构数据中,结构化数据、半结构化数据以及非结构化数据(块数据)是面向检索和计算的,提供快速、高效的内容检索以及所包含数据的计算、统计、分析和挖掘等处理;而非结构化数据(文档数据)是面向简单检索的,主要提供文件粒度内容的读取和写入,即持久化和反持久化。

针对城市交通一卡通异构、多元的数据,大数据平台提供针对海量多元数据的快速存储方案和相应的智能管理服务。首先,平台提供对包括结构化关系型数据、半结构化以及非结构化非关系型数据和文件(块)的底层存储方案设计,保证为不同类别文件的高速存储和实时交互提供稳健的实现环境,具有良好的容错机制和灾难恢复机制;其次,平台为存储数据提供智能一体化的管理服务,除了对文档记录进行增加、删除、查询和修改等日常维护操作外,还将实现对海量文档的动态信息提取,并实现基于元数据、关键词、段落、文档以及语义等高级条件的精准和模糊检索服务。此外,该系统可根据用户定义的需求对海量数据进行自动可视化和报表生成。

在大数据和云计算的背景下,“多种架构支持多类应用”(图 2-37)成为数据库行业应对大数据的基本思路,数据库行业出现互为补充的三大阵营,适用于事务处理应用的 OldSQL(传统数据库)、适用于数据分析应用的 NewSQL(新型数据库)和适用于互联网应用的 NoSQL(非关系型数据库)。从技术角度看,OldSQL 的典型特征是行存储、关系型和 SMP(对称多处理架构)。NoSQL 产品普遍采用了 Key-Value、MapReduce 等核心技术,主要优势体现在对非结构化数据的处理上。在互联网大数据应用中，NoSQL 占据了主导地位。NewSQL 在保持关系模型的基础上，采用了列存储技术、MPP（大规模并行处理）技术，NewSQL 对于全数据格式的支持正日趋成熟。NewSQL 在实时性、复杂分析、即时查询和可开发性等方面也比 NoSQL 更具优势。

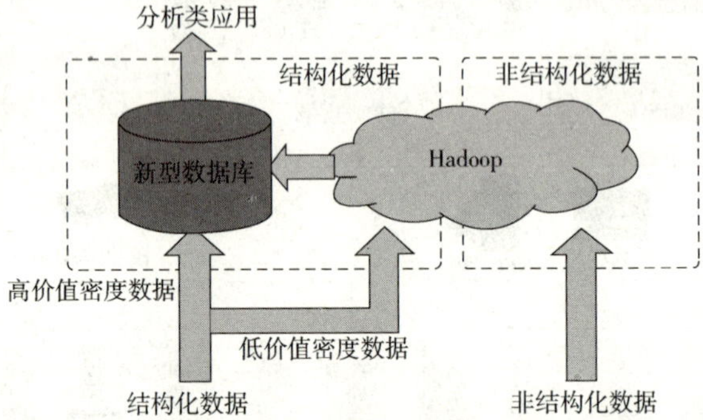

图 2-37　多种架构支持多类应用

城市交通一卡通大数据主要面临数据规模大、数据处理类型多、关联查询复杂、即席查询多几个方面的问题，平台解决上述问题的主流思路是以基于 MPP 架构的新型数据库集群作为大数据处理平台的核心，管理结构化大数据，实现对海量数据的存储、分析等操作，支撑一卡通大数据分析类应用。使用基于 Hadoop 的数据处理技术管理非/半结构化大数据，并用事务型数据库支撑在线业务系统，这两者同时为 MPP 架构的新型数据库集群提供数据支撑，实现城市交通一卡通大数据处理平台。图 2-38 所示的是异构多源数据存储。

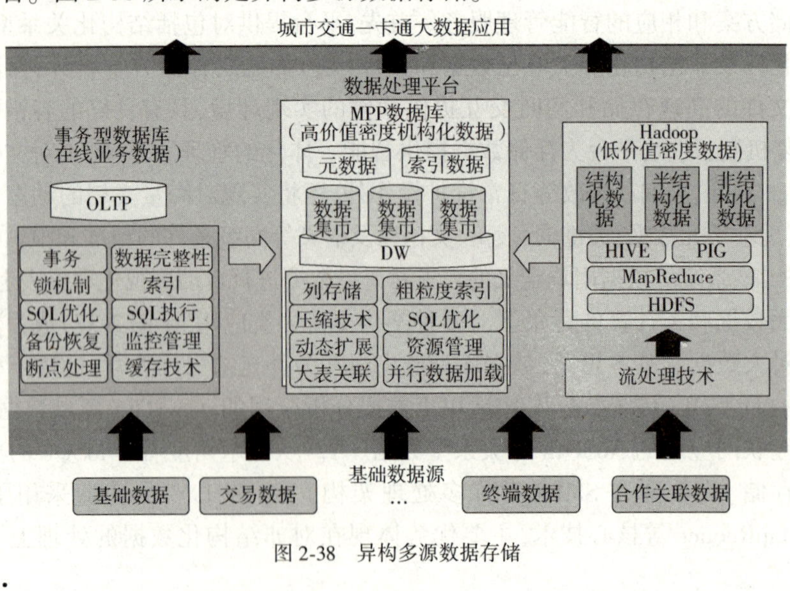

图 2-38　异构多源数据存储

在应用中，OldSQL 在应用中负责高价值密度结构化数据的存储和事务型处理，NewSQL 承担高价值密度结构化数据的存储和分析处理工作，NoSQL 承担存储和处理海量非结构化数据和不需要关联分析、Ad-hoc 查询较少的低价值密度结构化数据的工作。采用 OldSQL+ NewSQL+NoSQL 混合模式，充分利用 OldSQL 在事务型数据处理方面的优势、NewSQL 在结构化数据分析处理方面的优势，以及 NoSQL 在非结构数据处理方面的优势，实现 OldSQL、NewSQL 与 NoSQL 的功能互补，解决交通一卡通大数据应用对高价值结构化数据的实时处理、复杂的多表关联分析、即席查询、数据强一致性等要求，以及对海量非结构化数据存储和精确查询的要求。

4）大数据分析与处理平台

（1）大数据分析与处理

城市交通一卡通大数据平台在拥有 PB 级一卡通数据基础上，采用 Hadoop、Spark、Storm 等技术对数据进行分析处理，依靠现有成熟的以及改进的数据挖掘算法及各类数据分析模型对数据进行分析，从而为上层应用提供数据开放能力。大数据分析与处理平台技术架构如图 2-39 所示。

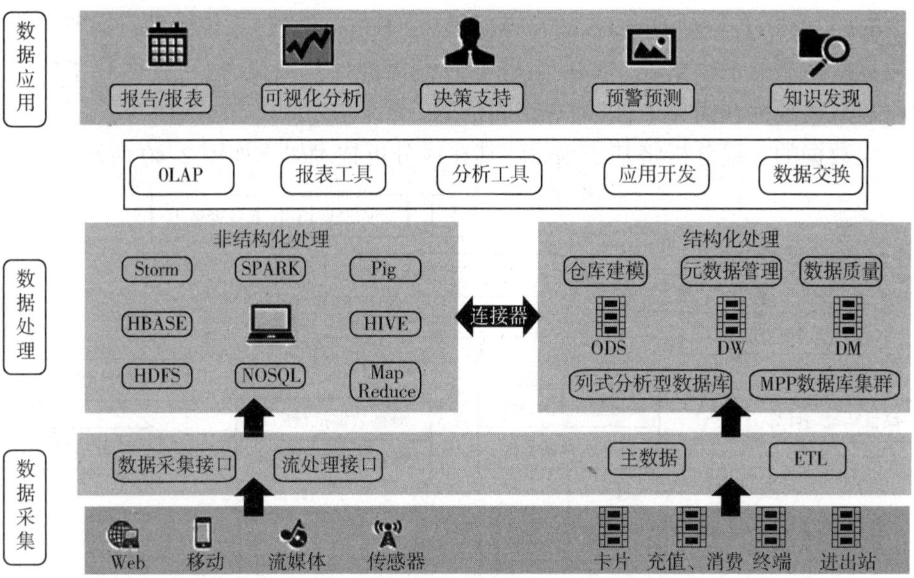

图 2-39　大数据分析与处理平台

对于城市交通 PB 级的一卡通数据，既需要批量处理，又需要实时或流数据处理的目标，目前没有单一技术和平台能够满足该类数据分析需求。可选的方案是混搭架构，用不同的分布式技术来支撑一个超越 PB 级的数据仓库系统。这个混搭架构主要的核心是 Hadoop 集群、内存计算 Spark、流计算技术 Storm。

在批量处理层，Hadoop 依然是当前首选的成熟的计算和存储平台，Hadoop 集群指可以方便地对海量的非结构化数据进行存储和分析，在数据提取、数据变换和数据加载方面有明显的优势。

在实时处理层，考虑到互联网数据的生成量，实时、分布式处理将采用 Storm 技术。企业数据来源囊括了互联网装置可以捕获的任何类型数据，网站、社交媒体、交易型商业数据以及其他商业环境中产生的企业数据。对比 Hadoop 的批处理，Storm 是个实时的、分布式以及具备高容错的计算系统，同 Hadoop 一样，Storm 也可以处理大批量的数据，然而 Storm 在保证高可靠性的前提下还可以让处理进行得更加实时。Storm 同样还具备容错和分布计算这些特性，这就让 Storm 可以扩展到不同的机器上进行大批量的数据处理。

Spark 是为集群计算中特定类型的工作负载而设计，即那些在并行操作之间重用工作数据集（如机器学习算法）的工作负载。Spark 启用了内存分布数据集，除了能够提供交互式查询外，它还可以优化迭代工作负载。Spark 将 Scala 用作其应用程序框架，其中的 Scala 可以像操作本地集合对象一样轻松地操作分布式数据集。Spark 实际上是对 Hadoop 的补充，可以在 Hadoop 文件系统中并行运行。为了优化这些类型的工作负载，Spark 引进了内存集群计算的概念，可在内存集群计算中将数据集缓存在内存中，以缩短访问延迟。

大数据的在线分析将基于 Spark，其在线分析技术架构如图 2-40 所示。

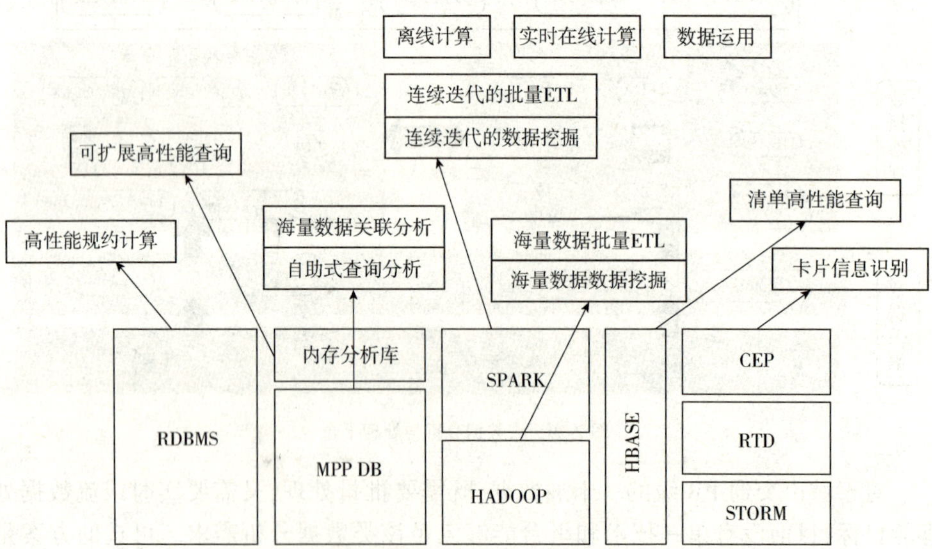

图 2-40　大数据在线分析技术架构

（2）一卡通大数据分析模块设计

一卡通大数据重点分析一卡通发卡、充值终端、消费终端、充值及消费交易海量基础数据，从时间、地市多层次、多维度呈现公共交通一卡通运行特征、趋势及规律，便于管理部门主动掌握公共交通的运行状态、客流分布和趋势。图 2-41 所示为岭南通大数据分析模块。

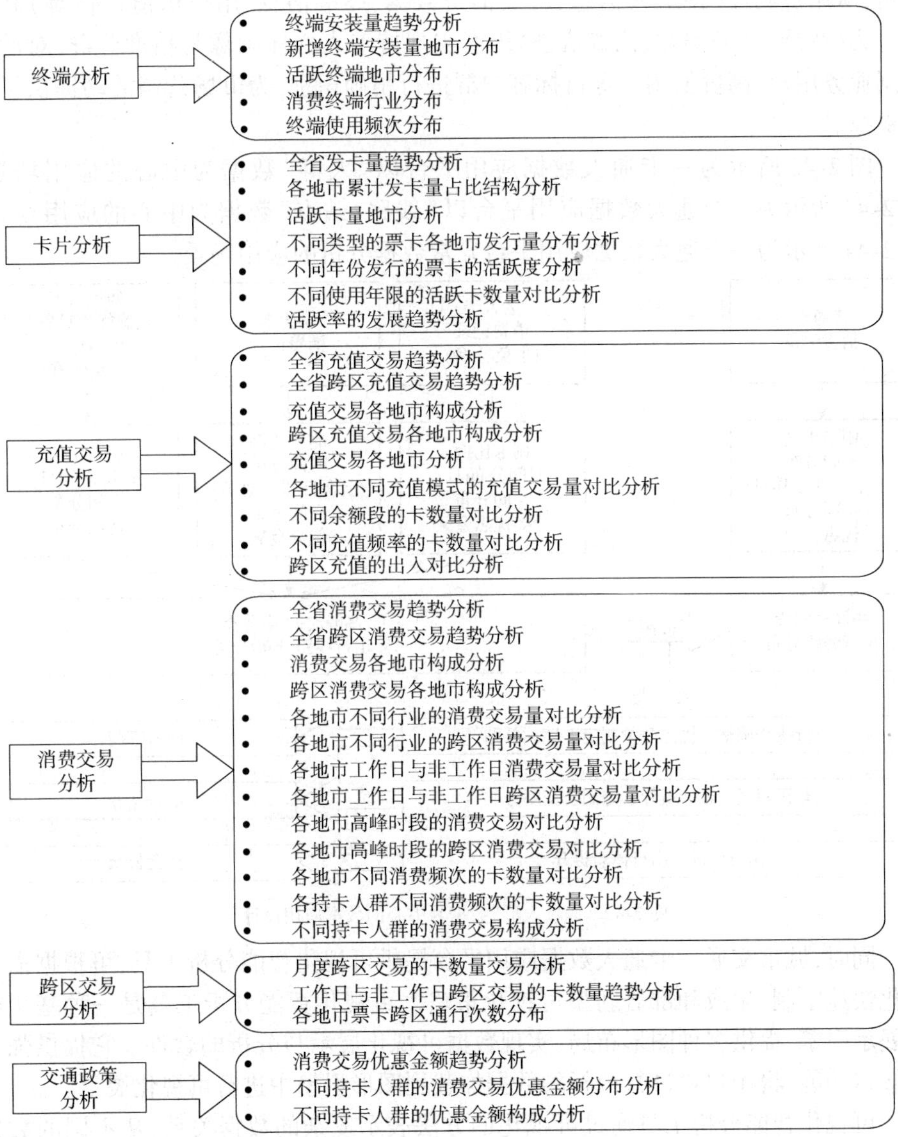

图 2-41　岭南通大数据分析模块

5）大数据应用与可视化展现

城市交通一卡通大数据应用平台通过研究基于一卡通大数据的服务网点优化分析，为城市居民出行提供更好的服务水平；通过研究基于一卡通大数据的公交补贴决策分析，为更好地鼓励公众使用公共交通出行和发展公共交通事业提供支持；通过对基础数据、交易数据、终端数据、合作关联数据等多源异构数据的深度挖掘分析，从用户属性（持卡人信息、历史消费数据、终端信息、用户价值评估等）和用户行为（兴趣、业务偏好、位置轨迹）维度实现持卡人立体画像与精准分群，对潜在数据业务用户、高价值用户等目标客户群进行精确识别，为市场营销活动提供了有力支撑。

图2-42所示为一卡通大数据应用平台以“人群”数据为中心的应用场景。图2-43所示为一卡通大数据应用平台以“线路、站点”数据为中心的应用场景。图2-44所示为一卡通大数据应用平台异常数据分析的应用场景。

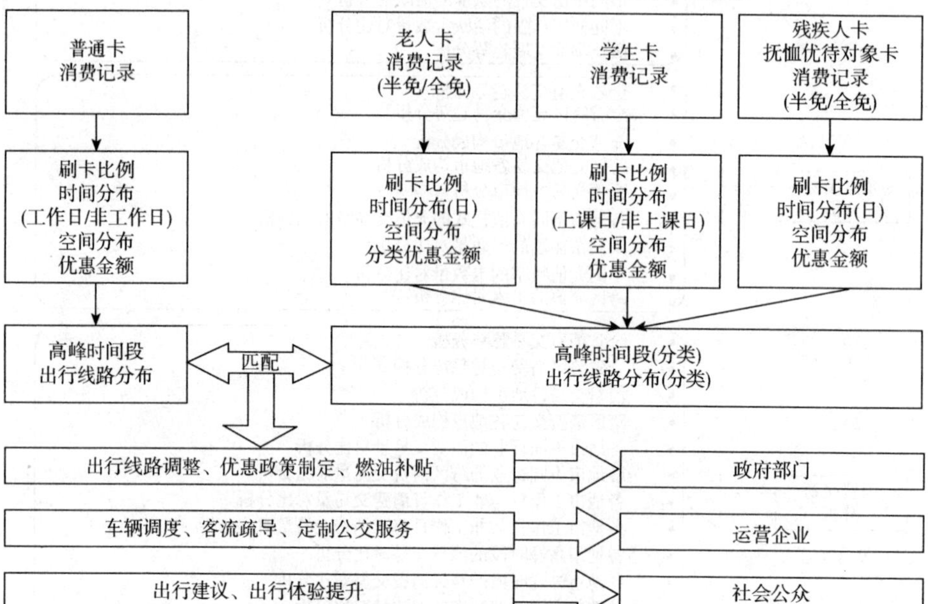

图2-42　以“人群”数据为中心的数据应用设计

同时，城市交通一卡通大数据应用平台提供可视化智能分析工具，可根据需求变化快速定制、生成和部署新型可视化策略。可视化智能分析工具是一种基于图形展示引擎、提供多种图形布局、实现数据可视化展示与分析的软件。它提供强大的接口功能，将用户要进行分析的数据加载到图形引擎中进行可视化展示。

可视化智能分析工具通过可视化的方法表示复杂的数据关系，从不同的数据源中提取有用的数据，并对其进行清洗、转换、重构，将数据信息中的对象、属性和联系，自动映射成可视的实体、连线、布局、颜色等图形元素，通过图形引擎，对数据进行各种关联分析，最后将分析结果以图形化的方式呈现于决策者面前。

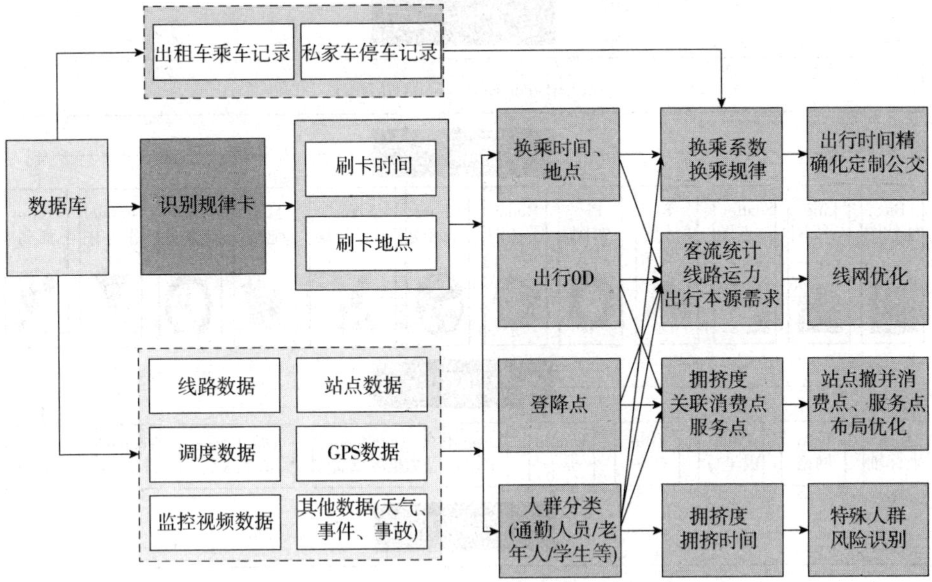

图 2-43 以“线路、站点”数据为中心的数据应用设计

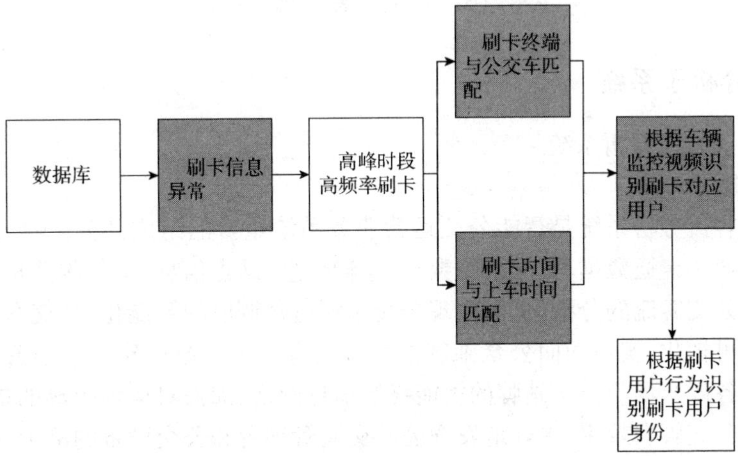

图 2-44 异常数据分析应用设计

图形展示引擎是产品的核心部分，是基于 ECharts 技术实现的。ECharts 底层基于 ZRender(一个全新的轻量级 canvas 类库)，创建了坐标系、图例、提示、工具箱等基础组件，并在此上构建出折线图、柱状图、散点图、K 线图、饼图、雷达图、地图、

和弦图、力导向布局图、仪表盘以及漏斗图，同时支持任意维度的堆积和多图表混合展现，如图 2-45 所示。

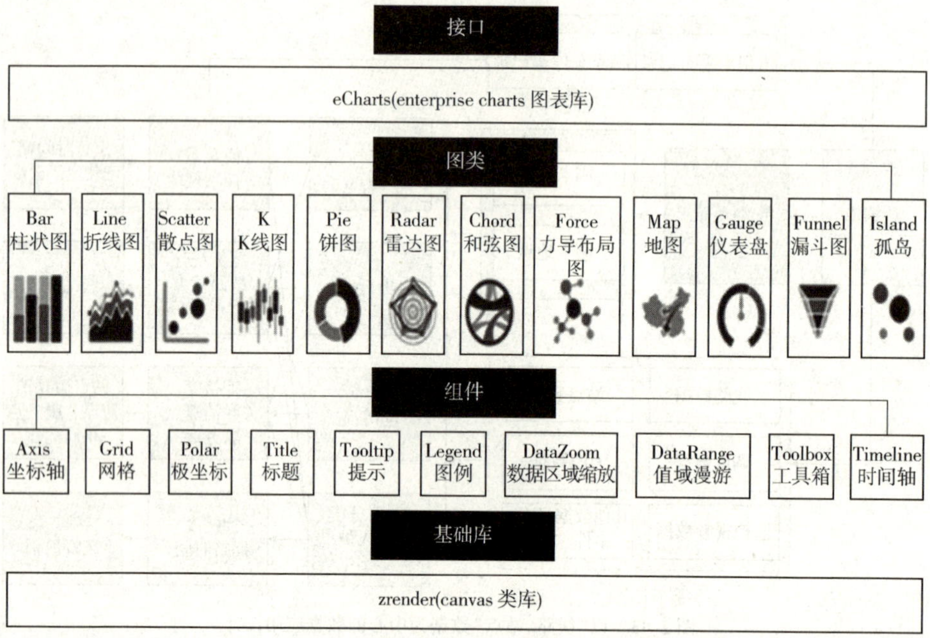

图 2-45　ECharts 图表支持展示平台

2.4.3　分析子系统

1)公交客流分析系统

(1)概述

公交客流分析系统是智能公交运营业务系统重要的组成部分，主要任务是基于城市交通一卡通数据、公交线路数据、车辆信息、站点信息、车载收费机信息等数据完成对公交客流的分析，从而实现公交车辆运营调度的智能化、公交车辆运行的信息化和可视化，实现面向公众乘客的完善信息服务。通过建立中心营运管理系统和连接各停车场与公交站牌的智能终端信息网络，加强对运营车辆的指挥调度，大大提高公交管理效率，更好地发挥公共交通管理者和公交设备的潜力，确保公交车辆的合理分布，高效地分配有限的运力，节约公交企业的运营管理成本，提高公交运营效率，为公交使用者提供较完善的公交出行信息服务。可以说，公交客流分析系统是智能公交系统运行的基础。

(2)数据准备

由于城市一卡通系统设计的初衷是为了方便乘客付费和票款清算，未考虑其数据用于城市交通问题的研究,并为了方便乘客,大多数公交线路实行单一票制收费。城市一卡通数据记录中上车时间、下车时间及站点信息都不明确,直接采集得到的公交IC卡原始数据是不完整的,表现在对公交运营速度的计算缺少乘车时间信息,对公交断面客流的统计缺少乘车站点信息,对公交换乘量获取则缺少站点和时间信息。因此,上下车站点、时间的推算是公交IC卡数据处理的关键环节,是进一步完成公交站点客流分析的前提和数据准备。

(3)数据推算

上车站点的推算方法也有多种,第一种是结合公交GPS数据进行上车站点推算。GPS数据全程记录公交车到达中途停靠站、交叉口的时间与位置,通过GPS数据记录可整理出该车次相应的各站点名称、到站时间与离站时间,再将GPS记录的到站时间与各公交IC卡刷卡时间聚类集合中首张刷卡时间相匹配,得到各聚类对应的上车站点,即统计该站点的上车刷卡人数。第二种方法是结合车辆运营数据对IC卡数据进行聚类分析。在知道某辆车的车次、线路号、运营数据的前提下,将IC卡数据进行聚类分析,在对应的站点上即可知道站点的登车量。这两种方式是最为常见的上车站点推算方法,主要的优点是方便快捷,但也存在误差,一是并不是所有人都使用交通卡进行支付,二是如果前后两个站点比较接近的话,聚类时无法分清某一次刷卡是在前站还是后站,这样也会导致上车人数统计出错。

下车站点推算方法常见的也有两种。第一种方法是基于公交出行链的方法,出行链法是在对单张IC卡一天中刷卡记录进行整理的基础上,根据前后乘车线路关联关系来推算乘客下车站点,该方法更多适用于工作日的经常性出行,数据处理工作量大。第二种是基于站点吸引的方法。国内某学者对乘客乘车站距进行统计分析后发现,乘客乘车站数集中在某个范围内,经过站点数较少或较多的乘客数量都较少。计算乘客的平均乘车站数为8.119,取泊松分布的参数$\lambda=8$,由泊松分布表直接得到基于乘车站距的下车概率F_{ij}并进行归一化。由上车站点推算结果得到各站上车人数,上车人数与车次载客数的比值即是各站的乘车发生率。公交出行具有很强的往返性,一个站点的发生量和吸引量基本保持平衡,也就是该站发生量同时反映站点的吸引量,因此可以通过下行方向的上车发生率近似得到上行方向的下车吸引强度。而后根据各站点的上车人数计算站点的下车人数。这种下车站点推算方法简单快捷,可以说确定了上车人数就能确定下车人数,但快捷的同时误差也较大,误差在30%以内。

通过采集各条线路各个站点的乘客上车人数和下车人数,就可以对城市公交客流进行分析,主要包括以下几类:

①公交线路O-D:指一条公交线路上从某一站点上车而在另一站点下车的乘客O-D量。公交线路O-D能够反映单条公交线路各站点之间的公交出行需求情

况,是单条公交线路运营评价与优化调整的重要依据。当需要对城市中某一条公交线路进行优化调整时,公交线路 O-D 数据是关键依据。

②公交线网 O-D:指城市整个公交网络上由某一公交站点上车至另一站点下车的乘客 O-D 量,即城市所有公交线路 O-D 量的汇总。公交线网 O-D 与公交线路 O-D 一样,是以公交站点作为客流的发生吸引点。公交线网 O-D 反映了城市任意两个站点之间的公交客流分布情况,是作为城市公交网络优化调整的直接依据。

③交通小区的公交出行 O-D:指由一个交通小区至另一个小区的公交出行量,即将同一小区内的各站点的客流量合并作为该交通小区客流量。

公交线网 O-D 是以公交站点作为客流发生和吸引点,而城市公交站点特别是大城市公交站点分布较密、数量很多,使得公交线网 O-D 数据量庞大,不利于数据的分析和存储。因此公交线网 O-D 适于小城市或较小区域内的公交客流分析,对于公交站点数量较多的城市,可使用交通小区 O-D。上述三类公交 O-D 数据分析是一种递进的关系,即首先通过公交 IC 刷卡数据统计分析得到公交线路 O-D,然后依据线路 O-D 统计公交线网 O-D,最后得到交通小区 O-D。因此基于公交 IC 数据的公交客流源流分析必须明确需要得到哪一类公交 O-D,公交线路 O-D 是首先得到的客流分布数据,公交线网 O-D 与交通小区 O-D 均由公交线路 O-D 计算获得。

(4)系统架构

系统架构如图 2-46 所示。

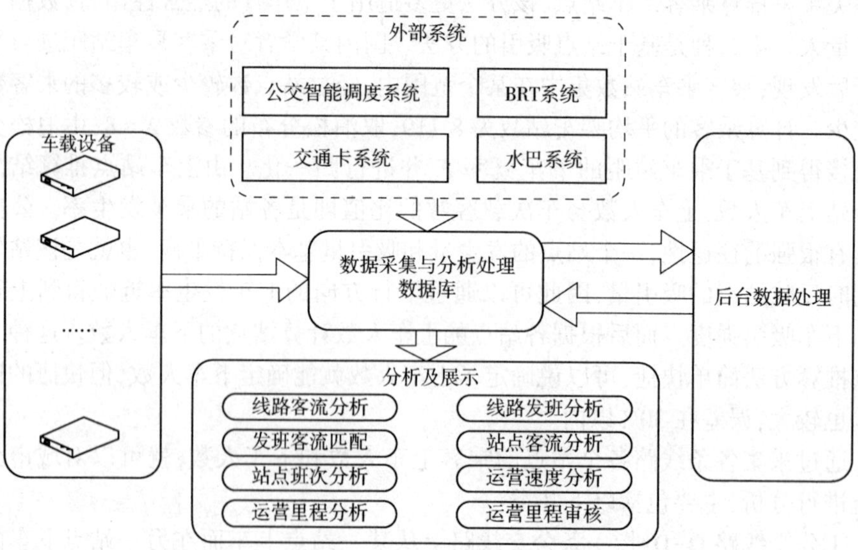

图 2-46　公交客流分析系统架构

(5)数据可视化

①针对某条线路,分析周一至周日客流的变化情况,如图 2-47 所示。

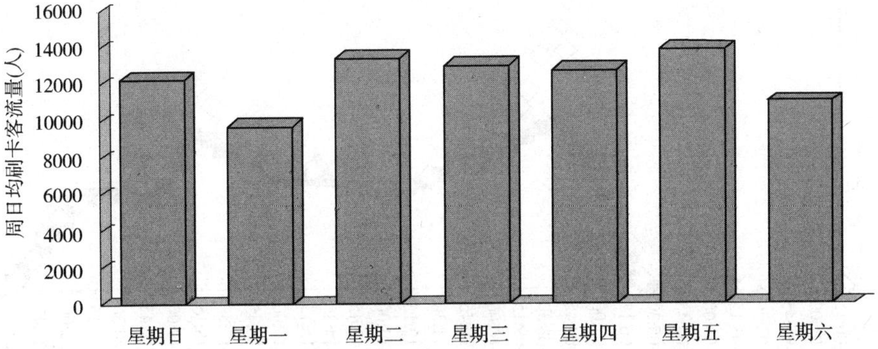

图 2-47 线路刷卡客流周规律

②针对某个线路组合,分析客流按时段的变化情况,如图 2-48 所示。

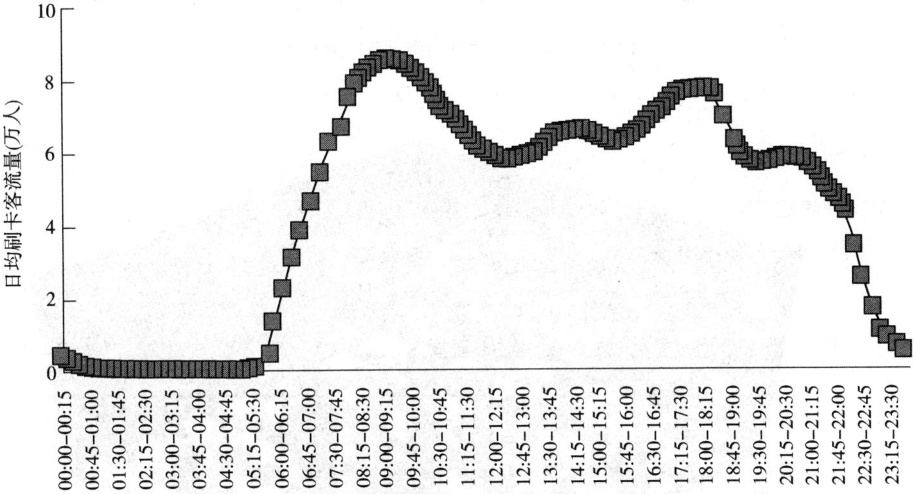

图 2-48 线路组合日均刷卡客流量分析

③针对某条线路,分析不同日期的客流按时段的对比情况,如图 2-49 所示。

④针对某条线路,分析周一至周日各站间客流的变化情况,如图 2-50 所示。

⑤针对某条道路,分析各时段各站间客流的变化情况,如图 2-51 所示。

⑥针对某条线路,分析一段时间内日均各时段发班与客流的匹配情况,如图 2-52 所示。

⑦针对某条线路,分析在所选时间内的拥挤度情况,如图 2-53 所示。计算方法:拥挤度=车厢内乘客数/车辆容量公众出行服务系统。

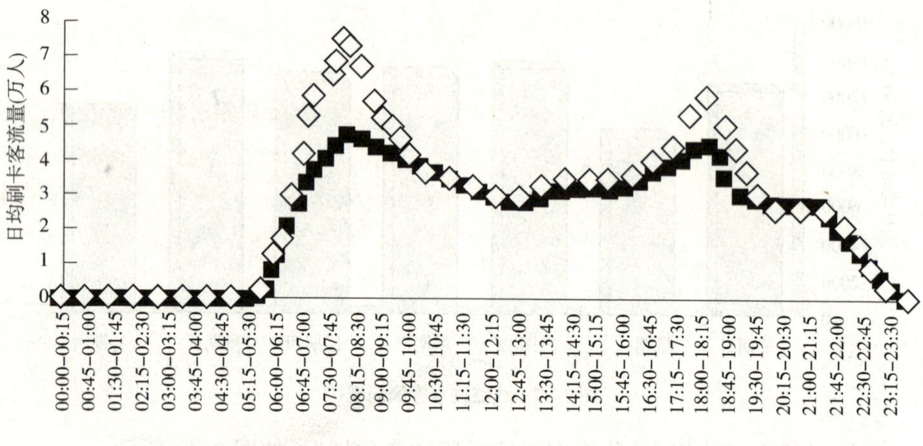

图 2-49 线路组合日均刷卡客流量对比

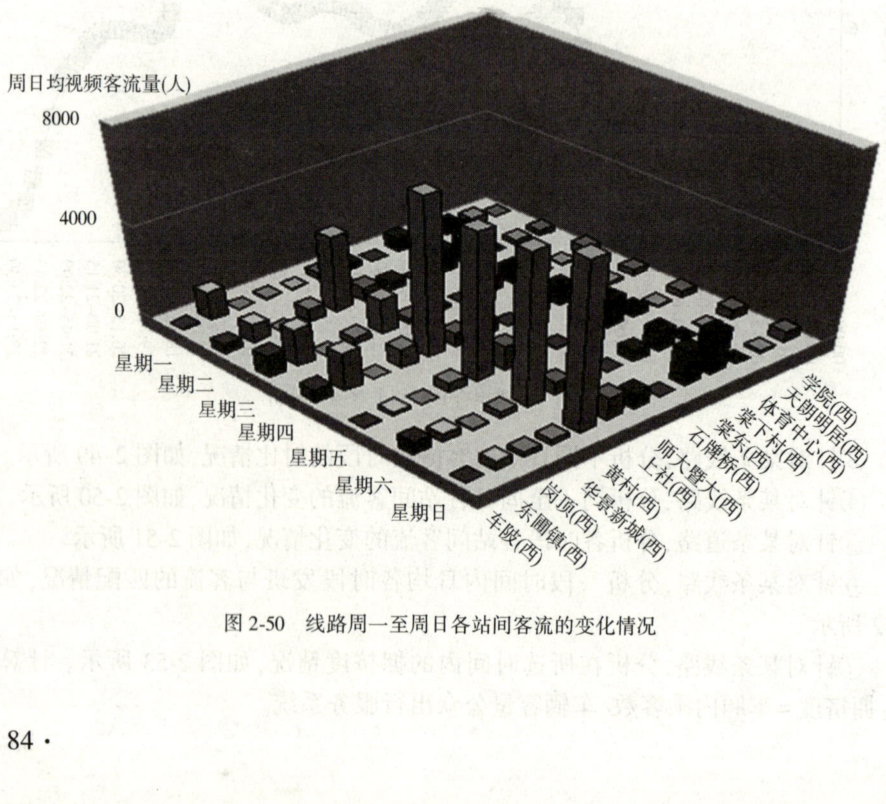

图 2-50 线路周一至周日各站间客流的变化情况

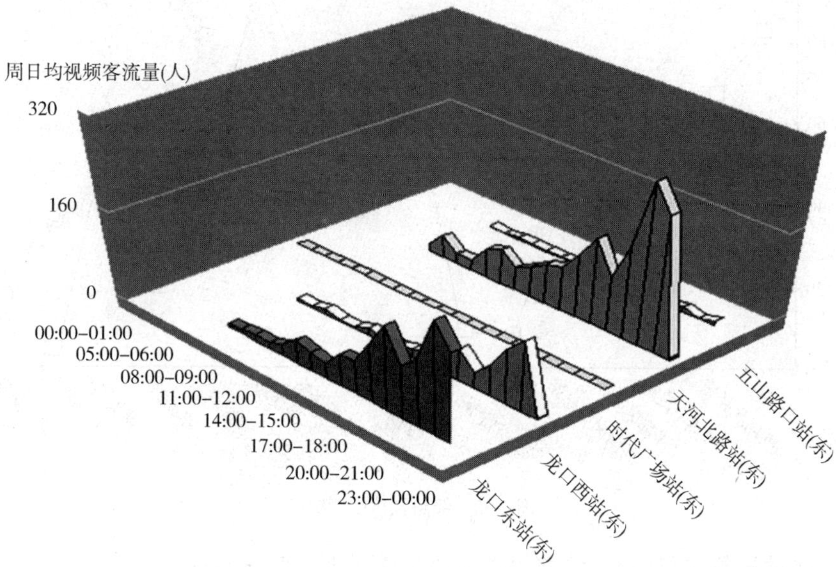

图 2-51　道路各时段各站间客流的变化情况

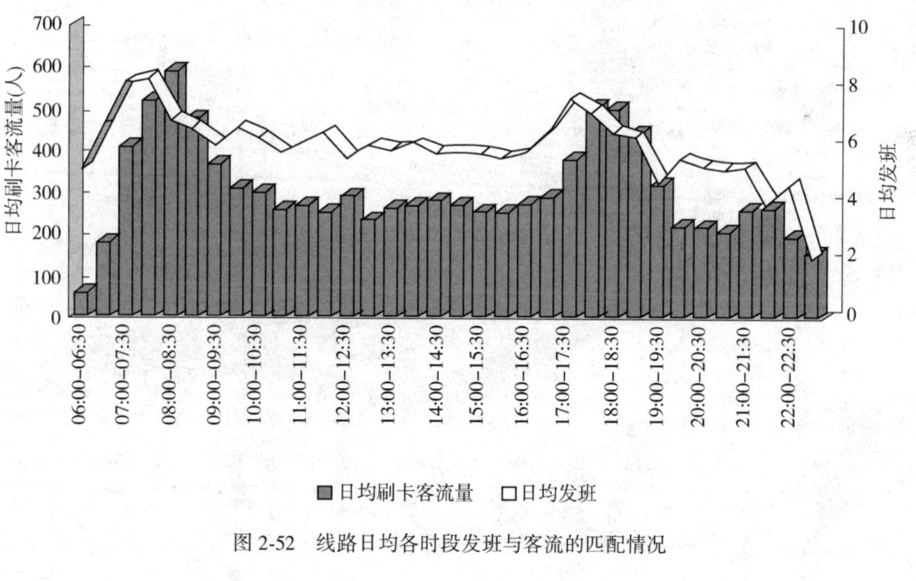

图 2-52　线路日均各时段发班与客流的匹配情况

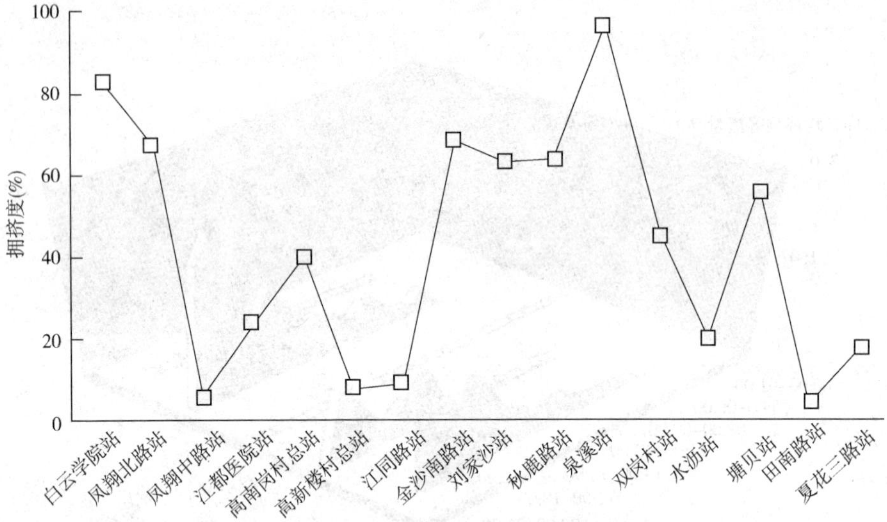

图 2-53　线路拥挤度情况

⑧针对某条线路,查询线路沿线站点的客流量,如图 2-54 所示。

⑨手机终端实时发布交通指数、事件,如图 2-55 所示。

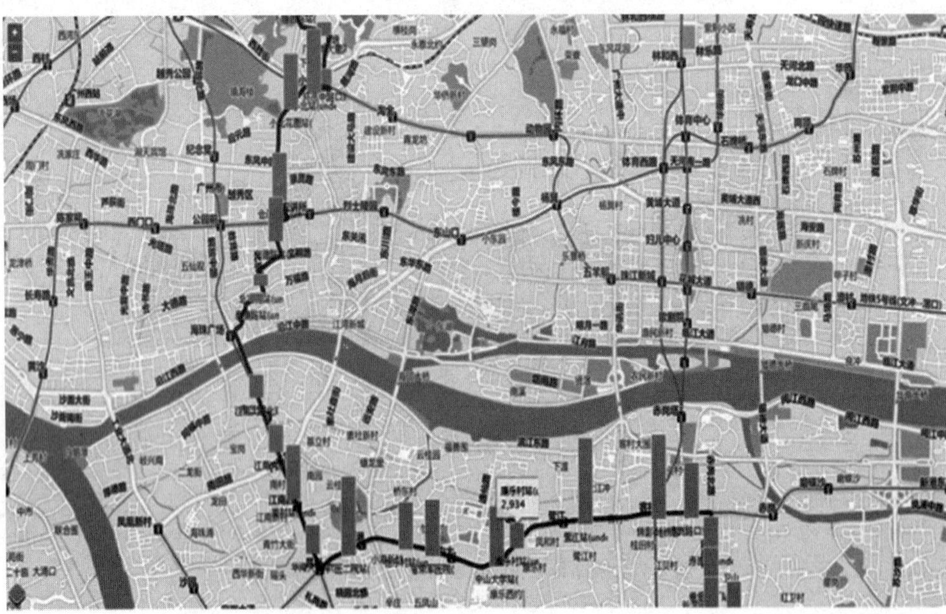

图 2-54　线路沿线站点的客流量

图 2-55 手机终端实时发布信息

2)交通决策分析系统

(1)概述

交通决策分析系统旨在通过对交通数据的深入分析,实现定性管理与定量分析管理相结合,为交通管理决策提供可靠、准确的科学依据,并提高对道路交通的科学化管理水平,促进交通管理决策科学化。在公共交通的决策支持方面,M. Bogchi 和 p.R.white 于 2001 年最早提出了使用 IC 卡作为交通规划的数据源头的潜力,文章针对英国的实际情况指出了智能公交卡目前具有广泛的覆盖范围、巨大的客户源头,有望为交通规划方面的决策提供崭新的数据源头。交通系统数据与科学决策如图 2-56 所示。

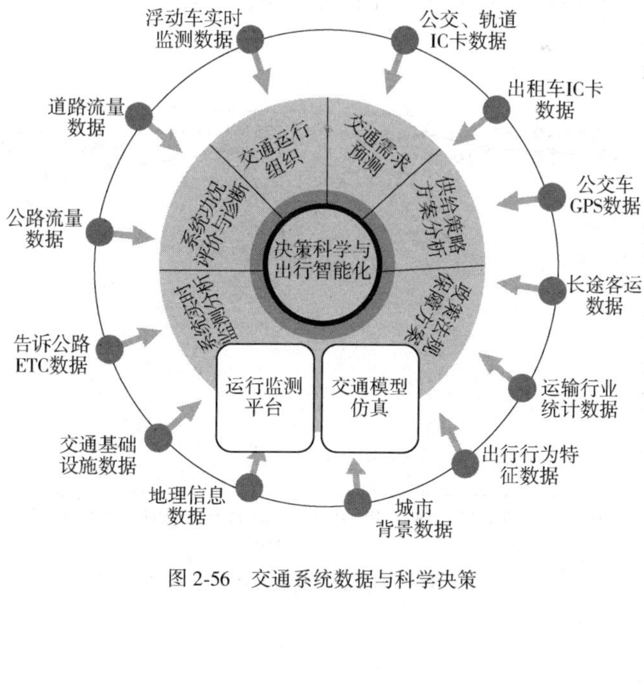

图 2-56 交通系统数据与科学决策

(2)架构

交通决策分析系统架构如图 2-57 所示。

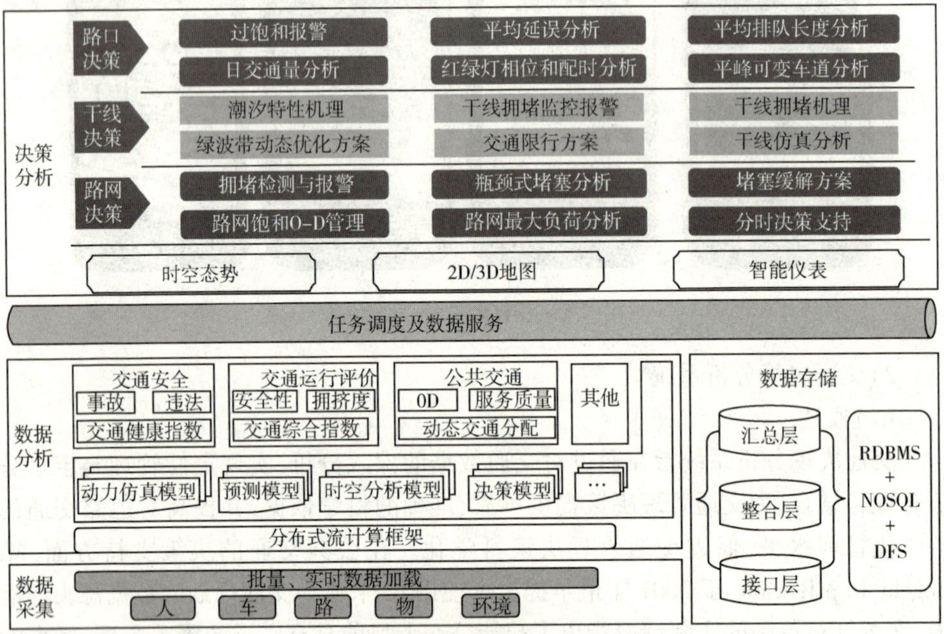

图 2-57　交通决策分析系统架构

(3)数据可视化

特殊人群优惠补贴决策支持分析如图 2-58、图 2-59 和图 2-60 所示。

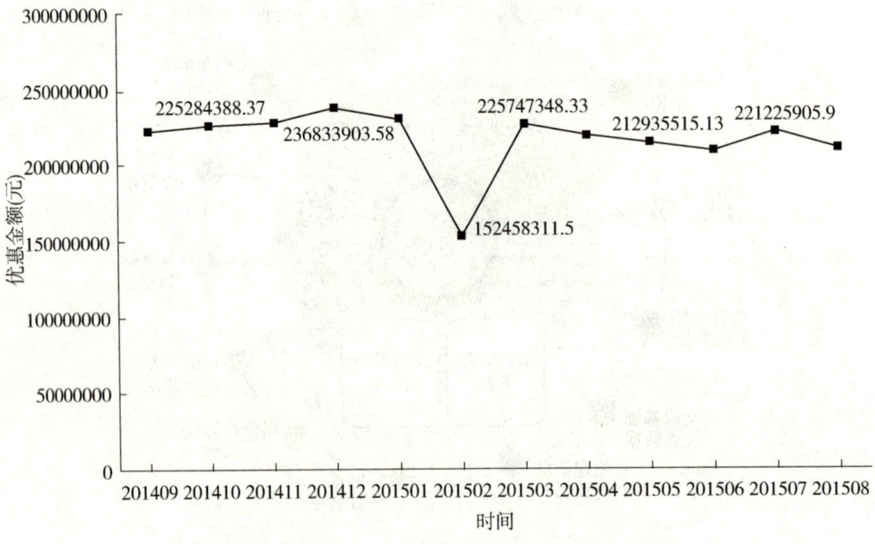

图 2-58　全省持卡人群的消费交易优惠金额趋势分析

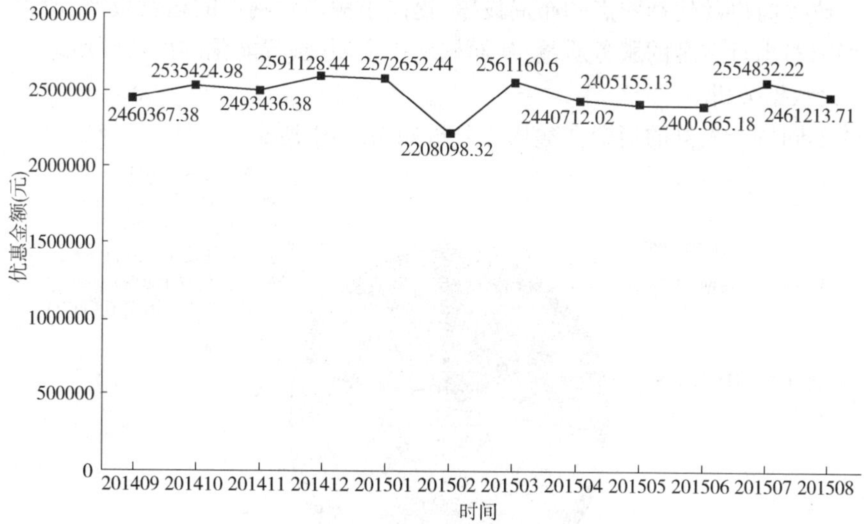

图 2-59 全省残疾人卡消费交易优惠金额趋势分析

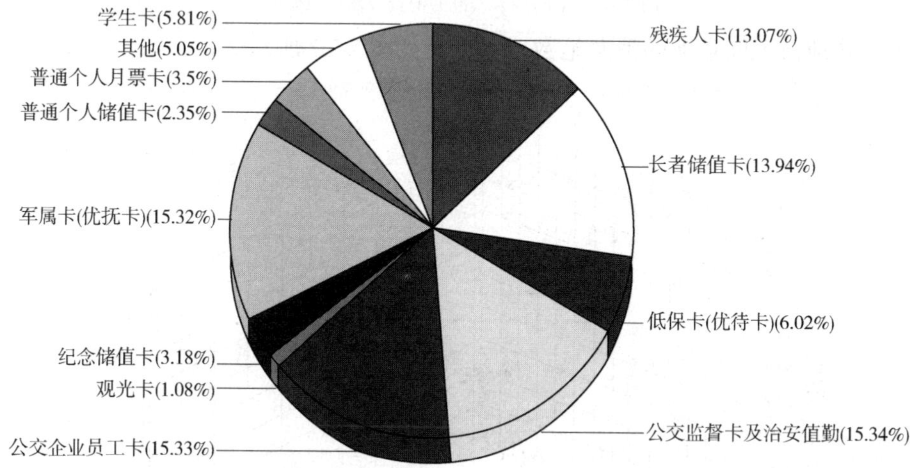

图 2-60 公交补贴数据支持—特殊人群搭乘优惠构成

3)小额消费分析系统

(1)概述

小额消费分析系统是城市一卡通大数据平台的重要组成部分之一,主要功能是通过采集城市交通一卡通数据、商户分布信息及商户相关站点客流量等相关数据,完成对城市交通一卡通小额消费数据的分析,掌握小额消费的规律;通过对商户运营现状的分析,实现面向小额消费商家的信息服务。建立小额消费分析系统有助于改善商户及代理网点的布局设置，提高小额消费网点的运营效率，改善小额消费商家对出行乘客的服务质量，从而构建一个便捷、智能化的出行环境。

(2)数据分析

①不同持卡人群的消费金额构成分析如图 2-61 所示。

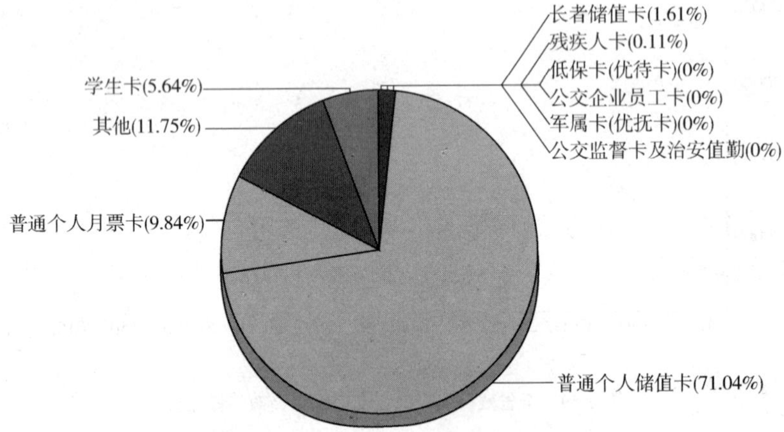

图 2-61 不同持卡人群的消费金额构成分析

②各地市不同行业的消费笔数对比分析如图 2-62 所示。

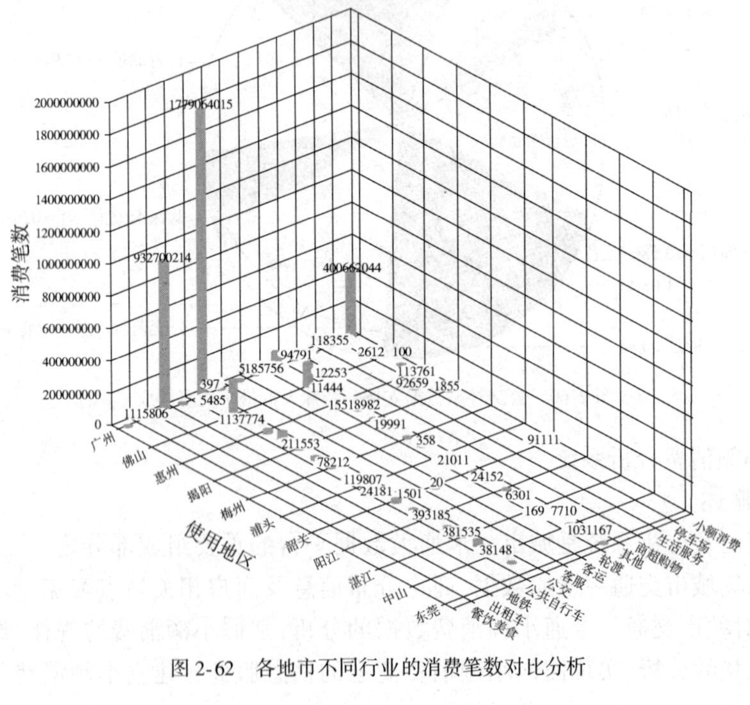

图 2-62 各地市不同行业的消费笔数对比分析

4)电子商务分析系统

(1)概述

随着移动互联网及移动电子商务的发展,公交一卡通作为离线支付手段的单一方式,已经满足不了人们多样化的支付需求,社会呼吁新的一卡通支付方式的出现。广东公共交通一卡通作为我国跨区域交通一卡通的先进典范,顺应移动互联网及移动电子商务的发展趋势,建设移动电子商务平台,将广东省公共交通一卡通(即"岭南通")服务由线下走向线上,进一步拓宽一卡通的应用领域,延伸一卡通的服务内涵,提升一卡通的发卡量,促进一卡通产业的繁荣发展。

广东省公共交通一卡通移动电子商务平台是一个集交通智能卡移动支付服务、信息服务、功能服务于一体的电商平台,围绕一卡通会员价值、移动电子支付、电子票证服务等实现电商平台的相关配套服务,旨在改变传统交通一卡通单一支付服务功能的固定模式,依托于交通一卡通及移动互联网的发展,搭建多功能的服务平台,便捷庞大的一卡通和移动用户客户群。该电子商务平台可实现广东省公共交通一卡通交易查询、票卡充值、电子客票购买、商品交易以及会员管理等功能。

(2)平台架构

广东省公共交通一卡通电子商务平台总体架构如图2-63所示。

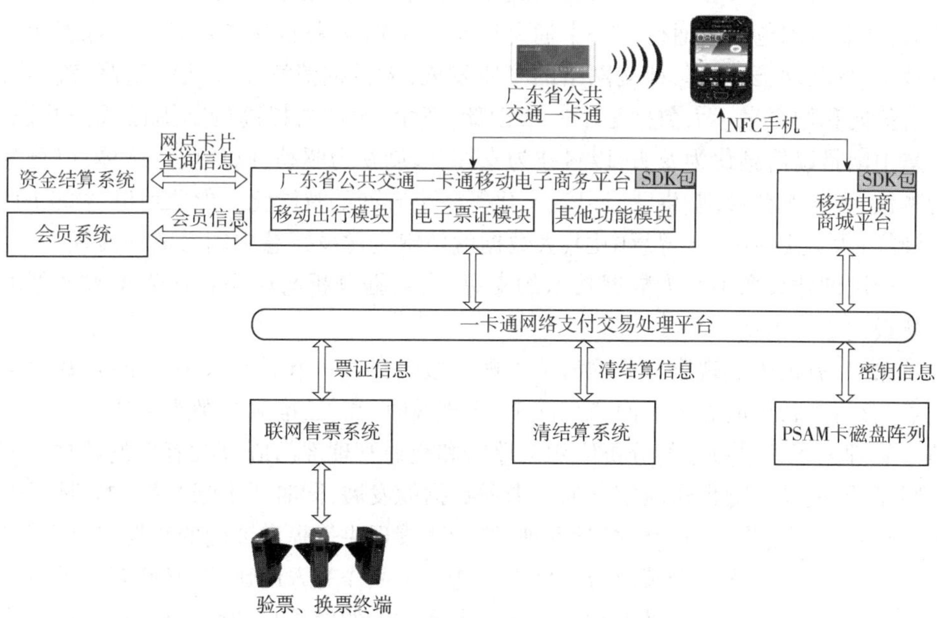

图2-63 广东省公共交通一卡通电子商务平台总体架构

第3章 城市交通一卡通大数据研究与应用

3.1 需求分析

城市交通是与人民群众生产生活息息相关的重要基础设施。近年来,我国城市交通取得了较快发展,但随着城市经济社会发展和城镇化进城的加快,城市交通拥堵、群众出行不便等问题日益突出,我国城市公共交通发展总体上滞后,难以满足人民日益增长的交通出行需求,严重影响了城市发展和人民群众生产生活水平的提高。城市交通一卡通的出现实现了交通领域的便捷化支付,与此同时,随着城市交通一卡通支付范围的延伸,一卡通所承载的数据量日益增多,基于城市交通一卡通大数据的数据挖掘对改善城市交通条件、增强交通供给能力、方便群众日常出行等都具有重要的发展意义。

第一,有助于促进智慧中国的建设。城市交通一卡通凭借城市居民交通出行的刚性需求,在交通支付领域占据了重要的地位,并逐步扩展到人们生活的方方面面,成为交通与城市之间不可或缺的纽带。随着城市交通一卡通应用范围的不断扩大,建立全国范围内通行的一卡通是城市一卡通未来的发展趋势。随着现代信息技术、物联网、云计算、社交网络的飞速发展,大数据浪潮正以浩浩荡荡、锐不可当之势向我们袭来。大数据是下一个创新、竞争、生产力提高的前沿已成为共识。智慧中国是以信息化为龙头,以科技为支撑,以创新为驱动,以环境为载体,以智慧为本位,涵盖城乡管理、生活、环境、文化等各个方面的智能化。形象地讲,物联网+云计算+大数据+……=智慧中国,大数据就仿佛是建设智慧中国必需的砖瓦一样,智慧中国的建设离不开大数据技术的支撑,大数据分析与应用将成为未来智慧城市建设的重要力量。

第二,有助于实现全行业的科学管理。城市交通一卡通就像一个纽带,将公众的衣、食、住、行中的方方面面联系起来,实现及时、高效、准确的数据采集。行业的科学管理离不开对数据的分析应用。政府和交通管理部门应寻找有效的数据来实现科学管理,这样会促进城市交通一卡通数据的发展,同时一卡通数据的发展反过来也会更有利地推动行业的科学管理,给行业管理决策提供准确的数据支持。

第三,有助于推动低碳出行。城市交通一卡通作为方便快捷、互联互通的现代公共交通电子支付工具,随着城市交通一卡通数据的增长与利用,公共交通建设会逐渐完善,吸引更多人们公交出行,实现出行低碳化、环保化。

近年来,城市交通一卡通数据量逐渐增大,人们逐渐认识到城市交通一卡通数据的重要性,政府对公交行业的决策、公交企业管理调度、一卡通商家的业务拓展、广大市民快捷的公交出行等多方面的需求日益强烈。城市交通一卡通数据和其他与交通相关的数据结合构成的城市交通一卡通大数据,可以满足政府、交通部门、公共交通企业及一卡通商家和公众的应用需求,未来基于城市交通一卡通的交通大数据会有越来越广泛的应用。

3.1.1 政府部门的需求

城市交通管理部门在强化交通规划调控、加快公共交通基础设施建设、加强公共交通用地综合开发、加大公共交通投入、保障公共交通路权优先、鼓励智能交通发展方面扮演着举足轻重的角色。城市交通一卡通大数据分析可以满足政府对交通建设和规划、行业监管和服务中的决策支持需求。

1)政府规划调控的需求

城市交通担负着为城市居民提供出行服务的重任,是关系民生的社会性事业。随着城市人口与规模的急剧扩张,城市交通日益拥堵,政府部门需要不断地对城市交通进行合理的规划与调控。政府部门在对城市进行总体规划时不仅要考虑城市发展建设,还要统筹城市发展布局、功能分区、用地配置和交通发展,科学制订城市综合交通规划和公共交通规划。

城市交通一卡通大数据为政府部门对交通的规划调控决策提供了大量准确有效的数据支持。这些数据可以协助城市综合交通规划,明确公共交通优先发展原则,统筹重大交通基础设施建设,合理配置和利用各种交通资源,实现线网布局的科学规划,优化重要交通节点设置和方便衔接换乘,落实各种公共交通方式的功能分工,加强与个体机动化交通以及步行、自行车出行的协调,促进城市内外交通便利衔接和城乡公共交通一体化发展。

通过对公交OD数据、公交车内视频等数据的挖掘,建立公共交通客流态势模型,为交管部门公交规划决策提供支撑,如公交线路规划与调整、公交站点配套、跨市交通中各地市政府之间的协调、节假日等特殊时段的交通应急预案等。

城市交通一卡通大数据可以为大型活动提供数据,协助政府成功举办活动。如北京奥运会、上海世博会、广州亚运会期间,城区公交客流量剧增,城市的交通运载力面临巨大考验,政府联合公共交通数据信息中心,通过城市交通一卡通大数据分析,为这段特殊期间公交线路调度、客流量预测、疏导方案等提供了重要的参考依据。

2)政府部门的管理决策需求

政府的高效管理与科学决策涉及金融、医疗、交通、教育等社会的各个方面,是为居民提供优质服务的基础。在交通方面,我国目前的交通条件尚不完善,交通拥堵的现象较严重,用传统的思维来改善交通拥堵,一般是加大基础设施投入,即通过加宽道路、增加道路里程来提高交通通行能力,但这种做法又会受到土地资源的限制,而且这种解决模式不利于交通发展、城市空间发展以及土地利用发展这三者之间的整合。城市交通一卡通大数据解决方案将技术决定论与制度理论相结合,将信息技术应用于交通,从制度层面提高信息资本利用率,减少对诸如土地等外部资源的依赖。

政府部门在做决策时需要决策支持,城市交通一卡通大数据可以为政府的管理决策提供数据支持。通过分析数据,政府部门可以知道哪些地区的公共交通基础设施尚需完善,城市轨道交通的投资与效益分析决定是否建设更多的城市轨道交通,公共交通车船的车船税、成品油补贴资金、特殊人群优惠政策的规定是否合理等等。

下面将通过两个例子说明城市交通一卡通大数据可以满足政府决策需求。

第一个例子是关于公交燃油补贴科学测算的需求(图 3-1a)。我国的燃油补贴政策规定,补助用油量由交通运输部门根据客运车辆经营者实际拥有的车辆数量、车型和行驶里程等,计算核定在一个补贴年度内实际营运消耗的成品油数量。事实上,由于受到经营方式以及管理制度等因素的限制,具体执行此政策的交通运输部门很难有效掌握营运车辆的实际用油量数据,往往只能被动地根据车辆的营运类型、营运时间和营运线路来测算,最终导致补贴资金并不是按照实际用油数量核定,而是相同营运类型的车辆按照同一标准计算,很显然这种算法公平但是不公正。而加入城市一卡通大数据就可以针对不同的交通运营企业,如公交、出租车、农村客运等,准确统计其在运营车辆数量、车辆载客量等数据,根据统计数据测算不同交通工具运营企业应发放的补贴金额,为政府部门科学发放燃油补贴提供数据支持。

图 3-1　公共交通燃油补贴和老人公交票价优惠

第二个例子是城市公共交通特殊人群票价补贴的需求(图 3-1b)。城市交通一卡通大数据可以协助政府决算对老年人、学生、残疾人、抚恤优待对象等特殊人群提供票价补贴的多少,通过对城市交通一卡通卡片类型、交易类型、刷卡时间、刷卡地点、刷卡频率、刷卡原价金额、刷卡优惠金额等数据进行分析，政府部门可以估算出每年应给予多少补偿金额。这既保证了特殊人群搭乘公共交通享受优惠的合法权益，又保证了政府实行补偿机制的科学性与客观性，解决了无法准确给予公共交通企业经济补偿的问题。下面以广东省为例说明。

根据广东五个城市的不完全统计，2011 年 10 月 ~2012 年 9 月，广州等五个市的老年人、学生、残疾人、抚恤优待对象等特殊人群的城市公共交通出行消费总笔数达 48400 万笔，五个市的城市公共交通企业给予老年人、学生、残疾人、抚恤优待对象等特殊人群的票价优惠总额达 79057 万元，详见表 3-1。

五市公交企业对特殊人群的票价优惠 表 3-1

地区	类别	消费总笔数(笔)	消费实价金额(元)	消费原价金额(元)	差价额(元)
A 城市	长者	294218138	74919053	631306403	556387350
	残疾人	11447847	4692001	25947419	21255419
	学生	141974290	196521243	363477663	166956421
B 城市	长者	222402	406620	695742	289123
	残疾人	11131	22139	44401	22262
	学生	616982	1191500	1702143	510643
C 城市	长者	16586053	3362230	28241310	24879080
	残疾人	102	218	422	204
	学生	14135555	16853523	33707046	16853523
D 城市	长者	992235	16254	2000724	1984470
	残疾人	71881	410	144172	143762
	学生	3716215	5150151	6437689	1287538
E 城市	长者	396	743	825	83
	残疾人	22	41	83	41
	学生	6594	12181	13534	1353
合计		483999843	303148306	1093719577	790571270

以表 3-1 中的数据为基础，即对全省财政应给予城市公共交通企业承担社会福利任务的补偿总金额进行粗略的推算分析。

由表 3-1 可计算五城市的差价总金额为：

744599189.38+822027.44+41732806.31+3415769.85+1477.31=790571270.3 元

广东省交通运输厅发布的《2011 广东道路运输发展报告》显示，2011 年，广东省有公共汽(电)车共 50587 辆，折合 56437 标台，其中五城市有公共汽(电)车共 19189 辆，折合 21076 标台。据此推算出政府应给予全省城市公共交通企业的补偿

总金额:

补偿总金额=(五城市的差价总金额÷五城市公共汽(电)车标台总数)×全省公共汽(电)车标台总数=(790571270.3÷21076)×56437=2116980014.57 元

按照《广东省城市公共交通企业承担社会福利任务补偿机制的方案》的政府分担比例,省财政厅应该给予珠三角地区城市公共交通企业30%的补偿,给予除珠三角其余地区城市公共交通企业40%的补偿,在此取其中间值35%作为给予全省城市公共交通企业补偿比例。可以计算省财政每年应给予全省城市公共交通企业补偿金额为:

省财政补偿总金额=补偿总金额×35%=2116980014.57×35%=740943005.1 元

市财政补偿总金额=补偿总金额-省财政补偿总金额

=2116980014.57-740943005.1=1376037009.47 元

3)政府发展智能交通的需求

我国城市交通的发展水平相对于发达国家比较落后,发展城市交通一卡通大数据,建立城市交通一卡通大数据平台有助于推动智慧交通的发展。根据《国务院关于城市优先发展公共交通的指导意见》中“按照智能化、综合化、人性化的要求,推进信息技术在城市公共交通运营管理、服务监管和行业管理等方面的应用,重点建设公众出行信息服务系统、车辆运营调度管理系统、安全监控系统和应急处置系统”的要求,城市交通一卡通在城市交通、公共服务、小额支付、电子商务等的使用有助于一卡通数据与其他交通大数据进行信息共享和资源整合,推动智慧交通的发展。

通过交通大数据应用,改变传统交通管理的路径,用大数据技术可促进交通管理模式的变革,为发展智能交通增添持久动力。

3.1.2 行业发展的需求

1)一卡通企业业务发展需求

当前我国城市一卡通的业务覆盖范围涉及公交、出租、地铁、轮渡、公共自行车、道路客运等公共交通领域,社区、校园、企业等公共服务领域,便利店、电影院、书店、蛋糕店等小额支付领域及网上支付、移动支付等电子商务领域。以北京市政交通一卡通为例,其覆盖范围遍及交通、加油站、零售、餐饮、体育、公园景区、休闲娱乐、医疗服务等众多领域。城市一卡通在这些领域的使用极大地方便了使用者,然而倘若以韩国的城市一卡通 T-money 为对比,就可以看出我国城市一卡通的业务发展还有很大的空间,韩国的城市一卡通 T-money 可以在全韩国通用,除了覆盖我国城市一卡通可以覆盖的范围之外,韩国的 T-money 还可在铁路、高速公路等地使用,用 T-money 还可以购买高速列车火车票及长途汽车票。除韩国以外,新加坡的 EZ-LINK、日本的西瓜卡、柏林的 Bahn card 等城市一卡通的城市一卡通业务范围均比我们的城市一卡通业务范围更加广阔。城市交通一卡通未来业务发展趋势如图 3-2 所示。

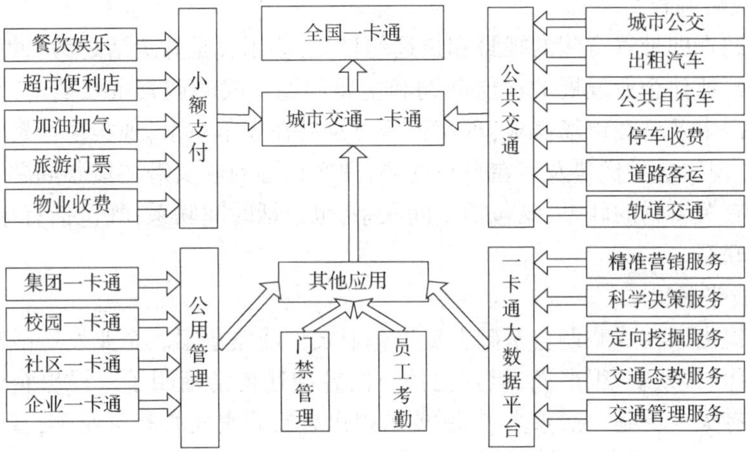

图 3-2　城市交通一卡通未来业务发展趋势

城市交通一卡通大数据作为城市交通一卡通领域的数据关键，对其进行分析利用可以帮助一卡通企业扩大其业务范围，通过数据分析帮助企业挖掘潜在的客户。例如通过对城市交通一卡通数据的客流分析结果与小额消费数据分析结果的关联分析，可以分析出哪些站点的小额消费需求与客流不匹配，从而调整站点小额消费商业点的数量与类型，为小额消费商家推荐合适的地址；又或者通过分析持卡用户的充值时间、金额、地点等用户的充值习惯，对充值网点的分布布局进行优化。

2）一卡通企业发展战略制定需求

企业发展战略是对企业各种战略的统称，企业战略虽然有多种，但基本属性是相同的，都是对企业的谋略，都是对企业整体性、长期性、基本性问题的计谋。例如，企业竞争战略是对企业竞争的谋略，是对企业竞争整体性、长期性、基本性问题的计谋；企业营销战略是对企业营销的谋略，是对企业营销整体性、长期性、基本性问题的计谋；企业技术开发战略是对企业技术开发的谋略，是对企业技术开发整体性、长期性、基本性问题的计谋；企业人才战略是对企业人才开发的谋略，是对企业人才开发整体性、长期性、基本性问题的计谋。以此类推，都是一样的。各种企业战略有同也有异，相同的是基本属性，不同的是谋划问题的层次与角度。总之，无论哪个方面的计谋，只要涉及的是企业整体性、长期性、基本性问题，就属于企业战略的范畴。

企业发展战略因时而异、因地而异、因人而异、因事而异，没有固定的内容，也没有固定的模式。通俗点讲,企业发展战略涉及的问题即企业中长期干什么、靠什么和怎么干三大方面的问题。制定企业发展战略通常要经过战略调查、战略提出、战略咨询、战略决策四个阶段。

(1)战略调查

战略调查即带着宽阔的视野和长远的目光,善用直觉并灵活思考,冲破传统观念的束缚以抓住企业发展的深层问题和主要问题。战略调查主要搞清以下问题:现实市场需求及潜在市场需求,现实竞争对及潜在竞争对手,现实生产资源及潜在生产资源,现实自身优势及潜在自身优势,现实核心问题及潜在核心问题。战略调查要搞清有关事物的联系,既包括空间联系,也包括时间联系;既包括有形联系,也包括无形联系。

(2)战略提出

战略提出即在战略调查基础上提出企业发展战略草案。企业发展战略草案不需要很具体、很系统、很严谨,但要把核心内容阐述得清晰明了。提出企业发展战略草案对有关人员是一次重大考验,要求提出者富有责任心和事业感,富有新思想和大勇气;要求听者虚怀若谷、深思熟虑,不要墨守成规、排新妒异。

(3)战略咨询

战略咨询是指为防止战略失误、提高战略水平,企业在提出发展战略草案之后、确定发展战略之前,需要就整个战略或其中部分问题征求社会有关方面的意见,特别是业内人士和战略专家的意见。鉴于企业内部能力有限,有些企业委托咨询机构研究企业发展战略。采取这种方式,一定要选好咨询机构。选择咨询机构要不唯名、不唯大、只唯能。即使采取这种方式,在他们提交研究报告之后,除了内部充分讨论,也要再适当征求外部有关方面的意见。

(4)战略决策

发展战略决策对企业发展具有里程碑意义。为了企业的整体利益和长远利益,在决策企业发展战略时要充分发扬民主,广泛听取各部门意见,尤其是不同意见。企业发展战略应该由企业领导集体决策。

通过以上的介绍,我们对企业发展战略的概念有了一定的了解,也了解到企业发展战略的制定绝非易事。企业发展战略是企业发展计划的路线和原则、灵魂与纲领。企业发展战略的实质核心是企业的核心竞争力,而企业的竞争力不仅基于对企业内部要素的客观分析和评价,还取决于行业结构和企业相对的市场地位。

一卡通企业作为城市交通一卡通的运营者与管理者,其发展战略决定着未来城市一卡通的发展趋势,也关系未来企业的生存。任何企业发展战略都是针对一定的外部环境与内部条件制定的。当外部环境或内部条件发生重大变化时,毫无疑问就应该与时俱进、调整或重新制定发展战略。当前我国城市交通一卡通行业呈现多元化、区域化、不均等化。多元化体现在城市交通一卡通企业遍地开花，各省各地市大大小小建立了很多城市一卡通企业；区域化体现在各省各地市的城市交通一卡通企业建设目标、发展历程、卡片标准等均具有本区域的特色；不均等化体现在城市交通一卡通企业各自的发卡量、业务覆盖范围等均不相同。在这样的背景下，城市交通一卡通企业必须明确自身的发展战略，努力提高自身的核心竞争力，未来才能在一卡通行业立于不败之地，否则，只有面临关门倒闭或者被兼容的境地。城市交通一卡通大数据作为城市一卡通行业的核心数据，如何将其利用好，帮助一卡通企业制定完美的企业发展战略是每一个一卡通企业正在思考的问题。

3）商家精准数据营销的需求

城市一卡通合作商户主要指小额消费领域的合作商家，包括各类超市便利店、餐厅、面包房、健身房、洗衣店等。营销是关于每个商户如何发现、创造和交付价值以满足一定目标市场的需求，同时获取利润的方法。精准营销则是以科学管理为基础，以消费者洞察为手段，恰当而贴切地对市场进行细分，并采取精耕细作的营销操作方式，将市场做深做透，进而获得预期效益。由此可见，精准营销的要求更高。大数据时代已经降临，在商业、经济及其他领域中，营销决策也将逐渐基于数据和分析而作出，传统的基于经验和直觉渐渐不再适用，利用海量数据和先进的数据挖掘技术，研究顾客的行为特征，进行精准营销是大数据时代企业和商户的必然需求之一。

为了满足一卡通用户的消费需求和城市交通一卡通自身的业务发展要求，交通一卡通业务逐步从基础公交领域应用拓展至日常生活的小额消费领域，与网点商家建立一系列的合作关系，从而形成一卡通小额消费环境。用户通过一卡通支付将产生交易消费数据，基于这些数据的分析可辅助商户进行营销，扩大销售渠道并打开传播渠道。城市交通一卡通在用户消费时产生的数据记录有助于商户进行营销需求分析、制定相应的营销需求解决方案，从而满足一卡通合作商户的营销需求。

4）一卡通合作广告市场需求

广告是为了某种特定的需要，通过一定形式的媒体，公开而广泛地向公众传递信息的宣传手段。广告市场，就是进行广告活动的场所，那么一卡通合作广告市场又有哪些呢？城市交通一卡通在众多应用场景中可为商户实现广告定位需求，公共交通领域常见的有公交站台、公交车内的侧面、车载视频，地铁站内的墙面、电视机、地铁报、自助充值机、自助售卖机等，出租车车身滚动 LED 显示，公共自行车站点、自行车车身等；公共服务领域常见的有校园一卡通充值机具、网站、社区宣传栏等；小额消费领域商家的小票、商户门面，电子商务平台广告等等。此外官方微博、微信公众号、官网等也具有广告市场,并实现了商品与消费者之间的零距离。当一卡通用户与广告内容之间形成有效需求时,他将通过多种途径了解广告商品并实施购买行为,完全不存在时空的障碍。然而,如何有效刺激消费者就成了一卡通合作广告商需要了解和解决的问题,广告投放之后的效果如何才是广告投放用户真正关心的。借助城市交通一卡通大数据可以实现广告更精准的投放,比如通过对公交刷卡记录的分析,可以了解通勤人员、学生、老人等不同类型人群的出行时间,从而根据乘客的类型投放他们感兴趣的广告,例如在上班高峰期投放一些理财产品等,而在相应人群集中乘车的时间投放有针对性的产品广告,实现广告的精准投放,提升一卡通数据的价值效益。

3.1.3 产业链发展的需求

1)一卡通生产商战略及营销需求

一卡通生产商包括终端厂商、系统厂商、集成厂商、芯片厂商、软件厂商等,作为一卡通产业链的上游企业,这些企业的战略制定与营销方案的制定同样需要城市交通一卡通大数据。当前我国城市交通一卡通生产商呈现多元化、区域化、不均等化。城市交通一卡通大数据作为城市一卡通行业的核心数据,如何将其利用好帮助一卡通生产商制定企业发展战略和营销需求是每一个一卡通企业需要思考的问题。以终端来说,当前各类终端鳞次栉比,公交终端、地铁终端、出租车终端、咪表终端、门禁终端、打卡终端等各类终端存在在市场上,终端产商只有研发新型终端,降低终端生产成本才能在市场上占据更大的竞争优势。而终端产商究竟研发怎样的终端可根据一卡通发卡量、交易量、应用领域等数据分析,根据一卡通终端用户有效需求,提升一卡通终端设备的智能化水平,加大科研投入等相应的举措,满足市场需求。

2)一卡通产业升级和产业整合需求

一卡通产业链包括一卡通生产商、一卡通企业及一卡通应用行业,一卡通生产商为一卡通产业链的上游,一卡通企业为一卡通产业链的中游,一卡通应用行业为一卡通产业链的下游,如图 3-3 所示。当前一卡通产业还需进行产业升级与产业资源整合。

所谓产业升级,是指产业结构的改善和产业素质与效率的提高。产业升级关键是依靠技术进步。产业结构的改善表现为产业的协调发展和结构的提升;产业素质与效率的提高表现为生产要素的优化组合、技术水平和管理水平以及产品质量的提高。简单地说,产业升级就是从产业结构升级转移到利润更大更赚钱的产业结构,比如从传统的工厂发展为高技术企业。

所谓产业整合是指为了谋求长远的竞争优势,按产业发展规律,以企业为整合对象，跨空间、地域、行业和所有制重新配置生产要素，调整和构筑新的资本组织，从而形成以大企业和企业集团为核心的优势主导产业和相应产业结构的过程。产业整合包括横向整合、纵向整合和混合整合。产业的横向整合是指产业链条中某一环节上多个企业的合并重组；产业纵向整合是指处在产业链中，上、中、下游环节的企业合并与重组，包括前纵向整合和后纵向整合。

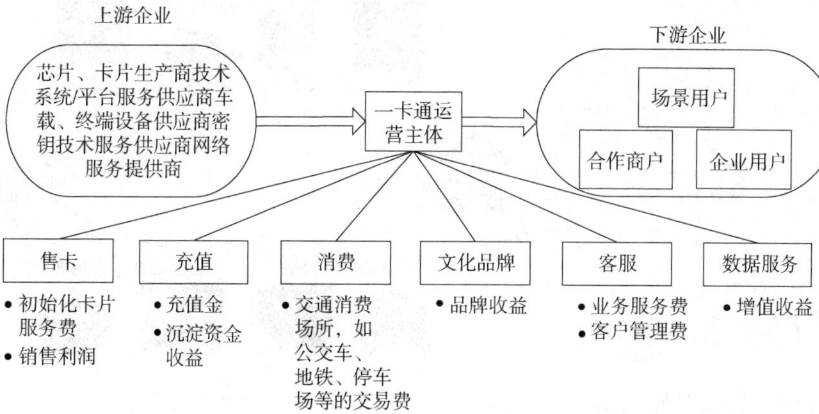

图 3-3　一卡通上下游产业链

目前长三角地区、珠三角地区已实现了部分区域内城市交通一卡通的互联互通，这是一卡通产业升级的典范。由国外的城市一卡通发展历史来看，城市交通一卡通未来必定会实现全国范围内的互联互通，一卡通产业升级和产业整合是中国一卡通产业未来的发展趋势。如何提高自身的企业竞争力、努力使自己成为产业中的强者是当前一卡通产业中上、中、下游企业都在积极思考的问题，借助城市交通一卡通大数据，企业可了解一卡通行业的短板，帮助企业制定正确的发展战略，从而实现一卡通产业的升级与产业整合。

3.1.4　公众出行的需求

1）公众智慧出行需求

随着城市交通的发展与人们对交通出行要求的提高，传统的出行方式已经无法满足公众的出行需求。随着智慧城市理念的深入推广，人们提出了智慧出行的概念，希望有一个智慧出行服务平台（图 3-4）可以交通信息、实时路况信息、换乘信息、交通气象信息、停车场信息以及与出行相关的其他信息，使出行者可以根据这些实时信息灵活安排、调整自己的出行。毫无疑问，这个平台服务于各种交通方式用户的动态交通信息需求，需要汇集各类与出行相关的实时动态信息，并根据信息服务的需求对数据进行实时处理和信息提供。而这个平台上的数据显然就是城市交通一卡通大数据。借助城市交通一卡通大数据可以建立一个智慧出行服务平台，该平台采用云计算技术，满足大数据量、大用户量的系统应用，为用户交通信息服务提供持续、有效、动态的信息服务。

2) 全出行链服务需求

全出行链服务如图3-5所示。

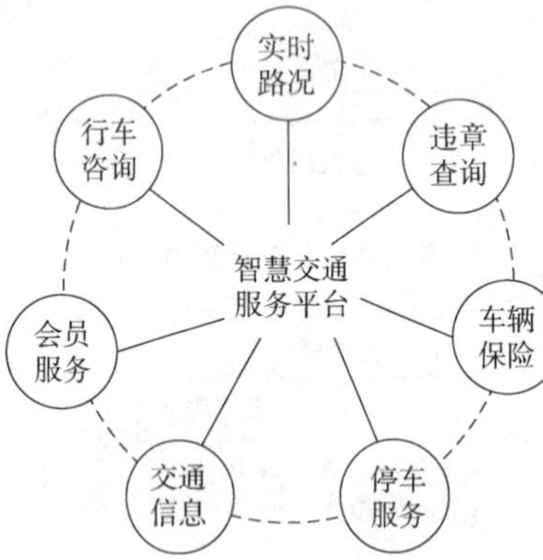

图3-4 智慧出行服务平台

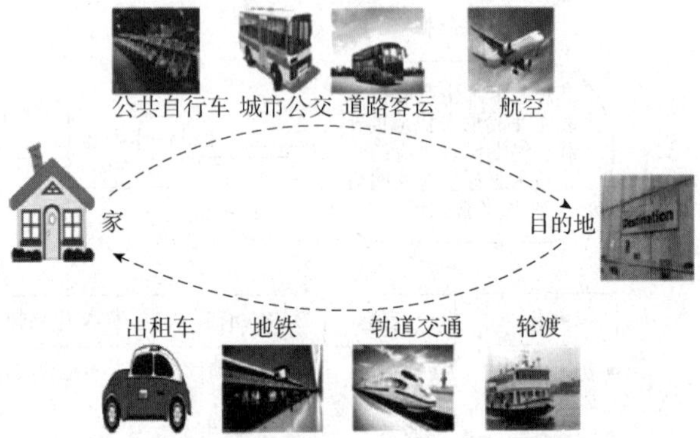

图3-5 全出行链服务

城市交通与人群的出行活动有密切关系，掌握人群的活动规律也就掌握了交通需求量，因此对居民的出行行为分析的研究受到许多交通领域专家的关注。出行行为分析是揭示交通现象隐含的内在规律以及制定交通规划与管理政策的主要依据。

出行链作为出行行为分析的一个重要研究角度，国内外学者近年来对此进行了深入研究。对出行链的研究内容主要分为基础理论研究及实证研究两大方面。其中，基础理论研究主要包括以下几个方面：拓展出行行为研究的范围和深度、提出基于出行链的出行行为以及发展基于出行链的出行行为分析所能套用的基础理论；实证研究主要包括出行需求预测及各种交通需求管理政策以及交通信息条件下的出行行为关系研究等。传统对出行链进行分析的数据主要来自居民出行调查数据，调查数据属于抽样数据，覆盖范围较少且不是实时数据，虽然可以进行出行链分析但不够准确。目前已有城市利用城市交通一卡通数据进行居民的出行链分析，更为具体的还将出行人群分类为通勤人员、老年人、女性、特殊人群等进行各类人群的出行链分析，对出行链的分析大多都比较关注居民的出行时间、出行方式、出行距离、出行成本等与出行密切相关的内容。但除此之外，对出行链的分析还可以有其他关注点，例如根据出行人群的消费习惯，在出行过程提供感兴趣的消费服务信息，无缝连接出行者与合作商家，将出行人群转化为潜在消费群体，又或者针对上下班高峰期的通勤人员制订个性化服务，制订只有在特定时间才会有的专属巴士服务，而这些都需要利用城市交通一卡通大数据才可以实现精准的分析与实现，满足居民全出行链的服务需求。

3.2 国内外研究

大数据的影响遍及互联网技术、电子商务、生物医药等多个领域，在交通领域，国内外也已存在大量的研究和应用。叶亮通过探讨“大数据”背景下交通数据在采集、管理和应用等方面面临的机遇和挑战，梳理和介绍新的信息技术条件下国内外交通数据采集与应用的新进展，提出我国未来交通数据管理应用的转型与发展方向。马英杰分析了当前交通运输行业应用大数据的现状和困境，指出了大数据对交通行业的挑战和机遇。季振东分析了大数据云分析平台的相关情况，及在我国智能交通发展中的应用状况，从而充分肯定交通领域运用大数据云分析平台的优势。韩国的 Duckwon Chung 等人提出了新的分布式处理体系结构，旨在对道路交通数据及其相关数据进行大数据处理，他们采用 Hadoop 和 HBase 对道路碰撞数据进行存储和分析，通过集成十年的高速公路交通大数据和碰撞数据，得到碰撞概率。Yisheng Lv 等基于交通大数据利用深度学习方法实现交通流的预测。另外，随着国内城市交通一卡通在各城市的推广使用，其作为交通出行刚性支付载体，承载着海量数据信息，使基于城市交通一卡通数据的数据仓库和数据挖掘技术有了广泛的操作平台和庞大的数据支持，对城市交通一卡通数据分析和数据挖掘技术的研究成为交通大数据领域新的研究热点。

目前国内针对城市交通一卡通大数据的研究尚处于起步阶段，对城市交通一卡通大数据的研究主要集中在公交客流分析、客流预测、公交线网规划、线网评价、出行行为分析等方面，且实践较少大多还只是在理论研究，而国外学者对城市交通一卡通大数据的挖掘应用研究比较深入，尤其在欧美等发达地区，国外已经利用先进的数据采集和处理技术研究居民出行规律、了解客流信息，这一点很值得我们学习和借鉴。总体来说，国内对于城市交通一卡通大数据挖掘分析的研究还处于初级阶段，一方面是目前城市交通一卡通的覆盖范围主要局限在区域内；二是由于当前信息共享还未达成统一的规范，数据依旧分散在各个部分，对数据进行分析利用的难度较大。利用城市交通一卡通大数据分析公交客流信息及居民公交出行信息，并为未来的公交枢纽规划和公交运营管理提供依据，也都还处在理论研究水平，与投入实际应用仍有一定距离。由以上内容可以看到，国内针对城市交通一卡通大数据的研究虽然处于起步阶段，但在当前的大数据时代的形式下，必将会有越来越多的关注和研究。国内外对城市交通一卡通大数据的研究主要集中在以下几个方面，下面将进行详细介绍。

3.2.1 城市交通一卡通大数据在公交系统的研究

城市公交系统是城市客运交通的主体,也是城市重要的基础设施,是关系国计民生的社会公益事业,其规划的优劣对城市的可持续发展至关重要。只有根据城市发展规模、用地布局和道路网规划,在现状客流基础上展开预测,合理确定公交车辆数、线路网络、换乘枢纽和场站设施用地等,才能使公交客运能力满足日常居民出行需求。因此对于公交线路客流、站点客流、区域客流的全面、准确把握是公交管理和公交规划工作的基础,它不仅为日常调度提供依据,也为线网优化提供了参考。

国内对公交系统相关的研究有:戴霄研究了如何从大量的城市交通一卡通数据中获得公交客流信息,归纳总结出用于一卡通数据分析的原始数据采集方法和获取途径,提出城市交通一卡通数据分析系统的框架结构。路智宁阐述了如何将数据分析技术应用于公交营运发展的管理决策中,创建了 OLAP 多维数据集及建立数据挖掘模型,设计了一套交通一卡通交易的 OLAP 模型及数据模型。师富民提出了基于城市交通一卡通数据的公交调查方法和数据处理算法,提出以城市交通一卡通数据库为平台,推断出持卡人公交出行的起讫点,并利用这些起讫点信息,提出了生成公交线路 OD 矩阵和市区居民公交出行 OD 矩阵的方法。戴霄、陈学武则以单条公交线路一卡通信息为例,提出单条公交线路及客流信息的分析处理方法,得到包括站点客流、线路客流、断面客流等主要客流指标的分析计算方法;从应用角度出发制订公交数据分析目标和思路,在此基础上架构一卡通数据分析系统框架,从公交运营决策者和公交规划者两个角度提出数据挖掘目标,并根据挖掘目标阐述数据分析过程及挖掘方法。谢仲磊在基于 IC 卡数据的公交线网评价中提出利用 IC 卡数据获得大量的出行信息,对公交线网服务水平做出合理评价的方法,提出了三个指标,即流量差异、供需差异、时间差异,对乘客需求和公交线网布局的空间匹配程度进行分析。

在国外,2002 年,James J. Barry 等对纽约交通卡系统进行了详细的研究,基于居民采用完整公交出行链的假设对乘客客流数据进行了分析,进而得出客流出行 OD 矩阵,为客流分布及预测提供数据基础。2003 年,英国威斯敏斯特大学的 Bagchi 等将公交 IC 数据用于公共交通市场的分析,包括人均刷卡次数、乘客出行的时间和区域分布等。2007 年,Shawn M. Tumer 利用电子测距仪、视频识别、手机跟踪、自动车辆识别、自动车辆定位、图像处理等先进的公交客流采集技术研究了乘客出行时间,并对各种采集方式进行了比较。2008 年,Jin Young Park 等结合 GPS 数据和交通卡数据对不同类型线路的不同时段乘客的刷卡规律、运行速度等进行了分析,并利用运营公司的调查结果对分析结果进行了验证。2008 年,日本神户大学 Masashi Tanaka 等利用地铁的 IC 卡交易数据分析乘客的乘车行为。

3.2.2 一卡通大数据关联挖掘分析研究

城市交通一卡通大数据作为交通领域的大数据研究热点,以其为基础,通过结合其他行业、领域的数据,对它们进行关联挖掘分析,可以找出交通状态与环境、天气、经济之间的关系,从而为交通政策的制定、城市规划、环境治理、市民出行规划提供更精准的决策依据。目前,城市交通一卡通大数据关联规则挖据分析在交通事故的分析应用研究较多。

尚威、尚宁等在《交通事故的多维关联规则分析》中提出一种使用数据挖掘领域中的多维关联规则技术分析大量交通事故记录的方法,通过找出可能导致交通事故发生的频繁因素组合来发现某些事故发生的规律,并将这些规律作为现实中做出预防举措的依据。李桃迎、陈燕等在《基于模糊关联规则的交通事故分析应用研究》中采用模糊关联规则挖掘导致交通事故的原因和规律。文献基于大量的真实交通事故案例,利用关联规则技术中的约束原则和 Apriori 算法思想,对交通事故信息进行数据挖掘,探求符合真实规律的关联规则。研究证明了关联规则在交通事故分析领域有着良好的应用前景,不但能够加深对交通事故的认识,还可以为改善道路建设以及提高车辆安全性提供很多有价值的参考。

将城市交通一卡通大数据应用在交通事故研究中,可以有效分析交通事故的发生原因、规律,从而为交通部门、出行车辆预防交通事故做出对应的举措提供依据,减少因为交通事故的发生造成的交通拥堵和带给当事方的伤害。除此之外,关联挖掘分析还可以应用在其他领域,为交通政策的制定、城市规划、环境治理、市民出行规划提供更精准的决策依据。

3.2.3 城市交通线网规划研究

城市交通线网的规划、评价与优化等保证了城市交通通畅的前提,国内外学者对公交线网评价、公交规划方法均有自己的研究。国外有大量的文献和研究成果,最为典型的是 20 世纪 80 年代提出的出行策略理论。基于出行策略理论的典型分配模型是 Spiess 和 Florian(1984、1989)提出的适用于非拥挤公交网络的客流分配模型。在线路选定方面,比较有代表性的是 Newell(1979)和 Ceder(1986)等,这些研究只是局限于单一线路的设计和重新设计,没有考虑整个公交网络的设计或重新设计,也没有考虑公交用户的线路选择行为。

国内分为两大类型。一类是单纯的定量模型,如 20 世纪 80 年代杨兆升、吴稼豪、兄桂林等设计的多种公交线网优化模型,这些模型基本上是围绕总出行时间、总出行距离或总直达客流最大等为目标,运用数学规划理论和方法建立的模型,其

SusanneBohler, Sylvie GrischkatI(2006)等学者基于2003年的德国居民调查数据，量化了出行距离和假日出行目的、方式，并根据出行量及距离对出行者进行分类，而后对假日出行行为、出行者个人特征及假日出行转变策略进行研究。John Thogersen(2006)分析了丹麦1998—2000年间的三次居民出行调查中公共交通的作用及出行方式选择行为。ZHANG Junyi、FUJIWARA Akimasa(2008)等基于SP调查结果分析了方式选择行为，对缅甸仰光的新型公交系统进行了研究，以缓解当前和未来潜在的交通问题。Daniel G、Chatman(2008)应用加州都市家庭出行调查数据、出行增长密度等数据作为独立变量，建立了小汽车方式非工作出行与速度关系模型，结果显示高密度的增长对出行影响不大，除非减少或限制道路服务水平及停车需求。

国内学者对出行特征也有较多的研究。丁威、伍速锋、杨晓光通过对厦门市城市居民通勤出行活动日志调查数据的分析，建立了9种通勤活动链模式，总结了我国城市居民通勤出行链的基本特征和规律。同济大学诸浩然以北京市居民出行调查为基础数据，分析了北京市八个区域、五类人群的出行链个数、出行链长度、平均出行链长度和换乘次数四个指标的统计特征。东南大学邵昀泓博士以沈阳市为例，定义了几种典型活动模式，分析了全日制工作者、非全日制工作者、学生及儿童三类人群上班、维持型、娱乐休闲型、居家四类活动的频数分布特征。李萌、王伊丽以居民出行调查数据为基础，对活动链和出行方式链进行了统计分析，建立了基于活动链以及出行方式链的出行方式选择模型。

此外，为了解不同人群的出行特征，研究人员还将出行人员分为通勤者、老年人、学生等进行比较。Bhat、You-LianChu等分析了通勤者上班途中、工作中、下班途中三个阶段活动停留次数的分布特征以及不同类型的活动在各个阶段停留次数的分布比例。Cinzia Cirillo以比利时和德国两个欧洲国家的城市为例，比较了工作者和非工作者的出行链特征。Abane(1993)用多项Logit模型(Muhinomial Logit Model)分析了通勤者上下班出行方式选择，结果表明，出行者年龄、性别和收入都影响选择行为。Gulob(2000)将通勤活动作为研究对象，利用结构方程模式研究出行链数量、活动停留时间、出行时间三个影响因素之间的相互关系。Bowman和BenAkiva(2001)开发了日活动计划系统，可以对通勤者工作日的活动模式进行模拟。国内学者也对通勤者的出行特征较为关注。陈征(2006)研究了通勤出行交通结构、不同人群交通方式选择特征以及通勤交通方式的出行距离特征。北京交通大学陈团生博士在对通勤者交通方式和出行链类型选择行为研究的基础上，以出行链整体效用最大化为目标，利用Nested Logit模型，构造基于出行链的交通方式选择行为的模型，定量地分析通勤者交通方式选择行为和上下班出行链类型选择行为之间的相互作用关系。李霞利用网络广义极值模型对居住地和通勤方式的选择行为进行了研究，结果表明，相比郊区的通勤者，中心区的通勤者对出行时间的增加更为敏感。诸葛承祥、邵春福、李霞、孟梦等(2012)建立出行时间—出行方式与出行方式—出行时间两个方向的 Nested Logit 模型，利用北京市第三次居民出行调查数据，借助 BIOGEME 软件对两个模型进行估计。结果显示，出行时间—出行方式选择模型比出行方式—出行时间选择模型合理，表明通勤者在选择出行时间后，在其约束下考虑合适的出行方式。龙瀛、张宇(2012)等利用北京 IC 卡刷卡数据分析了北京职住关系与通勤出行。

2005 年加拿大的蒙特利尔大学的研究人员 Morency 等从真正意义上将数据挖掘技术应用到公交 IC 卡交易数据的分析中。该研究主要根据 2005 年 271 天在 43248 张 IC 卡中提取的 6200000 份交易，分析不同持卡类型乘客的出行行为在时间上的差异，得出一系列结论。首先对一周内不同类型卡用户(常规成人卡用户、常规学生卡用户、老年成人卡用户等)在一周内用卡规律进行分析，得出一周内每天不同用户使用规律。其次，该文章分析了不同站点作为上车站点随着日期增长的使用程度以及每日站点使用的频次。最后针对常规成人卡、老年成人卡，研究人员根据每日乘车时间频次的相似程度，将 271 个被观察日进行聚类分析，并将一周内不同天数根据以上类别进行分类。

由此可知，对出行特征进行分析是城市交通一卡通大数据分析重要的一部分。图 3-8 所示为百度预测的北京市上下班通勤客流分析。

图 3-8　北京市上下班通勤客流分析(百度预测)

3.2.6 一卡通用户消费行为特征分析

借助城市交通一卡通大数据能够进行一卡通用户行为分析,帮助企业等掌握用户的生活、出行、消费等行为。一卡通应用在公共交通,对消费数据进行分析可以掌握公众出行时间、出行方式、车次选择行为规律等等,了解乘客出行时的消费爱好,从而做出相应的对策。一卡通在校园中应用,对用户进行消费行为分析可帮助学校了解学生消费情况,食堂也可根据消费数据分析判断当前食堂的运营状况及营销策略等问题。一卡通应用在社区,对一卡通消费行为进行分析,可以分析当前社区内比较受业主欢迎的消费场所,对于那些没那么受欢迎的场所,它们可分析当前不受业主欢迎的原因,从而及时改变营销策略或增加消费项目。

目前,国内外对城市一卡通用户消费行为特征分析较少,在公共交通领域,一卡通企业一般只对卡片的充资、移资次数金额进行统计分析,或对退卡、坏卡金额、次数进行统计分析,主要集中在统计上,并未深入挖掘这些数据的利用价值。在校园中,已有学者根据一卡通消费数据进行用户消费行为特征分析。陈锋的《基于校园一卡通系统的高校用户就餐消费行为分析与数据挖掘》文章中就校园一卡通用户就餐消费这一特定行为展开讨论,并对学生消费、食堂运营状况及营销策略等问题开展数据挖掘与分析,最后就一卡通行为分析系统的研究意义、研究价值进行了归纳与总结。

3.3 主要城市交通一卡通大数据应用

3.3.1 概要

随着城市化进展的加快和汽车普及率的提高,城市交通拥挤日益加剧,交通事故频频发生,交通环境逐渐恶化,机动车造成的能源短缺和环境污染问题日益严重。在这种背景下,如何从系统角度出发,把人、车、路和环境综合考虑,将各种交通数据信息综合起来分析利用,运用各种高新技术来解决交通问题的思想应运而生,ITS(Intelligent Transportation Systems,智能交通系统)就是这种思想自然而然的产物。同时,ITS 也正是可持续发展理念在交通运输系统建设中的体现。《中国智能交通系统体系框架研究总报告》对 ITS 给出了如下定义:在较完善的基础设施(包括道路、港口、机场和通信等)之上,将先进的信息技术、通信技术、控制技术、传感技术和系统综合技术有效地集成,并应用于地面运输系统,从而建立起大范围内发挥作用的实时、准确、高效的运输系统。智能交通系统的框架主要由交通信息采集系统、信息处理分析系统和信息发布系统三部分组成,交通信息采集方式有人工输入、城市一卡通采集、GPS车载导航仪器、GPS导航手机、车辆通行电子信息卡、摄像机、红外雷达检测器、线圈检测器、光学检测仪等，信息处理分析系统有信息服务器、专家系统、GIS应用系统、人工决策系统等，信息通过互联网、手机、车载终端、广播、路侧广播、电子情报板、电话服务台等方式向公众发布。图3-9所示为基于大数据的智能交通架构。

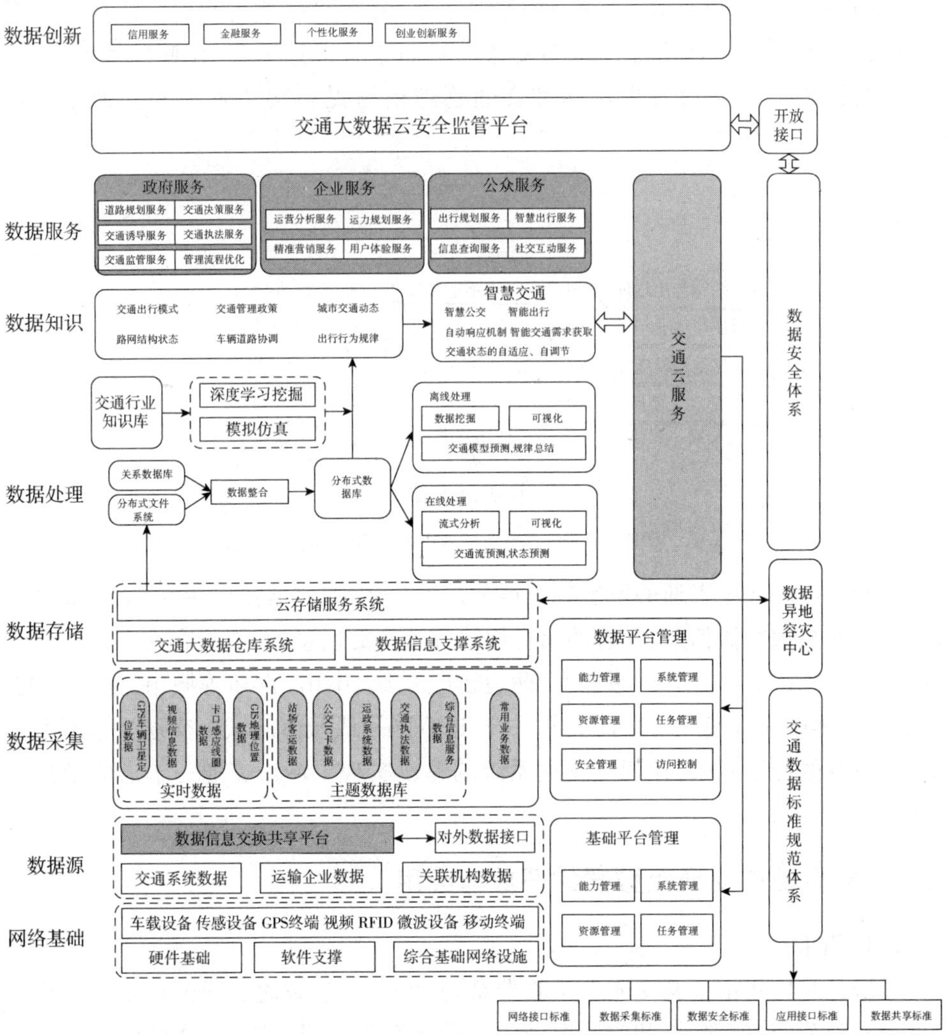

图3-9 智能交通(基于大数据的智能交通架构)

智能交通系统的规划、建设，旨在提高设施系统的使用效率和服务水平，使交通规划更科学、设施更完善、管理更智能、信息更透明、服务更优质、行为更规范，进一步改善城市交通的运转状况,促进城市交通良好发展,为大家创造一个安全、便捷、绿色的出行环境。

图3-10所示为智能交通系统在城市交通中扮演的角色和作用。在交通供给方面,通过智能公交系统、智能交通管理系统、智能车辆运行管理系统、交通监控系统等技术的实施,可以提高现有交通基础设施的运行效率和交通供给能力;在交通需求方向,通过交通信息服务、交通拥堵收费等系统,可以改善交通需求的时空分布特性,"削峰填谷",使交通需求与交通供给的矛盾得到缓解;在使用效率方面,可通过制订相应的交通管理设施和交通管理措施提高交通管理和交通出行的效率。

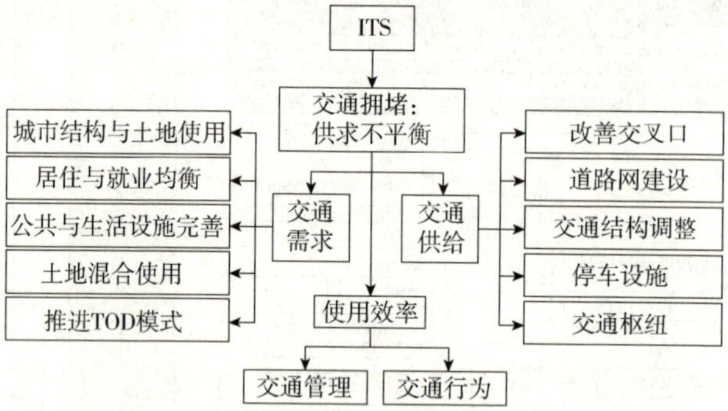

图3-10　智能交通系统在城市交通供求关系中的角色和作用

随着城市交通一卡通的发展规模逐渐扩大,一卡通数据量也越来越大,其蕴含着城市公共交通客流信息、乘客的出行规律等重要的信息,在智能交通系统有着重要的应用。国内北京、上海、深圳、广州、杭州、重庆、中山、青岛等城市,国外美国、韩国、日本等国家都建立了智能交通系统,这些国家或城市的城市交通一卡通系统都具有较好的应用基础,在智能交通系统的建设实现了城市交通一卡通大数据的应用。

3.3.2　典型城市交通大数据的开放与应用

1)广州市

羊城通是广州市公共交通电子收费系统,由广州羊城通有限公司发行。广州羊城通有限公司(原名:广州交通电子收费营运有限公司)成立于1999年,是一家直属广州市交通委员会管理的国有独资企业。公司秉承"服务100"经营思想,围绕"轻松嘀卡,便利生活"的服务理念,基于羊城通卡(图3-11),一直致力为广大市民提供方便快捷的电子付费服务。

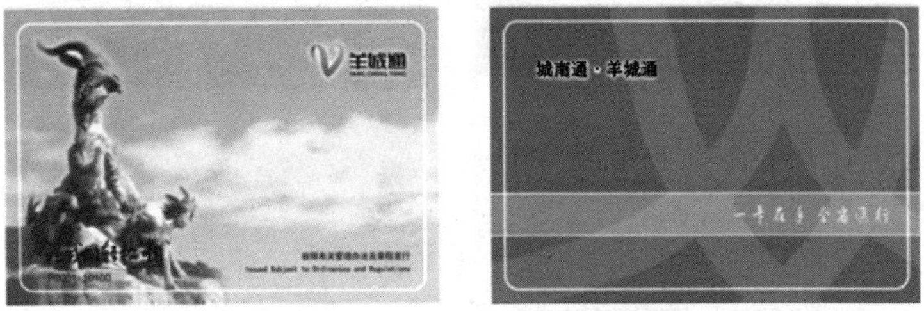

图 3-11　羊城通卡片

目前，在发卡量上，羊城通技术标准卡发行总量突破 5000 万张，在城市交通一卡通行业中位列全国第三、华南第一；在应用范围上，超过 4 万台终端支持羊城通刷卡消费，羊城通已覆盖市内所有公共交通应用，其中公交车装机近 12000 台，地铁闸机超过 4000 台；在交易量上，日交易量超过 800 万笔；在小额支付方面，公司在零售、餐饮、医疗、文化、会展、公共事务等多个行业有 1000 多家合作伙伴；在客户服务方面，公司拥有直属客户服务中心 12 个和授权代理充值服务网点 4000 多个，提供羊城通卡人工、自助、自动、空中等多种充值方式和 24 小时的充值服务，服务网络在全国位列前茅。

经过多年发展，羊城通公司运营过程中累积了大量基础数据，相关数据主要面向市民服务、企业经营、政府管理三个层面进行开放和使用。

(1) 市民服务方面

市民的数据应用需求是为了能更好地使用一卡通服务。因此，在面向公众的层面，羊城通公司主要通过微信公众号等移动服务端开放与一卡通客户服务息息相关的服务类信息，包括查询卡内或后台记录的一卡通余额、近期卡片交易明细等与卡片相关的基本信息，查询一卡通客户服务点、充值点及消费点等与服务网点相关的位置信息。通过开放部分一卡通数据，将现有人工客户服务转移到自助办理的模式，能降低运营企业服务成本，而自助服务的自主性强、使用成本低，有利于提升市民使用一卡通服务的体验，如图 3-12 所示。

(2) 企业经营方面

一卡通运营企业因经营需要，对数据应用的需求最为强烈。业务类数据除了用于正常数据清结算工作之外，还能通过分析数据的分布、变化趋势等协助企业经营者研判企业的经营发展现状。羊城通公司在日常经营中，对消费数据、客服数据、票卡数据进行周期性的跟踪和统计，对羊城通支付应用变化情况、跨区交易变化情况按照不同业务需求进行统计分析。通过挖掘业务类数据的规律和价值，评价具体业务工作的成效，分析不同类别业务的竞争合作关系，为运营企业调整经营策略、优化资源配置提供有效的依据。相关运营业务分析如图 3-13、图 3-14 所示。

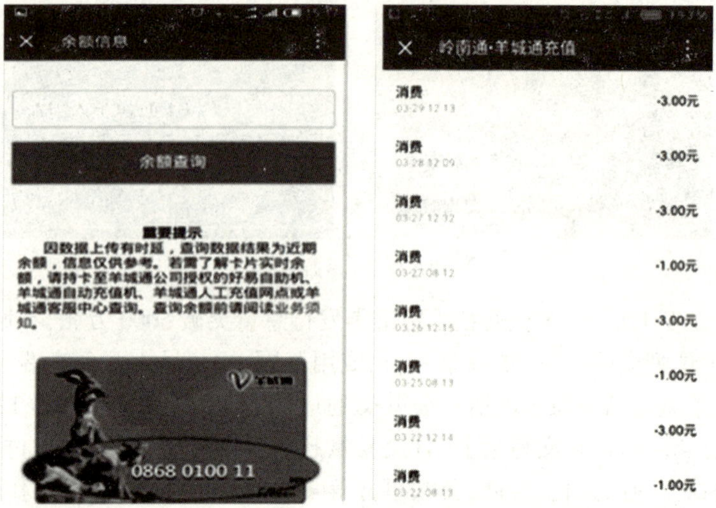

图 3-12　羊城通卡交易数据查询

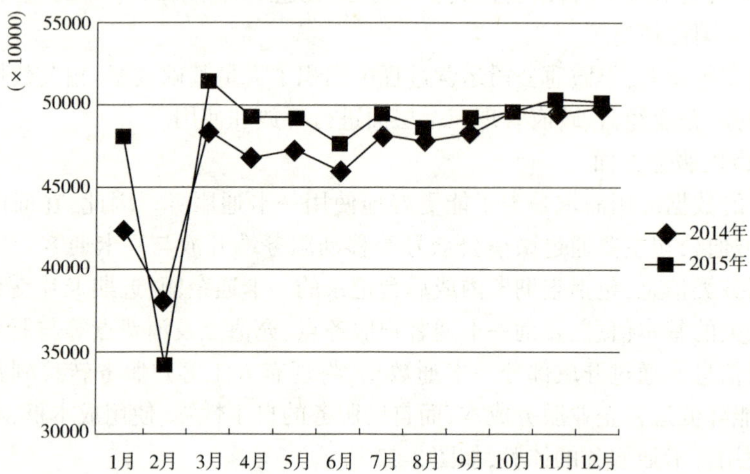

图 3-13　充值业务量分析

(3)政府管理方面

由于政府不直接参与城市交通一卡通的具体运营,因此政府对一卡通数据的应用需求主要是通过分析特征数据,掌握相关政策法规的执行情况。羊城通卡作为广州公交地铁票价优惠的实施载体,其票价优惠相关数据对政府摸清政策执行情况的意义不言而喻。羊城通公司定期向行业主管部门报送票价优惠实施情况、电子支付交易情况等数据,作为政府核定票价优惠补贴资金、跟踪优惠执行情况、衡量公交优先政策实施成效的依据之一。政府在开展交通行业相关的财政绩效考核、线网规划过程中，也会按需、单次地向一卡通运营企业提取相关数据。

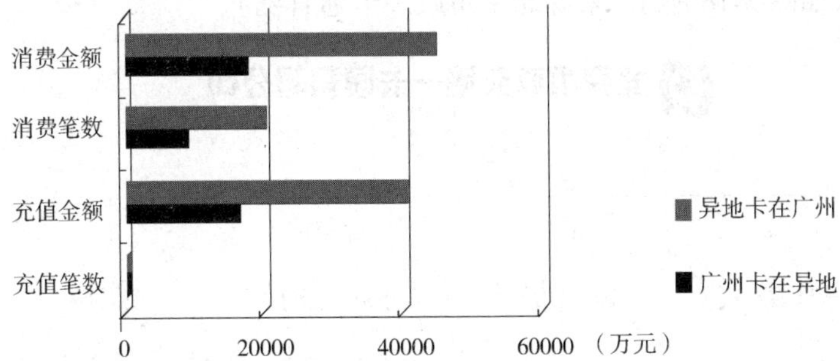

图 3-14　跨区交易业务量分析

未来，羊城通公司将继续借助数据优势，加强对一卡通数据的分析和利用，进一步挖掘数据价值，丰富在市民服务、企业经营、政府管理等方面的应用场景。同时，尝试利用一卡通数据分析评价、规划电子支付应用服务，通过统计分析票卡使用行为和各类人群出行规律，结合行业管理的需求，提出广州未来在城市交通一卡通方面的数据应用规划指引。

2）北京市

（1）北京市政交通一卡通简介

北京市政交通一卡通（图 3-15）于 2006 年 5 月正式启用，截至 2015 年 11 月，北京市政交通一卡通累积发行量近 9000 万张，用户日均交易量约 1600 万笔，充值网点也由原来的 2000 余个增长至 5000 余个，应用范围覆盖公交、地铁、出租车、停车场、市郊铁路和公共自行车等主要交通领域，并且已经拓展至加油站、公园景点、公用电话、燃气缴费、电影院、健身体育场馆、医院挂号、超市、便利店、餐饮和网络支付等领域消费使用。此外随着北京地铁、公交城市交通网络的进一步完善以及京津冀一体化项目的有力推动，与一卡通有关的各项数字还在不断攀升，随之产生的多样化服务需求也愈发迫切。

图 3-15　北京市政交通一卡通

北京市政交通一卡通卡是北京市发卡量最大、使用率最高、消费领域最广的生活服务卡，每天最大交易量可达 1800 万笔，覆盖 18 个应用领域和 16 万台终端设备。除城市交通与小额消费并行、线上与线下联动外，北京一卡通公司还一直致力于企业综合智能管理应用的研发与推行，一卡通企业解决方案自 2007 年推出至今,已向300余家优质企事业单位提供了综合智能管理服务。北京市政一卡通业务发展现状如图3-16所示(来源北京市政一卡通官网)。

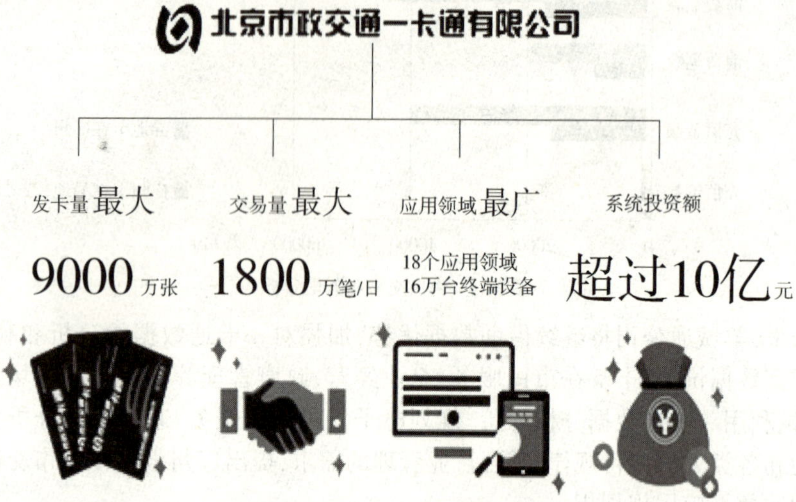

图3-16 北京市政一卡通业务发展

(2)北京公交IC卡数据分析课题研究成果

①“基于IC卡数据的北京市公交网络运行评价与优化技术研究及示范”项目。

2009年以来,北京交通发展研究中心陆续获得北京市科委和北京市交通委的资助,就基于IC卡大数据的公共交通客流特征和运营指标提取技术展开研究,突破一票制IC卡数据处理技术难题,并建立“公交IC卡数据分析系统”,将其应用于公交网络评估与优化等领域,实现了公交决策支持领域的技术革命。

北京交通发展研究中心承接的“基于IC卡数据的北京市公交网络运行评价与优化技术研究及示范”项目,以北京市一卡通IC卡数据(以下简称公交IC卡数据)为主要数据基础,提出一套面向公交网络优化决策支持的IC卡数据处理和分析技术,并开发了“公交IC卡数据处理分析系统”及“基于IC卡数据的公交模型”。该项目突破了一票制IC卡数据处理的技术难题,将IC数据转化为详细的乘客出行特征和公交运营指标,为公交网络的动态监测、运行评价及优化调整提供了准确的量化依据,彻底改变了依靠人工调查采集客流信息的局面,开创了公交客流分析和公交线网优化的新时代。项目成果在公共交通网络复杂程度、数据规模、数据处理精度、成果丰富性等方面处于国际领先水平。

大数据分析成果可应用于北京市公共交通政策制订、网络规划、线路优化调整、交通调查等领域,在北京市的奥运交通政策评估、全市综合交通调查、票价调整影响分析、公交线路调整方案评价等项目中发挥了不可替代的作用，该系统的实施和应用有力地促进了公交行业相关工作的自动化、智能化、精准化水平，对提高公共交通服务质量、优化出行结构、节能减排和保证城市可持续发展意义重大，经济和社会效益显著。同时，该项目提出的整套 IC 卡数据处理算法和技术具有非常好的适应性，因此具有全国推广的价值。

②基于票价改革后北京交通预测课题研究成果。

公共交通是缓解北京城市交通压力的重要生命线，高峰时轨道交通客流量超过千万，频繁限流、停运令人担忧。北京公共交通票制票价改革自 2014 年 12 月 28 日起实行，交通委运行监控调度中心(简称 TOCC)为了深入探讨此次票改对北京市民公共交通出行的实际影响程度，联合北京市政交通一卡通有限公司(简称一卡通公司)就票改前后的一卡通交易开展基于大数据的专题评估分析，出具《票改对市民公共出行的影响》报告；2015 年 3 月，从公司内部需求出发，出具《票改对一卡通小额消费的影响》报告。以下分析内容是北京交通委运行监测中心与北京市政一卡通有限公司申报课题的科研成果。

a.票改对市民公共交通出行的影响。以票改前后各一个月一卡通卡刷卡记录为分析样本(10.36 亿笔)，从花费成本、出行站数、拥挤度、地铁优惠情况、地铁转移公交情况、活跃卡数量等不同维度综合分析票改对市民公共交通出行的影响。数据分析流程如图 3-17 所示。

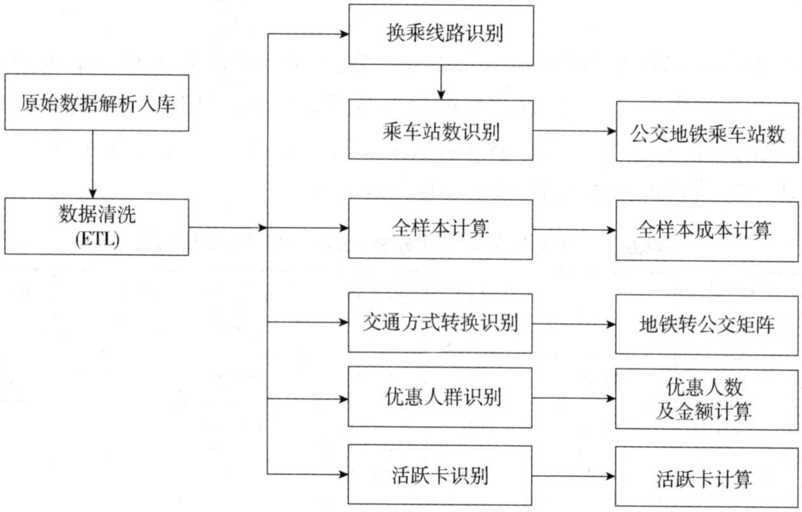

图 3-17　数据分析流程

b.票改后对地铁出行的分析。票改后首月地铁刷卡总次数减少约 10%，票改对地铁中距出行人群的影响最小，出行距离越长或者越短，影响越大，从分析结果来看,基本达到票改目的,图 3-18 所示是地铁刷卡统计分析图。

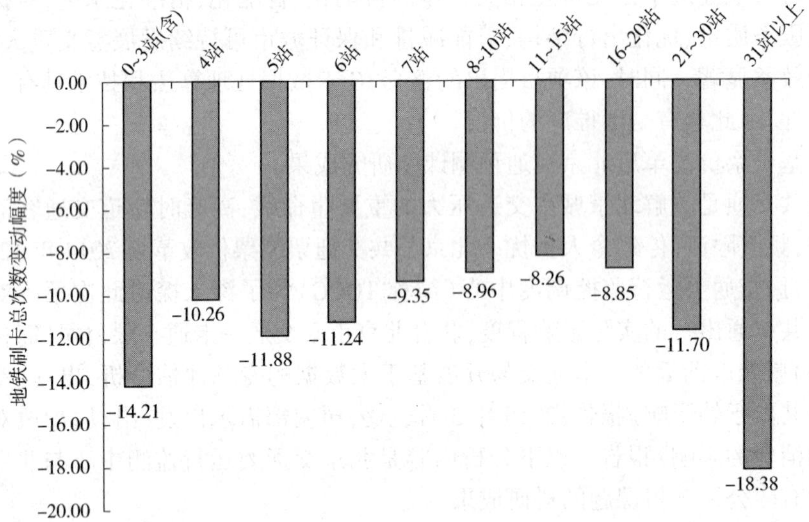

图 3-18　地铁刷卡统计分析

c.票改后对票价敏感人群出行的分析。本次票改后,地铁涨价较为明显,通过此次分析,找出因地铁涨价而将公共交通出行方式由地铁转换为公交的人群,可称之为票价敏感人群,在后期票改工作中应充分考虑该类人群的影响,如表 3-2 所示。

d.票改后对小额消费的影响分析。为了深入探讨此次票改对一卡通公司小额消费的实际影响程度,在上期票改数据分析成果(票改对公共交通的影响)的基础上,对票改前后(各 28d)一卡通小额消费的变化及影响因素进行深入分析,为企业对一卡通小额消费可持续发展战略提供数据支持。

票改后票价敏感人群统计分析(表中数据为模拟数据)　　表 3-2

公交增加 / 地铁减少	10 次以下	10 次以上(含)	20 次以上(含)	30 次以上(含)	40 次以上(含)	50 次以上(含)
10 次以下	773968	233235	110754	40873	21081	11110
10 次以上(含)	282036	203791	97522	42508	20124	13328
20 次以上(含)	110101	113494	58756	25243	15744	9051
30 次以上(含)	63792	85695	48832	21359	12489	6916
40 次以上(含)	41213	54901	34264	17834	10469	5479
50 次以上(含)	21610	24471	23185	14436	7874	4258

以票改前后各一个月一卡通卡刷卡记录为分析样本,从小额消费指标对比、小额消费减少人群分析、小额消费人群黏性分析及典型应用场景描述、小额消费网点及金额分布(基于泰森多边形算法的 GIS 地图可视化)等不同维度综合分析票改对一卡通小额消费的影响,如图 3-19 所示。

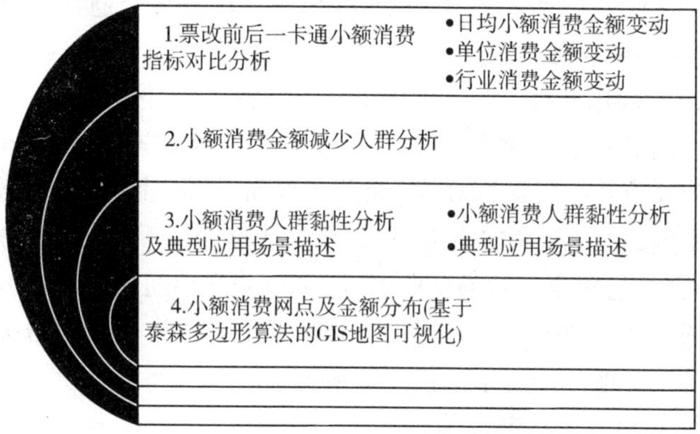

图 3-19 票改后对小额消费的影响分析

3)上海市

(1)上海公交卡简介

上海公共交通卡股份有限公司是一家按照现代企业制度,由上海久事公司、上海地铁运营有限公司、上海巴士实业集团股份有限公司、上海市轮渡有限公司、上海强生集团有限公司等 10 家单位共同发起组建,于 1999 年 5 月 25 日正式成立的股份制企业,公司承担上海公共交通“一卡通”工程项目,负责公共交通卡的制作发售,以及公共交通卡系统的中央结算和清分。

上海公共交通卡(图 3-20)流通量已经超过 5800 万张,公共交通的使用率达到 80%,支付服务覆盖了公交、地铁、轻轨、轮渡和出租车等城市公共交通行业。交通卡有绿、红、黄、蓝、紫 5 种颜色,蓝色交通卡仅限上海本地使用;绿色、黄色和红色交通卡可以在现已开通的无锡、昆山、常熟、安徽阜阳、淮南、苏州(公交)、杭州(部

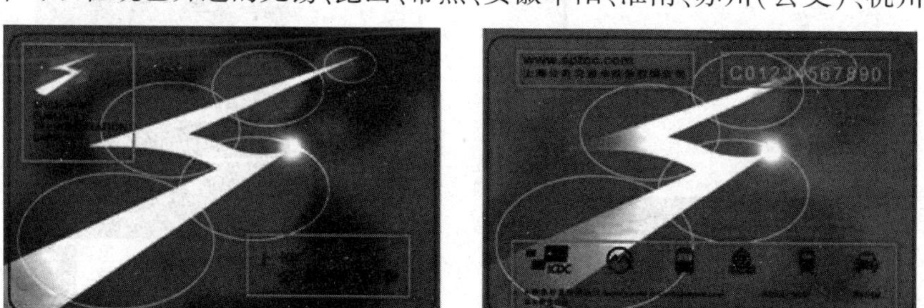

图 3-20 上海公共交通卡

分出租汽车)、南宁(海博出租汽车)、大丰(出租汽车)等地使用;紫色交通卡可与宁波、绍兴、湖州、台州、常熟、昆山、江阴、淮安、启东、无锡、南通、泰州、长兴 13 个城市实现异地互通消费功能和上海至舟山的单向刷卡消费,并实现了与苏州(公交)、杭州(部分出租车)、南宁(海博出租)、大丰(出租汽车)等城市的单向异地消费。市民每时每刻的刷卡记录,交织成一张庞大的公共交通数据网,成为上海规划、管理部门布局公交线网最直接、最重要的根据。

(2)上海市大数据开放

"上海市政府数据服务网"于 2012 年 6 月在国内率先上线,截至 2015 年 7 月底,该网已累计开放数据集逾 500 项,涵盖了经济建设、资源环境、教育科技、道路交通等 11 个重点领域,到 2015 年底上海开放数据集总量已达到 1000 项,例如上海市交通委提供了包括全市搬场企业名录、全市公交枢纽站分布、中心城区公交站点分布、停车场位置等数据;上海市住房保障管理局开放了保障房工程信息、房地产开发企业信息、房地产经纪企业信息等数据。

(3)上海公共交通卡数据应用

①上海公交卡移动数据服务。

为了满足市民对公交卡及运营情况的了解,上海公共交通卡公司通过移动应用 APP、微信服务号、网充系统等在线工具为广大用户开放数据查询功能,提供与一卡通客户服务息息相关的服务类信息,包括查询一卡通余额、移资、退卡、购卡、充资等多种数据服务,同时通过开放服务网点地理位置数据,让用户能方便查询一卡通客户服务点、充值点及消费点等与服务网点相关的位置信息,如图 3-21 所示。

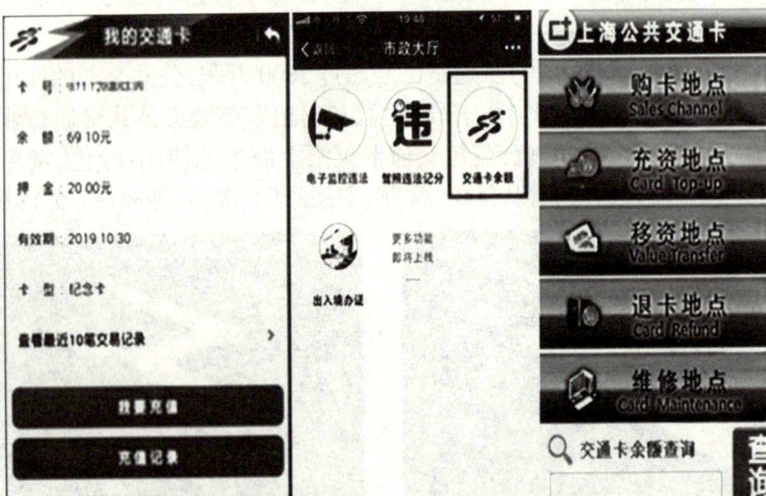

图 3-21 上海公交卡移动信息数据服务

②上海市公共交通卡客流量分析及经营管理系统。

上海公共交通卡系统自开通运行以来，积累了大量的交易数据，详细记录各公共交通营运单位、线路的客流情况，这是分析判断道路交通、客流状况极有价值的信息。充分利用现有公交 IC 卡交易数据，通过统计、计算分析，形成一系列有参考和应用价值的结论和图表，可为城市交通规划及管理提供分析决策的依据。

a.对于公共交通卡公司企业：基于这些积累的业务数据进行分析，有助于全面掌握并理解、分析交通卡业务的发生情况，简化工作流程，提高公共交通卡公司的工作效率，为交通卡客户提供更优质的服务。并且，通过分析历史统计数据判断交通卡业务发展趋势，为公司各级管理人员提供科学化管理和决策的有力依据，提高企业经营水平。

b.对于上海交通行业营运单位企业：交通卡中央清算系统积累的交通卡业务数据包含了站点信息、线路信息、时间信息等其他附属信息，这些信息对分析判断道路交通、客流状况极有价值。基于交通卡历史业务数据进行统计分析，可以得到公共交通营运单位的线路、站点的客流情况以及高峰时段状况分析，有助于营运单位调整营运策略，缓解高峰时段营运压力，节约低谷时段营运成本。

c.对于市政规划部门和交通管理部门：充分利用交通卡中央清算系统积累的历史数据，建立公共交通数学模型，进行统计、相关性分析，形成公共交通管理需要的人流量和密度数据，可为城市交通规划提供分析决策的参考依据，实现城市交通资源的最优化配置，也可为交通管理部门提供决策支持。随着车载全球定位系统和电子地图等技术在公共交通行业应用的扩展，交通卡中央清算系统将得到更多更完善的信息，交通卡数据仓库也会为以上部门提供强度越来越大的决策支持，如图 3-22 所示。

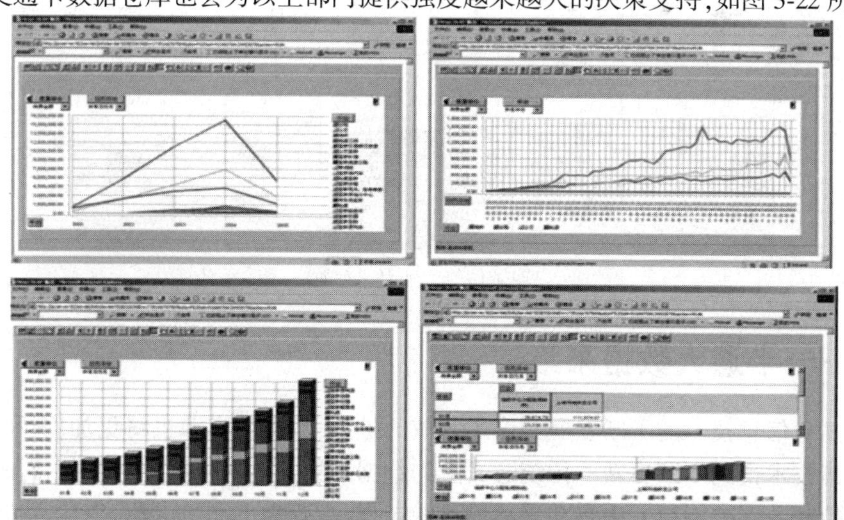

图 3-22 交通卡客流量分析及经营管理系统

第 4 章　城市交通一卡通大数据技术体系

根据经典大数据处理的生命周期，城市一卡通大数据技术体系也可分为几个关键的环节，分别是数据源的前端采集、数据预处理过程、大数据存储与管理、大数据分析与挖掘、大数据可视化及大数据安全等。

4.1　大数据技术框架

大数据技术体系由数据挖掘体系演变而来，数据挖掘的步骤主要有数据预处理——→数据挖掘——→模式评估——→知识表示。随着一卡通技术发展和应用领域的增多，一卡通数据的来源逐渐多样化，使数据挖掘体系也变得更加丰富，通过挖掘体系的前后延伸而形成大数据技术体系，因此从这个体系演变过程可知，大数据技术体系与数据挖掘体系的存在类似，较为完整地融合了采集、预处理、存储与管理、分析与挖掘、可视化及隐私安全保护等方面，如图 4-1 所示。

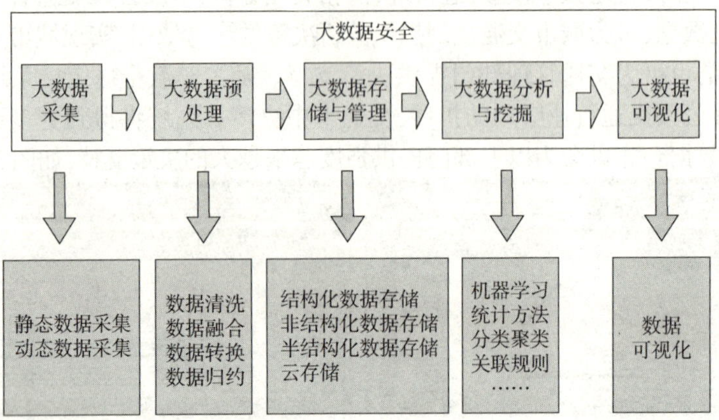

图 4-1　大数据技术框架

4.2　一卡通大数据采集

随着信息技术的不断发展和应用领域的扩大，数据的来源也将更加广泛，数据的采集技术得到不断更新。传统意义上的数据采集是指从传感器和其他待测设备等模拟和数字被测单元中自动采集信息的过程，主要为了测量电压、电流、温度、压力或声音等物理现象。随着城市的快速发展，大数据时代到来，数据采集已经演变成一种信息的获取途径,数据采集方式也更加多样,总体归纳为有线采集和无线采集两种主要方式。

数据采集系统是城市交通一卡通系统的重要组成部分,它是 IC 卡管理和清算中心系统的基础。数据采集系统实现城市交通一卡通系统与前置消费终端之间的信息收集,并汇总各应用场所消费终端的消费记录,通过各分中心传输至 IC 卡管理和清算中心进行资金清算。

在全面汇总和梳理海量一卡通数据的基础上,对这些数据进行结构化预处理和价值挖掘,这不仅有利于科学合理安排发车时间、发车间隔,优化公交路线,辅助完成客流调查工作,还可以为政府行业部门的决策和公众的便捷出行提供合理化的建议。同时,借助数据分析工具,公交规划部门和公交经营者能够深入了解城市居民的公交出行特征和公交企业经营状况,及时、准确、全面地掌握公交出行数据,并适时做出科学的公交规划和运营决策。

4.2.1 一卡通数据采集过程

在公共交通一卡通数据采集过程中,其中包含一项重要的信息记录,即公交IC刷卡数据。所谓公交 IC 卡数据是指通过公交乘客上车刷卡,由终端记录并存储下来形成的具有特定结构化的信息。乘客刷卡一次,车载读卡器便相应记录一条刷卡数据,存储在车载读卡器的数据存储设备中,数据汇集器负责将车载读卡器中存储的数据汇总至各自的 IC 卡管理系统,公交 IC 卡系统管理中心从各地获得的汇总数据,最终被存储在一卡通数据库中心,如图 4-2 所示。

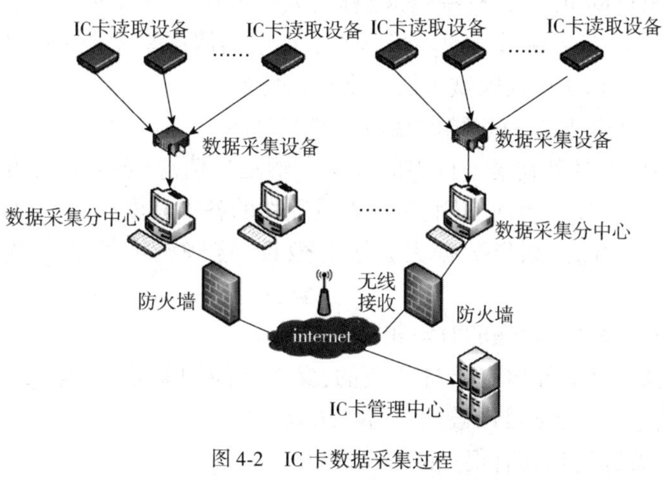

图 4-2 IC 卡数据采集过程

除了基础公交 IC 卡原始刷卡数据外,采集数据还包括公交线路运行数据以及 GPS 定位数据等。所谓公交线路运行数据信息指的是以线路号为单位,根据车辆发车情况所记录的每辆车在运营过程中从起始站点的实际发车时刻等。这类数据的采集是通过将车载GPS设备和IC卡刷卡设备进行对接,实现公交IC卡客流数据与公交车站点关联,从而可更精确记录车辆入站出站公交IC卡刷卡情况。实现对以上数据进行科学的采集和数据分析将是未来数据增值服务的重要发展方向。

4.2.2 一卡通大数据一般特征

随着中国城市化步伐的加快、各级政府对公共交通的投入加大,部分大城市如北京、上海、广州、杭州、深圳等地的公交系统在信息化建设方面均取得了较大成就,我国城市智能公共交通系统已初具规模。智能公交系统在大城市得以广泛实施是未来公交系统发展的一种必然趋势。目前,我国大多城市都开始使用公交IC卡,并且推广速度迅速,卡片发行量巨大。IC卡系统数据信息具有如下特点:

(1)IC卡数据结构维度多,可提供海量、丰富的信息,而且表现形式丰富。

IC卡数据包括乘客卡号、线路号、车辆代号、刷卡日期、刷卡时间、刷卡站点等信息。每个地区的公交IC卡系统一般都连接和管理成百上千个车载终端,时刻接收到乘客的刷卡记录,上下班高峰尤甚,所以,长年累月的乘客刷卡数据容量非常庞大。

(2)IC卡数据具有较高的可靠性和真实性,能反映市民出行特征。

由于IC卡采用了RFID无线射频识别技术,全面提升了数据的可靠性和真实性。通过IC卡系统前置采集设备能一次性采集大量客流数据,与传统的客流采集方式相比,大大减少了人工的参与,从而使数据的可靠性得到大大提高。另一方面,城市居民出行的IC卡持有率越来越高,大部分城市持公交卡消费的乘客比例达60%以上,并且有不断增长的趋势,公交IC卡的使用率完全可以达到数据分析抽样率要求,可以真实地反映城市居民出行的特征。

(3)公交数据信息具有很强的动态性和实时性。

管理中心可以时刻收集运行中的公交车辆定位信息、客流信息并保证将其连续获取及上传。调度平台向车辆、司乘人员下发的各项调度指令,是根据公交系统的实时状况而做出的,如果数据失去了时效性,这些调度指令也就失去了调度意义。

(4)IC卡数据具有很强的时空相关性。

如OD数据,其分布既是事件相关的,又是空间相关的,只有在与一定时刻及区域相关才有意义,否则难以被理解与利用。

(5)IC卡数据信息具有很强的不确定性。

公交系统的出行需求、公交车辆的运行状况等方面都受到天气、路况、人口分布、节假日、交通政策等很多不确定因素的影响,因此公交系统的客流、行程时间等方面的信息既有一定的规律性,同时存在很大的不确定性。

(6)IC 卡数据信息具有非结构化特点。

进行数据分析的数据可能来自多个实际应用的终端系统,这些系统的数据结构一般都是异构的,还可能存在属性的同名不同义、同义不同名、单位不统一、类型不一致等问题,这会给数据的分析带来一定的难度。公交 IC 卡数据特点如图 4-3 所示。

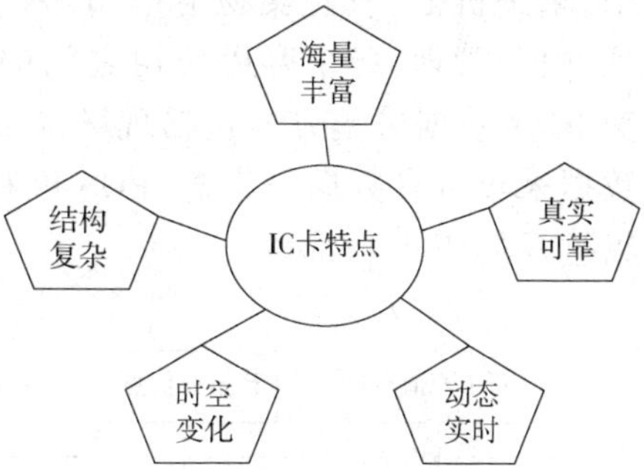

图 4-3　公交 IC 卡数据特点

4.2.3　一卡通数据的采集方式

1)数据采集定义

所谓数据采集,是指是利用一种装置,从系统外部采集数据并输入系统内部的一个过程。具体来说,对于公共交通一卡通系统,数据采集指的是利用各种的通信接口(无线或有线)采集终端刷卡数据,并打包加密上传至数据中心存储。

详细、准确的原始数据采集,是进行数据分析和挖掘的前提,这决定了数据分析结果的准确性,直接影响到整个数据分析的成败。因此,数据分析的原始数据采集十分重要,必须保证原始数据采集的科学性、合理性和准确性。

2)采集流程

公共交通车辆停止运营后,车载收费机当天产生的交易记录便通过数据采集中心传送到公交 IC 卡管理中心,以获得收费系统内每台车载收费机的实际交易金额,并向每台车载收费机传送“禁止交易清单”,进行相应的数据更新。

(1)IC 卡记录的产生。乘客进入公共汽车后划卡缴费;车载收费机将在划卡的短暂时间内,完成 IC 卡身份识别,对 IC 卡进行减法操作,同时记录该卡卡号和划卡时间。

(2)数据传递过程。通过数据采集盒将 IC 卡记录导入数据采集盒内,再将其导出到数据采集分中心的计算机中。

(3)IC 卡数据的接收。数据采集分中心将 IC 卡数据以数据通信方式,传送到 IC 卡管理中心,同时下载 IC 卡管理中心传送来的“禁止交易清单”等数据,对于“禁止交易清单”所列出的 IC 卡号,公交车上的车载收费机将不与它执行交易。

车载自动收费终端是公交 IC 卡收费系统的重要组成部分,主要负责识别 IC 卡真伪及实现扣费功能。采集过程主要描述为采集设备把数据从车载收费机采集汇总,再将数据上传至计算机,管理中心将“禁止清单”下载到采集机中，采集机把“禁止交易清单”传入车载收费机。IC 卡管理中心负责数据的整理、财务管理，各个客运公司之间的收入清算等业务。根据数据通信方式，公交 IC 卡数据采集方式包括现场采集、有线采集和无线采集。我国目前使用的数据采集机有数据采集盒、POS 机和智能红外数据采集仪。公交 IC 卡数据采集过程如图 4-4 所示。

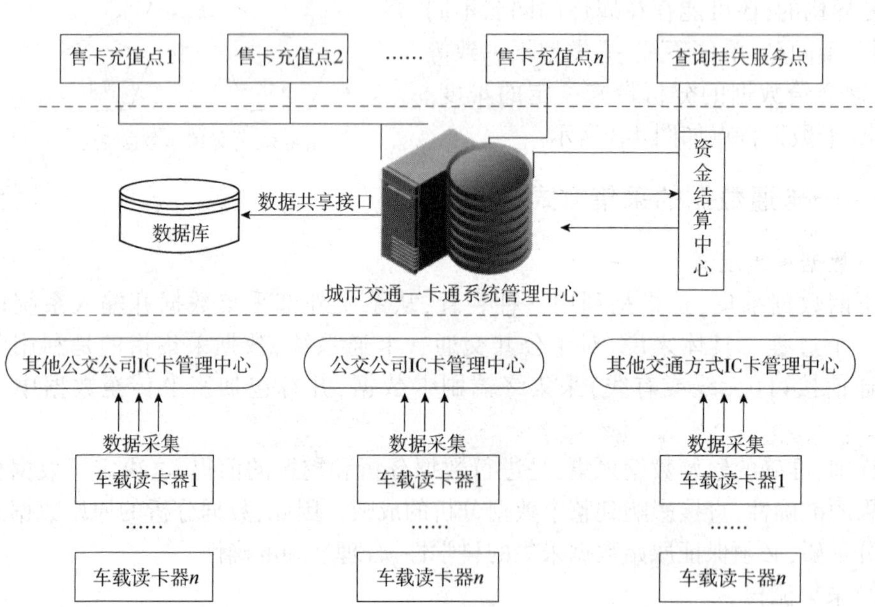

图 4-4　公交 IC 卡数据采集过程

3）一卡通数据采集方式

（1）有线采集

有线采集是指公交车回总站后，公交 POS 机有线接入，通过数据采集器将车载 POS 机的数据读取并转存到数据采集中心。这种通过工作人员参与的采集方式使得采集过程低效且容易出错，同时维护也变得复杂。图 4-5 所示为一卡通数据有线采集。

（2）无线数据采集

无线数据采集是指采用无线接入技术，如 Wi-Fi 技术，当公交车进入总站后，车载 POS 机自动关联到架设在总站的无线 AP/Router，该 AP 可通过 Ethernet 连接到数据采集中心。关联完成后，车载 POS 机将本次 POS 机上存储数据自动上传至数据采集中心，并将黑名单及其他需下载内容通过无线下载到车载 POS 机上，此过程不需要数据采集器中转数据，也无须人员参与，多台 Wi-Fi 车载或手持 POS 可通过 AP 以共享的方式接入公交收费系统，与数据采集中心进行通信。客户可根据总站实际情况，灵活选择 AP 架设位置及数量，调整覆盖范围。Wi-Fi 无线接入技术的使用，使公交收费系统数据采集更加智能化，维护也更加容易。基于 WLAN 的公交无线 POS 机采集是一种典型的无线采集的方式，如图 4-6 所示。

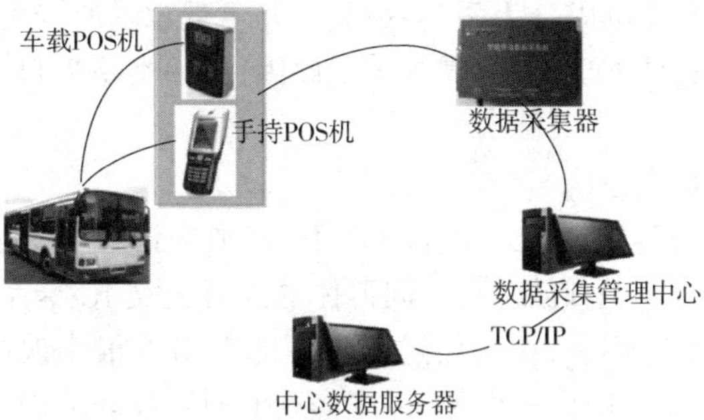

图 4-5　一卡通数据有线采集

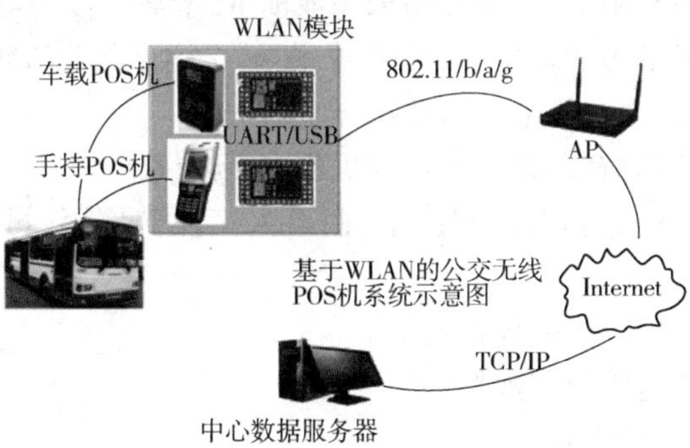

图 4-6　基于 WLAN 的公交无线 POS 机采集

4.3　大数据预处理

针对一卡通数据不规整或异常情况必须进行数据预处理，为后续分析提供高质量的数据，提升分析结果的准确度和可靠性。所谓数据预处理(data preprocessing)，是指在真正利用数据以前对其进行必要的处理，包括数据清洗、数据融合、数据变换、数据归约等。大数据系统中的数据是多源异构的，将通过前端采集而来的数据进行合理组织、集中封装便于后续处理就显得格外重要。如果将采集而来的数据直接进行数据挖掘，可能会导致挖掘结果差强人意，或者无法在合理时间内进行数据挖掘，由此产生了数据预处理技术。这些数据处理技术在数据挖掘之前使用，大大提高了数据挖掘模式的质量，降低了实际挖掘所需要的时间。通俗点讲，数据预处理的目标就是使数据格式标准化，清除异常数据。数据预处理技术是大数据技术中重要的一部分。

4.3.1 一卡通数据异常原因分析

交通一卡通在使用过程中可能会产生一些异常数据,这些数据产生的原因有很多,也比较复杂,主要可以分为两类:一类是非主观意图所产生的数据异常,例如操作失误或者终端机具出现问题,属于客观原因;另一类是来自外部的恶意攻击行为,属于主观恶意。

1)数据异常的客观原因

IC 卡数据异常的客观原因通常是操作不当(或失误)引起的。由于 IC 卡使用人群广泛,有老人、学生、上班族等,不同群体的人对公交 IC 卡系统以及 IC 卡的使用规范了解和熟悉程度不一,在使用过程中可能会出现很多误操作,造成 IC 卡数据交易异常。另外,除了操作失误外,许多客观的原因如环境因素也会造成数据异常。下面列举了一些常见的造成 IC 卡数据异常的情况。

(1)充值或者消费刷卡时,在交易未完成前 IC 卡离开读写器的感应区。

(2)交易时处于不当的环境,如强磁场、潮湿、高温、震动和冲击等环境。

(3)卡片损坏,在消费机上刷卡显示异常数据。

(4)在刷卡时,同时有多张卡片在卡机刷卡区内读卡。

(5)在手动操作键盘扣费的情况下,由于人工操作原因,可能造成按键错误,从而导致数据异常。

(6)数据传输过程产生的异常数据。

(7)车载机损坏造成异常数据产生。

2)数据异常的主观原因

数据异常的主观原因是指对一卡通系统潜在的攻击、甚至破坏行为,主要针对的是对 IC 卡和读写终端设备进行任何人为的攻击行为。

(1)以 IC 卡为对象的非法攻击常见形式包括以下几种。

①模拟 IC 卡。对一个终端设备而言,其本身可能无法判断与之打交道的信号是来自真正合法的 IC 卡,还是来自非法的模拟信号。

②用伪卡替换操作。用合法的授权卡打开终端设备及其控制装置,然后用假卡替换真卡,使得所有消费记录在伪卡上。

③用干扰信号破坏对 IC 卡的操作。在 IC 卡的读写过程中,对某些信号线在特定时刻施加干扰信号,以使 IC 卡中的数据混乱或无法正确地记录和修改。

④解剖分析 IC 卡内部结构。将 IC 卡的电路进行解剖分析,并利用较先进的仪器设备测试 IC 卡的各种密码位置和状态字,从而破获整个系统。

⑤冒充合法持卡人使用 IC 卡。非授权用户可能冒充合法持卡人使用 IC 卡,

以便获取卡内资金和资料信息或欺骗打开各种受控设备。

(2)以 IC 卡终端设备为对象的非法攻击常见形式有以下几种。

①对终端设备进行信息截获和复制。任何类型的 IC 卡终端设备,其输入、输出的信息总可以测试得到或从操作过程中截获,通过大量的信息分析,就有可能得出 IC 卡或设备的响应规律或复制特征。

②对 IC 卡终端设备进行仿造。正在使用的 IC 卡终端设备被人盗窃或拆卸、改装,并使之成为对合法的 IC 卡或系统进行攻击的工具。

③对 IC 卡终端设备故意操作失误,有可能对 IC 卡或系统造成具有危害性的影响。

4.3.2　数据预处理过程

数据预处理过程主要包括 4 种:数据清洗,数据融合,数据变换,数据归约,如图 4-7 所示。在这个过程中每种处理所承担的作用和目的均不一样。

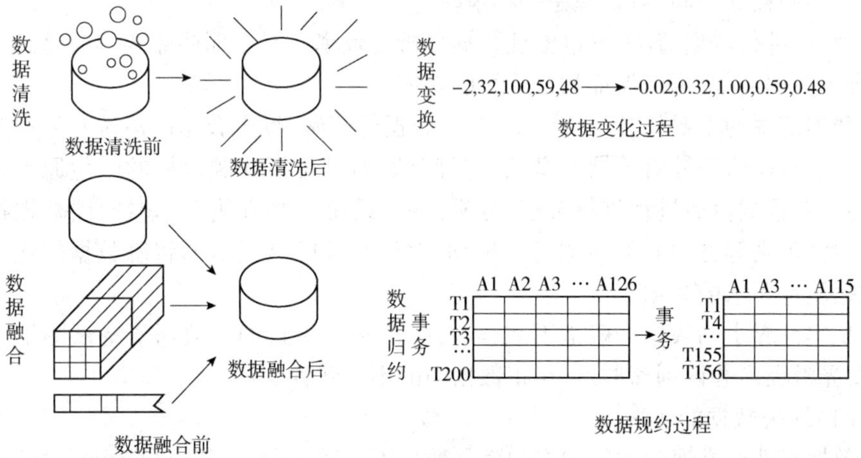

图 4-7　数据预处理的形式

1)数据清洗

所谓的数据清洗,就是通过分析“脏数据”的产生原因和存在形式,利用现有的技术手段和方法清洗“脏数据”,将“脏数据”转化为满足数据质量或应用要求的数据,从而提高数据集的数据质量,如通过填补缺失数据、消除噪声数据等方式进行清洗。

大数据系统中的数据来自多种业务数据源,这些数据由各种各样的终端采集而来,可能存储在不同的硬件平台上、使用不同的操作系统,基于以上各种原因,不可避免地产生很多的数据质量问题,比如数据缺失、数据错误、数据重复、数据异常

等,这些问题是制约大数据应用的"瓶颈"之一,进行数据清洗是大数据应用的关键步骤,主要表现在:

第一,进行数据清洗可提高决策正确性,减少因决策失误造成的经济损失。数据缺失、数据错误、数据重复、数据异常等问题在工业生产、金融、企业管理等社会各行各业中普遍存在并直接影响数据的质量,进而影响到政府、企业、个人等运用数据进行决策的准确性。据统计,一些具有代表性的大公司的数据错误率为1%~5%,个别公司可能更高;普华永道会计事务所(Price water house Coopers)在纽约的研究也表明,75%的被调查公司存在因数据问题造成经济损失的现象,只有35%的被调查公司对自己的数据质量充满信心。由此可见,数据质量达不到要求将直接导致后续数据挖掘不能产生理想的结果,甚至会产生错误的分析结果,从而误导决策,因此利用数据清洗方法进行有效检测和修复数据是十分必要的。

第二,数据清洗可减少数据存储空间,从而减少后续数据在存储、管理等方面的成本。大数据技术对数据存储提出了较高的要求,不经过数据清洗将导致数据需要更多的存储空间,对资源是一种浪费。

第三,进行数据清洗,可以保证数据分析的效率。对于那些需要实时处理的数据,进行数据清洗,可以保证数据分析的效率。

数据清洗的主要任务包括三个:缺失数据的清洗、噪声数据的清洗和错误数据的清洗。数据清洗针对数据本身的质量问题,通过分析问题数据的产生原因及存在形式,对数据流通过程进行考察、分析,并总结出一些方法(数理统计、数据挖掘或预定义规则等方法),对数据进行整理和规范,消除歧义从而将脏数据转化成满足数据质量要求的数据。

现实世界中的数据一般是不完整、有噪声和不一致的。数据清洗试图填充缺失值、光滑噪声并识别离群点、纠正数据中的不一致性。

(1)缺失数据的清洗

数据清洗经常遇到的问题之一就是数据不完整问题,一般可分为两种类型:一种是数据缺失,另外一种是数据值为空(即空值)。数据缺失是指数据实际存在,但数据缺失,或者说没有存入数据所属字段,如成年人都有身份证,如果某个成年人身份证号码属性值为空,就属于缺失值;空值指因实际不存在而空的值,如身体健康的人没有过敏症状,因此他们的过敏史为空。数据清洗所处理的是数据缺失值。缺失数据的产生的原因多种多样,主要原因有以下几种。

①信息被遗漏。数据可能在输入时存在误差或者错误操作而丢失。

②信息无法获取。比如在市场调查中被访人拒绝透露相关问题的答案,或者回答的问题是无效的。

③信息获取代价昂贵。某些数据的获取由于经济原因被迫放弃,造成空缺。

④无用属性。如儿童的婚姻状况。

⑤系统或机械原因。有些数据由于机械原因导致的数据收集或保存的失败造成的数据缺失。

⑥被认为不重要的信息。有些信息被认为不重要而被空缺。

缺失数据清洗方法大体可分为3类:不处理、删除缺失记录、插补缺失值,下面对这些方法进行介绍。

①所谓不处理就是指在分析数据过程自动忽略缺失数据的方法,对原始数据直接进行分析处理。这种方法虽然保证了数据的原有分布和真实性没有遭到破坏,但是这些含有大量缺失记录的数据集往往难以进行有效的数据挖掘和分析,有很多成熟的数据挖掘和分析工具都无法应用。所以一般采用这种方法的前提是:含有缺失数据的属性在分析中并非核心重要属性;所含缺失数据比例较小,可忽略不计。

②删除元组即直接将记录的属性删除。当一个记录有一半以上属性空缺,尤其是关键属性缺失,即便采取各种方法填补了缺失值,也不能认为它是原始真实数据,它不能反映数据的真实情况,应予以删除。但是这种方法只适用于数据缺失量比较小的情况,如果缺失量超过10%,就会影响数据集原有的均值和方差分布。和不处理方法一样,如果缺失数据的属性为重要属性,直接删除后可能会使数据分析的结果产生偏移,产生无效分析结果。

③插补缺失值就是根据一定规则和依据人为插补缺失数据,得到一个完整的数据集。常用方法有人工填写空缺值;使用一个全局变量填充空缺值;使用属性的平均值、中间值、最大值、最小值或更为复杂的概率统计函数值填充空缺值。插补缺失值的方法操作简单便于实现,但是仅适用于缺失比率较小的情况,如果数据缺失率较大,就会出现失真。现在有很多专家学者研究出了多种用可能值插补的方法。这些插补方法大多通过计算数据的分布来得到可能值,主要的方法有统计学方法、分类方法和关联规则方法等。统计学方法包括均值插补、EM插补、多重插补等。分类方法有K-NN方法、粗糙集方法、神经网络方法、贝叶斯方法等。

由以上的简介可以了解各类缺失数据清洗方法的原理及优缺点,这些情绪方法的优缺点对比如表4-1所示。

缺失数据清洗方法比较 表4-1

方 法	优 点	缺 点
不处理	最简单	含有大量缺失记录的数据集往往难以进行有效的数据挖掘和分析,有很多成熟的数据挖掘和分析工具都无法应用

续上表

方法	优点	缺点
删除元组	简单	只适用于数据缺失量比较小的情况,如果缺失量超过10%,就会影响数据集原有的均值和方差分布
人工填写空缺值	保证了数据正确和数据挖掘效果	工作量大,当数据量很大且有较多缺失值时,该方法效率很低
使用一个全局变量填充空缺值	简单	可能产生较大的错误结果
使用属性的平均值、中间值、最大值、最小值或更为复杂的概率统计函数值填充空缺值	准确性较高	填入的值可能不正确

(2)噪声数据清洗

噪声是被测量变量的随机误差或方差。噪声数据的出现可能有多种原因,由于噪声数据的存在使得数据不在规定的数据域内,从而会影响后面的挖掘效果和结果。

噪声数据的清洗方法主要有三种。

①分箱:通过考察属性值周围的值来平滑属性的值。属性值被分布到一些等深或等宽的"箱"中,用箱中属性值的平均值或中值来替换"箱"中的属性值。

②回归:用一个函数拟合数据来光滑数据。线性回归涉及找出拟合两个属性(或变量)的"最佳"直线,使得一个属性可以用来预测另一个。多元线性回归是线性回归的扩充,其中涉及的属性多于2个,并且数据拟合到一个多维曲面。

③离群点分析:主要采用统计方法检测如聚类,通过计算字段值的均值和标准差,考虑每个字段的置信区间来识别异常字段和记录。聚类将类似的值聚集成群或"簇"。直观地,落在簇集合之外的值被视为离群点。除聚类外,在数据清洗中还引入别的数据挖掘方法来检测离群点,如用于发现不符合现有模式的数据记录的模型方法、用于发现数据集中不符合具有支持度规则和高置信度的离群数据的关联规则方法。

(3)错误数据的清洗

错误数据即数据集合中错误的数据,错误数据的产生原因主要有以下几点:

①信息录入时出错。数据可能在输入时存在误差或者错误操作而出现错误。

②数据本身就是错误值。

③系统或机械原因。有些数据由于机械原因导致的数据传输或保存的失败造成的数据错误。

检测数据集中属性错误值的方法主要有下面几种:

①利用偏差分析、回归方程、正态分布等统计分析或人工智能的方法检测属性

可能的错误值或异常值。这些方法能基本上不依赖于领域知识,自动化程度较高,能为开发高效的自动数据清洗工具提供帮助。

②分箱方法:通过考察属性值周围的值来平滑属性的值。属性值被分布到一些等深或等宽的“箱”中,按照箱中属性值的平均值或中值来替换“箱”中的属性值。

③使用简单规则库(常识性规则和业务特定规则等)检测错误。

④使用不同属性间的约束关系来识别检测错误。

⑤使用外部数据源检测错误。

错误数据修正方法主要有以下 4 种:

①分箱方法通过考察属性值周围的值来平滑属性的值,属性值被分布到一些等深或等宽的“箱”中,按照箱中属性值的平均值或中值来替换“箱”中的属性值,从而实现错误数据的修正。

②使用简单规则库(如业务特定规则、常识性规则等)修正数据的错误。

③使用不同的属性间的约束修正错误。

④使用外部数据修正错误。

2)数据融合

数据融合,是将所需的数据统一存储在数据库、数据仓库或文件中,形成一个完整的数据集,这一过程要消除冗余数据以达到数据融合的效果。

数据融合涉及数据处理的两个过程,数据集成和数据融合。数据集成侧重于数据的聚集,是数据处理的初级阶段;数据融合作为数据集成的高级阶段,着重于对不同数据源中不一致的数据进行分析处理,融合成一种统一的信息知识体。通俗点来讲,比如广东岭南通股份有限公司作为广东省公交一卡通主体运营单位,负责全省 21 个地市的清算业务。各个地市每天准时上传数据到岭南通地市综合平台,并收集在一起,形成数据集成;岭南通平台通过整理 21 个地市数据报表,并形成统一数据表格,用于全省统一的清结算业务,这个过程就是数据融合。

大数据系统由于对应的业务应用不同,分别设置了各种应用的传感器或数据采集平台,因而针对各种应用产生了各种各样的数据源,这些数据源结构不同、语义各异,它们之间可能存在着各种差异和冲突。采用数据融合技术能大大减少后期需要传输的数据量,降低数据冲突,减轻网络拥堵,从而有效地节省开销。另外,各个厂商生产传感器时定义的数据包格式的标准不同,采集的数据文件存在着各种数据表示格式。从数据采集的角度来看,传感器采集的数据分布在各自定义的本地数据服务器中,它们组织方式各异,存在着异构性。从数据库应用的角度来看,网络上的每一个站点也是一个数据源,每一个站点的信息不同并且组织方式不一样,它们都是异构的,因此构成了异构数据的大环境。

异构数据融合系统必须解决这些冲突,并把这些异构数据源最终转化为一种统一的全局数据模式,以供用户的透明访问和使用,用户在对数据源进行访问时,仿佛操作一个数据源一样。因此,异构数据采集不仅需要为感知的数据定义统一的数据表示格式,还要为标准的数据格式提出统一的数据生成及解析方法。在解决物联网应用所面临的数据采集和融合问题时,必须研究各种标准,并选择一种能够体现传感器特性的数据格式表示方法。

数据融合技术可将不精确、不完整、不一致、不可靠甚至相互矛盾的信息转化为目标或现象的一致性解释和描述,具有适应于不同层次上的融合算法和解决方案。

在实践中,数据集成及数据融合过程是非常具有挑战性的,原因主要有以下几个方面。

(1)各个独立的数据源是分布在不同地理位置的,具有自治性。这些数据源具有不同的获取方式,为了从这些数据源中集成及融合数据,对于数据源中允许的操作及操作模式要有深刻的认识。

(2)这些数据源在结构和意义上有巨大差别。每个数据源即使用于相同的应用领域,它们的存储模式也不一样,结构的差距也很大。单单看感知环境的数据,各个厂家的传感器收集的数据格式不尽相同,目前一直没有统一定义的格式标准,必须随时根据各个数据包的不同格式,解决语义和语法上的差异性,然后再集成并融合数据源。

(3)数据源是海量的,而且常常是动态的。因此,收集所有数据到一个集中的位置来分析已经变得不可行,特别是传感器数据具有海量性和异构性这样的特征。

常用的数据融合方法分为经典方法和现代方法两大类,经典方法包括最大似然估计、最小二乘法、贝叶斯估计、经典推理法、品质因数法等方法,现代方法包括聚类、产生式规则、表决法、神经网络法、遗传算法、粗糙集理论、专家系统、模糊逻辑等方法,如图 4-8 所示。

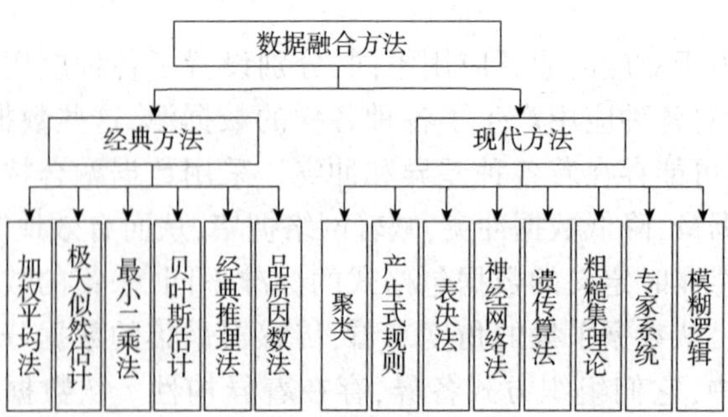

图 4-8　数据融合方法

3)数据转换

数据转换是指数据从一种系统转移到另一种系统的时候,需要将数据转换到系统能够识别的格式,也就是将数据从一种表示形式变为另一种表现形式的过程。究竟转换成什么形式视用途而定,在大数据系统中就是将数据转换成适用于数据挖掘的形式。数据转换技术具有以下功能和特点。

(1)提供不同数据结构之间的转换。如字符分隔文件之间的相互转换;提供数据库和数据库之间的相互转换,如 Oracle、微软 SQL Server 和 IBM DB2 等不同数据库之间的复制和转换;特殊自定义格式数据间能互相转换。

(2)提供不同数据类型间的映射。不同的数据库的数据类型不完全相同,例如字符的数据类型就有很多种,数据转换能够对不同字符数据类型做转换。

(3)数据转换具有通用性。数据库和字符分隔文件的结构具有明显的规律,因此,这种数据的转换必须具有通用性,即这种数据转换的程序完全相同,不需要根据不同的转换重新编写代码。

(4)数据转换具有可扩展性。随着加入平台企业的增多,数据格式种类也会增加,平台必须适应这种变化,平台的转换功能要能随之扩展。

(5)具有定制转换的功能。因为数据交换的信息必须要灵活适应企业数据交换的需求,所以数据转换必须能够提供定制的功能,使企业可以按照不同的数据交换情况定制交换数据的内容和格式。

(6)具有例外处理功能。提供数据转换过程中的例外处理,例如转换失败等。

(7)保证数据完整性约束。数据来自数据库多个表的时候必须保证数据转换的完整性[9]。

数据转换技术有基于 ODBC 的数据转换、基于 OLEDB 的数据转换和基于 XML 的数据转换,下面分别介绍这三种不同的数据转换方法。

ODBC(Open Database Connectivity,开放数据库连接)是 Microsoft 公司推出的标准应用程序接口。它允许一个应用程序访问 ODBC 支持的不同数据源。应用程序使用结构化查询语句 SQL 作为标准的数据访问语言。ODBC 为 windows 开发者提供了 SQL 数据库访问函数调用,屏蔽了底层数据库系统的不同,从而简化了对数据库的访问。

通用数据访问技术 UDA 包括 OLE DB 和 ADO 两层标准接口,OLE DB 是系统级的编程接口,而 ADO 是应用层的编程接口。OLE DB 建立了数据访问的标准接口,它把所有的数据源经过抽象形成行集的概念。OLE DB 定义了一组 COM 接口,这组接口封装了各种数据源的访问操作,为数据使用方和数据提供方建立了标准。

OLE DB 还提供了一组标准的服务组件,用于提供查询、缓存、数据更新、事务处理等操作。数据提供方只需实现一些简单的数据操作,在使用方就可以获得全部的数据控制能力。

XML(Extensible Markup Language,可扩展的标识语言)是一种元标注语言,即定义了用于定义其他特定领域有关语义的、结构化的标记语言,这些标记语言将文档分成许多部件并对这些部件加以标识。XML 是数据交换的唯一公共语言,并且支持网络传输。不同类型的文档转换为 XML 的方法也不相同,相同的是这些技术都是通过获取非结构化文件中数据信息的内容以及格式,通过标准的 XML 语法写入到 XML 文档中去。

4)数据归约

数据归约:把那些不能够刻画系统关键特征的属性剔除掉,从而得到精炼的并能充分描述被挖掘对象的属性集合。对于需要处理离散型数据的挖掘系统,应该先将连续型的数据量化,使之能够被处理。

数据集一般都会含有大量的属性,之间形成的关联也异常复杂,对这些数据集的梳理和建立清晰关系存在极大的困难。如果在海量数据上进行复杂的数据分析和挖掘将耗费很长时间,分析效益很差,从而使得这种直接的分析变得不现实或不可行。数据规约是为了降低在海量数据上进行数据挖掘的难度和复杂度而进行的一项工作。数据归约技术可以得到数据集的归约表示,规模和体量都有较大幅度缩减,但仍然能保持原数据的完整性。这样,在归约后的数据集上挖掘将更有效,并产生相同(或几乎相同)的分析结果。数据规约使很多不能在原数据集上实现的挖掘工作成为可能,是数据预处理的重要内容。

数据归约的内容及功能如图 4-9 所示。

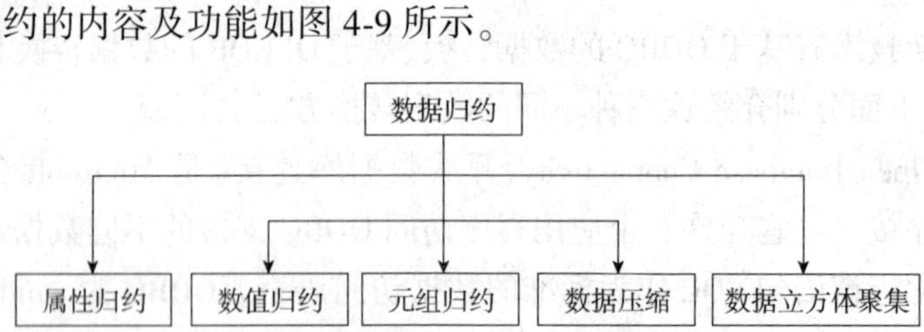

图 4-9　数据归约内容及功能

(1)属性归约

在海量数据库包含的成百上千的属性中,并不是所有的属性对于深层次的数据分析都有用。因此,在进行数据挖掘之前,需要对这些属性进行分析,删除与分析任务不相关或不重要的属性,这就是属性归约。属性的归约方法大体可以分为两类,一类是属性的排序,一类是属性的提取和属性子集的选择。

属性的排序是指根据特有的评估测度标准计算出属性的顺序。测度的标准可以基于数据的精度、一致性、信息量的多少、样本之间的距离或属性之间的统计相关性等。属性的排序结果不仅可以作为属性归约的依据,也可以作为属性离散化或属性子集选择的依据。

属性提取和子集选择的基本任务是从众多属性中找出那些最有效的属性。属性提取是指通过寻找原始属性空间与低维度空间的一个映射或变,使用新属代替原始属性;属性子集的选择是指利用领域知识将冗余和不相关属性直接去掉从而从目标数据集中选择出与挖掘主题相关的最小属性集的过程。属性子集选择的方法可分为逐步向前选择、逐步向后删除和向前选择和向后删除结合三种,如图 4-10 所示。

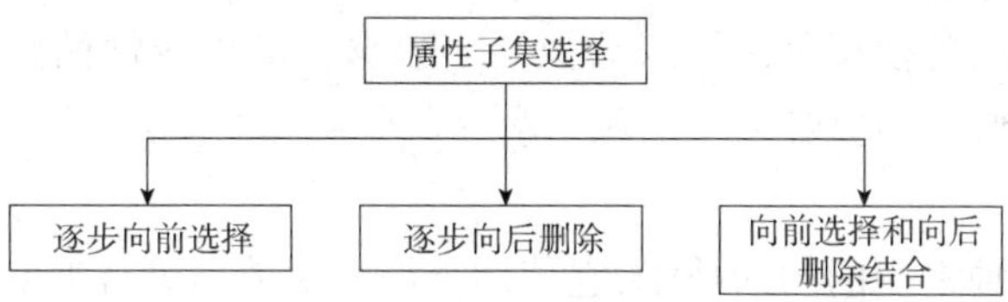

图 4-10 属性子集选择

①逐步向前选择。

这是在属性子集选择中使用较多的一种方法。该过程由空属性集作为归约集开始,确定原属性集中最好的属性并将它添加到归约集中。在其后的每一次迭代中,将剩下的原属性集中最好的属性添加到该集合中。

②逐步向后删除。

该过程由整个属性集开始。在每一步,删除尚在属性集中最差的属性。

③向前选择和向后删除结合。

结合前面两种方法,每一步选择一个最好的属性,并在剩余属性中删除一个最差的属性。

此外,属性选择的策略有很多,但选择策略必须能满足以下两个条件:计算代价小,能找到最佳或接近最佳的属性子集。然而实际有可能并不能完全满足这两个条件,需要权衡利弊。选出属性子集后,评价方法要对其进行评价,以确定该属性子集对于某个特定的数据挖掘任务是否是最佳的。一旦选出了属性子集,就要确认一下该属性子集的性能。标准是应用到该属性子集上的数据挖掘方法得出的结果应该与应用到整个属性集上的结果相同或相对更好。也可以使用属性权值,重要的属性赋的权值较高,次要的属性赋的权值较小,需要使用领域知识来分配属性权值。当然,对于小数据集,也可以让使用者手动选择需要的属性。

(2)数值归约

数值归约就是通过选择较少的数据来替代原数据从而达到减少数据量,降低挖掘复杂度的目的。常用方法有回归和对数线性模型、直方图、聚类和抽样四种方法,如图 4-11 所示。

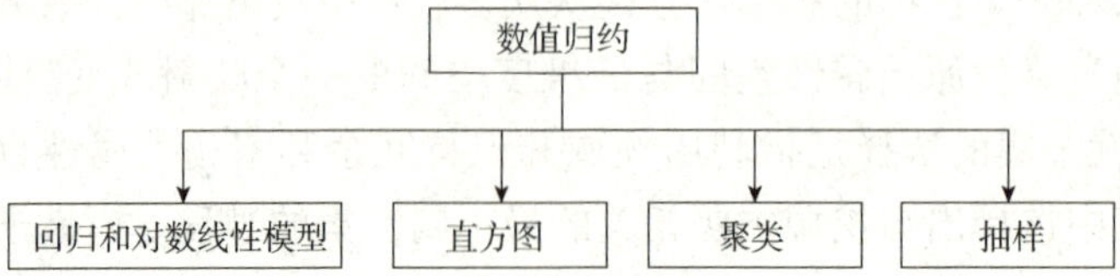

图 4-11 数值规约

①回归和对数线性模型。

回归和对数线性模型可以用来近似给定数据在简单线性回归中,对数据进行建模,使之拟合到一条直线。

②直方图。

直方图是一种常用的归约技术,它使用分箱法对数据进行近似。

③聚类。

聚类技术用数据的聚类来代表收集数据,当数据中存在聚类特征时,即数据可以形成有限个聚类时,此方法可以很好地归约数据。

④抽样。

抽样与其他数据归约方法不同,它不是对属性进行选择或者删除,它是对记录进行选取,即用较小的数据样本集表示大的数据集。

(3)元组归约

关系数据库是表的集合,每个表包含一组属性,并存放大量的元组。属性是表中的列或字段,元组是表中的行或记录。关系数据库中的元组代表一个唯一的关键字所标识的对象,并被一组属性值描述。关系数据库和事务数据库中的“属性”相当于统计学中所讲的“变量”,而关系数据库中“元组”,则相当于事务数据库中的“事务”、统计学中所指的“样本”、粗糙集理论中的“实例”。

元组的归约是指通过离散化数值型属性以及泛化字符型属性值来归约数据库中的元组。连续属性离散化和概念分层是元组归约的两种主要方法。连续属性离散化是指将数值属性的值域划分为若干子区间,每个区间对应一个离散值。离散化算法要求能自动地发现从数值属性值域到离散属性值域的对应关系。由于大多数机器学习算法、分类算法及粗糙集理论只能处理离散化属性,因此,连续属性的离散化就显得尤为重要。

①离散化技术可以用于数据转换。比如,对数据集使用分类算法时,需要把数据变成离散的形式;而对于关联规则发现算法,则需要变为二元变量的属性格式。因此,有时需要从连续型数据转换为离散型数据,而有时需要把连续型和离散型的数据转换为二元变量形式。另外,如果离散数据的值较大,或某些值出现的频率较少,则可以通过合并这些数值来达到对离散数据归约的目的。

离散化经常用在需要分类或关联规则分析的情况下。把连续型数据转换为离散型数据一般包含两个子任务:一是判断需要多少离散型数据,二是如何把连续型数据映射到离散型数据中。在第一步中,先对连续型数据进行排序,然后指定 n-1 个点把数据分为 n 个区间。在第二步中,把落在同一个区间内的所有连续型数据都映射到相同的离散型数据上。因此,离散化问题就变成了如何划分区间的问题。

分箱方法也可以用于离散化。等深的分箱方法是把相同数量的属性值放入不同箱内,然后对每个箱里的数据进行处理。在此是把箱中的所有数据取平均值,然后把每个值用平均值来替换,从而达到属性值离散化的目的。

②概念分层,也可以称为数据泛化,是从低层概念的集合到它们所对应的更高一层的映射,并且可以在不同的概念层次上进行。概念分层可以是面向属性的归纳,也可以基于粗糙集等理论进行。通过概念分层,不同的元组可能被泛化为相同的元组,合并这些相同的广义元组,并累计它们对应的计数值,从而达到归约元组的目的。

(4)数据压缩

数据压缩就是使用数据编码或变换,得到原数据的归约或“压缩”表示。无损归约是原数据可以由压缩数据重新构造而不丢失任何信息。数据压缩可以减少数据存储而不影响数据挖掘的结果。

数据压缩的方法分为两类:无损压缩和有损压缩。无损压缩如基于熵的编码方法,有损压缩如主成分分析法,是将分散在一组变量上的信息集中到几个综合指标上的探索性统计分析方法。

(5)数据立方体聚集

数据立方体聚集是将聚集方法用于数据立方体,它是数据的多维建模和表示,由维和事实组成。维就是涉及的属性,而事实是一个具体的数据。常见的立方体是一个 3 维的几何结构,数据立方体的维度可以是 n 维的,如图 4-12 所示。

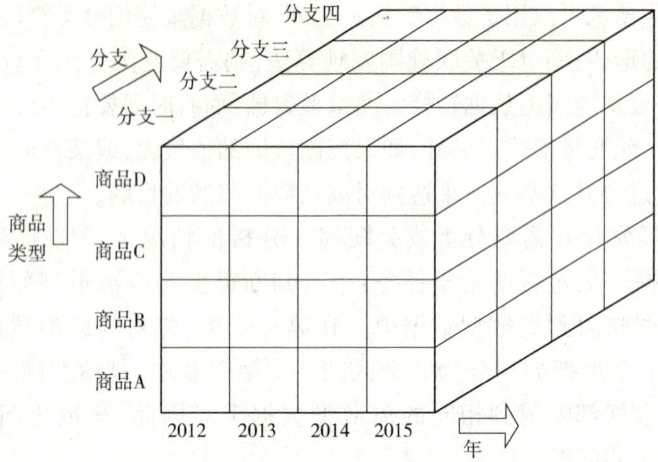

图 4-12　数据立方体

数据规约在数据挖掘中起着重要的作用,其关键性主要体现在:

①数据归约是挖掘技术顺利进行的前提。

由于许多数据挖掘算法对样本集都有严格的要求,如以机器学习和粗糙集理论为基础的算法就只能使用离散化属性,因此,需要数据归约技术将连续属性离散化,以及将字符型数据进行概念分层和提升。

②数据归约是挖掘技术高效率完成的基础。

数据准备和数据归约的工作量占整个挖掘过程的 60%,挖掘技术的运用只占 10%左右。这 10%的工作量在很大程度上得益于数据归约,因为只有通过数据归约技术将原始数据库化繁为简——将成千上万元组中相同或类似的记录合并,在几十或数百个属性中删除不重要的,并从有用的属性中选择或提取少数有代表性的几个属性后,挖掘技术才能够顺畅地、高效率地完成。

③数据归约的结果对整个挖掘过程影响巨大。

由于数据归约化繁为简的性质,它在整个挖掘过程中是头绪最多、工作量最大、耗时长且极易发生错误的环节。一旦发生错误,可能会导致整个挖掘结果无效或提取的信息价值甚微。

可见,数据归约是数据挖掘的关键环节,它关系到数据挖掘提取信息的有效性和可实用性,关系到数据挖掘项目的成功与否。

5) 一卡通数据预处理过程分析

一卡通数据预处理过程如图 4-13 所示。

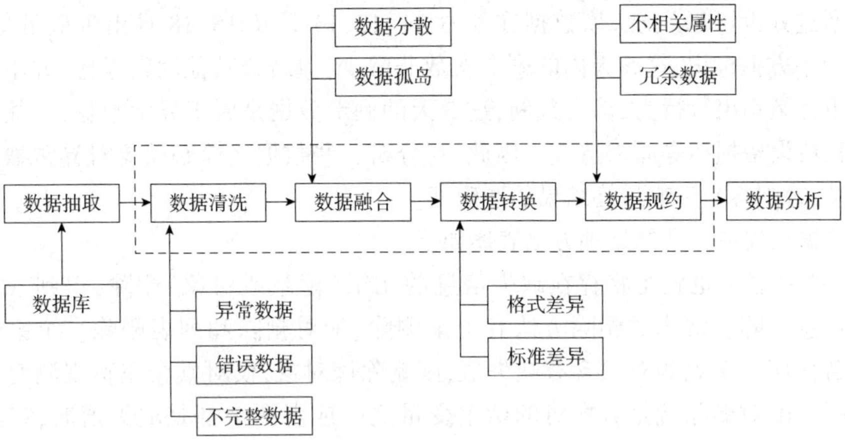

图 4-13　一卡通数据预处理过程

以岭南通提供的数据为例,从岭南通数据库中抽取日期为 2014 年 8 月至 2014 年 12 月的公交 IC 交易数据,共 7000 多万条,并对这些数据进行简单的统计。

(1)统计模型设计

在 8 月至 12 月期间,按刷卡次数的频率划分 7 个区间,分别是(0,1000]、(1000,2000]、(2000,3000]、(3000,4000]、(4000,5000]、(5000,6000]、(6000,7000]。通过软件分析统计可得图 4-14。

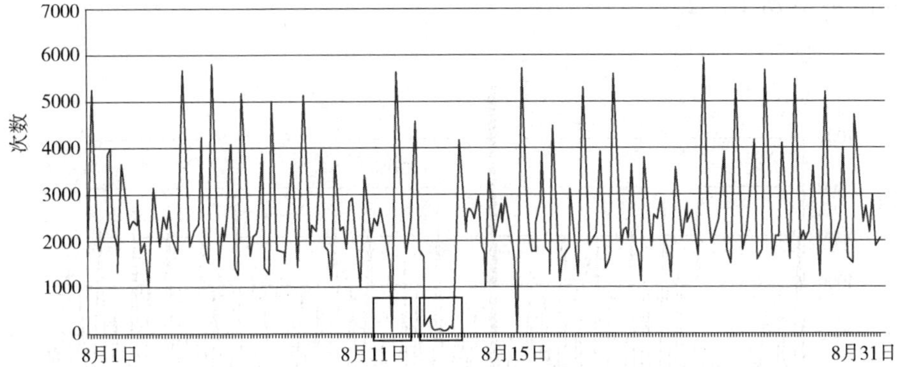

图 4-14　8 月刷卡次数统计图

由图 4-14 可知,刷卡次数基本稳定在(1000,5000]的区间,特别是次数在(2000,4000]区间表现得更为集中,这表明在所选取的线路中,人们的出行相当稳定,具有一定的出行规律。

(2)数据清洗过程

通过分析可以发现,该数据在 8 月 11、12、13 日及 15、18 日出现极低值,见图 4-14中方框标识,这 5 天内的刷卡次数非常少,但结合其他因素考虑,并不存在突发事件影响出行行为,综合判断,这 5 天的刷卡数据是属于异常数据,可能是上传过程或设备损坏等原因造成。因此,在分析这些数据之前必须要对异常数据进行清洗,否则容易影响最终结果的准确度。

数据缺失或异常的处理方法表述如下。

①删除法:也就是将存在缺失信息的元组(记录或对象)删除,得到一个完整的信息矩阵。常用的删除方法有个案删除、配对删除和列表删除。个案删除就是若任何一个观测对象含有缺失值,则删除该对象,仅对其余完整观测对象进行分析。配对删除就是若配对的两个变量之一或者两个都是缺失值时,将其同时删除后再进行分析。该方法多用于因子分析、区组设计资料分析、重复测量设计以及回归相关分析中。列表删除就是若任何一个分析变量含有缺失值,则删除整列数据。总之,删除元组的方法局限性很大,它是以减少原始数据来换取数据集的完备,会浪费大量有用信息。因此,只有在缺失率很小的情况下,删除法才表现出简单有效。它丢失了隐藏在删除数据中的信息,尤其当缺失率较大或缺失值不随机来自样本时,此方法就容易产生不相合估计,甚至是错误的结果。这种方法的好处是简单,不用考虑其他因素,清洗速度较快;但缺点是可能会破坏原有数据的连贯性,相关性,最终可能对结果造成一定影响。经过清洗后的图形如图 4-15 所示。

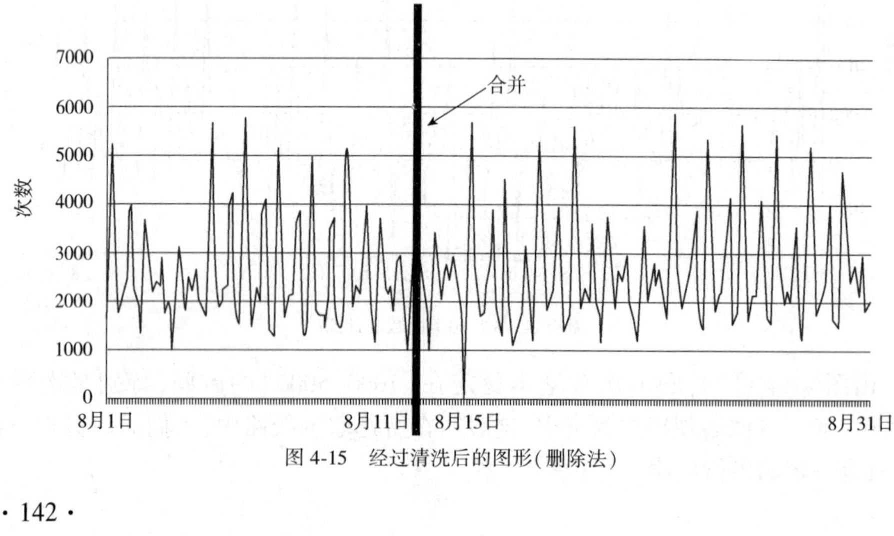

图 4-15 经过清洗后的图形(删除法)

②填充法：填充就是采用一定的方法，对数据资料的缺失值确定一合理的估计值，然后替代缺失值以使得数据完整。既然删除缺失数据会造成结果的严重偏倚，降低统计工作效率，尤其在缺失数据与观测数据存在系统差异的情况下，处理结果并不能代表整体，那么将缺失值用一合理的估计值替代，然后得到完整数据，再对完整数据集运用常规统计方法进行处理所得到的结果应该是比较合理的一种解决方案。利用不同的信息，就会产生不同的填充方法。通常根据对每个缺失值构造估计值个数的不同，将填充方法分为单值填充和多重填充两大类。

(3)数据融合过程

①情况一。这里以岭南通数据平台为例说明，岭南通数据平台作为广东省公交一卡通系统的数据集合平台，负责收集全省各个地市一卡通数据，并通过一定的处理将数据集中到一张表中，以便实现全省统一清结算功能，如图4-16所示。

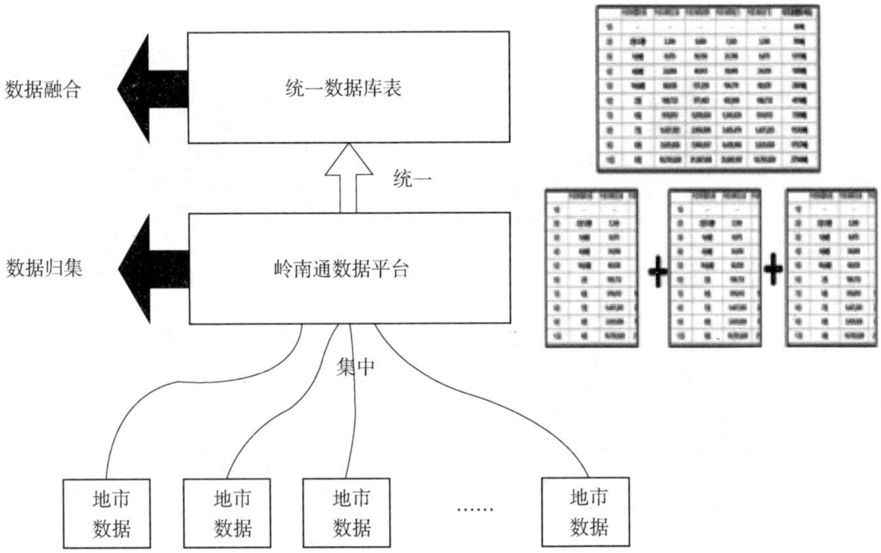

图4-16　一卡通地市数据归集与融合(同类型数据融合)

②情况二。一卡通各应用场景归集与融合(不同类型数据融合)，如图4-17所示。

③情况三。一卡通关联数据归集与融合，如图4-18所示。

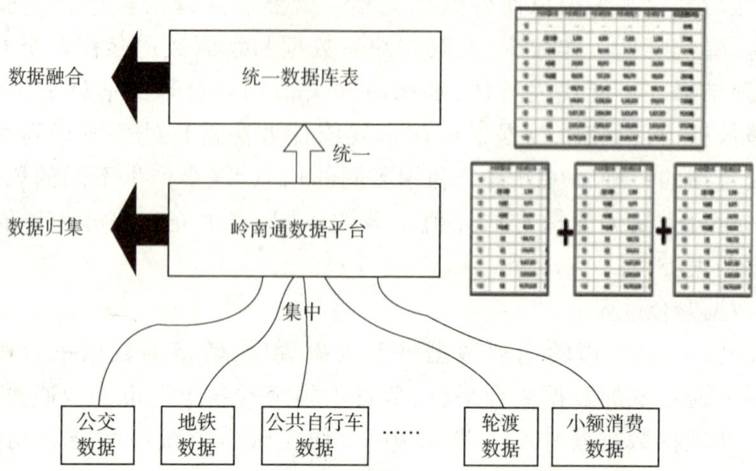

图 4-17　一卡通各应用场景归集与融合(不同类型数据融合)

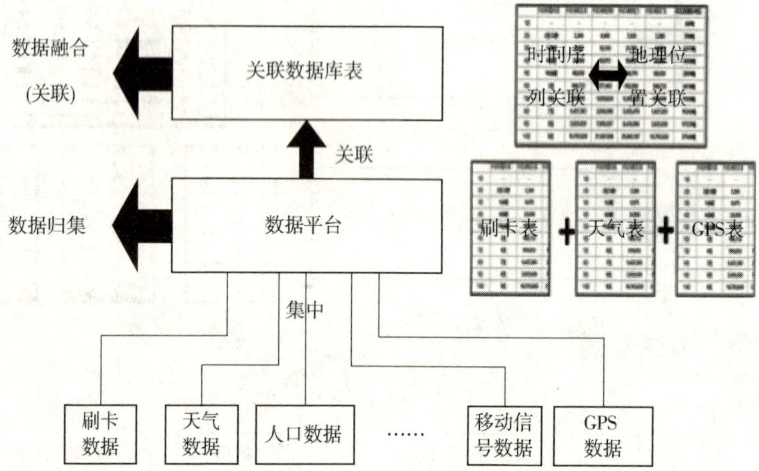

图 4-18　一卡通关联数据归集与融合

4.4　大数据存储与管理

大数据系统中数据类型丰富、容量日渐增大,在此情况下,对数据的存储与分析的速度和性能的要求越来越高,因此快速、高效的存储是大数据时代存储系统的必备要求。

大数据存储与管理技术应该具有以下一些特性：

①必须具有海量数据存储能力，可轻松管理 PB 级乃至数十 PB 的存储容量；

②具有全局命名空间，所有应用可以看到统一的文件系统视图；

③需要支持标准接口，应用无须修改可直接运行，并提供 API 接口进行面向对象的管理；

④读写性能优异，聚合带宽高达数 GB 乃至数十 GB；

⑤易于管理维护，无须中断业务即可轻松实现动态扩展；

⑥基于开放架构，可以运行于任何开放架构的硬件之上；

⑦具有多级数据冗余，支持硬件与软件冗余保护，数据具有高可靠性；

⑧采用多级存储备份，可灵活支持 SSD、SAS、SATA 和磁带库的统一管理。

作为数据存取的载体，大数据存储管理系统必须具有安全性、可用性、可靠性、可扩性及高效性。

(1)安全性(Security)

出于对数据安全性的考虑，若为每个部门独立搭建一个大数据的存储管理系统，严格隔离外界的访问，必然会大幅度增加成本，目前较为普遍且实用的做法是类似于传统的数据库访问机制，所有部门共享一个大数据存储池，通过设置必要的访问控制来实现数据访问的安全性。

(2)可用性(Availability)和可靠性(Reliability)

数据的准确性是存储管理系统的一项基本要求，但对于大数据的存储来说，其准确性的要求并没有传统数据库这么高，因为其数据规模足够庞大是可以容忍较少量的数据错误或缺失，但是数据的准确性依然是不能忽视的重要特性，在数据分析中占有重要地位。传统的存储是通过冗余备份(如磁盘阵列)、定期/强制写入磁盘、双控制器来确保数据的准确性，而在大数据存储系统中则是通过其中较为简单的多副本(即冗余备份)方式做到容错的。一般来说，同一个机架上拥有两份备份在不同的节点上，不同的机架上也有相应的备份，从而达到数据丢失的自动还原功能，实现数据的可用性。而为了达到数据备份的一致性，在数据备份创建的过程中也有相应的备份点及重传机制作为保障。从技术方法上来说，两者是十分相似的，甚至在大数据领域所采用的方法较之传统的存储系统技术更为简朴。

(3)可扩性(Scalability)

无论是大数据存储系统还是传统的存储系统，容量规划永远都是一个重要的问题，容量规划既要满足现有的存储空间和带宽的需求，更重要的是考虑未来系统扩张后的容量升级问题。

(4)高效性(Efficiency)

在存储系统中，如何提升数据存储的高效率一直是人们追求的目标，特别是随着数据量的不断激增,这个问题显得越来越迫切。采用数据压缩技术是其中的一个办法,即通过对用户层透明的压缩处理来实现空间及带宽利用的有效性提升,这在传统的存储系统和大数据系统中都十分重要。尤其是对一些归档备份的数据,自动的压缩开启以及不同压缩算法的提供与选择就显得十分实用。

针对不同类型的海量数据,业界提出了不同的存储技术,主要有分布式文件系统、关系型数据库系统、非关系型数据库系统和云存储四种,下面分别介绍。

4.4.1 分布式文件系统

DFS(Distributed File System,分布式文件系统)是指文件系统管理的物理存储资源不一定直接连接在本地节点上,而是通过计算机网络与节点相连。分布式文件系统的设计基于客户机/服务器模式。一个典型的网络当中可能就包括多个供多用户访问的服务器,但对于用户使用是没有区别的。另外,对等特性允许一些系统扮演客户机和服务器的双重角色。例如,用户可以访问权限的配置,允许其他客户机访问某个目录,一旦被访问,这个目录对客户机来说就像使用本地驱动器一样。

1)系统特点

分布式文件系统具有以下特点:

(1)完全基于 JAVA 技术实现,支持跨平台部署和访问。

(2)可独立运行,也可内嵌至任何支持 JAVA 的 WEB 容器中运行。

(3)不依赖任何第三方程序或插件,也不依赖任何数据库。

(4)提供了丰富的功能。与操作系统的文件操作功能比较,提供了丰富的高级功能,如版本管理、文件删除恢复、文件副本、文件日志、事件驱动等。

(5)系统高可靠性。优异的架构,无单点故障的设计,集群同步的支持,信息流与数据流的分离设计,多副本机制,从多方面保障了整个系统的高可靠性和可用性。

(6)系统高可扩展性。系统通过简单配置即可实现文件存储空间的扩展,可通过扩展名称服务器集群来提高名称服务器的并发性能,通过增加副本文件来实现存储服务器的 I/O 吞吐量扩展。

(7)支持跨广域网文件存储。由于文件有多项副本存在,支持多项副本存储在不同城市的数据服务器,以实现各地快速访问文件的目的。

2)系统分类

分布式文件系统有以下几类:NFS、Andrew 文件系统、KASS 系统、DFS 系统。

(1)NFS(Network File System,网络文件系统)最早由 Sun 微系统公司作为 TCP/IP 网上的文件共享系统开发。Sun 公司估计现在大约有超过 310 万个系统在运行 NFS,大到大型计算机、小至 PC 机,其中至少有 80%的系统是非 Sun 平台。

(2)Andrew 文件系统(AFS)结构与 NFS 相似,由卡内基·梅隆大学信息技术中心(ITC)开发,现由前 ITC 职员组成的 Transarc 公司负责开发和销售。AFS 较 NFS 有所增强。

(3)KFS(KASS File System)是开始软件自主研发基于 JAVA 的纯分布式文件系统,功能类似于 DFS、GFS、Hadoop,通过 HTTP WEB 为企业的各种信息系统提供底层文件存储及访问服务,搭建企业私有云存储服务平台。

(4)DFS(Distributed File System,分布式文件系统)是 AFS 的一个版本,作为开放软件基金会(OSF)的分布式计算环境(DCE)中的文件系统部分。比较代表性的是 Google 在 2004 年提出的 Map Reduce 框架和相应的 GFS 存储系统。2008 年 Yahoo 的工程师根据 Map Reduce 的框架推出了开源的 Hadoop 项目,作为一个大数据处理典型开源实现,如今 Hadoop 项目已经被广泛应用于各大互联网企业的数据中心,并且正努力从一个开源项目走向商业化应用产品,不断得到完善。而 HDFS(Hadoop Distributed File System)就是支持 Hadoop 计算框架的分布式大数据存储系统,它具有大数据存储系统的几项重要特性,具有很高的容错性、可扩展性、高并发性,并且基于廉价存储服务器设备,是目前最为流行的大数据存储系统。

4.4.2 关系型数据库系统

关系数据库是创建在关系模型基础上的数据库,借助于集合代数等数学概念和方法来处理数据库中的数据。关系模型由关系数据结构、关系操作集合、关系完整性约束三部分组成。关系操作包括数据查询和数据操作,数据查询包括选择、投影、连接、并、交、差和除操作,数据操作包括增加、删除、修改和更新操作。关系完整性约束包括实体完整性、参照完整性和用户定义完整性。

1)系统特点

关系数据库的特点有以下几点。

(1)以表存储数据,通过表之间拥有相同属性等方法,维护数据之间的关系。

(2)通过事务,保证数据的强一致性。

(3)能够满足复杂 SQL 操作功能,尤其是多表关联查询。

(4)读写的响应速度快,能够保证读写的实时性。

2)系统分类

常见的关系型数据库管理系统产品有 Oracle、DB2、SQL server 、Sybase、Access 等,下面分别介绍。

(1)Oracle

Oracle 是 1983 年推出的世界上第一个开放式商品化关系型数据库管理系统。

它采用标准的SQL结构化查询语言，支持多种数据类型，提供面向对象存储的数据支持，具有第四代语言开发工具，支持Unix、Windows NT、OS/2、Novell等多种平台。除此之外，它还具有很好的并行处理功能。Oracle产品主要由Oracle服务器产品、Oracle开发工具、Oracle应用软件组成，也有基于微机的数据库产品。Oracle主要满足对银行、金融、保险等企业、事业开发大型数据库的需求。

(2)DB2

DB2是基于SQL的关系型数据库产品。20世纪80年代初期，DB2的重点放在大型的主机平台上。到20世纪90年代初，DB2发展到中型机、小型机以及微机平台。DB2适用于各种硬件与软件平台。各种平台上的DB2有共同的应用程序接口，运行在一种平台上的程序可以很容易地移植到其他平台。DB2的用户主要分布在金融、商业、铁路、航空、医院、旅游等各个领域，以金融系统的应用最为突出。

(3)SQL Server

SQL(Structured Query Language)即结构化查询语言。SQL Server最早出现在1988年，当时只能在OS/2操作系统上运行。2000年12月，微软发布了SQL Server 2000，该软件可以运行于Windows NT/2000/XP等多种操作系统之上，是支持客户机/服务器结构的数据库管理系统，它可以帮助各种规模的企业管理数据。随着用户群的不断增大，SQL Server在易用性、可靠性、可收缩性、支持数据仓库、系统集成等方面日趋完美。特别是SQL Server的数据库搜索引擎，可以在绝大多数的操作系统之上运行，并针对海量数据的查询进行了优化。目前SQL Server已经成为应用最广泛的数据库产品之一。由于使用SQL Server不但要掌握SQL Server的操作，而且还要能熟练掌握Windows NT/2000 Server的运行机制以及SQL语言，所以对非专业人员的学习和使用有一定的难度。

(4)Sybase

1987年推出的大型关系型数据库管理系统Sybase，能运行于OS/2、Unix、Windows NT等多种平台，它支持标准的关系型数据库语言SQL，使用客户机/服务器模式，采用开放体系结构，能实现网络环境下各节点上服务器的数据库互访操作。其技术先进、性能优良，是开发大中型数据库的工具。Sybase产品主要由服务器产品Sybase SQL Server、客户产品Sybase SQL Toolset和接口软件Sybase Client/Server Interface组成，还有著名的数据库应用开发工具PowerBuilder。

(5)Access

Access是在Windows操作系统下工作的关系型数据库管理系统。它采用了Windows程序设计理念，以Windows特有的技术设计查询、用户界面、报表等数据对象，内嵌了VBA(Visual Basic Application)程序设计语言，具有集成的开发环境。

Access 提供图形化的查询工具和屏幕、报表生成器,用户建立复杂的报表、界面无须编程和了解 SQL 语言,它会自动生成 SQL 代码。Access 被集成到 Office 中,具有 Office 系列软件的一般特点,如菜单、工具栏等。与其他数据库管理系统软件相比,更加简单易学,一个普通的计算机用户,没有程序语言基础,仍然可以快速地掌握和使用它。最重要的一点是,Access 的功能比较强大,足以应付一般的数据管理及处理需要,适用于中小型企业数据管理的需求。当然,在数据定义、数据安全可靠、数据有效控制等方面,它比前面几种数据库产品要逊色不少。

4.4.3 非关系型数据库系统

数据库传统关系型数据库在处理数据密集型应用方面显得力不从心,主要表现在灵活性差、扩展性差、性能差等方面。在这样的背景下,NoSQL(非关系型数据库管理系统)数据库应运而生,作为对关系型 SQL 数据系统的补充。NoSQL 是对不同于传统的关系型数据库的数据库管理系统的统称。由于 NoSQL 数据库能够极大地适应云计算的需求,因此各种 NoSQL 数据库如雨后春笋般涌现。

1)系统特点

随着 Web 2.0 技术的出现,互联网应用对数据库的要求变为能够满足海量数据存储和高效地访问、高并发的读写请求以及高可扩展性。传统的关系型数据库管理系统应对这些应用时暴露出一系列问题:无法满足海量数据存储,无法支持高并发读写请求以及可扩展性差。在这样的背景下,NoSQL 数据库技术重新得到发展应用。

与传统的关系型数据库管理系统相比,NoSQL 一般具有以下优点:

(1)能够高效地进行海量数据的存储和访问。

(2)能够满足高并发的读写请求。

(3)具有高扩展性和高可用性。

与传统的关系型数据库管理系统相比,NoSQL 存在着一些不足:

(1)不具有数据库事务一致性。

(2)读写实时性较差。

(3)无法满足复杂 SQL 操作,尤其是多表关联查询。

2)系统分类

NoSQL 数据库按照功能和属性可分为键值存储数据库、列存储数据库、文档型数据库和图形数据库。

(1)键值存储数据库

此类数据库主要会使用到一个哈希表,这个表中有一个特定的键和一个指针指向特定的数据。键/值对的键值在集合中唯一,便于查找,所以数据访问操作非常高效。键/值数据库的结构就是采用键/值对结构。键/值存储各不相同:有些把数据保存在内存中,而有些把数据持久化到磁盘里面,有些作为缓存功能。NoSQL 中的键/值存储有些以 Berkeley DB 作为底层存储,有些构建在 Memcached API 上,还有一些其他实现方案,具体包括 Membase、Kyoto Cabinet、Redis、Cassandra、Riak 和 Voldemort 等。Key-Value 模型对于 IT 系统来说,其优势在于简单、易部署。

(2)列存储数据库

此类数据库通常用来应对分布式存储的海量数据。键仍然存在,但是它们的特点是指向了多个列,这些列是由列簇来安排的。面向列的存储能够高效地存储数据,如果列值不存在就不用存储,这样一来遇到 Null 值时可以避免浪费存储空间。每个数据单元可以看作一组键/值对集合,数据单元通过主标识符(primary identifier)标识,主标识符又称为主键(primary key)。数据单元按照主键的值进行排序,数据单元里面可以包含任意数量的列,并且列可以动态加入和删除,不需要创建表的时候预定义列。面向列的 NoSQL 包括 Google BigTable、HBase、Hypertable 和 Cloudata 等。

(3)文档型数据库

文档数据库不是文档管理系统,文档的意思指松散结构的键/值对集合,类似于 JSON(JavaScript Object Notation, JavaScript 对象表示法)格式的数据。文档数据库把文档作为基本单元,不把文档分割成多个键/值对。不同结构的文档被放在一个集合里。文档数据库支持文档索引,包括主标识符和文档属性。面向文档的 NoSQL 有 MongoDB 和 CouchDB。

(4)图形数据库

图形结构的数据库同其他行列以及刚性结构的 SQL 数据库不同,它是使用灵活的图形模型,并且能够扩展到多个服务器上。NoSQL 数据库没有标准的查询语言(SQL),因此进行数据库查询需要制定数据模型。许多 NoSQL 数据库都有 REST 式的数据接口或者查询 API。相对上面几种 NoSQL 数据库,图形数据库使用得比较少,比较典型的图形数据库有 Neo4j 和 HockDB。

表 4-2 所示为以上四种不同类型的数据库性能比较,由此可以对这四种数据库性能有更清楚的认识。

不同类型的数据库性能比较 表 4-2

数据库名称	键值存储数据库	列存储数据库	文档型数据库	图形数据库
相关数据库	Tokyo Cabinet/Tyrant、Red is、Voldemort、Berkeley DB	Cassandra、H Base、Riak	C ouch DB、Mongo DB	N eo4J、TnfoG rid、Infinite Graph

续上表

数据库名称	键值存储数据库	列存储数据库	文档型数据库	图形数据库
典型应用	内容缓存,适合混合工作负载并扩展大的数据集	分布式的文件系统	Web 应用	社交网络、推荐系统等,专注于构建关系图谱
数据模型	一系列键/值对	以列簇式存储,将同一列数据存在一起	一系列键值对	图结构
优势	快速查询	查找速度快,可扩展性强,更容易进行分布式扩展	数据结构要求不严格	利用图结构相关算法
劣势	存储的数据缺少结构化	功能相对局限	查询性能不高,而且缺乏统一的查询语法	需对整个图做计算才能得出结果,较难做集群

4.4.4 云存储

在存储资源获取接口上,云存储和传统存储在功能上并无差异,二者的区别体现在云存储可以按需提供易管理、高可扩展、高性价比的存储资源(图 4-19)。根据存储的数据类型不同和应用需求不同,云存储系统可以分为以下四种类型:基于块存储、基于文件存储、基于对象存储以及基于表存储。

图 4-19 云存储应用

1)云存储特点

云存储具备以下特点:

(1)存储管理可以实现自动化和智能化,所有的存储资源被整合到一起,客户看到的是单一存储空间。

(2)提高了存储效率,通过虚拟化技术解决了存储空间的浪费,可以自动重新分配数据,提高了存储空间的利用率,同时具备负载均衡、故障冗余功能。

(3)云存储能够实现规模效应和弹性扩展,降低运营成本,避免资源浪费。

2)分类

云存储的四类服务接口上,块存储和文件存储接口方面,已有的标准协议已经非常成熟,这里着重介绍基于对象的云存储和基于表的云存储。

(1)基于对象的云存储系统

Amazon S3(Amazon Simple Storage Service)采用桶和对象的两层结构来存储数据,支持 REST 和 SOAP 两种访问协议,可与多种网络开发工具集成工作。作为最早的云存储服务,基于客户应用实践的积累,S3 在对象存储的功能丰富方面已走在业界前列,如对于超大数据(数据容量 5 TB)存储、BT 方式下载以及第三方支付的功能支持等。由于针对 S3 应用开发的广泛性,围绕 S3 有一些开源项目使 S3 的编程工作变得更加简单,方便非 HTTP 编程开发者使用。

(2)基于表存储的云存储系统

表结构存储是一种结构化数据存储,与传统数据库相比,它提供的表空间访问功能受限,但更强调系统的可扩展性。提供表存储的云存储系统的特征就是同时提高并发的数据访问性能和可伸缩的存储和计算架构。

提供表存储的云存储系统有两类接口访问方式。一类是标准的 XDBC、SQL 数据库接口,一类是 MapReduce 的数据仓库应用处理接口。分布式数据仓库一般采用 MPP(Massive Parallel Processing)架构实现海量数据存储和处理以及高并发数据读写能力,它实现了 SQL 到 MapReduce 的翻译、优化、执行和结果收集,具有良好的扩展能力。分布式数据仓库的代表系统有商业软件 GreenPlum、中国移动 HugeTable、开源 Hive 等。

4.5 大数据分析与挖掘

数据挖掘(Data Mining)是从大量的、不完全的、有噪声的、模糊的、随机的实际应用数据中,提取隐含在其中的、人们事先不知道的,但又是潜在有用的信息和知识的过程。它是一种决策支持过程,主要基于人工智能、机器学习、模式识别、统计学、数据库等技术,高度自动化地分析数据,做出归纳性的推理,从中挖掘出潜在的模式,帮助决策者做出正确的决策。

1)发展过程

数据挖掘是信息技术自然演化的结果。在 20 世纪 60 年代,也就是数据收集和数据库创建的早期阶段,数据库可以提供查询检索和简单的事务处理。到 20 世纪 70 年代,数据库系统的研究和发展从层次和网状系统发展到关系数据库系统(RDBMS),用户可以通过查询语言、用户界面、优化的查询处理和事务处理方便、灵活地访问数据。这时的联机事务处理(On-Line Transaction Processing,简称 OLTP)对大量数据的有效存储、检索和管理做出了巨大贡献。20 世纪 80 年代中期,数据仓库出现了,数据仓库是一种多个异构数据源在单个站点以统一的模式组织存储,可以支持管理决策,包括数据清理、数据集成和联机分析处理(On-Line

Analytical Processing,简称 OLAP)。OLTP 是传统的关系型数据库的主要应用,主要是基本的、日常的事务处理,例如银行交易。OLAP 是数据仓库系统的主要应用,支持复杂的分析操作,侧重决策支持,并且提供直观易懂的查询结果。20 世纪 80 年代末 90 年代初,产生了数据库中的知识发现(Knowledge Discovery in Database,简称 KDD),数据挖掘是数据库知识发现中的一个步骤。由于知识发现是一门受到来自各种不同领域的研究者关注的交叉性学科,因此导致了很多不同的术语名称。除了 KDD 外,主要还有如下若干种称法:数据挖掘(data mining)、知识抽取(information extraction)、信息发现(information discovery)、智能数据分析(intelligent data analysis)、探索式数据分析(exploratory data analysis)、信息收获(Information harvesting)和数据考古(data archaeology)等。其中,最常用的术语是知识发现和数据挖掘。相对来讲,数据挖掘主要流行于统计界(最早出现于统计文献中)、数据分析、数据库和管理信息系统界;而知识发现则主要流行于人工智能和机器学习界。习惯上,人们采用数据挖掘的广义概念,用其来代替数据库中知识发现这个术语。

2)技术分类

数据挖掘的技术方法有很多,且存在多种分类法。根据挖掘任务,可分为分类或预测模型发现、数据总结、聚类、关联规则发现、序列模式发现、依赖关系或依赖模型发现、异常和趋势发现等等;根据挖掘对象,可分为关系数据库、面向对象数据库、空间数据库、时态数据库、文本数据源、多媒体数据库、异质数据库、遗产数据库等;根据挖掘方法,可粗分为机器学习方法、统计方法、神经网络方法和数据库方法。机器学习中,可细分为归纳学习方法(决策树、规则归纳等)、基于范例学习、遗传算法等。统计方法中,可细分为回归分析(多元回归、自回归等)、判别分析(贝叶斯判别、费歇尔判别、非参数判别等)、聚类分析(系统聚类、动态聚类等)、探索性分析(主元分析法、相关分析法等)等。神经网络方法中,可细分为前向神经网络(BP 算法等)、自组织神经网络(自组织特征映射、竞争学习等)等。数据库方法主要是多维数据分析或 OLAP 方法,另外还有面向属性的归纳方法。

4.5.1 数据挖掘的应用模式与算法

数据挖掘的任务就是发现隐藏在数据中的规律、模式以及商业价值。一般将数据挖掘模式分为两大类:描述型(descriptive)模式和预测型(predictive)模式。描述型模式是对当前数据中存在的事实做规范描述,刻画当前数据的一般特性;预测型模式则是以时间为关键参数,对于时间序列型数据,根据其历史和当前的值预测其未来的值。根据模式特征,可将数据挖掘模式大致分为分类与回归模式、聚类模式、关联模式、序列模式和偏差分析五类,如图 4-20 所示。

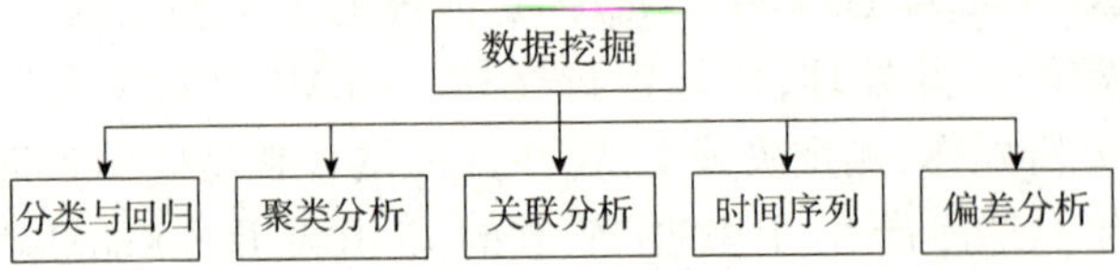

图 4-20　数据挖掘模式分类

1)分类与回归模式

(1)概念与原理

分类:将数据映射到预先定义好的群组或类。

分类就是构造一个分类函数(分类模型),把具有某些特征的数据项映射到某个给定的类别上。该过程由两步构成:模型创建和模型使用。模型创建是指通过对训练数据集的学习来建立分类模型;模型使用是指使用分类模型对测试数据和新的数据进行分类。

其中的训练数据集是带有类标号的,也就是说分类之前,要划分的类别是已经确定的。通常分类模型是以分类规则、决策树或数学表达式的形式给出的。

回归:用属性的历史数据预测未来趋势。

回归分析是根据自变量和因变量来确立变量之间的因果关系,然后建立回归模型,并根据实测数据来求解模型中的各项参数,观察评价回归模型是否能够很好地拟合实测数据。如果能够很好地拟合,则可以根据自变量作进一步预测。

分类与回归的区别:回归模式的函数定义与分类模式相似,主要差别在于分类模式采用离散预测值(如类标号),而回归模式采用连续的预测值。在这种观点下,分类和回归都是预测问题。但在数据挖掘业界普遍认为:用预测法预测类标号为分类,预测连续值(如使用回归方法)为预测。许多问题可以用线性回归解决,对于许多非线性问题可以通过对变量进行变换,从而转换为线性问题来解决。

(2)算法

解决分类问题的方法很多,单一的分类方法主要包括决策树、贝叶斯、人工神经网络、K-近邻、支持向量机和基于关联规则的分类等,每一种方法对应的算法各异。此外,还有组合单一分类方法的集成学习算法,如装袋(Bagging)和提升/推进(Boosting)等。

①决策树是用于分类和预测的主要技术之一,决策树学习是以实例为基础的归纳学习算法,它着眼于从一组无次序、无规则的实例中推理出以决策树表示的分类规则。决策树的构造采用自顶向下的递归方式,在决策树的内部节点进行属性的比较,并根据不同属性值判断从该节点向下的分支,在决策树的叶节点得到结论。主要的决策树算法有 ID3、C4.5(C5.0)、CART、PUBLIC、SLIQ 和 SPRINT 算法等。它们在选择测试属性采用的技术、生成的决策树的结构、剪枝的方法以及时

刻、能否处理大数据集等方面都有各自的不同之处。

②贝叶斯(Bayes)分类算法是一类利用概率统计知识进行分类的算法,如朴素贝叶斯(Naive Bayes)算法。算法利用 Bayes 定理来预测一个未知类别的样本属于各个类别的可能性,选择其中可能性最大的一个类别作为该样本的最终类别。由于贝叶斯定理的成立本身需要一个很强的条件独立性假设前提,而此假设在实际情况中经常是不成立的,因而其分类准确性就会下降。为此就出现了许多降低独立性假设的贝叶斯分类算法,如 TAN(Tree Augmented Naive Bayes)算法,它是在贝叶斯网络结构的基础上增加属性对之间的关联来实现的。

③k-近邻(k-Nearest Neighbors)算法是一种基于实例的分类方法。该方法就是找出与未知样本 x 距离最近的 k 个训练样本,看这 k 个样本中多数属于哪一类,就把 x 归为那一类。k-近邻方法是一种懒惰学习方法,它存放样本,直到需要分类时才进行分类,如果样本集比较复杂,可能会导致很大的计算开销,因此无法应用到实时性很强的场合。

④支持向量机(SVM,Support Vector Machine)是 Vapnik 根据统计学习理论提出的一种新的学习方法,它的最大特点是根据结构风险最小化准则,以最大化分类间隔构造最优分类超平面来提高学习机的泛化能力,较好地解决了非线性、高维数、局部极小点等问题。对于分类问题,支持向量机算法根据区域中的样本计算该区域的决策曲面,由此确定该区域中未知样本的类别。

⑤关联分类方法一般可分为两步:第一是用关联规则算法,从训练数据集中挖掘出所有满足指定支持度和置信度的类关联规则;第二步是使用启发式方法,从挖掘出的类关联规则中挑选出一组高质量的规则用于分类。属于关联分类的算法主要包括 CBA ,ADT ,CMAR 等。

⑥集成学习(ensemble learning)是一种机器学习范式,它试图通过连续调用单个的学习算法,获得不同的集成学习器,然后根据规则,组合这些学习器来解决同一个问题,可以显著地提高学习系统的泛化能力。组合多个基学习器主要采用(加权)投票的方法,常见的算法有 Bagging、Boosting 等。

回归算法是试图采用对误差的衡量来探索变量之间的关系的一类算法。回归算法是统计机器学习的利器。常见的回归算法包括最小二乘法(ordinary least square)、逻辑回归(logistic regression)、逐步式回归(stepwise regression)、多元自适应回归样条(multivariate adaptive regression splines)以及本地散点平滑估计(locally estimated scatterplot smoothing)。

2)聚类模式

(1)概念与原理

核心:聚类算法。

聚类的目的：根据数据的不同特征，将其划分为不同的数据类，使得属于同一类别的个体之间的距离尽可能得小（很高的相似度），而不同类别上的个体间的距离尽可能得大（相似度尽可能得小）。

聚类与分类的差别：大多数分类方法都是演绎的，即人们事先确定某种事物分类的准则或各类别的标准，分类的过程就是比较分类的要素与各类别标准，然后将各要素划归于各类别中。确定事物的分类准则或各类别的标准或多或少带有主观色彩。与分类不同的是，聚类是归纳的，要划分的类别是未知的，它是一种不依赖于预先定义的类和带类标号的训练数据集的非监督学习（unsupervised learning），无须背景知识，其中类的数量由系统按照某种性能指标自动确定。

（2）聚类算法

聚类的算法多种多样，此处将其分为五类：划分方法、层次方法、基于密度的方法、基于网格的方法和基于模型的方法，如图 4-21 所示。

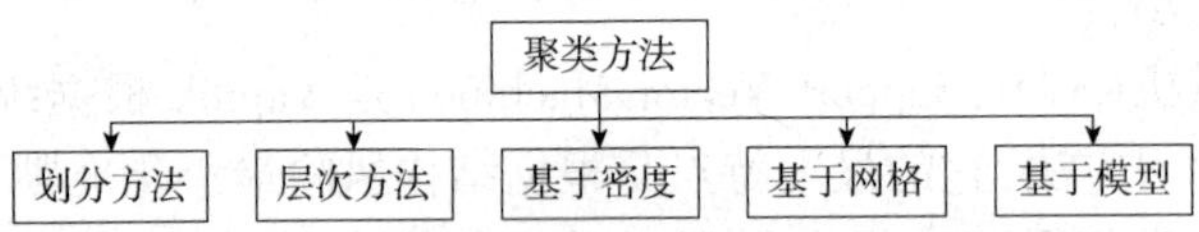

图 4-21　聚类算法分类

①基于划分的方法。

划分方法的基本思想是给定一个包含 n 个数据对象的数据库，通常基于划分的方法，要求用户给定构建数据的最终划分数目 k，通过采用目标函数最小化策略，将数据分成 k 个簇。

算法将整个数据集划分为 k 个簇，同时满足以下两个条件：每个簇至少包含一个数据对象；每个数据对象必须属于且唯一地属于一个簇。但在某些模糊划分技术中，如在 *FCM* 算法中，第二个要求可以放宽。给定划分数目 k，基于划分的方法，首先创建一个初始划分，通常采用的方法是随机选取 k 个数据对象作为初始聚类中心点，然后采用一种迭代的重定位技术，尝试通过对象在划分间移动来改进划分。采用的准则是在同一个簇中的数据对象尽可能相似，不同的簇中的数据对象尽可能相异。

比较典型的基于划分的算法有以下几种。

a.k-means 算法的相似度计算根据一个簇中对象的平均值即簇的质心来进行，它的处理过程为：首先，随机地选择 k 个对象作为初始的 k 个簇的质心；然后对剩余的每个对象，根据其与各个质心的距离，将它赋给最近的簇；再后重新计算每个簇的质心。这个过程不断重复，直到准则函数收敛。通常采用的准则函数为平方误差和准则函数，即 SSE（sum of the squared error），其定义如下：

$$\mathrm{SSE}=\sum_{i=1}^{k}\sum_{p\in \boldsymbol{C}_i}|p-m_{\mathrm{i}}|^2 \tag{4-1}$$

式中:SSE——数据库中所有对象的平方误差总和;

p——数据对象;

m_i——簇 $\boldsymbol{C}_i$ 的平均值。

这个准则函数使生成的结果变得更为紧凑和独立。以下为原始 k-means 算法的具体过程:

a)给定大小为 n 的数据集,令 $I=1$,选取 k 个初始聚类中心 $Z_j(I),j=1,2,\cdots,k$;

b)计算每个对象与聚类中心的距离 $D(x_i,Z_j(I)),i=1,2,\cdots,n,j=1,2,\cdots,k$,如果满足 $D(x_i,Z_k(I))=\min\{D(x_i,Z_j(I)),i=1,2,\cdots,n\}$,则 $x_i\in \boldsymbol{C}_k$;

c)计算 k 个新的聚类中心 $Z_j(I+1)=\dfrac{1}{n_j}\sum_{i=1}^{n_j}x_i^{(j)}$,$j=1,2,\cdots,k$;

d)判断:若 $Z_j(I+1)\neq Z_j(I)$,$j=1,2,\cdots,k$,则 $I=I+1$,返回 b),否则算法结束。

从上面的算法思想和框架可以看出,k 个初始聚类中心点的选取对聚类结果具有较大影响,因为在该算法中是随机的选取任意 k 个点作为初始聚类中心。如果有先验知识,可以选取具有代表性的点。

在该算法中,一次迭代中把每一个数据对象分到离它最近的聚类中心所在类,这个过程的时间复杂度为 $O(nkd)$,这里的 n 指的是总的数据对象个数,k 是指定的聚类数,d 是数据对象的维数;新的分类产生以后,需要计算新的聚类中心,这个过程的时间复杂度为 $O(nd)$。因此,这个算法一次迭代需要的总的时间复杂度为 $O(nkd)$。

b.k-medoids 算法的基本策略是首先为每个类随意选择一个代表对象,剩余对象根据其与代表对象的距离分配给最近的一个类,然后反复地用非代表对象来替代代表对象,以改进聚类的质量。聚类结果的质量用一个代价函数来估算,该函数度量对象与其参照对象之间的平均相异度。

PAM(partitioning around medoid)是最早提出的 k 中心点算法之一。它试图对 n 个对象给出 k 个划分。最初随机选择 k 个中心点后,该算法反复地试图找到更好的中心点。所有可能的对象对被分析,每个对中的一个对象被看作是中心点,而另一个不是。对可能的各种组合,估算聚类结果的质量。一个对象被可以产生最大平方误差值减少的对象代替。在一次迭代中产生的最佳对象的集合成为下次迭代的中心点。这种算法的缺陷显而易见,当 n 和 k 的值较大时,这样的计算代价相当高。

②基于层次的方法。

层次的方法按数据分层建立簇,形成一棵以簇为节点的树。根据层次如何形成、层次的方法可以分为凝聚的和分裂的方法。

凝聚的方法,也称为自底向上的方法,该方法从数据点作为个体簇开始,每一步合并两个最接近的簇,直到所有的簇合并为一个(层次的最上层),或者达到一个终止的条件。在这里,判断最接近的簇需要簇的临近性定义。大多数的层次聚类算法都属于这类。

分裂的方法,也称为自顶向下的方法,它与凝聚的方法正好相反。该方法从包含所有点的一个簇开始,每一步分裂一个簇,最终每个对象在单独的一个簇中,或者达到一个终止条件,比如达到某个希望的簇数目,或者两个最近的簇之间的距离超过了某个闭值。在这种情况下,需要确定每一步分裂哪一个簇,以及如何分裂。

无论是凝聚算法还是分裂算法都要采用一个划分准则,以便判定簇之间的相似性或相异性,广泛采用的簇间距离度量五个方法是最小(单链)距离、最大(全链)距离、平均值(质心)距离、平均(组平均)距离、中心点距离。

图 4-22 所示为凝聚的层次算法和分裂的层次算法在包含五个对象的数据集合上的处理过程。凝聚的方法将每个对象看作一个簇,然后将这些簇一步一步进行合并。图中簇 a 和 b 相似性最高,首先进行合并,其次是 d 和 e,而后 d、e 合并的簇与簇 c 合并,最终与 a、b 组成的簇合并,合并过程反复进行,直到最终合并为一个簇。而在分裂方法处理的过程中,初始时所有对象都放到一个簇中,根据数据对象之间的相异性将该簇分裂,簇的分裂过程反复进行,直到最终每个簇中只包含一个对象。

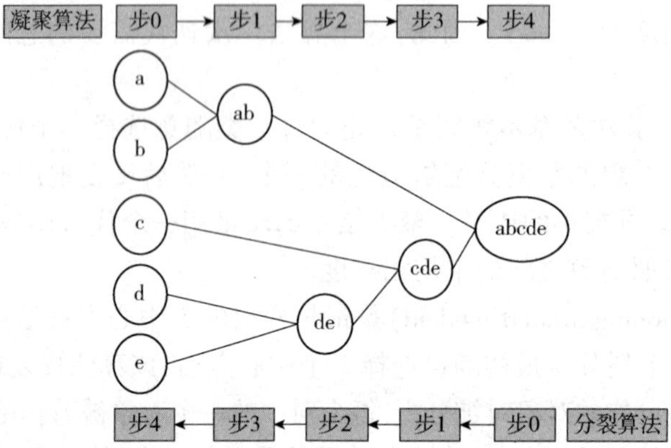

图 4-22 凝聚和分裂层次聚类算法

层次聚类算法可以在不同粒度水平上对数据进行探测,而且很容易实现相似度量或距离度量。但是层次聚类算法由于合并或分裂簇的操作不可逆,也给聚类结果带来不准确性。

比较典型的层次算法有 BIRCH 算法和 CURE 算法。

a.BIRCH 算法利用层次方法进行平衡迭代归约和聚类。它引入了两个概念：聚类特征和聚类特征树。聚类特征是一个反映类中对象信息的三元组，包含类内数据点的个数、线性和以及平方和。它首先将对象划分成树形结构，然后采用其他聚类算法对聚类结果求精。BIRCH 算法采用多阶段聚类技术，对数据集进行一遍扫描后初步生成簇的 CF 树，再经过一遍或多遍扫描改进 CF 树的质量。CF 树建好后，可以使用任何聚类算法，如典型的划分方法，对其叶节点进行聚类。BIRCH 算法支持增量聚类。当插入新数据对象时，CF 树可以动态构造，CF 树的重建类似于 B+树构建中的节点插入和分裂。但由于 CF 树的每个节点大小的限制，可能导致节点并不总是对应于用户所认为的一个自然聚类。

该方法通过一次扫描就可以进行较好聚类，比较适合于大型数据集。但它只适合于类的分布呈凸状或球状的情况，而且需要提供正确的聚类数并对簇直径 T 的仔细选择，如果簇不是球形的，BIRCH 算法不能很好地工作，因为它用了直径的概念来控制聚类的边界，此外该方法不适用于高维数据。

b.CURE 算法使用各种不同的技术创建一种能够处理大型数据、离群点和具有非球形和非均匀大小的簇的数据的方法。CURE 使用簇中多个代表点来表示一个簇。实际上，CURE 是从一个簇中选择一定数目散布很好的点来代表该簇，这些点能够用于确定簇的形状和大小。一旦选定代表点，它们就以一定的收缩因子向簇中心收缩，这有助于减轻离群点的影响。使用这些点收缩之后的位置来代表簇，从中找到最近的两个簇，然后把它们进行合并。CURE 算法采用基于质心和基于代表对象方法之间的中间策略，克服了利用单个代表点或基于质心的方法的缺点，可以发现非球形及大小差异明显的簇；采用了收缩因子，在处理孤立点上也更加健壮；采用了随机抽样与分割相结合来提高效率，对大型数据库有良好的伸缩性。

③基于密度的方法。

聚类的很多算法都使用距离来描述数据对象之间的相似性，前面提到的两种聚类方法就是基于这种相似性进行聚类，这样的聚类方法对于大部分的球形簇聚类效果较好，但对任意形状的簇聚类结果往往较差，甚至无法进行有效聚类，因此提出了基于密度的聚类方法。这类方法将簇看作是数据空间被低密度区域分割开的高密度区域。该类算法除了可以发现任意形状的类，还能够有效去除噪声。

比较典型的算法有 DBSCAN 算法和 OPTICS 算法。

a.DBSCAN 算法是在数据集上定义一种密度可达等价关系，对应的划分就是聚类。密度可达关系定义为：如果一个对象的 ε-领域至少包含了最小数目的 Minpts 个对象，该对象为核心对象；如果 p 是在核心对象 q 的 ε-领域，则称对象 p

为对象 q 的直接密度可达；如果存在对象链 $p_1,p_2,\dots,p_n,p_1=q,p_n=p$，对 $p_i\in D$（对象集），p_i+1 是从 p_i 关于 ε 和 Minpts 的直接密度可达，则对象 p 和 q 是关于 ε 和 Minpts 密度可达的。此方法是通过不断执行区域查询来实现聚类。时间复杂度为 $O(\mathrm{nlogn})$，对 ε 和 Minpts 相对敏感，两参数难以确定。

b.OPTICS 算法并不是产生一个明确的类的集合，它为自动和交互的聚类分析计算一个类次序。这个次序代表了数据的基于密度的聚类结构。所包含的信息等同于从一个宽广的参数设置范围所获得基于密度的类。这个算法可以克服需要用户输入参数的缺点。

④基于网格的方法。

基于网格的聚类方法采用多分辨率的网格数据结构，把对象空间量化为有限数目的单元，形成一个网格结构，所有操作都在这个网格结构上进行。这种方法的主要优点是处理速度快，处理时间独立于数据对象的数目，只与量化空间中每一维的单元数目有关。

a.STING（Statistical Information Grid）算法是一种基于网格的多分辨率聚类技术，它将要聚类的空间区域划分为矩形单元。针对不同级别的分辨率，有多个级别的矩形单元，形成层次的结构：高层次的每个单元被分成多个低一层的单元。每个网格单元的属性信息（平均值、最大值、最小值等）被预先计算和储存，这样高层单元的统计信息可以从底层单元的计算得到。

该算法的主要优点是它的网格结构有利于并行处理和增量更新，而且效率非常高。主要不足是由于它采用了一个多分辨率的方法来进行聚类分析，它的聚类的质量取决于网格结构最低层的粒度，如果粒度比较细，处理的代价会显著地增加，但如果最低层的粒度太粗，将会降低聚类分析的质量；而且 STING 在构建一个父亲单元时，没有考虑孩子单元和其相邻单元之间的关系，所以其聚类边界只能是水平的或竖直的，没有对角的边界。因此，尽管该技术有快速的处理速度，但可能降低簇的质量和精确性。

b.CLIQUE 算法是一种基于密度（关系）和网格（变换）的聚类方法，它利用了关联规则挖掘中的先验性质：如果一个 k 维单元是密集的，那么它的 k-1 维空间上的投影也是密集的。中心思想是给定一个多维数据点的大集合，数据点在数据空间中通常不是均衡分布的。该算法区分空间中稀疏的和“拥挤的”区域（单元），发现数据集合的全局分布模式，如果一个单元中包含的数据点数超过了某个输入参数，则该单元是密集的。在 CLIQUE 算法中，簇定义为相连的密集单元的最大集合。该方法对数据输入顺序不敏感，对数据高维有良好的伸缩性，但需要用户输入数据聚类空间等间隔距离和密度阈值参数，由于方法简化，聚类结果的精确性可能降低。

⑤基于模型的方法。

该方法为每一个聚类假定一模型,找出给定模型的最适合的数据,可以通过建立反映数据点的空间分布情况的密度函数来进行聚类。它还能基于标准的统计自动决定聚类数目,计算出噪声点,构造出健壮的聚类算法。

a.统计学方法:概念聚类是机器学习中的一种方法,给出一组未标记的对象,它产生对象的一个分类模式。它有两个过程:首先进行聚类,然后给出特征描述。概念聚类的绝大多数方法采用了统计学的途径,在决定概念或聚类时使用概率度量。COBWEB 是一个常用并且简单的增量式概念聚类方法。

b.神经网络方法:将每个簇描述成一个标本来作为聚类的原型,不一定要对应一个特定的数据实例或对象。根据某些距离度量,新的对象可以分配给标本与其相似的簇。被分配给一个簇的对象的属性可以根据该簇的标本属性来预测。经典的方法有竞争学习方法和自组织特征映射方法。

3)关联模式

(1)概念与原理

关联模式旨在发现数据项之间存在的某种关联规则,它是对归集在数据库中不同对象之间关联性及程度的描述,反映一个事件和其他事件之间的依赖或关联。

数据库中的数据一般存在着关联关系,也就是说,两个或多个变量的取值之间存在某种规律性。数据库中的数据关联是现实世界中事物联系的表现。数据库作为一种结构化的数据组织形式,利用其依附的数据模型可能描述数据间的关联。但是,数据之间的关联是复杂的,有时是隐含的。关联分析的目的就是要找出数据库中隐藏的关联信息。这种关联关系有简单关联、时序关联、因果关联、数量关联等。这些关联并不总是事先知道的,而是通过数据库中数据的关联分析获得的,因而具有价值。

为找出数据之间有意义的关联规则,事先需要设定两个阈值:最小支持度(minimum support)和最小可信度(minimum confidence)。挖掘出的关联规则必须满足用户规定的最小支持度,它表示了一组项目关联在一起需要满足的最低联系程度。挖掘出的关联规则也必须满足用户规定的最小可信度,它反映了一个关联规则的最低可靠度。

(2)算法

①经典的频集算法。

Apriori 算法是由 Agrawal 等于 1994 年提出的最著名的关联规则挖掘算法,所有支持度大于最小支持度的项集称为频繁项集,简称频集。Apriori 算法的核心是用前一次扫描数据库的结果产生本次扫描的候选项目集,从而提高搜索的效率。该关联规则在分类上属于单维、单层、布尔关联规则。

算法的基本思想:首先找出所有的频集,这些项集出现的频繁性至少和预定义的最小支持度一样;然后由频集产生强关联规则,这些规则必须满足最小支持度和最小可信度。挖掘关联规则的总体性能由第一步决定,第二步相对容易实现。

Apriori 核心算法分析是为了生成所有频集,使用了递推的方法。其核心思想简要描述如下:

```
L1 = {large 1-itemsets};
for(k=2;Lk-1¹F; k++) do begin
Ck=apriori-gen(Lk-1);   //新的候选集
for all transactions tÎD do begin
Ct=subset(Ck,t);   //事务 t 中包含的候选集
for all candidates cÎ Ct do
c.count++;
end
Lk={cÎ Ck |c.count³minsup}
end
Answer=∪kLk;
```

首先产生频繁 1-项集 L1,然后是频繁 2-项集 L2,直到有某个 r 值使得 Lr 为空,这时算法停止。这里在第 k 次循环中,过程先产生候选 k-项集的集合 Ck,Ck 中的每一个项集是对两个只有一个项不同的属于 Lk-1 的频集做一个(k-2)-连接来产生的。Ck 中的项集是用来产生频集的候选集,最后的频集 Lk 必须是 Ck 的一个子集。Ck 中的每个元素需在交易数据库中进行验证来决定其是否加入 Lk,这里的验证过程是算法性能的一个瓶颈。这个方法要求多次扫描可能很大的交易数据库,即如果频集最多包含 10 个项,那么就需要扫描交易数据库 10 遍,这需要很大的 I/O 负载。可能产生大量的候选集以及可能需要重复扫描数据库,是 Apriori 算法的两大缺点。

算法的优化:为了提高算法的效率,Mannila 等引入了修剪技术来减小候选集 Ck 的大小,由此可以显著地改进生成频集的算法性能。算法中引入的修剪策略基于这样一个性质:一个项集是频集当且仅当它的所有子集都是频集。那么,如果 Ck 中某个候选项集有一个(k-1)-子集不属于 Lk-1,则这个项集可以被修剪掉而不再被考虑,这个修剪过程可以降低计算所有的候选集的支持度的代价。

②改进的频集算法。

a.散列。该算法由 Park 等在 1995 年提出。通过实验发现,寻找频繁项集的主要计算是在生成频繁 2 项集 L2 上,Park 就是利用这个性质引入散列技术来改进产生频繁 2 项集的方法。

其基本思想是当扫描数据库中每个事务,由 C1 中的候选 1 项集产生频繁 1 项集 L1 时,对每个事务产生所有的 2 项集,将它们散列到散列表结构的不同桶中,并增加对应的桶计数,在散列表中对应的桶计数低于支持度阈值的 2 项集不可能是频繁 2 项集,可从候选 2 项集中删除,这样就可大大压缩了要考虑的 2 项集。

b.事务压缩。Agrawal 等提出压缩进一步迭代扫描的事务数的方法。因为不包含任何 K 项集的事务,不可能包含任何(K+1)项集,可对这些事务加上删除标志,扫描数据库时不再考虑。

c.杂凑。一个高效地产生频集的基于杂凑的算法由 Park 等提出。通过实验可以发现,寻找频集主要的计算是在生成频繁 2-项集 Lk 上,Park 等就是利用了这个性质引入杂凑技术来改进产生频繁 2-项集的方法。

d.划分。Savasere 等设计了一个基于划分的算法,这个算法先把数据库从逻辑上分成几个互不相交的块,每次单独考虑一个分块并对它生成所有的频集,然后把产生的频集合并,用来生成所有可能的频集,最后计算这些项集的支持度。这里分块的大小选择要使得每个分块可以被放入主存,每个阶段只需被扫描一次。而算法的正确性是由每一个可能的频集或至少在某一个分块中的频集保证的。上面所讨论的算法是可以高度并行的,可以把每一分块分别分配给某一个处理器生成频集。产生频集的每一个循环结束后,处理器之间进行通信来产生全局的候选 k-项集。通常这里的通信过程是算法执行时间的主要瓶颈;而另一方面,每个独立的处理器生成频集的时间也是一个瓶颈。其他的方法还有在多处理器之间共享一个杂凑树来产生频集。更多的关于生成频集的并行化方法可以在文献中找到。

e.选样。基本思想是在给定数据的一个子集挖掘。对前一遍扫描得到的信息,仔细地组合分析,可以得到一个改进的算法,Mannila 等先考虑了这一点,他们认为采样是发现规则的一个有效途径。随后又由 Toivonen 进一步发展了这个思想,先使用从数据库中抽取出来的采样得到一些在整个数据库中可能成立的规则,然后对数据库的剩余部分验证这个结果。Toivonen 的算法相当简单,并显著地减少了 I/O 代价,但是一个很大的缺点就是产生的结果不精确,即存在所谓的数据扭曲(data skew)。分布在同一页面上的数据时常是高度相关的,可能不能表示整个数据库中模式的分布,由此而导致的是采样 5%的交易数据所花费的代价可能同扫描一遍数据库相近。

f.动态项集计数。Brin 等人给出该算法。动态项集计数技术将数据库划分为标记开始点的块。不像 Apriori 仅在每次完整的数据库扫描之前确定新的候选,在这种变形中,可以在任何开始点添加新的候选项集。该技术动态地评估以被计数的所有项集的支持度,如果一个项集的所有子集已被确定为频繁的,则添加它作为新的候选。结果算法需要的数据库扫描比 Apriori 少。

③FP-树频集算法。

针对 Apriori 算法的固有缺陷,J. Han 等提出了不产生候选挖掘频繁项集的方法——FP-树频集算法。采用分而治之的策略,在经过第一遍扫描之后,把数据库中的频集压缩进一棵频繁模式树(FP-tree),同时依然保留其中的关联信息,随后再将 FP-tree 分化成一些条件库,每个库和一个长度为 1 的频集相关,然后再对这些条件库分别进行挖掘。当原始数据量很大的时候,也可以结合划分的方法,使得一个 FP-tree 可以放入主存中。实验表明,FP-growth 对不同长度的规则都有很好的适应性,同时在效率上较之 apriori 算法有巨大的提高。

④多层关联规则挖掘。

对于很多的应用来说,由于数据分布的分散性,所以很难在数据最细节的层次上发现一些强关联规则。当引入概念层次后,就可以在较高的层次上进行挖掘。虽然较高层次上得出的规则可能是更普通的信息,但是对于一个用户来说是普通的信息,对于另一个用户却未必如此。所以数据挖掘应该提供这样一种在多个层次上进行挖掘的功能。

多层关联规则的分类:根据规则中涉及的层次,多层关联规则可以分为同层关联规则和层间关联规则。多层关联规则的挖掘基本上可以沿用"支持度—可信度"的框架。不过,在支持度设置的问题上有一些要考虑的东西。

同层关联规则可以采用两种支持度策略:

a.统一的最小支持度。对于不同的层次,都使用同一个最小支持度。这样对于用户和算法实现来说都比较得容易,但是弊端也是显然的。

b.递减的最小支持度。每个层次都有不同的最小支持度,较低层次的最小支持度相对较小,同时还可以利用上层挖掘得到的信息进行一些过滤的工作。层间关联规则考虑最小支持度的时候,应该根据较低层次的最小支持度来定。

⑤多维关联规则挖掘。

对于多维数据库而言,除维内的关联规则外,还有一类多维的关联规则。例如:

年龄(X,"20…30")职业(X,"学生")⇒购买(X,"笔记本电脑"),在这里就涉及三个维上的数据:年龄、职业、购买。

根据是否允许同一个维重复出现,可以又细分为维间的关联规则(不允许维重复出现)和混合维关联规则(允许维在规则的左右同时出现)。

年龄(X,"20…30")购买(X,"笔记本电脑")⇒购买(X,"打印机")

这个规则就是混合维关联规则。

在挖掘维间关联规则和混合维关联规则的时候,还要考虑不同的字段种类:种类型和数值型。

对于种类型的字段,原先的算法都可以处理。而对于数值型的字段,需要进行一定的处理之后才可以进行。处理数值型字段的方法基本上有以下几种:

a.数值字段被分成一些预定义的层次结构。这些区间都是由用户预先定义的。得出的规则也叫做静态数量关联规则。

b.数值字段根据数据的分布分成了一些布尔字段。每个布尔字段都表示一个数值字段的区间,落在其中则为1,反之为0。这种分法是动态的,得出的规则叫布尔数量关联规则。

c.数值字段被分成一些能体现它含义的区间。它考虑了数据之间的距离的因素,得出的规则叫基于距离的关联规则。

d.直接用数值字段中的原始数据进行分析。使用一些统计的方法对数值字段的值进行分析,并且结合多层关联规则的概念,在多个层次之间进行比较从而得出一些有用的规则,得出的规则叫多层数量关联规则。

4)序列模式

(1)概念与原理

序列模式是描述基于时间或其他序列的经常发生的规律或趋势,并对其建模。一个典型的例子就是在购买PC机的顾客当中,70%的人会在半年内购买内存条。序列模式将关联模式和时间序列模式结合起来,重点考虑数据之间在时间维上的关联性。有3个参数的选择对序列模式挖掘的结果影响很大:序列的持续时间 t,也就是某个时间序列的有效时间或者是用户选择的一个时间段;时间折叠窗口 w ($w \leqslant t$),在某段时间内发生的事件可以被看作是同时发生的;所发现模式的时间间隔。

(2)算法

常用时序算法及适用范围如图4-23所示。

5)偏差分析

偏差是对差异和极端特例的描述,如聚类外的离群值、不满足规则的特例等,如图4-24所示。大部分数据挖掘方法都将这种差异信息视为噪声而丢弃,然而在一些应用中,罕见的数据可能比正常的数据更有用。比如信用卡的欺骗检测(fuarddeetctoin),通过检测一个给定账号与其历史上正常的付费相比,可以付款数额特别大这一异常数据为依据来发现信用卡被欺骗性使用。

6)其他常用方法

(1)模糊方法

模糊方法即利用模糊集合理论对实际问题进行模糊评判、模糊决策、模糊模式识别和模糊聚类分析。这种模糊性是客观存在的,且系统的复杂性越高,模糊性越强。一般模糊集合理论是用隶属度来刻画模糊事物的亦此亦彼性的。

算法名称	算法描述	输出示例
指数平滑	使用指数平滑(exponential smoothing)方法进行时间序列预测	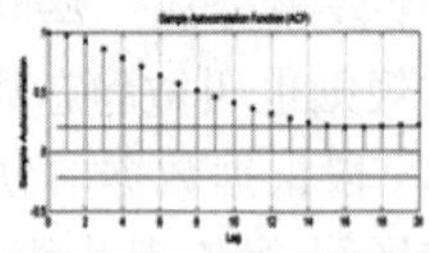
GM 灰色理论	使用灰色GM(1,1)模型进行时间序列预测	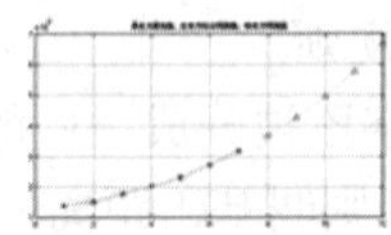
RBF 神经网络	使用RBF神经网络方法进行时间序列预测	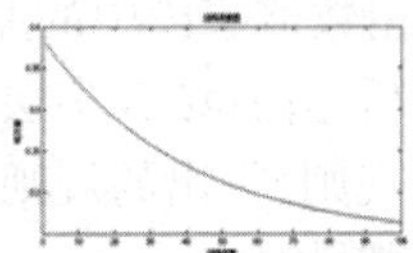
多元回归	使用回归方法进行时间序列预测	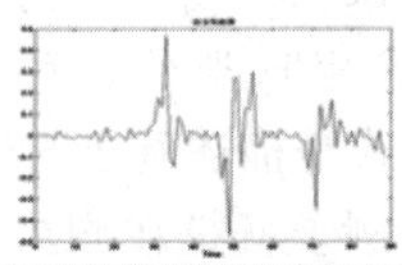

图 4-23　常用时序算法及算法描述

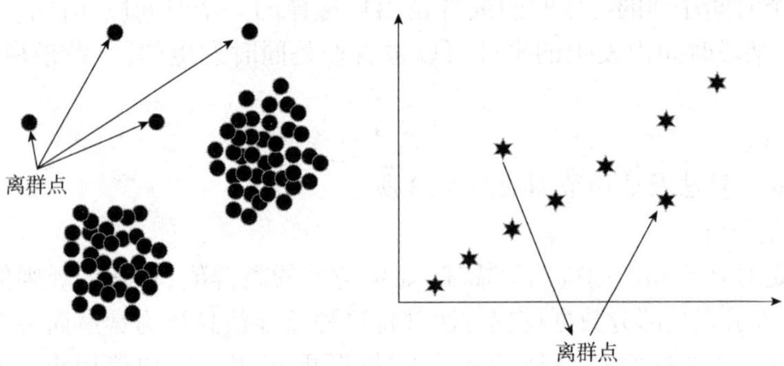

图 4-24　偏差示意

(2)粗糙集方法

粗糙集方法是 1982 年由波兰逻辑学家 Paw lak 提出的一种全新的数据分析方法,近年来在机器学习和 KDD 等领域获得了广泛的重视和应用。这种粗集方法是一种研究信息系统中不确定、不精确问题的有效手段,其基本原理是基于等价类的思想,而这种等价类中的元素在粗集中被视为不可区分的。其基本方法是首先用粗集近似的方法来将信息系统中的属性值进行离散化；然后对每一个属性划分等价类，再利用集合的等价关系来进行信息系统的约简；最后得到一个最小决策关系，从而便于获得规则。

(3)人工神经网络

人工神经网络以模拟人脑神经元的数学模型为基础建立，是由大量行分布式处理单元组成的简单处理单元。人工神经网络的运作原理是通过控制神经元彼此间的信息强度，来对知识和信息进行学习。通常人工神经网络按单元层次排列，根据网络的层次数不同，可以将神经网络分为单层神经网络、两层神经网络及三层神经网络等结构；神经网络具有结构简单、收敛速度快等优点，但准确性较低。人工神经网络可以完成分类、聚类、特征规则等多种数据挖掘任务，目前，其在分布式信息存储以及并行处理两个领域应用较多。

(4)遗传算法

遗传算法(genetic algorithm)即是一种全局优化算法，也是一种模拟生物进化过程的算法，由 Holland 教授于 1962 年第一次提出。它是基于群体的、具有随机和定向搜索特征的迭代过程，这些过程有基因组合、交叉、变异和自然选择 4 种典型算子。遗传算法作用于一个由问题的多个潜在解组成的群体上，并且群体中的每个个体都由一个编码表示，同时每个个体均需依据问题的目标函数而被赋予一个适应值。另外，为了应用遗传算法，还需要把数据挖掘任务表达为一种搜索的问题，以便发挥遗传算法的优势搜索能力。

遗传算法是依据生物进化学的观点，将遇到需要解决的问题抽象为一个生物进化的过程，可以使用复制、交叉、变异等操作产生下一代的解。对于这些解中适应度函数值低的，将它们淘汰，适应度函数值高的解则保留下来，这样反复产生 N 代解后，一定可以找到适应度函数值比较高的解。

4.5.2　聚类分析

聚类就是将数据对象分组成为多个类或簇，使得在同一个簇中的对象之间具有较高的相似度，而不同簇中的对象差别较大。聚类可以解决这样的问题：如何通过一些特定的症状归纳某种特定的疾病，谁是银行信用卡的黄金客户，自动提款机的安放位置，如何对用户的上网行为进行分析，通过客户分群进行精确营销。利用城市交通一卡通大数据，聚类可以帮助我们解决以下问题：对刷卡时间进行聚类，了解乘客的上车时间，推算公交车的到站时间；对乘客的刷卡数据进行聚类分析，确定小额消费网点的位置；谁喜欢早上十点出门，这些人喜欢去哪里。

聚类是一种无指导的学习，在聚类过程中，类群不是预先指定，而是在事先不知道到底有多少类的情况下，以某种度量为标准(是由聚类分析工具及其算法决定的),将具有相似特征的数据对象划为一类,同时分离具有不同特征的数据对象,也就是说类群是在分析过程中得到的。聚类是直接对数据集进行处理,要考察所有的个体,根据这些个体的特征才能决定类的划分,并由算法自动确定。这是一个动态的过程,它能够随数据集的变化而变化。对于一个特定的数据点,当数据集中的其他点发生变化或增减时,它所属的类别也可能发生变化。聚类分析主要有两方面的作用:一是作为数据分类的预处理步骤,另一个作用就是作为一个独立的分析工具,用于了解数据的分布。

聚类时要根据对象之间的相似度,把相似的对象放入同一个聚类中,而不相似的对象归入不同的聚类。相似度的度量,直接决定着聚类的结果,对于数值型数据和枚举型数据,度量的方法也不详同。对于数值类型的属性,有两种相似性度量方法:距离相似度和角度相似度。距离相似度主要有以下四种:

绝对值距离:

$$d_{ij}(1)=\sum_{k=1}^{p}\left|x_{ik}-x_{jk}\right| \tag{4-2}$$

欧氏距离:

$$d_{ij}(2)=\left[\sum_{k=1}^{p}(x_{ik}-x_{jk})^{2}\right]^{\frac{1}{2}} \tag{4-3}$$

闵氏距离:

$$d_{ij}(q)=\left[\sum_{k=1}^{p}(x_{ik}-x_{jk})^{q}\right]^{\frac{1}{q}} \tag{4-4}$$

切比雪夫距离:

$$d_{ij}(\infty)=\max_{1\leqslant k\leqslant p}\left|x_{ik}-x_{jk}\right| \tag{4-5}$$

式(4-3)和式(4-4)两种度量方法都满足对距离函数的如下数学要求:

(1) $d_{(i,j)}\geqslant 0$:距离是一个非负的数值。

(2) $d_{(i,j)}=0$:一个对象与自身的距离。

(3) $d_{(i,j)}=d_{(j,i)}$:距离函数具有对称性。

(4) $d_{(i,j)}\leqslant d_{(i,h)}+d_{(h,j)}$:从对象 j 的直接距离不会大于途径任何其他对象 h 的距离(三角不等式)。

对于枚举型数据,可以用相同属性值的数目作为相似性度量,也可以用相同属性值的数目与不同属性值数目的比值作为相似性度量。

1)主要的聚类方法

(1)划分聚类

划分聚类(partitioning clustering)算法的基本原理是把数据集分为 k 个划分,每个划分作为一个聚类。通常给定一个 n 个对象或元组的数据库,一个划分方法构建数据的 k 个划分,每个划分表示一个聚簇,并且 $k\leqslant n$。也就是说它将数据划分为

k 个组,同时满足要求:每个组至少包含一个对象;每个对象必须属于且只属于一个组。一般人为给定构建的划分的数目 k,划分方法首先创建一个初始划分。然后采用一种迭代的重定位技术,使某个准则函数最优化,而每个聚类由其质心来代表(k-means 算法),或者由该聚类中最靠近中心的一个对象来代表(k-medoids 算法),尝试通过对象在划分间的不断移动来改进划分。划分方法实现的具体过程如图 4-25 所示。一个好的划分的一般准则是在同一个类中的对象之间尽可能得接近或相关,而不同类中的对象之间尽可能得远离或不同。当然还有许多其他划分质量的评判准则。

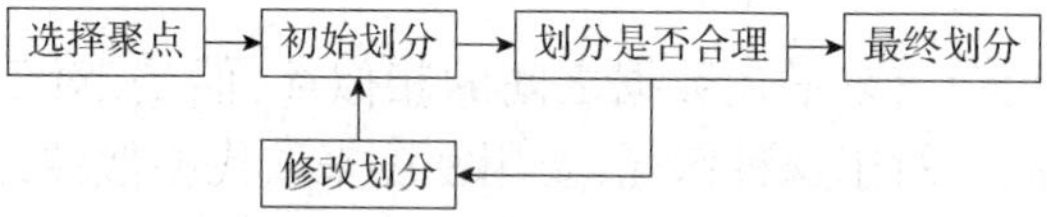

图 4-25 划分方法实现的过程

实际上绝大多数应用采用了两种比较流行的启发式算法:k-均值算法,在该算法中每个簇用该簇中对象的平均值来表示;k-中心点算法,在该算法中每个簇用接近聚类中心的一个对象来表示。

算法优点有:

①计算速度快,计算方式简洁,能够灵活适应复杂多变的需求。

②当结果簇是密集的,而簇与簇之间区别明显时,它的效果较好。

③对于处理大数据集,该算法是相对可伸缩的和高效率的。

算法缺点有:

①对于噪声和孤立点的存在较为敏感。

②有些算法仅适用于连续数值属性,而不适用于分类属性。

③对先验知识要求较高,要求用户输入目标聚类的数目。

④只能发现凹面形状的簇,而对于不规则形状的簇则难以发现。

⑤有些算法只能发现形状差别较小的簇,而当目标簇的形状差别较大时,会忽略形状较小的簇。

划分聚类算法收敛速度快,缺点在于它倾向于识别凸形分布、大小相近、密度相近的聚类,不能发现分布形状比较复杂的聚类,它要求类别数目 k 可以合理地估计,并且初始中心的选择和噪声对会对聚类结果产生很大影响。主要的划分聚类算法有 k-means,EM, k-medoids,CLARA,CLARANS 等。

(2)分层聚类

分层聚类(hierarchical clustering)算法把数据对象分组而形成一个聚类树。分层聚类算法有两种途径:自底向上的聚结法和自顶向下的分裂法。聚结型算法,首先把每个对象单独作为一个聚类，然后根据一定的规则，把这些聚类合并成为越来越大的聚类，直到最后所有的对象都归入到一个聚类中，或者直到满足了终止条件(如得到了指定数目的聚类)。大多数分层聚类算法都属于聚结型算法，它们之间的区别在于类间相似度的定义不同。

分裂型算法与聚结型算法相反，首先把所有的对象都归入到一个聚类中，然后，把所有的聚类逐渐分裂成为越来越小的一些聚类，直到最后每个对象都成为一个单独的聚类，或者直到满足一定的终止条件，如已得到聚类的数目与所期望的数目相同，或者最近两个聚类间的距离达到了一定的阈值。

(3)密度聚类

很多算法都使用距离来描述数据之间的相似性，但是，对于非凸数据集，只用距离来描述是不够的。对于这种情况，要用密度来取代相似性，这就是基于密度的聚类算法(density-based clustering)。基于密度的算法从数据对象的分布密度出发，把密度足够大的区域连接起来，从而可以发现任意形状的类。此类算法除了可以发现任意形状的类，还能够有效去除噪声。

(4)网格聚类

基于网格的聚类算法(grid-based clustering)把空间量化为有限个单元(即长方体或超长方体)，然后对量化后的空间进行聚类。此类算法具有很快的处理速度；缺点是只能发现边界是水平或垂直的聚类，而不能检测到斜边界。时间复杂度一般由网格单元的数目决定，而与数据集的大小无关。此外，聚类的精度取决于网格单元的大小。此类算法不适用于高维情况，因为网格单元的数目随着维数的增加而呈指数增长。所有基于网格的聚类算法都存在下列问题：一是如何选择合适的单元大小和数目，单元数目太少时，精度就会很低，而单元数目太多时，算法的复杂度就会变大；二是怎样对每个单元中对象的信息进行汇总。

2)研究现状

聚类分析在交通领域中的应用比较广泛，相关的研究论文也比较多，目前有关聚类分析在城市交通、道路安全、事故分析等方面的研究很多。杨祖元等提出了一种混合蛙跳算法与模糊C-均值相结合的聚类算法，用于城市交通流数据的聚类分析，与单一FCM聚类算法相比，该聚类算法的准确性高，效果好，可以快速判别城市交通流状况，可以辅助动态交通拥堵预警和交通诱导策略的制定。杜长海等则用该算法对交通时段进行划分。张磊等采用模糊C均值聚类建立了驾驶员行为模式的类别分布空间，得出能力偏弱、风格偏激进的人群具有较高的事故驾驶员比率。许洪国等提出灰色定权聚类对区域内高等级公路进行聚类，采用模糊一致性矩阵确定聚类权，运用AHP方法分析道路因素重要度。胡江碧等用灰色聚类法对道路交通事故肇事驾驶员的性别、年龄等特征进行分析，研究驾驶员的事故倾向性。张良春等采用模糊聚类对高速公路事故数据进行预处理,以此减少训练样本、提高训练的速度。曹阳、鲍海涛等采用基于密度的 DBSCAN 算法对道路的事故信息进行聚类,识别事故的黑点。Tessa K.Anderson 采用 GIS 和 Kemel 密度估计方法对伦敦交通事故数据中的受伤情况模型和对环境数据的聚类模型进行研究,以此识别道路事故黑点。过程中创建了一个 kernel 密度网络图,随后采用单元密度创建一个事故黑点的基本空间单元,然后将环境信息添入黑点单元,最后采用 k 均值算法识别相似的黑点。Raktim Mitra 采用聚类方法对校园步行区进行空间聚类,表明需要知识空间和步行行为的临时差异才能提供学校交通。Jiuh-Biingsheu 依据乘客的需求数据和交通条件,采用模糊聚类方法识别服务策略、划分相关公交服务。Lynn B.Meuleners 等人为了提高统计能力,采用聚类方法寻找事故黑点的发生地。

交通事故原因属性集主要包括人的因素、车的因素、道路因素这三方面的属性。于泓漪在文献中利用聚类对道路交通事故的原因进行分析,主要研究道路因素对交通事故的影响。文中对传统的 k-means 算法做了相应的改进,而后把改进后的聚类算法应用到对属性聚类挖掘中,经过对道路各属性的数据进行整理分析,选取路面情况,道路类型和交通控制方式三个属性进行聚类分析。张心哲、关伟提出了一种基于时段划分的交通流数据聚类方法,这个方法首先对每个时段数据进行聚类,然后采用最大频繁项集方法得到最终聚类结果(即交通路段划分),实例证明了方法的有效性。

3)应用案例

本节将以岭南通刷卡交易数据为例,说明一卡通数据的聚类分析方法和相关应用案例,表 4-3、表 4-4 所示分别是岭南通数据结构表、公交线路数据结构。

岭南通数据结构(部分字段)　　表 4-3

列　名	类　型	说　明	示　例
Use_location	String	使用地	广州
Line_name	String	线路名称	208
Terminal_id	String	刷卡终端 ID	33673831
Card_id	String	卡片 ID	9999993070277874
Create_location	String	发卡地	佛山
Deal_time	String	交易时间	20140910080840
Deal_amt	Double	交易金额(元)	2.0
Card_type	String	卡类型	学生卡/普通卡/老人卡

公交线路数据(部分字段)　　表 4-4

列　名	类　型	说　明	示　例
Start_time	String	发班时间	6:30
Line_name	String	线路名称	208
O_stop	String	出发站	桥中站
D_stop	String	终点站	站南路总站
Stop_cnt	String	线路站点数量	24
Line_type	String	线路类型	广州市内/广州佛山跨区域

(1)案例一:线路上下行方向的客流均衡度分析

①现状需求分析。

目前公交 IC 卡数据仅记录了刷卡终端号、刷卡类型等,并没有线路站点、位置等数据,因此,从数据表面上看不能区分该线路的上下行方向,这将为分析上下行客流均衡度带来一定的困难。本例将通过对一卡通数据聚类分析,推导分离公交线路上下行方向客流,预测上下行客流的均衡度,为公交线路的合理配置提供科学的依据。

②条件分析。

a.拥有的条件:线路发班数据、刷卡数据(关联线路终端)等。

b.缺乏的条件:线路上下行时间,方向状态、站点位置数据。

③模型分析如图 4-26 所示。

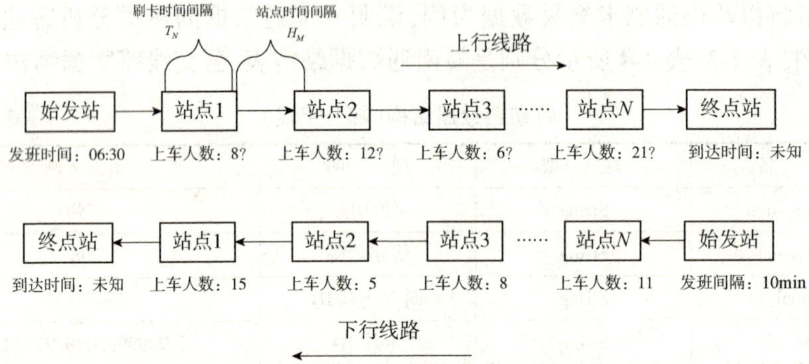

图 4-26　线路上下行客流分析(数据完整)

④难点分析:由于缺乏站点位置数据,无法直接得出乘客上车站点,也无法判断站点上车人数,因此无法区分或计算上下行线路客流。

⑤统计思路:基于以上难点分析,本课题可分两种情况讨论。

第一种情况：在每个站点都有乘客上车，保证了每个站点都有刷卡记录，这样只要通过计算刷卡间隔时间，就可以推导每个站点上车的人数，并且可以顺序推导线路车辆到达终点站时间，也能正常区分线路上下行方向。

一般来说，某个站点的刷卡时间总和 T_N<站点时间间隔 T_M，所以，可以采用站点刷卡数据聚类方式形成站点为采样点的数据集{**T**}，再结合站点数量{**M**}，便可推算公交车到达终点时间。

$\{\boldsymbol{T}\}=(T_1,T_2,T_3,\cdots,T_N)$，$T_N$ 为第 N 站点刷卡总和。

$\{\boldsymbol{H}\}=(H_1,H_2,H_3,\cdots,H_M)$，$H_M$ 为第 M 个站点之间运行时间。

H_M=站点 N 最后一次的刷卡时间-站点(N-1)最后一次刷卡时间

公交车辆上行总运行时间：$T_b=\{T\}+\{H\}$。（公式 1）

公交车到站时间：到站时间 $T_d=T_b-T_s$，T_s 是发班时间。

关键步骤：如何实现以站点为采集点的刷卡数据集抽取。

第一步：数据清洗。

抽取线路 *A* 和终端号为 999999813010＊＊＊＊在某天的一卡通数据，并按时间进行排序。

第二步：站点刷卡数据聚类，如图 4-27、表 4-5 和表 4-6 所示。

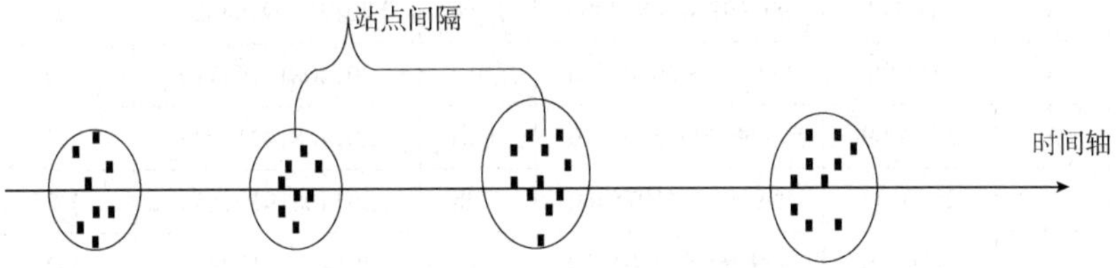

图 4-27　站点刷卡数据聚类

线路 A-终端号为 500596 的刷卡记录归集　　表 4-5

使用地	路线	终端号	卡　号	发卡地	交易时间	交易金额	卡类型
广州	A	500596	9999990026204310	佛山	20141022164624	1.2	普通卡
广州	A	500596	9999990026204310	佛山	20141010162258	2	普通卡
广州	A	500596	9999990026204310	佛山	20140914163502	2	普通卡
广州	A	500596	9999990026204310	佛山	20140905164551	2	普通卡
广州	A	500596	9999990026204310	佛山	20140825164436	1.2	普通卡
广州	A	500596	9999990026204310	佛山	20140814164110	1.2	普通卡
广州	A	500596	9999990026204310	佛山	20140801172452	2	普通卡

线路 A 刷卡 8 月份的刷卡记录归集　　表 4-6

使用地	路线	终端号	卡　号	发卡地	交易时间	交易金额	卡类型
广州	A	10512050	9999997422035400	广州	20140801075026	2	普通卡
广州	A	92060160	9999996308130130	广州	20140801095816	2	普通卡
广州	A	92060160	9999992044298310	广州	20140801151214	2	普通卡
广州	A	500596	9999990026204310	佛山	20140801172452	2	普通卡
广州	A	6008715	9999991438709820	广州	20140801184919	2	普通卡
广州	A	40790301	9999990406527000	广州	20140802145810	2	普通卡
广州	A	44068090	9999990406527000	广州	20140802152744	2	普通卡
广州	A	7008235	9999997145095710	广州	20140804080033	1	普通卡
广州	A	5008095	9999990026204310	佛山	20140804212556	2	普通卡
广州	A	8008914	9999990141075960	广州	20140805173404	1.2	普通卡
广州	A	60850014	9999990026204310	佛山	20140805210620	2	普通卡
广州	A	2140009	9999990026204310	佛山	20140806210006	2	普通卡
广州	A	2540403	9999990141075960	广州	20140807174404	1.2	普通卡
广州	A	71009480	9999990406527000	广州	20140809164026	2	普通卡
广州	A	500596	9999990026204310	佛山	20140814164110	1.2	普通卡
广州	A	2140009	9999990026204310	佛山	20140814215026	1.2	普通卡
广州	A	2540403	9999990141075960	广州	20140819192550	1.2	普通卡
广州	A	2250906	9999990026204310	佛山	20140821172728	1.2	普通卡
广州	A	3008015	9999990406527000	广州	20140822171902	1.8	普通卡
广州	A	15067020	9999995208427880	广州	20140823103849	0	老人卡
广州	A	2140009	9999990026204310	佛山	20140823164050	1.2	普通卡
广州	A	6008715	9999991438709820	广州	20140824105428	1.2	普通卡
广州	A	72000560	9999991154180140	广州	20140824133316	1.2	普通卡
广州	A	500596	9999990026204310	佛山	20140825164436	1.2	普通卡
广州	A	78000530	9999990406527000	广州	20140826073734	1.2	普通卡
广州	A	60850014	9999990026204310	佛山	20140831165715	1.2	普通卡

通过公式 1 中提到的时间进行累加,便可分离出线路公交的上下行时间区段及始点和终点站的时间分布。

第二种情况:在每个站点并不都有乘客上车。在这种情况下就不能直接依靠数据推导站点上车的刷卡次数。线路上下客流分析如图 4-28 所示。

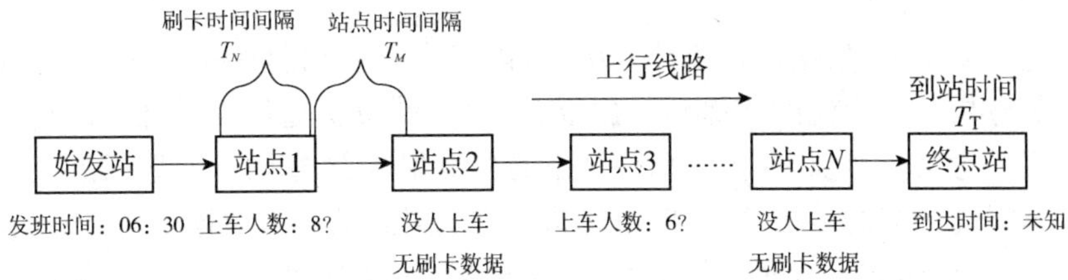

图 4-28 线路上下行客流分析(数据完整)

解决方法:利用数据拓展的方法处理那些无刷卡数据的站点,使缺陷数据补充完整,表 4-7 所示为数据拓展至多日的乘车刷卡数据。

归集多日乘车数据表 表 4-7

	站点 1	站点 2	站点 3	站点 4	站点 5	站点 6	站点 N
1 日	✓	✓	×	✓	✓	×	……
2 日	✓	✓	✓	✓	×	×	……
3 日	×	✓	×	✓	✓	✓	……
4 日	✓	✓	✓	×	✓	×	……
5 日	✓	×	×	✓	✓	✓	……
6 日	✓	✓	✓	✓	×	×	……
7 日	×	✓	✓	✓	✓	✓	……
……	……	……	……	……	……	……	……

注:“✓”表示该站点有数据,“×”表示该站点没有数据(没有乘客上车)。

数据补整方法:以上表格标示出第 2 日和第 3 日数据中,可以通过站点 4 数据进行配合关联,粗略地把站点 1~6 连接起来,从而有效覆盖部分站点缺数据的问题,但这样的数据错位连接可能会导致数据准确性有所下降,可以通过多次数据叠加,如表 4-7 中的第 6 日和 7 日,将两日数据通过站点 2 进行关联,通过多次对比,减少数据合并后的误差。

(2)案例二:公交线路乘客下车站点分析

随着一卡通技术的发展和大规模应用,为了更好地满足人们的出行需求,目前基本上每辆公交车都支持公交 IC 卡交易,这既有利于节省上车找零的麻烦,又有利于公交企业的款项结算,而且只需要个人上车时刷卡一次,下车并不要求重复刷卡,所以一般来说,IC 卡的刷卡记录只有上车记录,即单次交易记录,从数据上并不能容易地看出乘客下车的时间和地点。但为了更好地了解公交乘客的出行需求,又不得不对乘客的公交出行链进行分析。一卡通大数据技术的应用为这种分析需求给出了解决的方法。

通过对公交 IC 数据进行统计分析,可以得出乘客出行的上车站点,上车站点的判断是分析公交客流的前提和数据准备,对于城市交通组织设计和综合交通规划具有重要意义。目前,我国大部分城市的公交刷卡方式采用全线一票制,这种方式有利于提高公交的运行效率,但通过这种方式得到的刷卡数据中,并没有记录乘客的上车站点,因此不能通过公交 IC 卡数据直接获取乘客出行的上车站点。

全线一票制的 IC 卡数据中没有记录乘客的上车站点,但乘客通常会在一个比较集中的时间点内完成上车刷卡,因此 IC 卡记录的刷卡时间具有一定的集中性,这使得结合 IC 卡数据的时间属性进行聚类分析,完成乘客上车站点的判断具有了一定的可行性。依据乘客上车刷卡的时间集中性,采用聚类分析方法,可以分离各个上车站点的刷卡数据,其基本思路是将刷卡数据的时间间隔作为聚类分析的相似性依据,并把相邻的、时间间隔最小的数据归为一类,依次循环,直到最短时间间隔大于设定的时间距离阀值。具体的过程如图 4-29 所示。

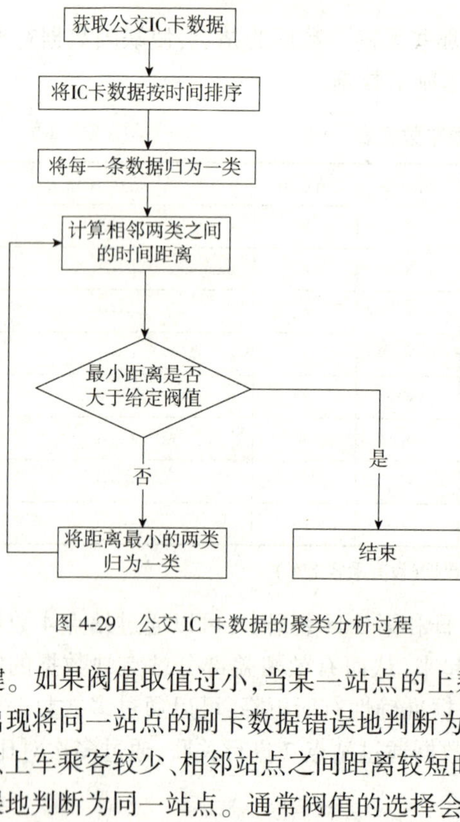

图 4-29　公交 IC 卡数据的聚类分析过程

如图 4-29 所示,采用了最短距离聚类法分离各个上车站点的刷卡数据,其中时间距离阀值的选择十分关键。如果阀值取值过小,当某一站点的上乘客较多、刷卡时间间隔较长时,就可能出现将同一站点的刷卡数据错误地判断为不同站点;如果阀值取值过大,当某一站点上车乘客较少、相邻站点之间距离较短时,就可能出现将不同站点的刷卡数据错误地判断为同一站点。通常阀值的选择会根据公交的平均行驶速度和站点间距确定,计算公式如下:

$$T_{\min}=\frac{\min(D_{i,i+1})}{v}\quad i=1,2,\cdots n \tag{4-6}$$

式中:$T_{\min}$——时间距离阀值;

$D_{i,i+1}$——站间距离;

v——平均运行速度;

n——公交线路站点数。

选取合适的时间距离阀值后，采用最短距离聚类法分离各个上车站点的刷卡数据的具体步骤如下：

①获取某一班次公交的 IC 卡数据，将 IC 数据按时间进行排序，并将记录的每一条 IC 卡数据作为一类。

②计算相邻两类数据刷卡时间的距离，将两类之间最小的距离与给定的阀值 $T_{\min}$ 进行比较。

③如果最小距离大于阀值，聚类结束；如果最小距离小于阀值 $T_{\min}$，将距离最小的两类归为一类，再重复步骤②，直至最小距离大于阀值 $T_{\min}$。

利用最短距离聚类法可以分离各个上车站点的刷卡数据，但由于部分公交线路的某些站点可能没有乘客上车刷卡，此时利用上述方法得到的聚类点个数少于公交站点的个数，聚类点并不能与公交站点完全对应。为完成上车站点的判断，通常还需要结合公交的运营调度信息进行站点的匹配，其基本思路是在对公交 IC 卡数据聚类分析的基础上，通过公交的运营调度信息可以推算公交的到站时间，再将各个聚类分组的第一个刷卡时间点与推算的公交到站时间进行匹配，从而确定各个聚类点所对应的公交站点，具体的流程如图 4-30 所示。

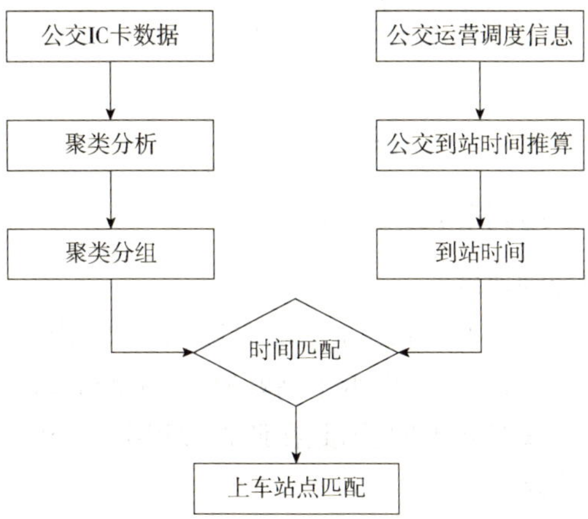

图 4-30 基于公交 IC 卡数据和公交运营调度信息的上车站点判断流程

公交运营调度信息中包含公交的线路编号、车牌编号、起点终点、发车时间等，根据这些信息可以推算公交车的停靠站时间，推算公式如下：

$$T_{ai}=T_o+\sum_{k=1}^{i-1}t_{sk}+\sum_{k=1}^{i-1}t_{rk} \tag{4-7}$$

式中：T_o——公交的发车时间；

店、快餐店还是蛋糕店;根据顾客的小额消费数据及商家的营业数据,推出哪种服务或商品更能吸引顾客;该站点在高峰时期应该加开哪条接驳路线。

关联分析是从大量数据中发现项集之间有趣的关联和相关联系。关联规则挖掘过程主要包含两个阶段。第一阶段必须先从资料集合中找出所有的高频项目组(frequent itemsets),高频的意思是指某一项目组出现的频率相对于所有记录而言,必须达到某一水平。一项目组出现的频率称为支持度(support),若支持度大于等于所设定的最小支持度(minimum support)门槛值时,则{A,B}称为高频项目组。第二阶段是要产生关联规则(association rules),从高频项目组产生关联规则。在最小信赖度(minimum confidence)的条件门槛下,若一规则所求得的信赖度满足最小信赖度,称此规则为关联规则。例如经由高频项目组{A,B}所产生的规则AB,计算其信赖度,若信赖度大于等于最小信赖度,则称AB为关联规则。

关联分析的任务分为两大类:一是预测任务,其任务的主要目标是根据其他属性的值,预测特定属性的值;被预测属性一般称为目标变量或因变量,而用来做预测的属性称为说明变量或自变量。二是描述任务,其任务的主要目标是导出概况数据中潜在的模式(关联、趋势、聚类、轨迹和异常)。

关联分析的一个典型例子是购物篮分析。该过程通过发现顾客放入其购物篮中的不同商品之间的联系,分析顾客的购买习惯。通过了解哪些商品频繁地被顾客同时购买,这种关联的发现可以帮助零售商制订营销策略。

1)分类

(1)基于规则中处理的变量的类别

关联规则处理的变量可以分为布尔型和数值型。布尔型关联规则处理的值都是离散的、种类化的,它显示了这些变量之间的关系;数值型关联规则可以和多维关联或多层关联规则结合起来,对数值型字段进行处理,将其进行动态的分割,或者直接对原始的数据进行处理,当然,数值型关联规则中也可以包含种类变量。例如:性别="女"=>职业="秘书",是布尔型关联规则;性别="女"=>avg(收入)=2300,涉及的收入是数值类型,所以是一个数值型关联规则。

(2)基于规则中数据的抽象层次

基于规则中数据的抽象层次,可以分为单层关联规则和多层关联规则。在单层的关联规则中,所有的变量都没有考虑到现实的数据是具有多个不同的层次的;而在多层的关联规则中,对数据的多层性已经进行了充分的考虑。例如IBM台式机=>Sony打印机,是一个细节数据上的单层关联规则;台式机=>Sony打印机,是一个较高层次和细节层次之间的多层关联规则。

(3)基于规则中涉及的数据的维数

关联规则中的数据,可以分为单维的和多维的。在单维的关联规则中,只涉及数据的一个维，如用户购买的物品；而在多维的关联规则中，要处理的数据将会涉及多个维。换句话说，单维关联规则是处理单个属性中的一些关系；多维关联规则是处理各个属性之间的某些关系。例如：啤酒=>尿布，这条规则只涉及用户的购买的物品；性别="女"=>职业="秘书"，这条规则就涉及两个字段的信息，是两个维的一条关联规则。

2）应用案例

（1）一卡通数据与人群类型关系

①不同类型人群出行特征分析。

上班族：工作日/上班高峰期（7:00—9:00）/下班高峰期（17:30—20:00）存在出行刚需。

上班族出行意愿分析：工作日必须出行，天气、交通状况、区域的分布对上班族出行意愿影响不大；但周末或非上班时间受天气因素影响非常明显。

老年人：出行时间灵活、不固定，具有较大随机性，往往受天气、交通状况影响比较明显。

为了更直观地描述普通人群、老人和学生之间的对比关系，抽取2014年9月1日关于线路1和线路2的岭南通一卡通数据进行对比分析，如图4-32所示。

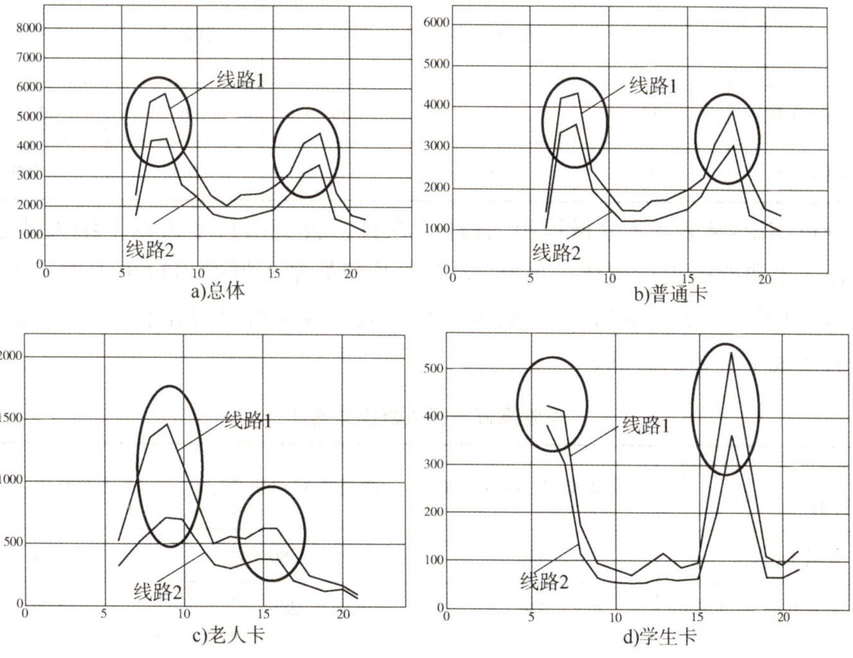

图4-32　总体、普通卡、老人卡、学生卡工作日数据对比

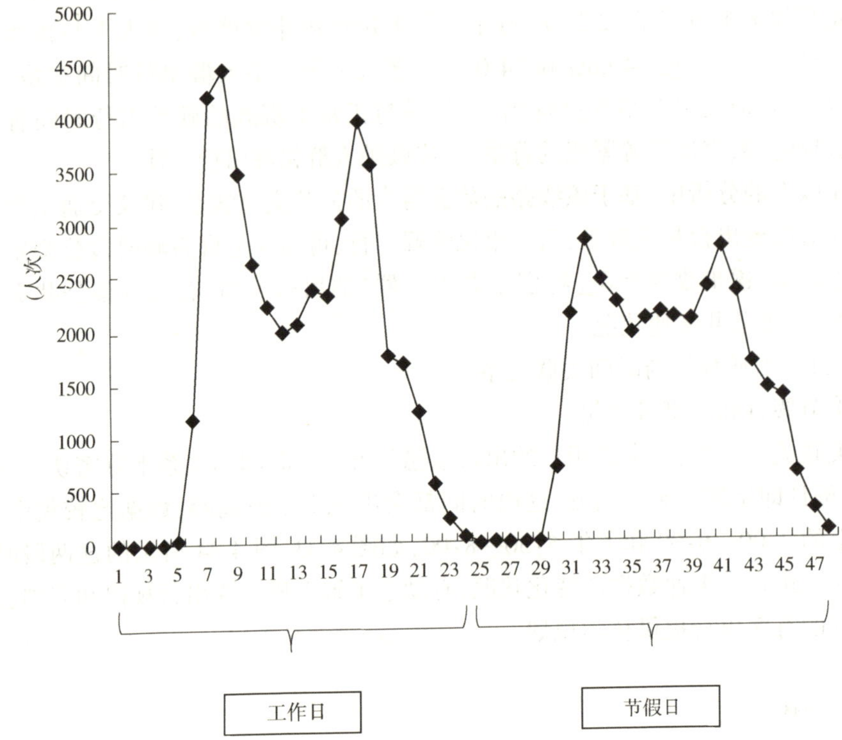

图 4-34 工作日和节假日的对比分析

②周末出行数据分析。

分析图 4-35 中四个图形的基本特征：总体与普通卡数据分布特征基本一致，普通卡人群出行行为对总体样本影响最大，但与工作日不同的是，这里出现了 3 个出行波峰，但老人卡与学生卡数据图形只出现了一个波峰，在总体出行贡献率方面，老人卡在早上出行行为明显对总体有所影响，而学生卡的午后出行则对总体也存在一定的影响。

③假日出行数据分析。

如图 4-36、图 4-37 和图 4-38 所示，节假日出行特征总结如下：

a.周末与中秋出行特征类似，均呈下降趋势。

b.国庆出行在 9 天内波动较大，但整体也呈现下降态势。

c.与假日相比，周末下降趋势更为明显。

(3)一卡通数据与天气状态关系

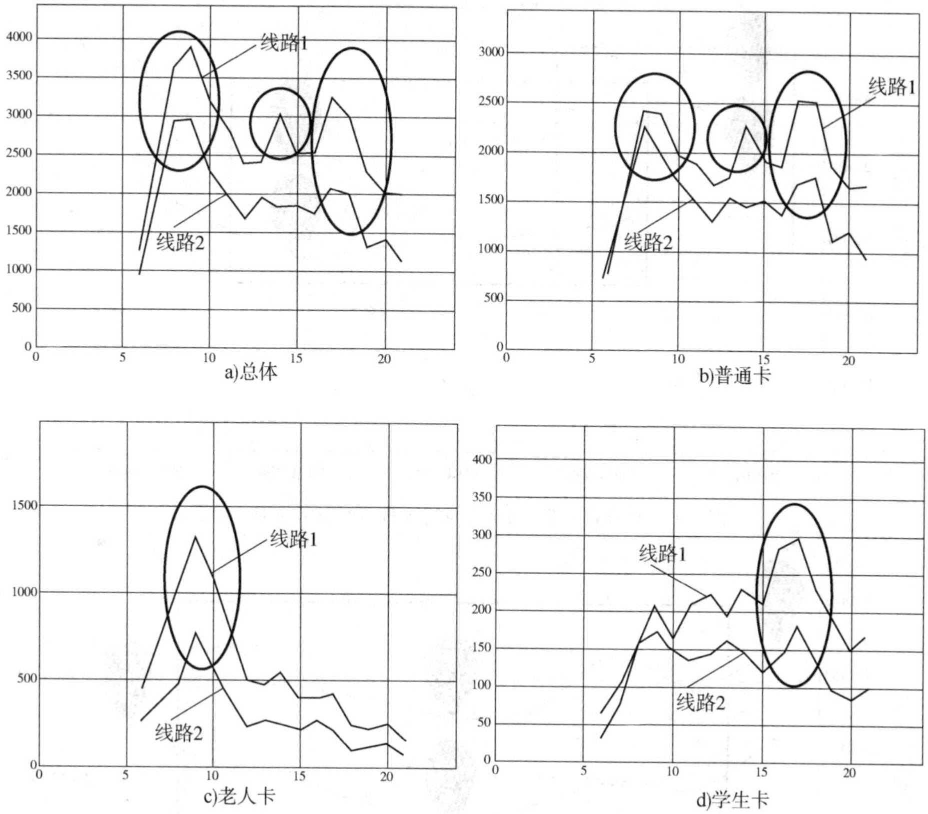

图 4-35　总体、普通卡、老人卡、学生卡周末日数据对比

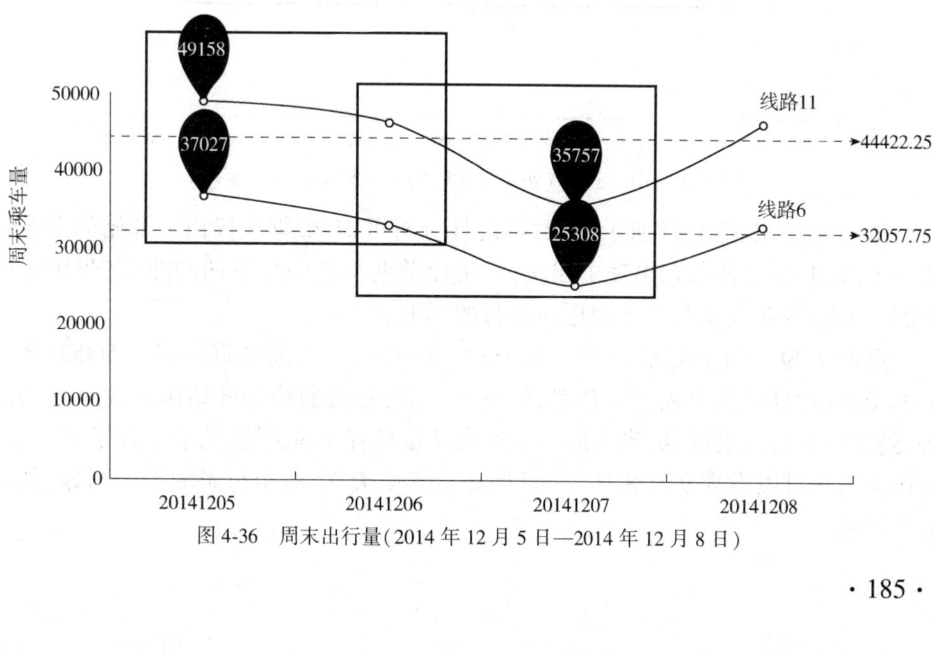

图 4-36　周末出行量(2014 年 12 月 5 日—2014 年 12 月 8 日)

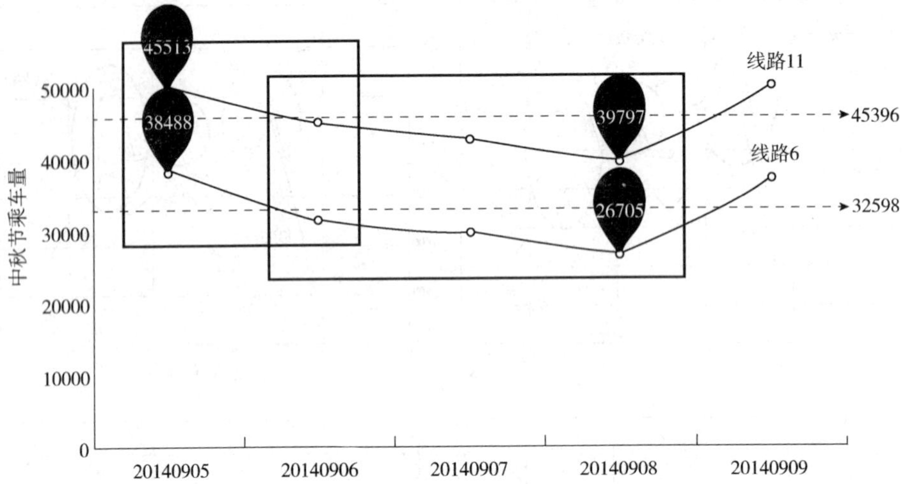

图 4-37　中秋出行量(2014 年 9 月 5 日—2014 年 9 月 8 日)

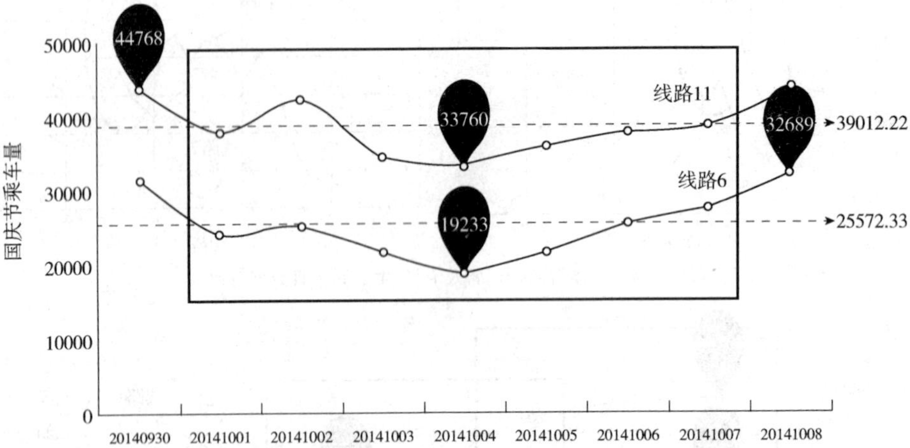

图 4-38　国庆出行量(2014 年 9 月 30 日—2014 年 10 月 8 日)

由图 4-39 和图 4-40 所示,经数据统计分析可知,数据线段由一开始的上升逐步往下滑,并且这种形态出现了四次,这里以前两次的明显下凹的曲线(见图中两个圈)为例,说明天气对一卡通用户出行的影响。

据图 4-39 天气表显示,9 月 1 日—2 日是晴天,一卡通数据保持在 50000 笔以上的交易量,且呈现小幅上升趋势,但到了 3 日,数据曲线却开始出现往下走的趋势,到 7 日下滑到最低点,当天的一卡通交易量只有 36507 笔,几乎下降了 27%,而对比天气表可以发现 9 月 3 日—7 日均是雷阵雨天气,对出行影响较为明显,如表 4-10 所示。

日期	最高气温	最低气温	天气	风向	风力
2014-09-01	34	24	晴	北风	小于3级
2014-09-02	34	25	晴	西风	小于3级
2014-09-03	33	25	多云转雷阵雨	北风	小于3级
2014-09-04	32	24	雷阵雨转多云	南风	小于3级
2014-09-05	33	24	雷阵雨转多云	北风	小于3级
2014-09-06	34	25	多云	东风	小于3级
2014-09-07	33	25	雷阵雨	北风	小于3级
2014-09-08	34	25	多云	西北风	小于3级
2014-09-09	34	25	多云	南风	小于3级
2014-09-10	34	25	多云	东风	小于3级
2014-09-11	33	25	多云转雷阵雨	北风	小于3级
2014-09-12	33	25	雷阵雨转多云	东北风	小于3级
2014-09-13	34	25	阵雨转多云	北风	小于3级
2014-09-14	35	25	多云转大雨	北风	3~4级
2014-09-15	30	25	大雨	东风	3~5级
2014-09-16	31	25	中雨转阵雨	东风	3~4级转小于3级
2014-09-17	33	25	多云	西北风	小于3级
2014-09-18	35	24	多云	西北风	小于3级
2014-09-19	30	23	晴	北风	3~4级
2014-09-20	30	23	晴	北风	3~4级

图 4-39 广州市 2014 年 9 月天气情况(来源:天气网)

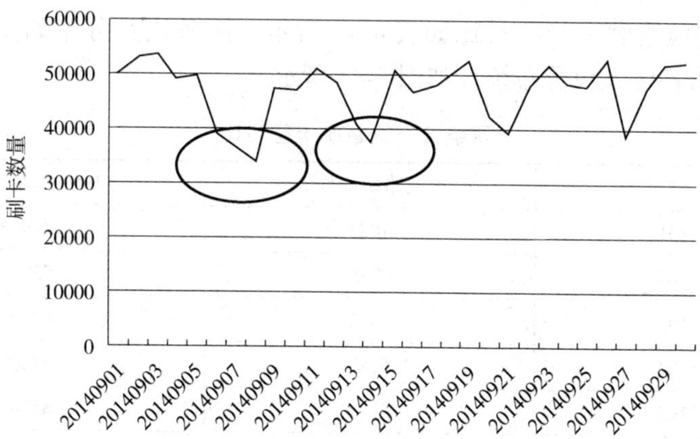

图 4-40 2014 年 9 月,205 线路日刷卡量

天气状态与量化系统之间的对应关系　　表 4-10

天气状况	晴天	多云	小雨	雷阵雨	中雨	大雨
量化系数	12	10	8	6	4	2

由图 4-41 可知,刷卡数据的曲线变动情况与天气曲线呈现某种正相关关系,天气好的时候,由刷卡数据录得的出行流程会更多,这说明天气状况对于依靠公共交通出行的人们有着一定程度的影响,两者存在一定的相关关系。在分析基于一卡通客流变化时,可适当引入天气因素作为关联数据进行融合分析,这样更有利于分析结果的准确性。

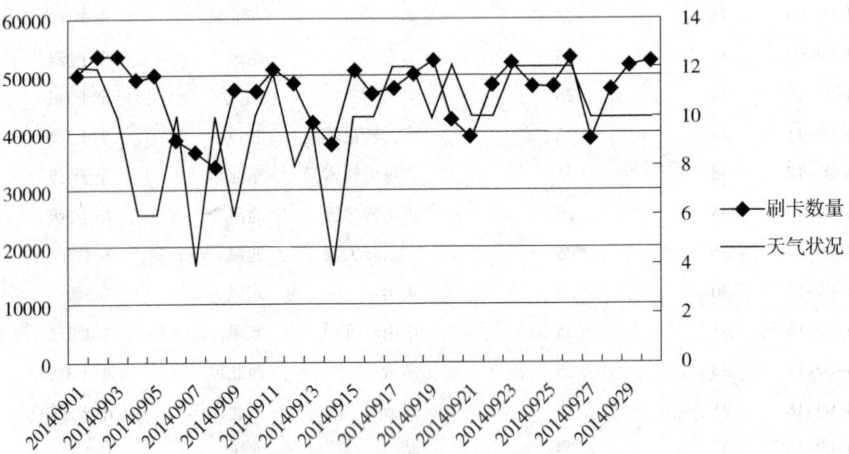

图 4-41　一卡通刷卡量与天气状态之间的关系

(4)一卡通数据与人口分布关系

两条公交线路刷卡量的对比如表 4-11 所示。两条线路分布如图 4-42 所示。2014 年广州市各区人口分布统计如图 4-43 所示。

两条公交线路刷卡量对比　　表 4-11

日　期	A 线路刷卡数量	B 线路刷卡数量
20141101	4883	57903
20141102	4285	53963
20141103	5922	67995
20141104	5387	67605
20141105	5682	65566
20141106	5659	59411

续上表

日　　期	A 线路刷卡数量	B 线路刷卡数量
20141107	5526	64315
20141108	4430	51513
20141109	5396	50958
20141110	6260	65448
20141111	6512	63131
20141112	6540	64491
20141113	7122	64092
20141114	6845	66246
20141115	7534	56572
20141116	6601	51619
20141117	7290	65423
20141118	7131	65909
20141119	9328	65489
20141120	10126	64593
20141121	9836	64732
20141122	9297	55444
20141123	7766	50136
20141124	9647	64576
20141125	9945	66640
20141126	8899	61376
20141127	9547	62835
20141128	10409	98170
20141129	10069	57608
20141130	8112	50555

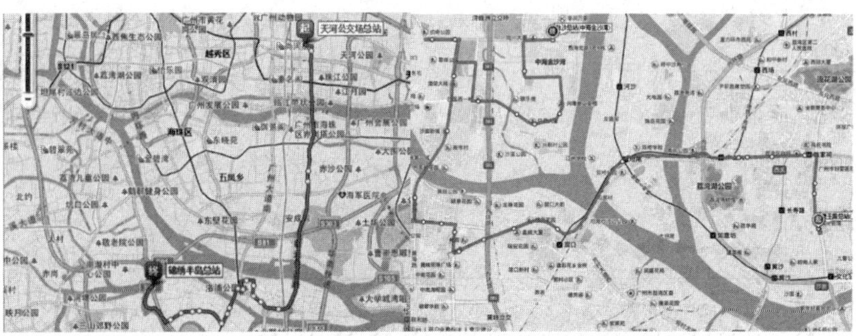

图 4-42　两条线路分布(左边是 A 线路,右边是 B 线路)

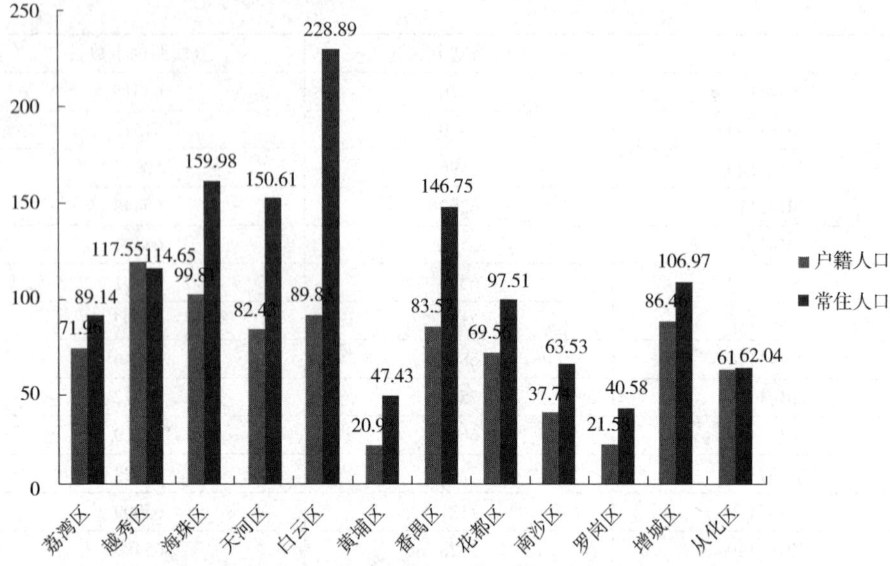

图 4-43　2014 年广州市各区人口分布统计(来源:广州统计信息网)

A 线路跨越天河部分区域和海珠区,覆盖服务人口为 189 万,而 B 线路跨越荔湾区、海珠区和白云区部分,预计覆盖服务人口为 340 万。

如图 4-44 所示,B 线路覆盖北京路、上下九等核心商圈,人流量巨大,对公交的需求强劲,特别是节假日,呈现爆发性增长,这表明一卡通数据与人口分布关联分析有利于更精准地定位出行需求。

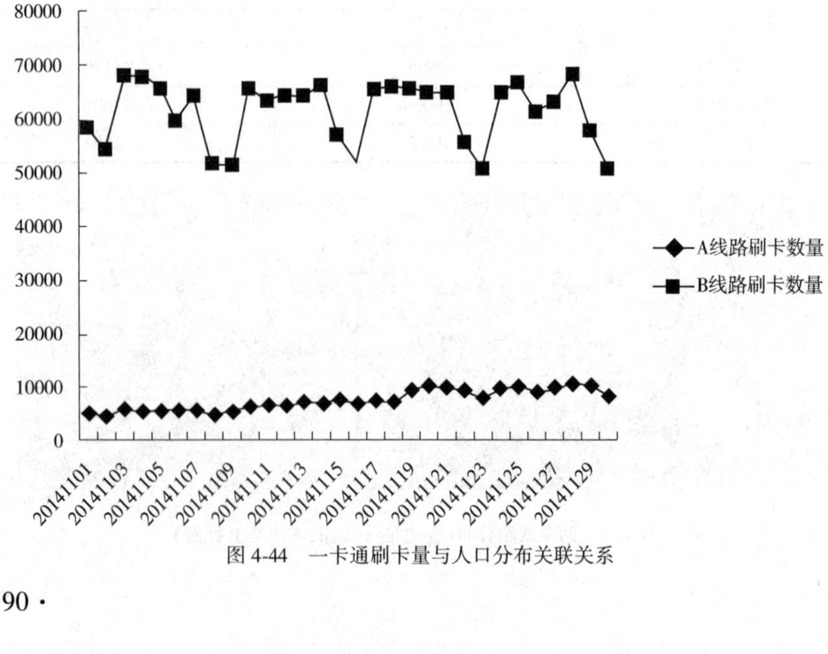

图 4-44　一卡通刷卡量与人口分布关联关系

(5)一卡通数据与地域分布关系

①跨区公交线路的一卡通数据分析。

通过对某跨区线路公交一卡通数据分析,将广州市区与周边城市之间的上车刷卡次数作分界,统计各自刷卡统计,对比分析得出基于不同区域的人群出行次数之间的关系,从而推导一卡通数据与地域分布之间存在关联关系。如表 4-12 所示,该 A 线路在广州市区的刷卡次数占比 91.61%,而其他周边地市却只有 8.39%,可见这条线路对于广州市区内人群出行的吸引力会更大。

A 线路跨区域 IC 卡数据分析　　表 4-12

IC 卡数据 / 地区	刷 卡 次 数	占比(%)
广州市区	140360	91.61
其他地市	12661	8.39
合计	153201	100

分析结论:通过对某线路跨区出行分析可知,广州地区出行比例占据了绝大部分,表明广州市区内的人到外地,特别是周边地市出行的人群较为集中,由此可推导出出城交通压力较大,如图 4-45 所示,可通过与周边地市交通主管部门沟通,调配跨区出行运力,实现公共交通资源均衡发展。

图 4-45　根据某线路的分布和 IC 数据分析得出的出城方法趋势

②对通过市区繁华商业区域的公交线路客流分析。

该线路 A 起点是广州市荔湾区的康王中总站,终点是南沙中站,跨域广州市多个区,覆盖人群广泛。图 4-46 所示为 A 线路的始终轨迹,图 4-47 所示为 2014 年 8 月 1 日 A 线路日刷卡量,图 4-48 所示为 2014 年 11 月 A 线路月刷卡量。

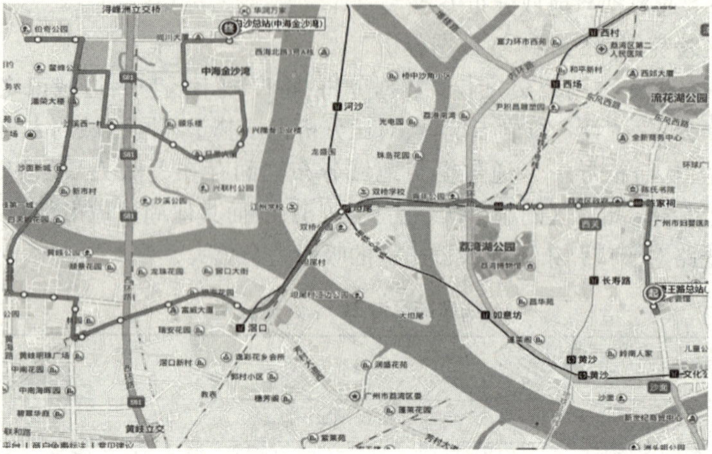

图 4-46　A 线路的始终站轨迹

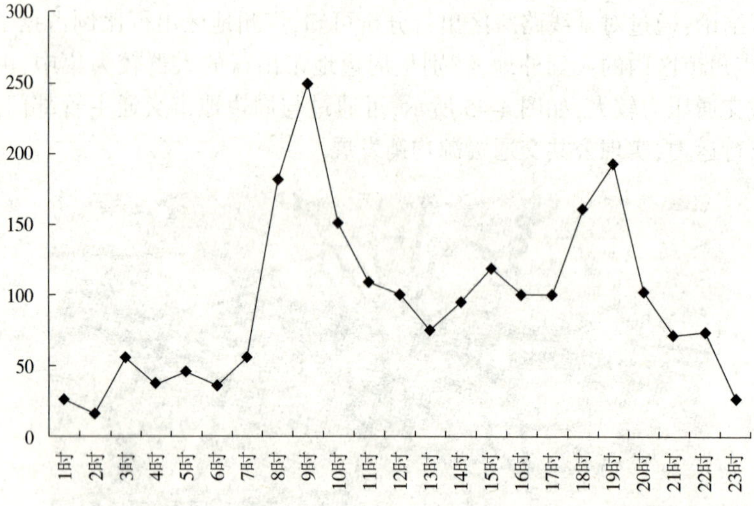

图 4-47　2014 年 8 月 1 日 A 线路日刷卡量

该 A 线路途经广州城区繁华的商业步行街(上下九),客流量庞大,且属于广佛跨区线路,承载着广州和佛山跨区出行人群的需求,能较好反映跨区线路的特点,这是岭南通卡的关键应用特色,线路全程有 26 个站点,跨越区域较广,覆盖人群较多,全长 16.9 公里。

③中心城区与城郊之间的一卡通数据对比分析。

此处选取了两条线路,一条是在中心城区运营,线路 B 从“站南路总站”到“穗盐路总站”,覆盖广州荔湾和佛山盐步,全长 16 公里;另外一条是往返城郊的线路,线路从“华工总站”到“大学城广中医总站”,全长 18.6 公里。表 4-13 所示为城区与城郊数据对比,而图 4-49 所示为是线路分布图。

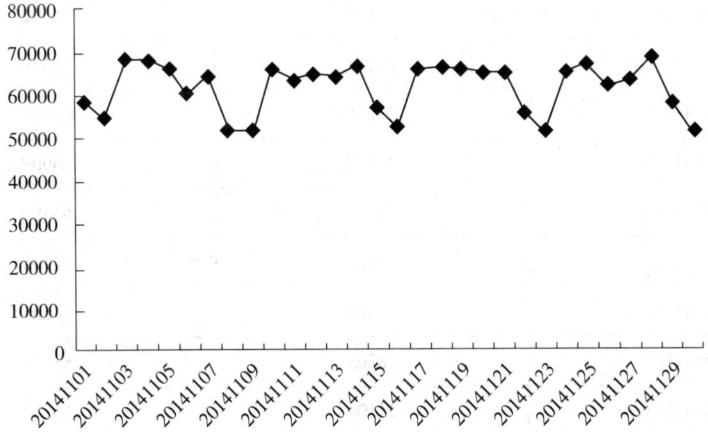

图 4-48 2014 年 11 月 A 线路月刷卡量

中心城区与城郊一卡通刷卡数据对比 表 4-13

日　　期	城郊日刷卡量大学城线路	中心城区日刷卡量 B 线路
20141101	27218	57903
20141102	22721	53963
20141103	21936	67995
20141104	22943	67605
20141105	21773	65566
20141106	22220	59411
20141107	24776	64315
20141108	22901	51513
20141109	23237	50958
20141110	23686	65448
20141111	21172	63131
20141112	22031	64491
20141113	24102	64092
20141114	26578	66246

续上表

日　　期	城郊日刷卡量大学城线路	中心城区日刷卡量 B 线路
20141115	27474	56572
20141116	24121	51619
20141117	21596	65423
20141118	23097	65909
20141119	22744	65489
20141120	24928	64593
20141121	29389	64732
20141122	28265	55444
20141123	24106	50136
20141124	24004	64576
20141125	23937	66640
20141126	23581	61376
20141127	26331	62835
20141128	26853	98170
20141129	28140	57608
20141130	26825	50555

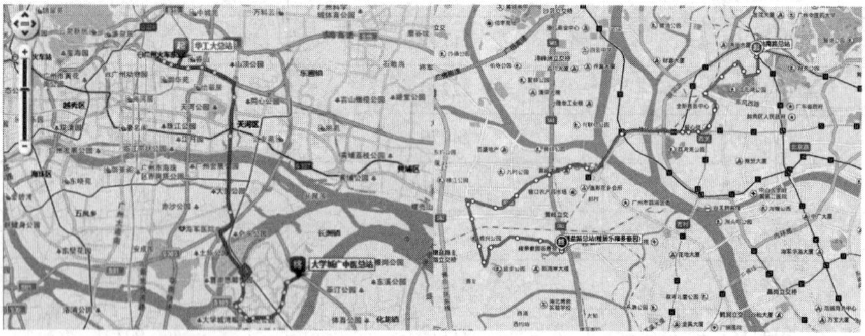

图 4-49　两条线路分布图(左边是大学城线路,右边是市区线路 B)

从图 4-50 可明显看出,市中心城区的日刷卡量大约为 60000 笔,波动范围是 50000~70000 笔,而城郊大学城线路的日刷卡量则为 20000~30000 笔,两线路对比可得,该城区线路刷卡量是城郊线路的2倍多。但另一个有趣的现象是,市区中心线路刷卡量波动范围较大,受其他因素影响更大,而城郊大学线路的刷卡量表现得较为平稳,每天的出行量基本维持在某一水平上。

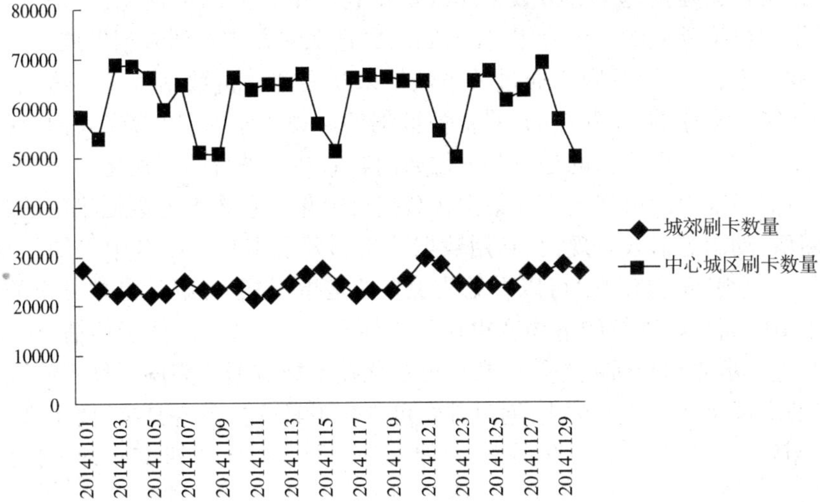

图4-50　2014年11月中心城区线路与城郊线路刷卡量对比

从以上两点分析结果,可为公交运力的安排提供科学的指引,即对于大学城线路,由于出行流量稳定,反映公交运力供应可基本维持均衡水平,而市区线路更需要动态调整运力以匹配变动的公交需求,更好地做好动态适应客流变化。

通过城区与城郊一卡通数据的对比可知,一卡通刷卡行为与区域的分布具有明显的关联关系。

4.6　大数据可视化

4.6.1　概念

可视化(visualization)是一种使复杂信息能够容易和快速被人理解的手段,是一种聚焦在信息重要特征的信息压缩语言,是可以放大人类感知的图形表示方法。通俗点说,可视化就是把数据、信息和知识等抽象的东西转化为可视的表示形式,并获得有利于人们对数据的更深层次认识的过程。可视化可以应用到简单问题,也可以应用到复杂系统状态表示,从可视化的表示中,人们可以发现新的线索、新的关联、新的结构、新的知识,促进人机系统的结合,促进科学决策。可视化技术包括科学可视化(scientific visualization)、数据可视化(data visualization)、信息可视化

(information visualization)和知识可视化(knowledge visualization)。科学可视化是运用计算机图形学和图像处理的研究成果创建视觉图像,替代那些往往规模庞大而又错综复杂的数字化呈现形式,帮助人们更好地理解科学技术概念和科学数据结果。数据可视化是指基于大型数据库或数据仓库中数据的可视化,它是可视化技术在非空间数据领域的具体应用,使人们以更直观的方式看到数据发展趋势、规律及其结构关系,而不再局限于通过关系数据来观察和分析数据信息。信息可视化是使用计算机支撑的、交互性的、对抽象数据的可视表示法,以增强人们对抽象信息的认知。知识可视化指的是对基于领域内容的结构进行的可视化。

大数据系统中的可视化主要集中在数据可视化。它将大型数据集中的数据以图形、图像、动画等形式表现,并利用数据分析和开发工具挖掘其中未知信息的处理过程。"可视"不仅仅是"可以看见",更多的是指"易于理解",是把复杂的、不直观的、不清晰而难以理解的事物变得通俗易懂且一目了然,以便于传播、交流和沟通,以及进一步的相应研究等等。数据可视化技术把数据变为图形展示给大众,注重技术的实现及其算法的优化,通过开发可视化工具变抽象为具象,便于理解的同时加深印象。它涉及计算机图形学、图像处理、用户界面、人机交互计算机仿真领域等等。

数据可视化的重点是将多维数据在二维或三维空间内显示,这对初步的数据分类理解是有意义的,如图 4-51 和图 4-52 所示。针对于此,产生了许多数据可视化的技术,大体分为散点矩阵法、投影矩阵法、平行坐标法、面向像素的可视化技术、层次技术、动态技术、图标表示技术、直方图法及一些几何学技术等等。此外还采用主成分分析、因子分析、投影寻踪、主曲线、主曲面、多维标度图和自组织映射等方法将多维变量表示为二维变量,依据此算法对数据进行简单分类,并了解各个特征属性之间的关系。

数据可视化涉及几种主流技术:

(1)基于几何的可视化技术,以几何画法或几何投影的方式来表现数据库中的数据(如传统的折线图和柱状图),是目前最为常用的技术,比较有特点的是平行坐标系(parallel coordinates)。

(2)基于像素的可视化技术,将每一个数据项的数据值对应于一个带颜色的屏幕像素,对于不同的数据属性以不同的窗口分别表示。

(3)基于图标的可视化技术,基本思想是用一个简单图标的各个部分来表示 n 维数据属性,以枝形图法(stick figures)最有代表性。

(4)基于层次的可视化技术,主要针对数据库系统中具有层次结构的数据信息,将 n 维数据空间划分为若干子空间,对这些子空间仍以层次结构的方式组织并以图形表示出来,树图(tree map)技术是其代表。

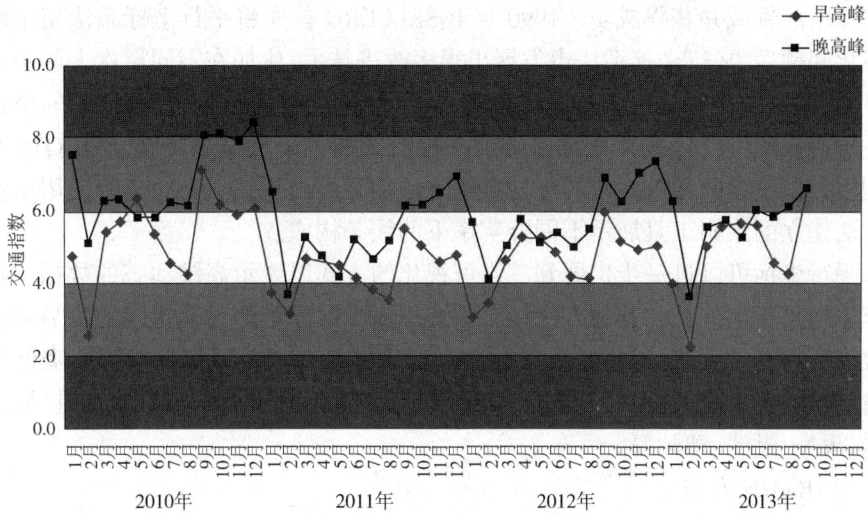

图 4-51 2010—2013 年工作日早、晚高峰交通指数

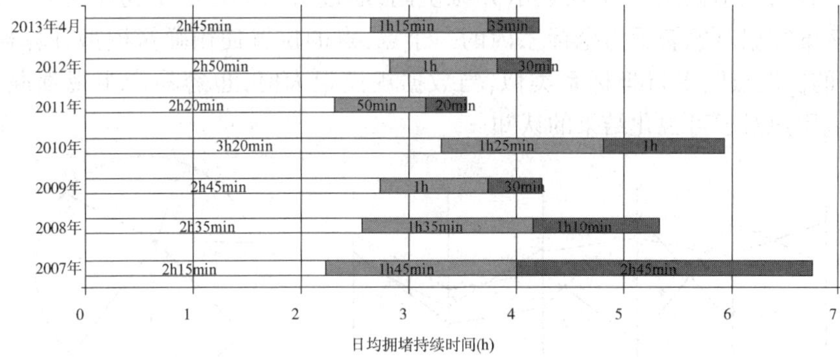

图 4-52 城市交通指数可视化展示

4.6.2 可视化技术

1)基于几何的可视化技术

(1)平行坐标系

1980 年,Inselberg 提出的平行坐标系(parallel coordinates)是经典的多维数据可视化技术之一(图 4-53)。平行坐标系使用平行的竖直轴线来代表维度,通过在轴上刻画多维数据的数值并用折线相连某一数据项在所有轴上的坐标点,从而在二维空间内展示多维数据。

平行坐标系法能够简洁、快速地展示多维数据。由于其经典性和广泛应用性,许多学者将平行坐标系法应用于可视化、数据挖掘、过程控制、决策支持、近似计算和其他一些领域并获得成功。1990 年 INSELBERG 首先将平行坐标系法用来解决可视化问题后,平行坐标系法也发展出很多改进技术,比如在不同层次上的平行坐标显示,用曲线代替直线增强可视化效果等。盛秀杰等使用平行坐标中的坐标轴和平行折线的可视化渲染方法提出了一种新的颜色渐变渲染方案。SIIRTOLA 提出利用数据子集的相关系数的平均数的方法动态画出折线。WANG 等使用小波逼近方法建立的涂刷工具展示不同分辨率下的线条构成。

平行坐标可以进一步扩展到三维可视化的方式以展示高维动态的数据。很多专家也把平行坐标系和其他方法结合来解决多维数据集的可视化问题。当数据集的规模变得非常大时,密集的折线会让平行坐标系变得难以解释。因此降低视觉混淆也被很多专家关注,基于平行坐标系的视觉混淆处理方法包括维度重排、交互方法、聚类、过滤、动画等。

(2)Radviz 方法

Radviz(radial coordinate visualization)使用圆形坐标系展示可视化结果,如图 4-54所示,圆形的 K 条半径表示 K 维空间,通过引入物理学中物体受力平衡定理,将多维数据对象表示为坐标系内的一个点,点的位置使用弹簧模型计算得到。Radviz 的优缺点同平行坐标系类似,当数据规模很大时,也容易产生视觉混淆现象,影响用户对于可视化结果的认知。

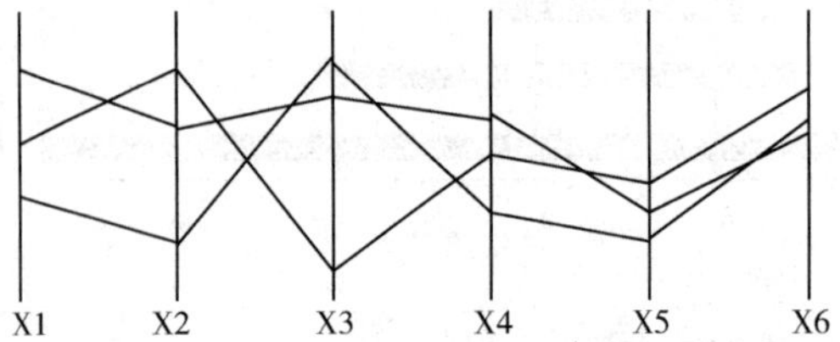

图 4-53　平行坐标系

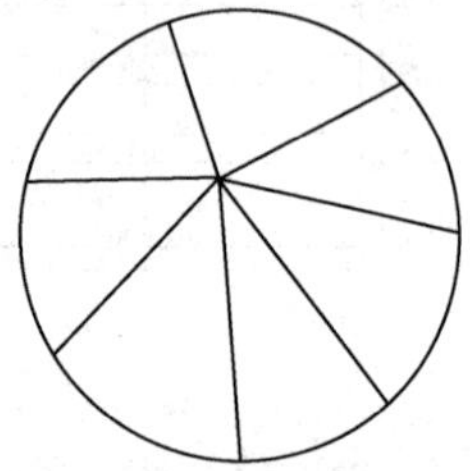

图 4-54　Radviz 方法

(3)散点图矩阵

散点图通过二维坐标系中的一组点来展示两个变量之间的关系,散点图矩阵(scatter plot matrix)就是将多维数据中的各个维度两两组合绘制成一系列的按规律排列的散点图,如图 4-55 所示。散点图矩阵也经常和其他可视化方法结合来增强显示多维数据效果,基于散点图矩阵的开发的连续的散点图可以对海量数据进行可视化展示。

散点图矩阵的优点主要是能快速发现成对变量之间的关系,缺点是当数据维度太大时,屏幕的大小会限制显示矩阵元素的数量,需要结合交互技术来实现用户对可视化结果的观察。

(4) Andrews 曲线法

Andrews 曲线法(图 4-56)使用二维坐标系展示可视化结果,将多维数据的每一数据项通过一个周期函数映射到二维坐标系中的一条曲线上,通过对曲线的观察,用户能够感知数据的聚类等状况。

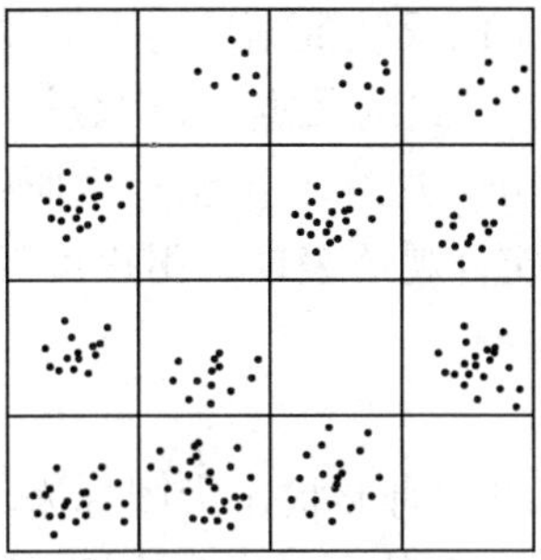

图 4-55 散点图矩阵

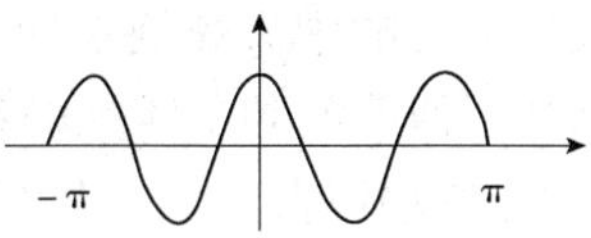

图 4-56 Andrews 曲线法

2) 基于像素的可视化技术

基于像素的可视化技术是由德国慕尼黑大学的 D.A.Keim 提出的,并且开发了 VsiDB 可视化系统。基于像素的可视化技术的基本思想是将每一个数据项的数据值对应于一个带颜色的屏幕像素,并将属于某一个属性的数据值表示在一个独立的窗口,如图 4-57 所示。基于像素的可视化技术的特点在于能在屏幕中尽可能多地显出相关的数据项,对于高分辨率的显示器来说,可显示多于 10^6 的数量。面临的主要问题是在屏幕上怎样排列这些像素点,应根据不同的目的使用不同的排列方式。

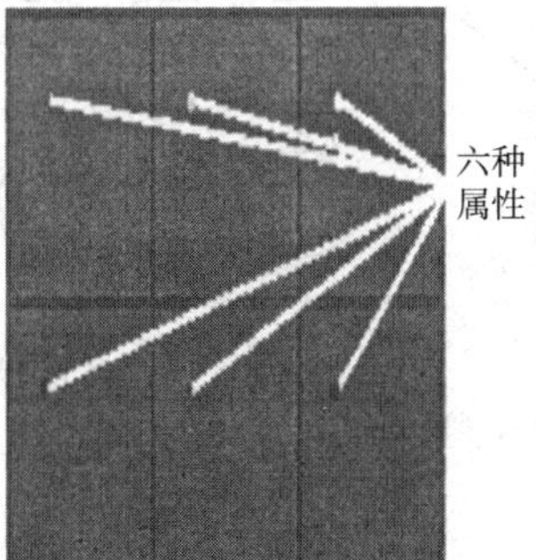

a)六种属性颜色的映射

b)大量数据可视化结果

图 4-57 基于像素的可视化技术

基于像素的可视化方法包含独立于查询的方法和基于查询的方法两种。独立于查询的方法将根据某些属性对数据排序,并使用一个填充屏幕的模式在显示器上排列数据值,这对于根据某个属性进行自然排序的数据特别有效。基于查询的方法是对某个查询产生的数据相关性进行可视化,根据数据值同所查询的要求的符合程度来匹配颜色。针对每一个数据项的值($a_1,a_2,\cdots,a_n$)及查询要求($q_1,q_2,\cdots,q_n$)通过一个距离函数 distances($d_1,d_2,\cdots,d_n$)计算每个属性值与查询要求的匹配值,得到每一个数据的一个总的距离值 d_n-1 以反映数据项与查询要求之间的匹配程度,总的距离 d_n-1 越小,越是用户所希望看到的数据,查询数据结果按 d_n-1 的值由小到大从屏幕的中央螺旋地向四周展开。这样不仅能看到所查询的数据,而且对于数据从近似匹配到不匹配的走势也能直观地表现。用户可以发现属性之间的相关性、功能依赖以及其他一些有趣的关系。

3)基于图标的可视化技术

基于图标的可视化方法用具备可视特征的几何形状作为图标来刻画数据,这些图标的每一个可视化属性如大小、长度、形状、颜色可以作为维度,通过多维数据到这些图标属性的映射来实现可视化效果,代表性的方法包括星绘法(star graph)(图 4-58a)和 Chernoff 面法(Chernoff face)(图 4-58b)等。星绘法采用由一点向外辐射的多条线段代表数据维度,不同的线段长度代表了每一个数据项的不同维度的值。Chernoff 面法使用人脸的大小、形状和脸部器官的特征来代表数据维度,通过人脸绘制的多维数据按一定的策略进行排序,可以实现数据的可视化展示。Chernoff 面法因为在展现上比其他图形技术更有趣,所以观察者愿意花更多的时间去分析,因此展现可能会更有效,它也有利于高效识别各个要素之间的关系或模式。

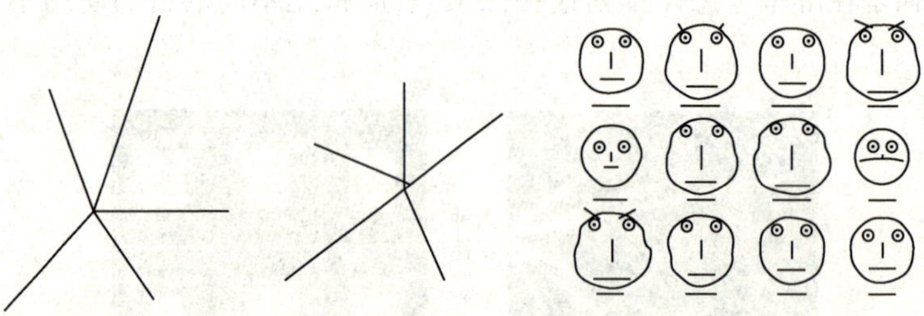

a)　　　　　　　　　　b)

图 4-58　星绘法、Chernoff 面法

4)基于层次的可视化技术

层次数据是常见的数据类型,可以用来描述生命物种、组织结构、家庭关系、社会网络等具有等级或层级关系的对象。层次数据的可视化方法主要包括节点链接图(link point graph)和树图(tree map)两种方式。

(1)节点链接图

节点链接图是将层次数据组织成一个类似于树的节点的连接结构,画出节点和连线来代表数据项和它们之间的关系,节点通常是一些小点,从而难以包含更多的信息(图4-59)。节点链接图能清晰直观地展现层次数据内的关系,但是分支间的空白会浪费展示空间,当数据量较大时,分支很快就会拥挤交织在一起,变得混乱不堪,造成视觉混淆现象。

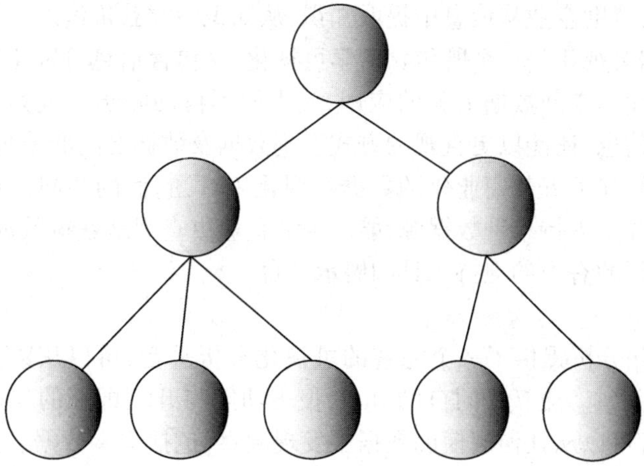

图4-59 节点链接图

(2)树图

树图最早由Johnson等在1991年提出。树图通过一系列的嵌套环、块来展示层次数据,能够在有限的空间内展示大量数据,但是也无法展示节点的细节内容(图4-60)。为了能展示更多的节点内容,一些基于“焦点+上下文”技术的交互方法被开发出来,包括鱼眼技术、几何变形、语义缩放、远离焦点的节点聚类技术等。

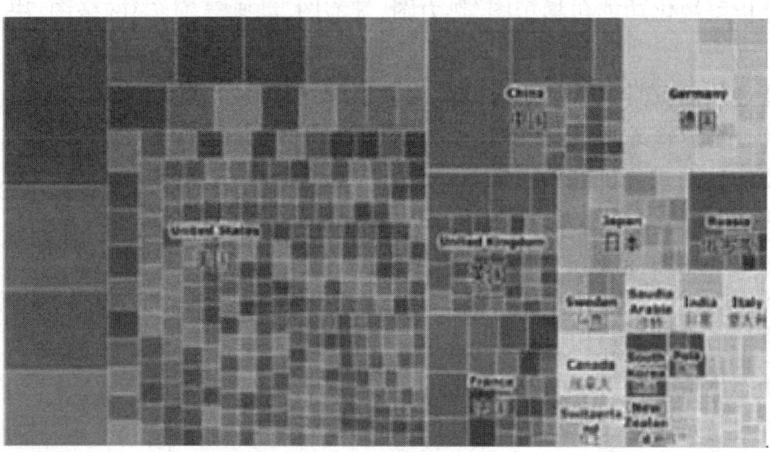

图4-60 树图

4.6.3 大数据可视化工具

数据可视化是技术与艺术的完美结合，它借助图形化的手段，清晰有效地传达与沟通信息。一方面，数据赋予可视化以意义；另一方面，可视化增加数据的灵性，两者相辅相成，帮助企业从信息中提取知识、从知识中收获价值。

当前，数据可视化是一个既包含科学可视化，又包含信息可视化的新概念。它是可视化技术在非空间数据上新的应用，使人们不再局限于通过关系数据表来观察和分析数据信息，还能以更直观的方式看到数据及数据之间的结构关系。

本节将总结如下五款商业化的数据可视化工具，它们的共同特点是技术门槛低、便捷易用，并且支持多种数据源，能够帮助企业更直观地获得数据中的价值，是配合大数据分析的有力的支持工具和展示平台。

1）SAS

SAS 可视化分析提供了一个完整的可视化分析平台，可以从数据中发现以前未知的模式和关系。交互式的自助 BI 和报表功能与开箱即用的先进分析技术相结合，让展示者可以从任何规模的数据中发现洞察，包括文本数据。该工具的使用适合各种技能水平的用户，利用强大的内存分析能力，可视化地自行探索数据，进行快速的分析计算与发现。SAS 是一个易于使用的自助环境，并可扩展为企业级平台。

SAS 可视化软件平台的主要特点：

（1）可视化数据探索

①自动绘图功能，能够自动选择最适合所选数据的图表展示。

②集成的地图技术提供了对地理空间数据的快速了解。

③分析可视化功能包括箱图、热力图、气泡图、动画气泡图、网络图、决策树、桑基图等。

④通过从侧工具栏或动态过滤分组数据项进行选择，轻松地修改查询。

⑤有一个总览缩放条，能够选取大数据的某一子集进行放大。

易用的自助式分析的特点如下。

①快速的内存分析，无论数据有多大。

②开箱即用的描述性、预测性、说明性分析。

③在层次中的任意水平，按照给定的过滤条件，对多维数据进行切片和切块。

④可钻取的层级设置，可以折叠也可以展开。

⑤动态生成预报，同时包含预报的置信区间。

⑥针对特定数据，自动选择最佳的预报算法。

⑦使用情景分析，观察更改变量时对预测结果的影响。

⑧通过交互的方式生成决策树，以图形方式描绘出可能的输出结果。它提供了专业级的功能，能够设置一系列参数来控制决策树的生成。

⑨网络图可以在地图（包括 ESRI 地图）上展示网络信息。

⑩可以将视图保存为报表包，通过 Web 报表、图片或 SAS 移动应用程序，和其他高级数据探索用户分享。

(2)移动商业智能

①可以通过移动共享技术安全地在线或离线浏览报表。

②协作支持功能，包括对报表和截屏注释点评、分享和发送电子邮件等功能。当报表更新时，可发送提示信息至移动设备。

③与第三方厂商集成的能力，例如和 Good Technologies 和 Mocana 的集成，提供移动设备管理功能。

(3)灵活的部署方式

①对于小企业和部门应用，支持单机部署模式。

②随着企业分析需求和数据的增长，支持分布式部署模式，利用并行处理技术实现性能扩展。

③集成了 Hadoop，支持性能优化和可扩展性。

④支持普通的商用硬件、数据库一体机、私有云、公有云或 SAS 云。图 4-61 所示为可视化案例。

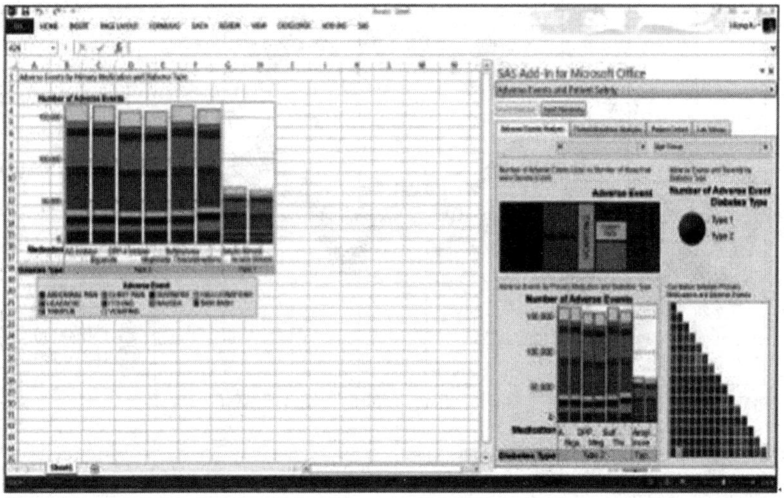

图 4-61　SAS 可视化案例

2)Tableau Desktop

Tableau Desktop 是 Tableau 公司开发的桌面系统中最简单的商业智能工具软

件，Tableau 没有强迫用户编写自定义代码，新的控制台也可完全自定义配置。在控制台上，不仅能够监测信息，而且还提供完整的分析能力。Tableau 控制台灵活，具有高度的动态性。

Tableau 将数据运算与美观的图表完美地嫁接在一起。程序通过拖放将所有的数据展示到数字“画布”上，转眼间就能创建好各种图表。这套工具的理念是界面上的数据越容易操控，分析者对所在业务领域里的展示效果到底是正确还是错误，就能了解得越透彻。

Tableau Desktop 数据来源有多种方式，能同时支持 Excel、支持各种数据库类型，同时能以 web 模式发布至网络，以供别人访问。它也支持团队协作，即由多个人同时完成一件任务。Tableau Desktop 有多种展现形式，操作人员能够自定义图表类型，并以多种图形的方式进行展现，同时根据图形的不同，针对不同的展示图形有不同的提示。

当用户从 Tableau Desktop 完成图形的绘制后，数据会从数据库中进行自动更新，从而对展示的数据进行自动同步，同时 Tableau Desktop 中集成了趋势分析，能对数据未来的走向进行一定的趋势分析。另外 Tableau Desktop 也与地理信息等进行了较好的集成。图 4-62 所示为 Tableau Desktop 可视化案例。

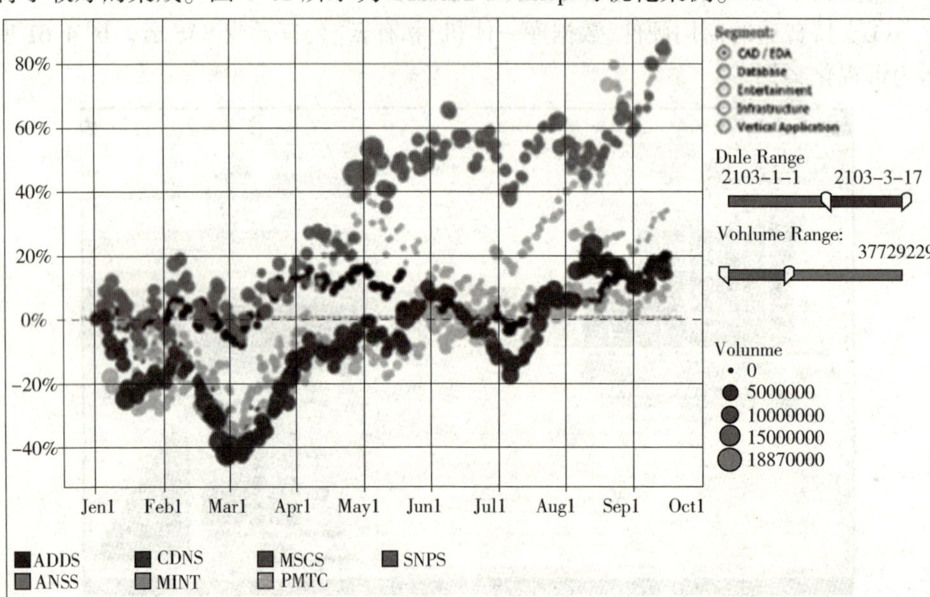

图 4-62　Tableau Desktop 可视化案例

在 Tableau Desktop 使用中发现，使用该软件操作反应较慢，由于该软件将数据全部加载至内存，因此对计算机的内存等使用要求较高。同时在 Tableau Desktop

的趋势分析模块中,无法根据自己的需求选择算法,从而无法根据自己的商业特性对未来进行一个预测。

3) QlikView

QlikView 是一个完整的商业分析软件,使开发者和分析者能够构建和部署强大的分析应用。QlikView 应用使各种各样的终端用户以一个高度可视化、功能强大和创造性的方式,互动分析重要业务信息。

QlikView 拥有一个具有完全集成的 ETL 工具的向导驱动的应用开发环境、一个考虑到无限钻取的强大 AQL 分析引擎和一个高度直觉化的、使用简单的用户界面。QlikView 让开发者能从多种数据库里提取和清洗数据,建立强大、高效的应用,而且使它们能被 Power 用户、移动用户和每天的终端用户修改后使用。QlikView 获得专利的 AQL 构架利用了计算机和网络设备的提高,例如价格便宜、速度快的内存。当提供灵活、强大的分析能力时,AQL 构架改变了需要 OLAP 立方体的需求,也不一定要使用数据库。

QlikView 是一个可升级的解决方案,完全利用了基础硬件平台,来用上亿的数据记录进行业务分析。QlikView 由开发工具(QlikView local client)、服务器组件(QlikView server);发布组件(QlikView publisher)和其他应用接口(SAP\\Salesforce\Informatica)组成。服务器支持多种方式发布,如 AJAX 客户端、ActiveX 客户端,还可以与其他 CS/BS 系统进行集成。QlikView 可视化案例如图 4-63 所示。

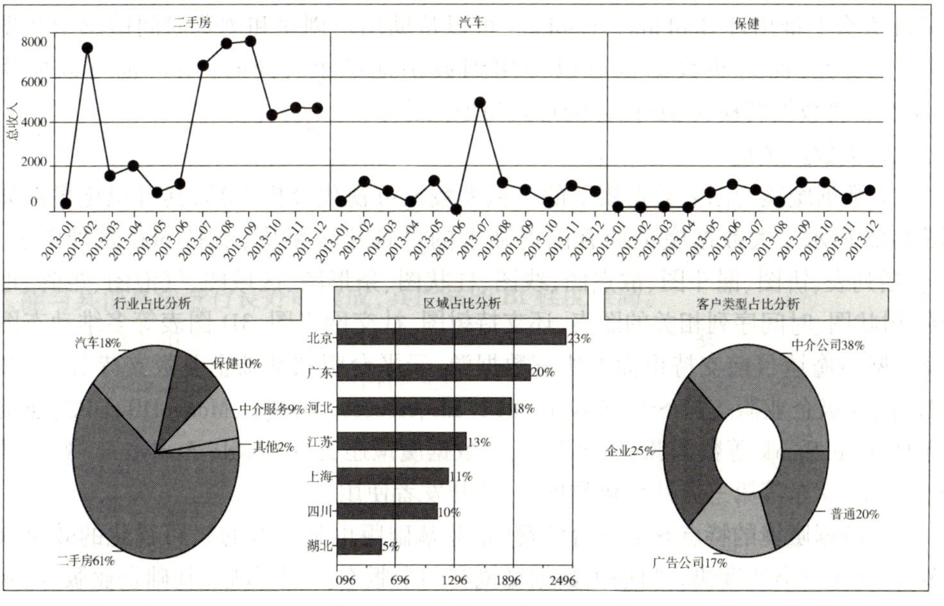

图 4-63 QlikView 可视化案例

4.6.4 交通大数据可视化案例

根据交通大数据特点选择合适的可视化技术和可视化工具。

1）一卡通数据可视化

由于一卡通数据特点是结构化的，符合数据库规范化的存储格式，选用简单的可视化展示工具即可实现。从一卡通数据本身的特征和效率出发，一卡通数据可视化过程可采用 BI 工具或 EXCEL 软件实现。将格式化的一卡通数据导入 BI 数据库，根据用户指令生成如柱状图、热力图、饼状图等成果。一卡通数据可视化展示如图 4-66 所示。

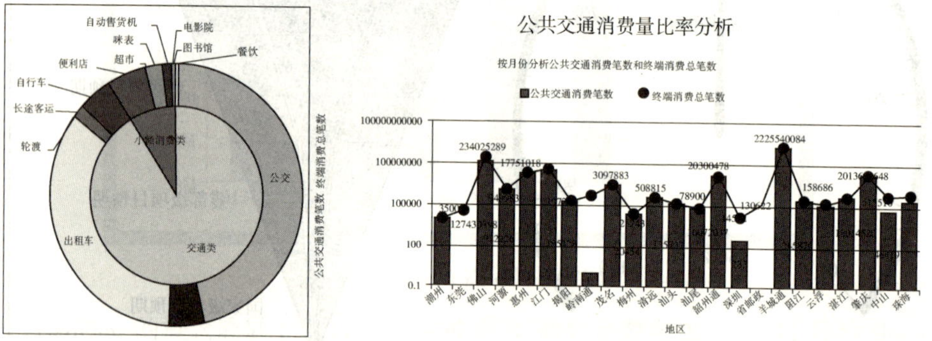

图 4-66　一卡通数据可视化展示

2）交通车辆位置数据可视化

交通车辆位置数据是实时动态变化的，通过 GPS 位置采集设备将位置数据上传数据库并与地图进行匹配拟合，形成动态轨迹画面。车辆位置数据也是属于结构化数据，其中包括了位置数据、时间数据、车辆数据、行驶里程及车辆方向等格式化数据字段，可利用大数据魔镜等可视化软件实现可视化展示。大数据魔镜这款软件工具可结合地图进行动态刻画，能清晰展示位置轨迹的变化状态，有利于交通监控部门实时了解车辆的运营情况。车辆位置数据的可视化如图 4-67所示。

3）交通视频检测数据

通过交通视频、微波、线圈等检测设备，可实现车辆的动态监控，获得实时的车流量数据、车辆速度数据、车辆排队长度、车牌识别数据等，如图 4-68 所示的监控画面能区分和捕捉每辆运营车辆的运行状态，并可对视线范围内的车辆排队长度进行测算，生成一系列数据样本并以可视化图样展示，供交通部门参考决策。交通视频检测可视化如图 4-68 所示。

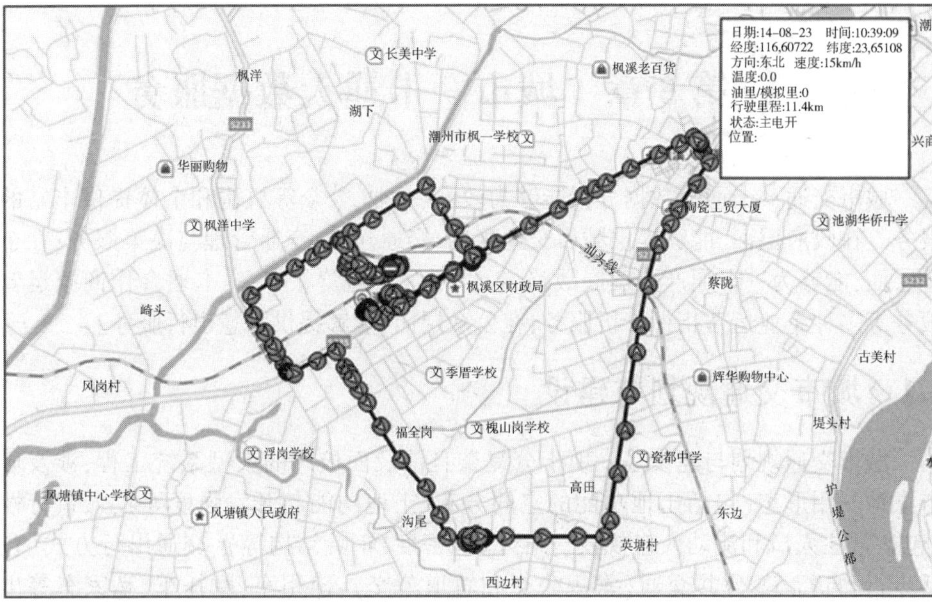

图 4-67　车辆位置数据的可视化

图 4-68　交通视频检测可视化

第 5 章　城市一卡通大数据服务

城市交通一卡通大数据分析能够为政府、企业、公众等机构和个体提供丰富的服务。在政府层面，能够提供城市交通规划、交通建设、交通管理与决策服务；在企业层面，能够为一卡通产业发展战略、一卡通企业运营状态、一卡通合作商家运营服务等多种企业运营指标分析服务；在公众层面，能够提供智慧出行服务。

5.1　城市交通规划与建设

城市交通规划与建设是一项十分复杂且涉及面极广的大型系统工程，涉及城市土地利用形态（包括土地功能的空间分布、土地功能与开发强度等）、人口特性（包括常住人口和流动人口规模、小区人口密度、年龄结构等）、交通出行方式（包括步行、自行车、公共交通（常规公交和轨道公交）、出租车、摩托车、私家车等出行）、城市经济发展水平、产业结构及产业布局、资源的有效利用、环境保护等城市发展和居民生活有关的领域。

在城市交通规划与建设方面，城市交通一卡通大数据提供的服务主要包括以下三个方面：

(1) 在资料收集阶段，融合多种数据资源的大数据获取和分析技术将逐渐取代传统的交通调查方式，为交通规划和建设提供更为实时可靠的资料。特别是移动通信技术的发展，智能手机的普及及城市交通一卡通的使用，使获取连续出行的电子脚印成为可能。在此基础上，可以得到覆盖全市范围内交通状况信息和交通需求信息，为交通规划和建设方案的形成提供宝贵的原始数据支撑基础。

(2) 在规划建设过程中，将大数据分析技术与城市交通模型相结合，形成宏观、中观、微观一体化的交通模型体系，使交通模型的预测精度和解释能力得到不断提高，实现对交通需求总量、结构及发展趋势的准确把握。

(3) 在综合评价方面，依托大数据分布式计算和交通流、信息流的支撑使得规划建设方案的评价更加全面。

5.1.1　客流预测服务

客流是人们为了实现各类出行活动，借助各种交通工具形成的有目的的流动。客流是合理规划运输网、配置客运站点设施、配备旅客运输工具和编制其运行作业计划的基本依据。客流量包含了大量的社会学、经济学信息。车辆、出行客流预测是车辆调度和控制的前提,有助于交通部门提前掌握客流态势,制定相应的策略。客流预测经过几十年的发展,从简单的历史平均模型、线性回归模型到后来的卡尔曼滤波模型、非线性回归模型,逐步走向成熟。20世纪末,混沌模型和小波模型开始用于客流预测,同时神经网络模型和时间序列模型也得到了极大的发展。21世纪初,组合预测模型渐渐取代单一模型,新的客流预测方法如贝叶斯方法逐渐引入客流预测,大大提高了预测的精度和广度。图5-1所示为上海世博会期间客流预测拟合结果,由图可知,目前客流预测的精度已达到较高水平。

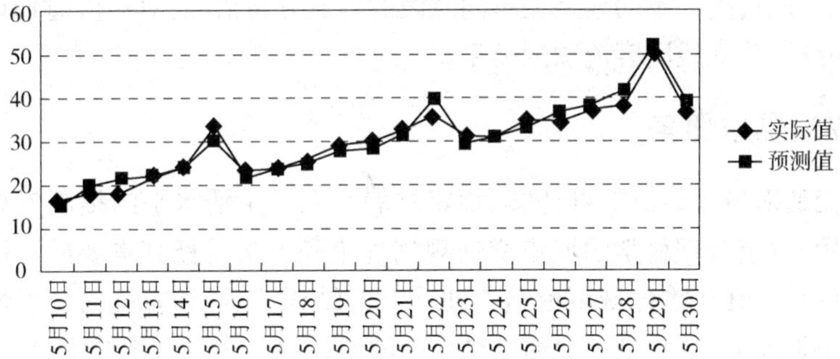

图5-1 上海世博会5月10日—5月30日日客流量拟合结果

国内外学者对客流预测已有不少研究。Zheng等人(2006)基于条件概率和贝叶斯规则构建了一种神经网络模型对短时高速车流进行预测。Manoel等人(2009)提出采用在线支持向量机(Online-SVR)模型来对高速公路短时交通流进行预测,其最大的创新点就是把事故、恶劣天气等复杂条件、异常情况考虑到模型的应用中,使得模型的应用范围更加广阔。Yu等人(2012)采用经验模态分离法(EMD)与神经网络法相结合的混合预测模型对台北的地铁客流进行短时预测,第一步是利用模态分解方法先将原始客流信号分解为有限个本征函数(IMF),第二步是识别有效的IMF分量并作为神经网络的输入,第三步是利用BPN模型进行预测。董海洋在其硕士毕业论文中研究采用传统BP神经网络模型、改进的BP神经网络模型和RBF神经网络模型分别对短时公交客流进行预测并作出评价,利用IC卡刷卡数据对3种模型进行训练和预测,比较各模型的预测结果。杨军在其博士论文中构建了一种基于灰色马尔科夫的大客流实时预测算法,利用灰色预测算法对客流数据建立灰色模型,然后建立马尔科夫修正模型,最后利用预测误差对灰色预测结果进行修正得到大客流预测值。实验针对多种类型的大型活动和重大节假日进行大客流实时预测,结果表明该模型对真实的重大事件大客流预测效果较好。刘媛媛在其硕士论文中研究和验证了基于GM模型的客流预测方法,利用同一条公交线路的公交IC卡历史刷卡数据建立灰色残差GM(1,1)模型,通过确定白化方程的系数来确定公交客流时间响应序列,利用灰色微分方程的时间响应序列获得还原值的表达式,从而能得到单条线路的同一时段的公交客流量的发展序列,再结合影响公交客流量的多种因素,对获得的各发展序列进行修正,最终求得修正的预测值,并通过济南市的客流历史数据进行验证。实例证明该预测模型具有较高的预测精度,能够为公交管理决策者提供方向与指导。

城市交通一卡通大数据可以提供各类客流预测服务,包括线路客流、视频客流、站点客流、高速公路客流等,以线路客流为例,通过对各种市区或跨区线路刷卡交易数据的分析,统计不同线路在不同时段的客流分布情况,对一段时期内的客流进行统计分析,建立线路客流预测模型。

5.1.2 交通需求服务

城市交通对城市经济的可持续、稳定发展和人民生活水平的提高发挥着积极重要的作用,寻求合理科学的城市交通规划理论和方法是极其重要的。进行城市交通规划的目的在于确保城市道路交通网络的结构、布局和容量的合理性以及其有秩序地协调发展,防止城市交通基础设施的建设超前或滞后于城市经济发展,防止城市道路交通基础设施建设决策和建设布局的随意性与盲目性,以协调城市道路交通网络的结构及容量与未来城市社会经济发展目标下所产生的交通运输要求之间的关系,使交通需求在道路交通网络上呈现时空均匀特征,最终达到确保城市经济持续、稳定高速发展和人民生活改善的目的,为此建立交通需求预测模型是十分必要的。

通过对城市交通一卡通大数据进行分析,可以获取居民的登车点、落车点,分析居民出行的目的及交通方式,从而建立出行生成预测模型和交通方式划分的预测模型。

5.1.3 交通规划后评价

城市公共交通规划后评价是从城市公共交通的特点和其规划的角度出发,运用适当可行的方法对城市公共交通规划方案与实施效果进行对比分析,以评价原城市公共交通规划方案的合理性与有效性,在此基础上总结城市公共交通规划中存在的问题并分析其原因,形成城市公共交通规划的经验与教训,为以后城市公共交通规划的编制提供参考与借鉴,使其规划方案更为科学合理,从而不断提高城市公共交通规划实施的有效性和可靠性。它实际上是通过规划实施状况的分析来对规划理论进行总结、反思与改进,是一个积累规划经验、改进规划方法、丰富规划理论的过程。城市公共交通规划后评价指标体系如表 5-1 所示。

城市公共交通规划后评价指标体系 表 5-1

子系统名称	指 标	单 位
社会经济发展	人口	万人
	人均 GDP	万元
	人均日出行次数	次/(人·日)
	第三产业 GDP 比重	%
公交建设发展	居民 90%位出行时耗	min
	万人公交车标台数	标台/万人
	公交站点覆盖率	%
	平均换乘系数	—
	公交出行比例	%
	公交线网营运密度	km/km^2
	主干道公交车平均车速	km/h
	公交优先路段比例	%
	公交优先交叉口比例	%
	公交首末站密度	个/km^2
	停车场保养场服务能力	标台
	换成枢纽高峰小时集散能力	人/h
运营状况	运营成本	元/(标台·km)
	利润率	%
	政府资金累计投入	万元
	社会资金累计投入	万元
社会效益	节约出行时间价值	万元/年
	公交线路沿线土地增值	元/亩
	公众对公交服务满意度	—
环境	路段空气质量超标率	%
	交叉口空气质量超标率	%
	干道交通噪声超标率	%
	交叉口交通噪声超标率	%
	公交车尾气达标率	%
资源	交通时空资源消耗指数	m·s
	单位客运周转量燃油消耗	kg/(人·km)

由表5-1可以看到，很多指标必须通过城市交通一卡通大数据才能计算得知。随着城市交通一卡通大数据的发展，建立基于城市交通一卡通大数据的公共交通规划后评价模型是发展趋势。

5.1.4 交通运行态势评估

城市交通运行态势评估利用城市交通一卡通大数据进行出行规律分析、出行人群需求、跨区人群出行习惯分析和辅助决策分析，可为政府管理部门的交通规划、交通产业升级发展、公众的智慧出行等方面提供科学的决策依据，对于推进城市公共交通的智能化管理、建设智慧城市有着重要的意义。表5-2所示为交通一卡通指标评价体系。

交通一卡通指标评价体系 表5-2

出行规律分析	终端分析	终端安装量趋势分析	数量
		新增终端安装量地市分布	数量/地区，比例%
		活跃终端地市分布	台/地区，比例%
		消费终端行业分布	台/行业
		终端使用频次分布	次数，比例%
	发卡分析	全省发卡量趋势分析	数量，张
		各地市累计发卡量占比结构分析	比例%
		活跃卡量地市分布	张/地区
		不同类型的票卡各地市发行量分布分析	张/类型，人群特征
		不同年份发行的票卡的活跃度分析	张/年份
		不同使用年限的活跃卡数量对比分析	张/年份，活跃
		活跃率的发展趋势分析	比例%
出行人群交易需求	充值交易分析	全省充值交易趋势分析	无量纲
		全省跨区充值交易趋势分析	笔数
		充值交易各地市构成分析	笔数/地区
		跨区充值交易各地市构成分析	比例%
		充值交易各地市分布	比例%
		各地市不同充值模式的充值交易量对比分析	笔数，金额/模式
		不同余额段的卡数量对比分析	数量，比例%
		不同充值频率的卡数量对比分析	无纲量
		跨区充值的出入对比分析	比例%

续上表

出行人群交易需求	消费交易分析	全省消费交易趋势分析	数量,交易笔数
		全省跨区消费交易趋势分析	交易笔数/跨区
		消费交易各地市构成分析	比例%
		跨区消费交易各地市构成分析	比例%
		各地市不同行业的消费交易量对比分析	交易量/行业
		各地市不同行业的跨区消费交易量对比分析	交易量/行业跨区
		各地市工作日与非工作日消费交易量对比分析	比例%
		各地市工作日与非工作日跨区消费交易量对比分析	比例%
		各地市高峰时段的消费交易对比分析	比例%
		各地市高峰时段的跨区消费交易对比分析	比例%
		各地市不同消费频次的卡数量对比分析	比例%
		各持卡人群不同消费频次的卡数量对比分析	比例%
		不同持卡人群的消费交易构成分析	比例%
跨区人群出行习惯分析	跨区出行分析	月度跨区交易的卡数量趋势分析	数量/跨区月度
		工作日与非工作日跨区交易的卡数量趋势分析	比例%
		各地市票卡跨区通行次数分布	比例%
辅助决策	公共政策分析	消费交易优惠金额趋势分析	交易额(元)
		不同持卡人群的消费交易优惠金额分布	比例%

5.2 城市交通管理

5.2.1 交通态势指标提取

(1)根据多种交通规律分析,提取较大程度影响交通运行态势指标(表5-3)。

(2)根据交通运行态势指标,宏观分析交通运行现状(表5-4)。

交通态势指标提取　　表5-3

交通流畅通运行状态分类	道路服务水平	城市道路平均行程速度(km/h)			
		Ⅰ	Ⅱ	Ⅲ	Ⅳ
非常畅通状态	A	>60	>50	>45	>30
畅通	B	45~60	35~50	33~45	25~30
轻度拥堵	C	35~45	25~35	23~33	20~25
中度拥堵	D	25~35	23~30	18~23	15~20
严重拥堵	E	<25	<23	<18	<15

交通运行现状 表5-4

＊＊年＊月＊日 周三	早高峰 (7:30—9:30)	平峰(6:00—7:30, 9:30—17:30,19:30—22:00)	晚高峰 (17:30—19:30)
路网分时段拥堵指数	5.07	2.01	4.33
路网分时段拥堵评价	轻度拥堵	畅通	轻度拥堵
路网全天拥堵指数	4.67		
路网全天拥堵评价	轻度拥堵		

5.2.2 交通管理分析

通过客流的预测,对于企业而言,可以对各线路配车、调度进行科学、合理优化,使运力的配置和调度符合线路客流需求;对于行业管理部门而言,可从全市线路的调整、线路停靠站点的调整出发进行优化配置,缓解客流拥挤,提高公交行业服务水平。

借助面向调度的客流预测信息,可以获得相对实时、可靠的分时段各站点客流量,并通过发班与线路、站点客流的匹配情况,以解决高峰期乘车、特大客流站点等为目标,及时调整车辆调度策略提高线路运输能力,同时也为公交的排班计划、运营调度提供辅助决策支持,实现对运营调度计划的不断调整优化。

利用客流分布系统掌握企业总客流在各线路的具体分布,客流量相对较高的线路可适当增加配车数;利用客流分布系统掌握每条线路客流在时间上的具体分布,方便进行科学的配班。图5-2所示为上、下行日均客流分布。

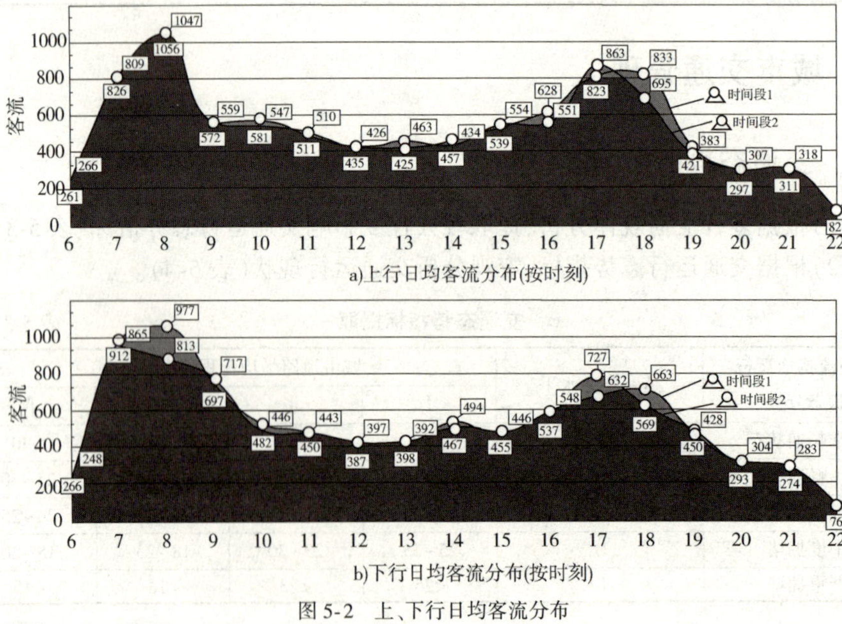

图5-2 上、下行日均客流分布

利用客流分布系统掌握各线路客流在时间、空间上的具体分布，监控线路的运作情况；通过监控最高峰时段和最高峰站点乘客乘车情况，及时优化调整运力，可以最有针对性、最有效解决各线路高峰乘车难的问题。

5.3　交通决策

通过对城市交通一卡通大数据的深入分析，实现定性管理与定量分析管理相结合，为交通管理决策提供可靠、准确的科学依据，并提高对道路交通的科学化管理水平，警务人员的现代化管理及交通意外事件的预案报警和快速反应能力，促进交通管理决策科学化。

5.3.1　路网整体运行状况的研判分析

通过对高清视频综合信息采集系统、公路车辆智能监测记录系统采集的车辆号牌信息和出租车的GPS数据的综合分析，得到不同路段的交通运行状况，并基于GIS地图进行展示，使交通管理者可以实时了解城市整体路网的运行状况；利用高清视频综合信息采集系统采集的车辆号牌信息进行OD数据的分析，得到车辆出行的OD矩阵，为路网规划、交通管理提供决策依据。

5.3.2　主次干道运行态势的分析

分析研判主次干道的交通运行态势，实现主次干道交通信息的综合显示，对主次干道路段车辆来源及密度进行研判分析，提出交通疏导、交通组织优化的建议；对主次干道交通拥堵状况、交通违法、交通事故进行关联分析，提出缓解交通拥堵、预防交通事故的对策建议。

5.3.3　交叉口综合信息管理与研判

通过对平台汇集的海量交通数据进行综合的研判分析，实现交叉口交通信息的综合显示，包括相位信息、视频信息、违法信息、交通流信息、过车信息等；实现交叉口交通量的双向对比分析、车型构成分析、违法类型构成分析、车辆来源构成分析等。

5.3.4　大型活动交通决策分析

大型活动包括奥运会、亚运会、世博会、大型文化体育活动、会展、商业促销活动、运动会等，通常参加活动的人数超过万人，且对城市正常交通形成严重影响。大型活动的举办丰富了居民物质文化生活，提高了城市国内国际影响力，也给城市发展带来了难得的机遇和巨大的经济效益。据统计,美国威斯康星州每年各种大型活动创造了110亿美元产值,并带来10亿多美元税收;美国运输业每年因大型活动而增加的经济效益超过700亿美元。韩国首都汉城(现名首尔)曾在1986年和1988年分别举办亚运会和奥运会,这两次重大赛事带来了整个韩国经济的景气,促使高科技电子信息产品成为韩国的支柱产业,这被称为"奥林匹克生产效应";2000年悉尼奥运会为澳大利亚带来超过200万的旅游者和近百亿美元的收益。同时大型活动的举办也给城市交通管理决策带来了巨大压力,奥运会主办城市的申办条件中,城市交通状况及保障是其中的重要一项评价指标,北京在申奥文件中就提出"保证所有体育馆之间出行30分钟到达",为实现这一目标,北京奥运会制定了很多措施实现交通的通达性。

大型活动引发的交通需求量大且时间集中,交通流的时空分布十分不均,且出行迄点单一,存在"多源单汇"网络流特征,因此大型活动交通组织管理存在艰巨性、复杂性、临时性等挑战。艰巨性体现在大型活动带来的巨大交通流量是城市正常交通无法相比的,同时城市交通网络的建设目的主要是为城市正常交通服务,其通行能力和网络布局往往不适应大型活动交通需求,因此,与城市正常交通的交通组织管理相比,大型活动的交通组织管理是一项艰巨的任务;复杂性体现在大型活动交通组织管理需要考虑众多因素,既要保证活动优先级别参与者的出行安全及顺畅、又要满足普通参与者和非活动出行者的基本交通要求,因此,在大型活动组织管理中,需要系统地综合运用各种交通组织措施,既有需求管理措施,也有系统管理措施,还有交通信息搜集和及时发布等技术;临时性体现在大型活动的交通组织管理措施大都是临时措施,随着活动的结束,这些管理措施也将取消。临时性的交通管理措施主要影响的是路网上的既有流量,而且会改变居民的正常路径选择行为,因此在交通组织管理方案的制定和评价中要充分考虑这一特性。

城市交通一卡通大数据可以向大型活动提供交通出行数据,为大型活动举行期间的交通管理与交通决策提供服务。

通过大型活动的公交出行历史数据,进行大型活动的公交出行分析,结合活动安排及所在区域的人口和线路站点分布,建立大型活动本地观众生成及分布预测模型,为活动举办过程的公交流量进行提前预测,并做出可靠出行预案以供相关部门决策指引。

5.3.5 交通企业燃油补贴测算依据

为了化解国内成品油价格不断上涨给道路运输业带来的经济压力,国家自2006年开始对城市公交、农村客运车辆、出租车的经营者给予财政补贴。当国家确定的成品油分品种出厂价,高于2006年成品油价格改革时的分品种成品油出厂价(汽油4400元/t、柴油3870元/t)时,启动补贴机制;低于上述价格时,停止补贴。截至2012年底,国家财政部已累计核发城乡道路客运成品油价格补贴资金1274亿元,2009年239.2亿元,2010年417.8亿元,2011年617亿元。政策实施以来,其对降低经营者成本,提高其抗风险能力和经济效益,促进客运市场健康发展发挥了重要作用。

我国的燃油补贴政策规定,补助用油量由交通运输部门根据客运车辆经营者实际拥有的车辆数量、车型和行驶里程等,计算核定在一个补贴年度内实际营运消耗的成品油数量,车辆燃油消耗量明细如表5-5所示。事实上,由于受到经营方式以及管理制度等因素的限制,具体执行此政策的交通运输部门很难有效掌握营运车辆的实际用油量数据,往往只能被动地根据车辆的营运类型、营运时间和营运线路来测算,最终导致补贴资金并不是按照实际用油数量核定,而是相同营运类型的车辆按照同一标准计算,例如城市公交根据规定标准结合标台和营运天数核定,每标台具有固定的补贴金额。这种补贴机制缺乏强有力的监管,造成了一些漏洞,使得不法分子千方百计套取国家的燃油补贴。虚报公交车用油财政补贴的手段归纳起来主要有四种:以停运的公交车辆虚报财政补贴、以转让的公交车辆虚报财政补贴、以非公交车辆虚报公交车财政补贴以及以小型公交车辆抵大型公交车辆虚报财政补贴。

车辆燃油消耗量明细　　表5-5

序号	车辆信息										运营信息		行驶里程(公里)			平均燃料单耗(升/百公里)				全年燃料消耗总量(升)			
	车牌号	营运证号	车辆型号	车龄(年)	排放(标准)	车长(米)	发动机功率(千瓦)	燃料类型	变更情况	标台数	年运营期限	实际运营天数	年初公里(表里程)	年末公里(表里程)	全年行驶里程	汽油	柴油	天然气	液化气	汽油	柴油	天然气	液化气
合计																							

鉴于此,制定科学合理公正的城市公交燃油补贴测算方法,建立适合区情的公交燃油补贴管理机制和加强公交企业的运营绩效考核是交通运输部门不断探索的重要课题。

针对公交、道路客运企业、出租车车辆，借助城市交通一卡通数据可准确统计其在运营车辆数量、实际运营天数、车辆载客数量等数据，从而提高耗油量统计的准确性，为政府部门科学、公正地发放燃油补贴提供数据支持，避免国家燃油补贴资金被套取。

5.3.6 特殊人群优惠补偿测算依据

城市公共交通是一项关乎民生的社会公益事业，其对老年人、学生、残疾人、抚恤优待对象等特殊人群的票价优惠是人民群众享受改革开放成果的一种社会福利，是社会文明进步的表现。

在北京，使用市政交通一卡通最高可享受5折优惠，其优惠政策具体如下：在自然月内，乘客乘车使用市政交通一卡通支出累计满100元后，超出部分给予8折优惠；满150元后，超出部分给予5折优惠；支出累计达到400元后，不再享受打折优惠。地面公交起步10公里内每人次2元，以后每增加5公里加价1元，普通卡实行5折优惠，学生卡实行2.5折优惠。在广州，一个自然月内，持同一张羊城通卡乘坐公交或者地铁次数累计15次后（公交地铁乘坐次数可合并计算），从第16次开始乘坐公交或者地铁均可享受票价6折优惠，每月累计次数不跨月计算。在上海，如果在坐地铁之前两小时内，使用公交卡坐过带换乘优惠的公交车，则坐地铁时能享受优惠1元，反之亦然；如果在一个自然月内，在轨道交通中的刷卡额达到70元，则该月70元之后的消费享受9折优惠。且这两种优惠可以叠加。

利用城市交通一卡通大数据可对公共交通企业给予老年人、学生、残疾人、抚恤优待对象等特殊人群的票价优惠额、使用次数等数据进行统计，根据统计数据，估算政府部门每年应给予公共交通企业补偿金额，做到补贴发放金额有理有据，如表5-6所示。

特殊人群优惠补偿发放依据　　表5-6

地区	类　别	消费总笔数(笔)	消费实价金额(元)	消费原价金额(元)	差价额(元)
广州	长者	294218138	74919053.25	631306403.4	556387350.1
	残疾人	11447847	4692000.56	25947419.34	21255418.78
	学生	141974290	196521242.6	363477663.1	166956420.5
佛山	长者	222402	406619.77	695742.37	289122.6
	残疾人	11131	22138.7	44400.7	22262
	学生	616982	1191499.97	1702142.81	510642.84
江门	长者	16586053	3362230.4	28241309.9	24879079.5
	残疾人	102	218.25	422.25	204
	学生	14135555	16853522.81	33707045.62	16853522.81

续上表

地区	类　别	消费总笔数(笔)	消费实价金额(元)	消费原价金额(元)	差价额(元)
肇庆	长者	992235	16253.7	2000723.7	1984470
	残疾人	71881	410.4	144172.4	143762
	学生	3716215	5150151.41	6437689.26	1287537.85
韶关	长者	396	742.5	825	82.5
	残疾人	22	41.4	82.8	41.4
	学生	6594	12180.69	13534.1	1353.41
合计		483999843	303148306.4	1093719577	790571270.3

5.3.7　措施制定服务支持

对不同线路、不同站点客流量进行统计，根据客流量分析结果，为线路、站点撤并提供出行影响分析，如图 5-3 所示。

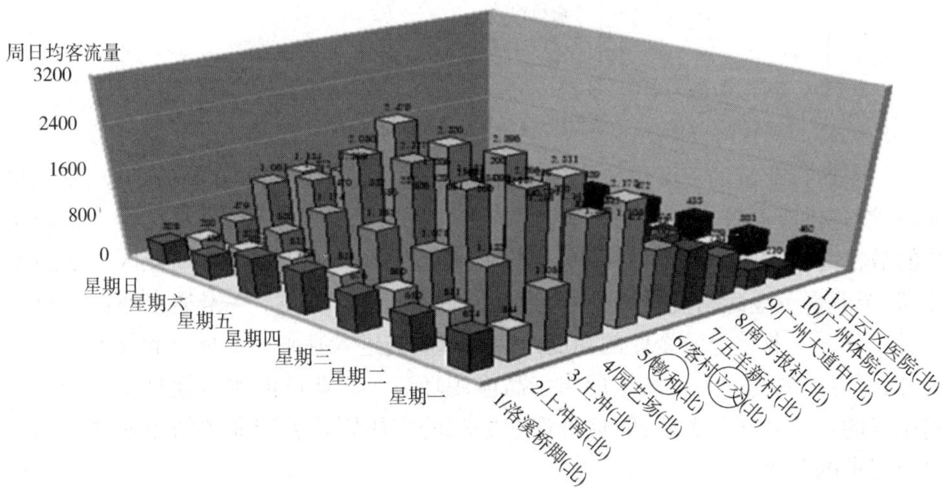

图 5-3　道路途经站点客流周规律分析

5.4　一卡通产业链服务

5.4.1　一卡通产业链

国家政策的支持和城市发展产生的巨大需求使得我国一卡通产业发展迅速，目前一卡通产业基本具备了产业链的各个生产要素，如图 5-4 所示，包括芯片制造、系统集成、方案提供、卡片封装、终端研发、一卡通运营及业务市场等关键环节。一卡通产业链是指以一卡通系统研发和应用为中心而衍生出来的上下游供应链,是一卡通研发行业、一卡通运营企业、金融机构等一系列相关企业及行业组织的关联体。交通一卡通产业链按功能分类可分为 3 类:技术类、服务类和公共组织类。

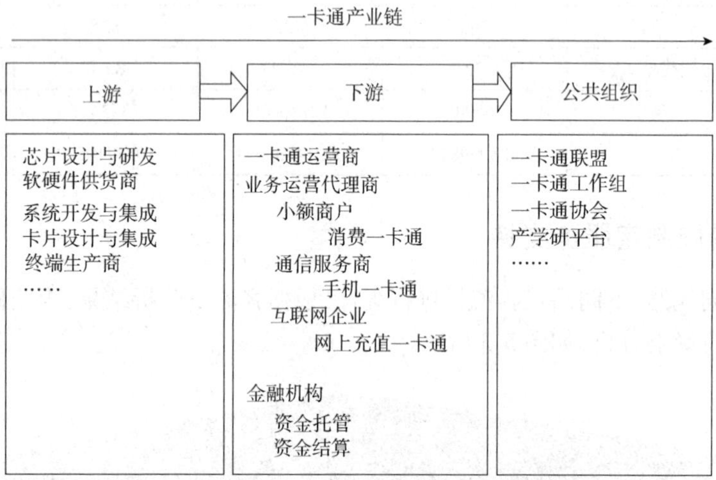

图 5-4　一卡通产业链

一卡通行业链的上游供应商包括智能卡、芯片及电子元器件制造企业、系统集成商、设备供应商等,而其下游的应用领域非常广泛,即一切对公共交通一卡通系统的潜在需求均能构成下游用户,如一卡通运营商、小额消费商户、社区一卡通运营商、企业一卡通运营商、校园一卡通运营商等,它们构成了一卡通产业链的重要组成部分。产业链上游企业的功能是使得产业链进入基础产业环节和技术研发环节,向下游拓展则进入市场拓展与产品应用环节。产业链的实质就是位于产业不同位置的企业之间的关联,而这种产业关联的实质则是各产业中的企业之间的供给与需求的关系。

一卡通产业链运转过程将产生一系列数据,这些数据来自一卡通上游供应商、下游用户等,通过对这些产业链数据进行分析,将形成一卡通产业数据服务链,为产业升级、优化布局、提升效率等方面带来效益。

5.4.2　一卡通运营服务

运营是对运营过程的计划、组织、实施和控制,是与产品生产和服务创造密切相关的各项管理工作的总称。在当前大数据时代的背景下,运营方式也从传统探索型的运营方式转换为数据运营。数据运营是指运营者利用各种数据采集方式采集所需数据,通过对数据的分析挖掘,把隐藏在海量数据中的信息作为运营模式、策略的依据,从而提高运营的效果。

数据充斥在运营的各个环节,所以成功的运营一定是基于数据的。在运营的各个环节,都需要以数据为基础。当养成以数据为导向的习惯之后,做运营就有了依据,不再是凭经验盲目运作,而是有的放矢;当有了足够的数据之后,可以不再依赖主观判断,而让数据成为裁判。理想情况下,如果能够追踪一切数据,那么所有的决策都可以理所当然地基于数据。在企业中,人们从整体战略到目标设定,到驱动商务运营的方法,最后采用一定的度量来衡量数据运营的效果。数据在运营中的作用是巨大的。不同层面的人,需要对数据做不同的操作。城市交通一卡通大数据在一卡通运营环节提供的服务也会因为服务对象的不同而有不同的服务。

作为一卡通产业链中的重要服务方,一卡通运营企业涉及的服务环节过程包括了机构发卡、初始化、充值、消费服务、客服服务、营销服务、业务渠道建立、技术维护等,在运营服务的各个环节均能产生大量相关联数据,这些不同环节的数据聚集将形成巨大的分析价值,可为一卡通运营业务或战略调整提供科学的分析报告。

5.4.3　一卡通运营环节分析

1)发卡系统

(1)发卡现状分析

对发卡量、发卡结构、活跃卡分布等进行统计分析,了解发卡量的增长变化情况、各地区的发卡数量、活跃卡的占比情况等信息,发卡数据分析如图5-5~图5-8所示。

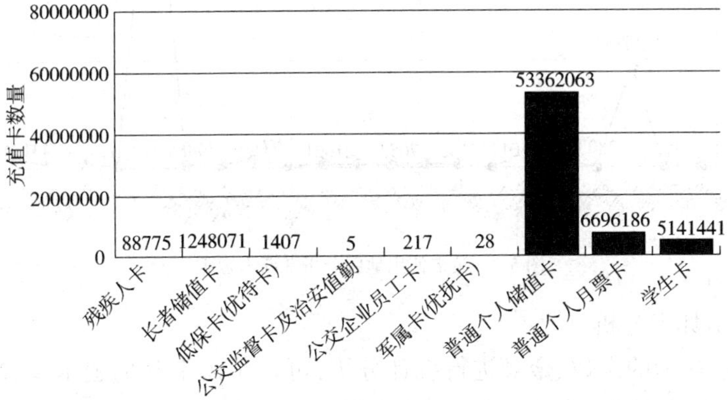

图5-5　卡类型分析

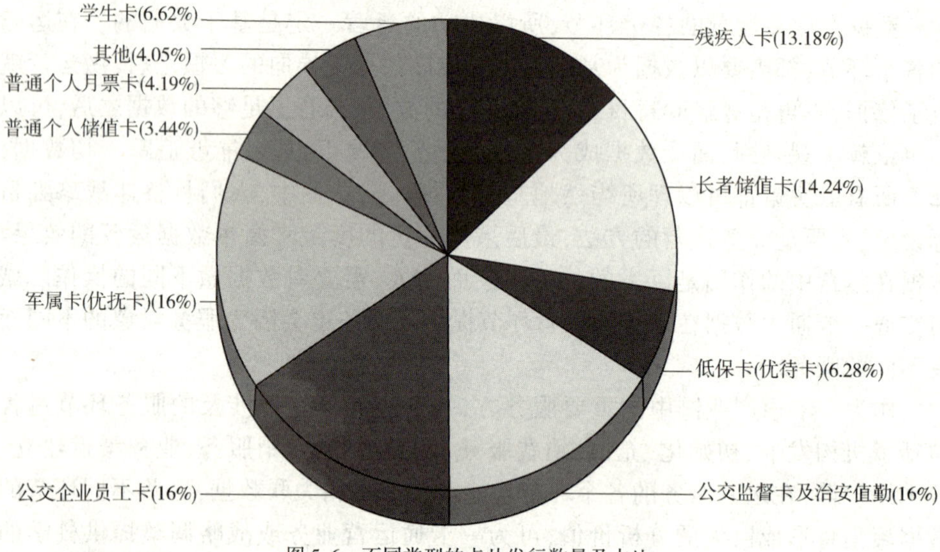

图 5-6　不同类型的卡片发行数量及占比

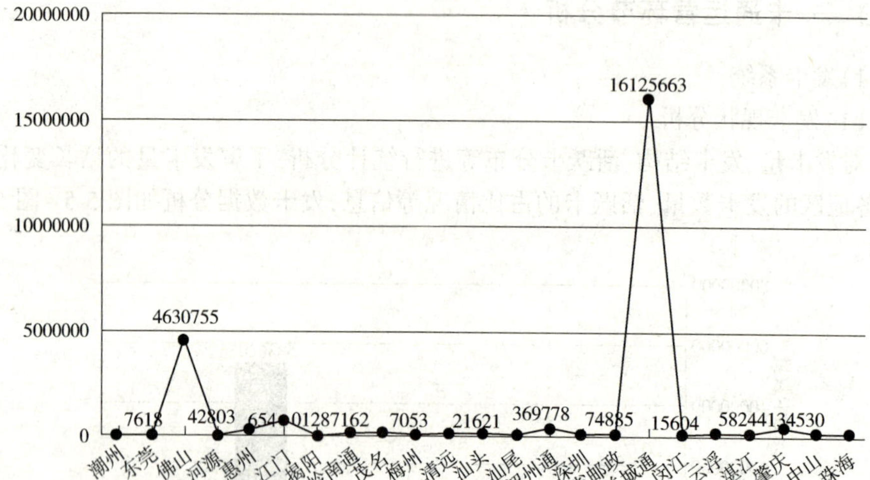

图 5-7　按卡使用地区分析活跃卡数据

(2)退卡坏卡分析

对退卡、坏卡的次数、金额进行统计分析,可以了解卡片的退卡率、坏卡率,协助进行卡片质量管理。表 5-7 所示为退卡坏卡统计表。

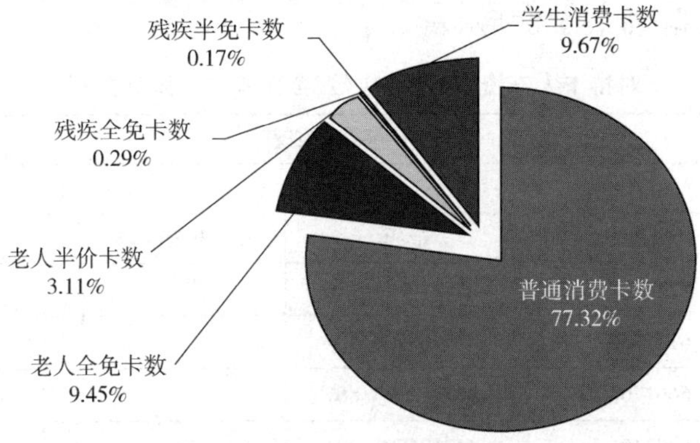

图5-8 活跃卡类型占比

退卡坏卡统计分析 表5-7

退卡明细表				
退卡交易			退充值金	
次数	退押金为零数量	退押金	次数	金额
21844	4426	522530.00	21844	695690.14
25736	6326	582300.00	25734	857541.04
29654	7011	679290.00	29653	994797.33
29956	8493	643890.00	29.937	1023507.77
39291	15381	717300.00	39069	1392596.70
34848	7584	817920.00	34846	1072047.66
40260	8178	949280.00	40259	1454763.61
37575	8507	842010.00	37574	1365173.89
33993	8030	747850.00	33993	1239033.07
32278	7890	688680.00	32278	1198774.60
30696	7779	639350.00	30696	1161105.76
102	10750	1102.00	244	23480.00
356233	100355	7831502.00	356127	12478511.57

2)充值系统

充值系统是城市交通一卡通系统的重要组成部分,主要功能是实现持卡人用户为智能卡充值、查询功能。对充值系统产生的数据进行分析挖掘可以提供以下服务。

(1)充资、移资分析

对持卡人充资、移资的次数、金额等进行统计分析,为交通运营企业提供金额异动管理提供数据，如表 5-8 所示。

对持卡人充资、移资的次数、金额等进行统计分析　　表 5-8

充资、移资明细表				
月份	充值			
	次数	金额	撤销次数	撤销金额
1	5244242	358219041.07		
2	6112746	425903790.38		
3	6661768	460454954.86		
4	6403406	442106021.90		
5	6672516	461367236.92	5	450.00
6	6465980	445128364.53	1444	116582.00
7	7766631	477590210.31	4028	388940.00
8	6927766	463657944.17	3244	311932.00
9	7123460	484568121.31	3529	338918.00
10	7032178	478648903.78	3581	344268.00
11	6969132	479319224.26	3619	351480.03
12	26129	234960.00	207874	14319889.98
全年合计	73405954	4977198773.49	227324	16172460.01

(2)充值概况

对各地区的充值笔数、充值金额变化进行分析，了解各个地区充值状况。对各地区的充值终端进行分析，了解终端的分布情况(图 5-9、图 5-10)。

(3)充值方式分析

充值方式分为人工充值、自助充值、网上充值、NFC 充值等方式，对充值方式的喜爱度和变化情况进行分析，可以帮助一卡通运营企业优化充值网点的布局，制定对应的措施引导用户的充值方式。图 5-11 所示为充值方式使用频次占比。

(4)充值习惯分析

对持卡人充值时当前的卡片余额、上一次消费时间、下一次消费时间进行分析统计，了解用户的充值习惯。充值周期分析如图 5-12 和图 5-13 所示。

3)消费系统

(1)消费终端分布

对消费终端的分布数据进行统计分析，了解消费终端在各个地区的分布情况，挖掘各地市业务拓展的可行性。消费终端分布如图 5-14 和图 5-15 所示。

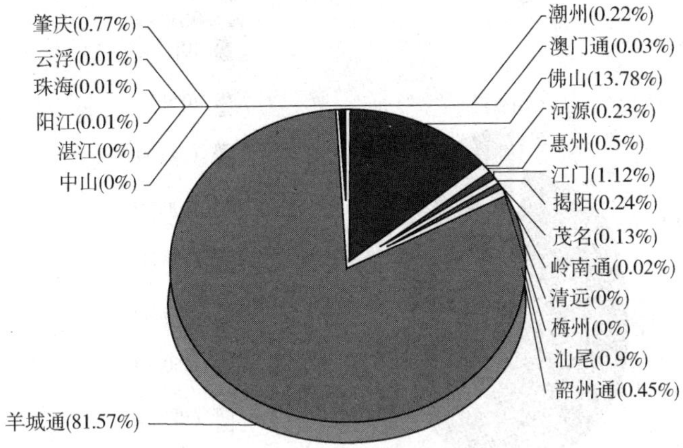

图 5-9 按卡发行地区分析充值笔数

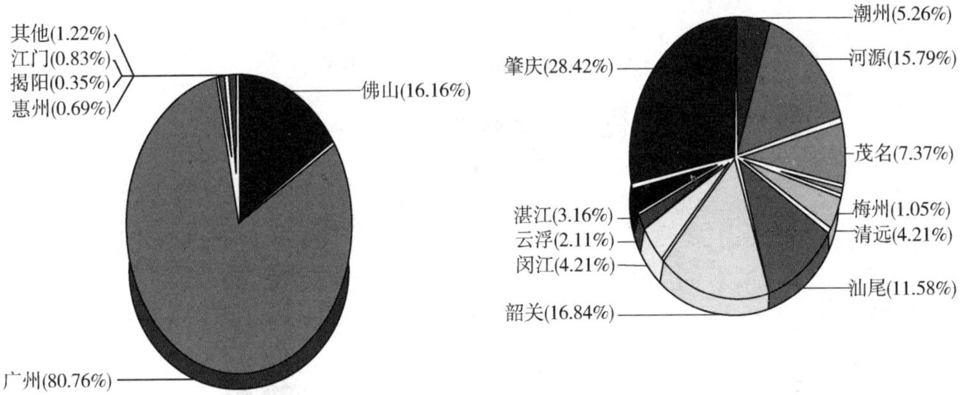

图 5-10 充值终端分布

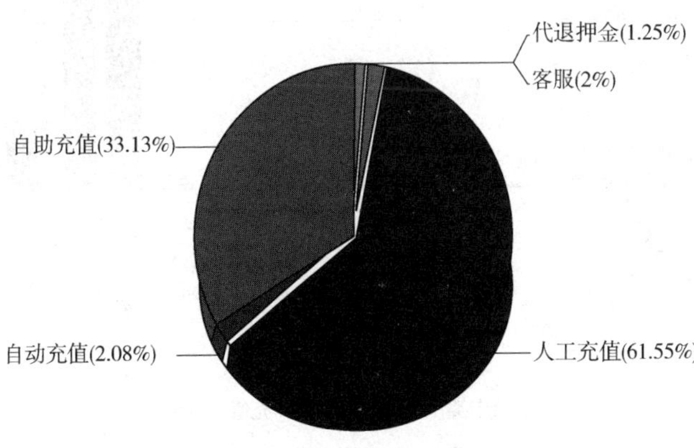

图 5-11 充值方式使用频次占比

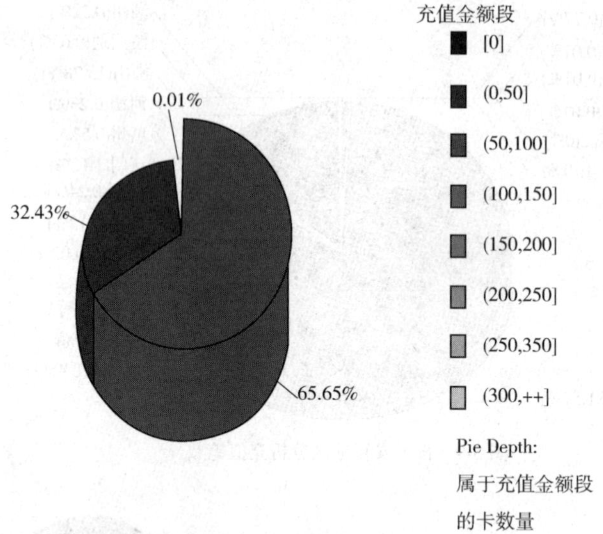

a)按充值金额段分析充值次数和充值卡数量

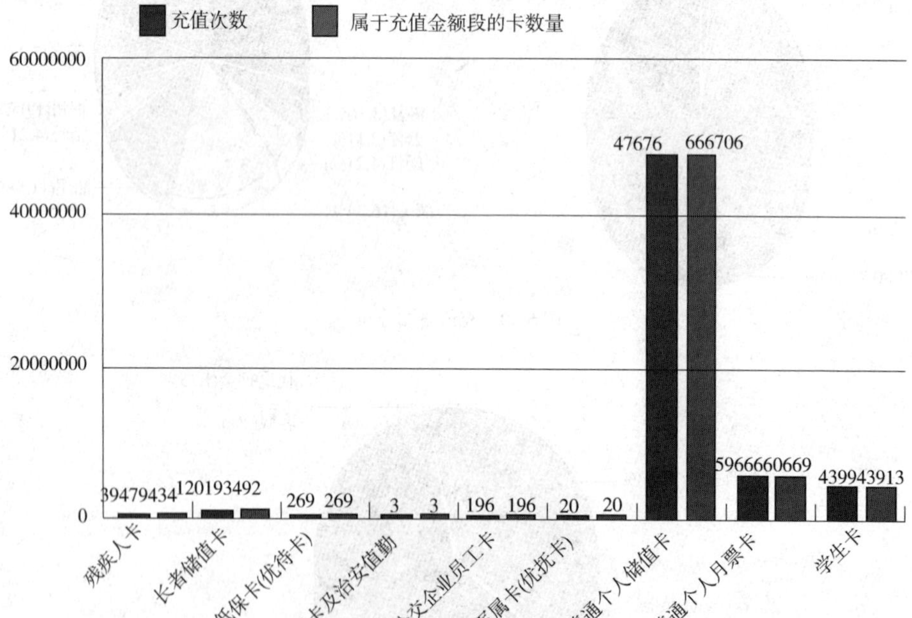

b)按卡类型分析充值次数和充值卡数量

图 5-12　充值周期分析

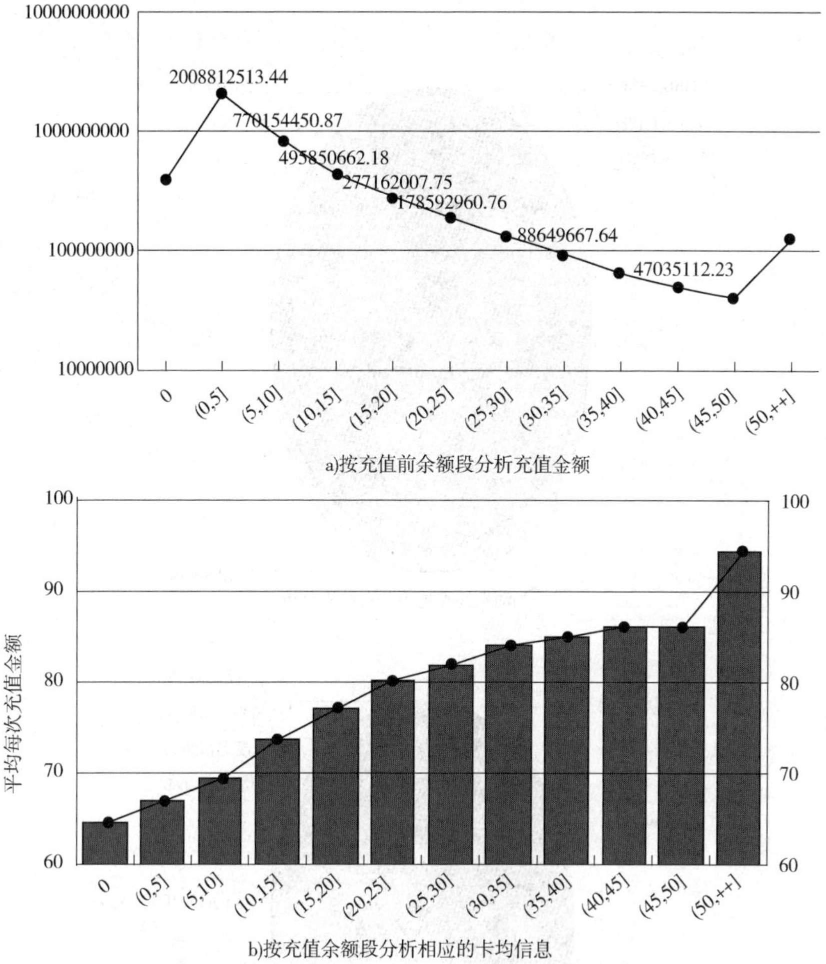

图 5-13　充值余额段

(2)财务管理

对卡片日充值、消费笔数和金额进行统计分析,有助于运营公司内部财务的管理,如图 5-16 所示。

(3)消费金额交易构成分析

对各类持卡人的消费笔数、金额进行统计分析,了解持卡人的消费构成,深入挖掘哪类人更倾向于使用交通卡进行支付,那些不使用交通卡进行支付的原因是什么,从而为提高交通卡的使用黏性提供策略支持。不同持卡人群的消费金额交易构成分析,如图 5-17 所示。

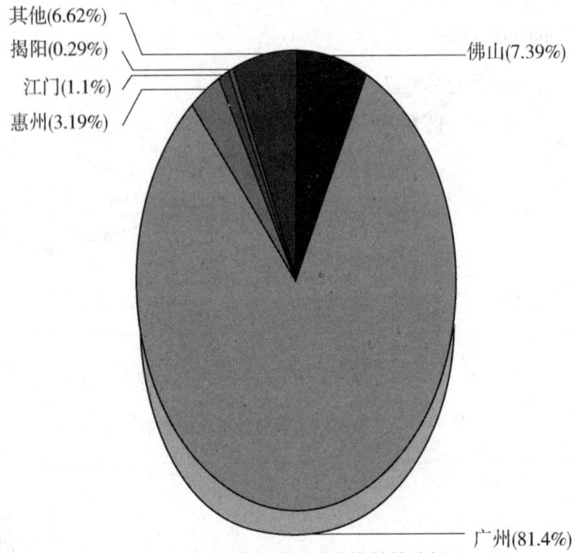

a)消费终端地市分布结构分析

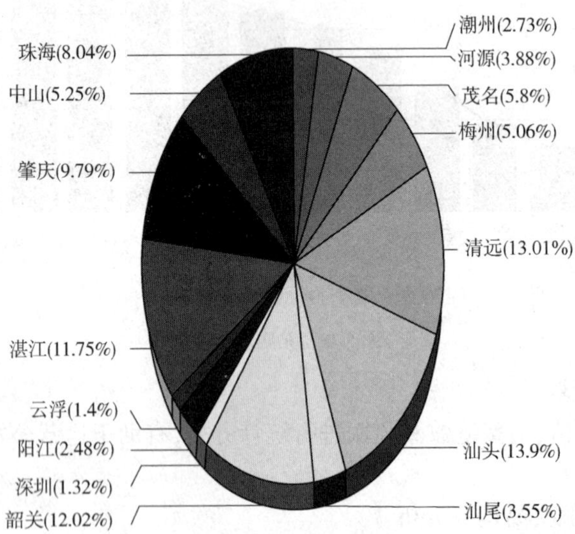

b)消费终端其他地市分布结构分析

图 5-14　消费终端分布

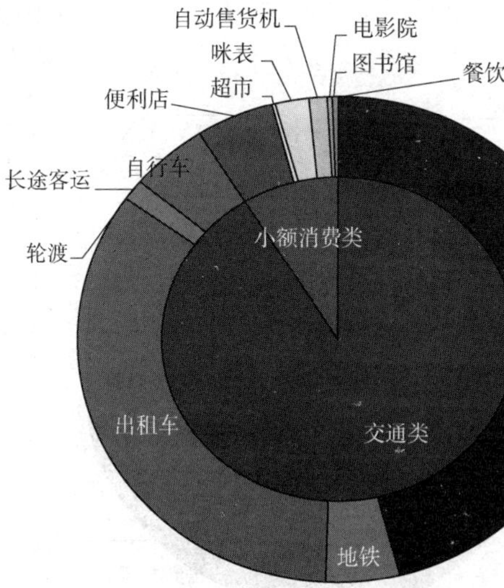

图 5-15 各领域消费终端比例

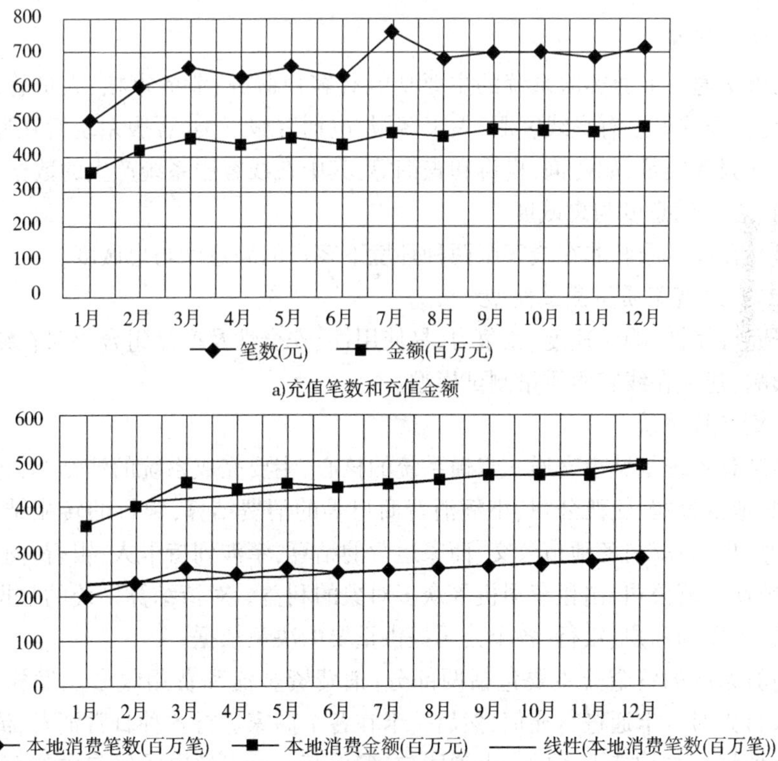

图 5-16 卡片日充值、消费笔数和金额统计分析

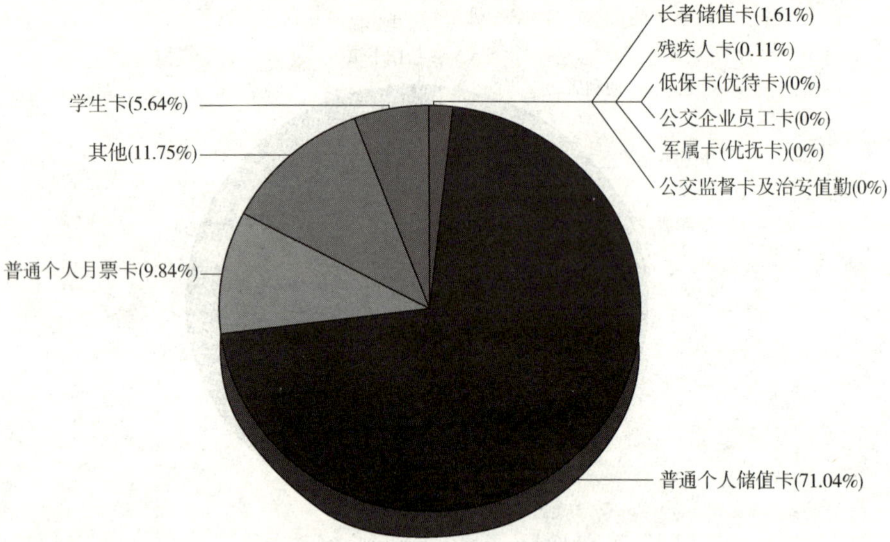

图 5-17　不同持卡人的消费金额交易构成

4）客服系统

城市交通一卡通客服系统的主要功能有客户服务、业务审核、人员管理、业务汇总等，客服的渠道有在线客服、人工客服、电话客服三类，客服系统旨在通过客服中心改善服务质量，如咨询、投诉和查询等，其中在线客服系统产生的数据最多。

（1）客户满意度与忠诚度

研究在线客服和非在线客服两种环境下客户的满意度与忠诚度。

（2）在线客服质量测试模型

研究可靠性、响应速度、竞争力、易使用性、安全性及产品组合等对在线客服质量的影响，建立在线客服质量测试模型。

5）清结算系统

清结算系统是城市交通一卡通系统的核心，主要完成系统的清结算，包括与公交公司、地铁公司、轮渡公司、小额消费商户等的消费结算，银行的转账结算，与持卡人的账户结算，与各地市公交、商家运营的结算，牵涉到持卡人、银行、商户、公交公司、地铁运营公司、出租车司机等众多对象的利益。对清结算系统的数据进行统计分析，可以为商户、银行、各个公司提供重要的决策依据。

清算系统的资金流主要包括两部分：消费资金流和费用收缴及发放资金流。持卡人首先对一卡通进行充值，然后持卡在各个商家进行各种日常消费，清算系统根据充值记录维护持卡人的一卡通账户，确保其与一卡通电子钱包内的金额一致；同时根据消费记录维护一卡通账户和统计各商户的营业额，通过银行转账的方式，将商户的营业收入划拨到商户对应的银行账户，这样资金由持卡人银行账户最终流向了商户的银行账户，清算系统将确保资金收缴和发放的正确性。

清算模型的资金平衡是清算模型的关键。清算模型的资金平衡是指流入清算模型的资金和流出清算模型的资金应当是相等的，但要满足这个条件时，持卡人电子钱包的余额必须为零；然而在系统运行期间，资金会不断地流入清算模型内，却不会立刻全部流出清算模型，部分资金会滞留在清算模型内，因而清算模型的资金平衡指流入清算模型的资金应当等于流出清算模型的资金与滞留在清算模型内的资金之和，用 M_{input} 来代表流入的资金，M_{output} 来代表流出的资金，M_{stay} 来代表滞留在清算模型内的资金，清算模型的资金平衡可表示为式(5-1)。

$$M_{\text{input}} = M_{\text{output}} + M_{\text{stay}} \tag{5-1}$$

清算模型中的输入资金包括各种充值方式的充值总金额，输出资金即为商户的营业总额。将各种费用收缴都看做一种消费，相应的部门也看做商户对待，式(5-1)代表了整个清算模型的资金平衡标准。

清结算系统的功能和清算模型如上所述。然而，城市交通一卡通在使用过程中难免会存在这样那样的问题，导致清算模型资金的不平衡，一卡通大数据中的清结算数据可以提供如下服务。

(1)清算模型资金不平衡分析

针对清算模型内资金不平衡的现状对清结算数据进行分析挖掘，探究造成这种现象的原因，统计常见的几种原因，并针对这些原因改善相应的城市一卡通设施，提高城市交通一卡通系统的服务满意度。通常造成清算模型资金不平衡的原因有消费流水的重复上传、消费流水的丢失、黑记录等。

(2)资金流动态分析

针对清结算模型内的各种清结算资金，分析资金流的变化情况，从而了解商户的运营情况，针对那些运营状况不佳的商户，提出运营优化建议。

5.5 一卡通应用服务领域分析

5.5.1 公共交通

城市交通一卡通的主要应用范围集中在公交、地铁、出租车、道路客运等公共交通领域，在公共交通领域，城市交通一卡通大数据服务主要体现在运营企业的管理和运营的优化上。

运营企业管理方面，大数据服务体现在运营成本的分析、承载能力的分析和服务能力的分析，通过采集而来的数据为公交公司、地铁公司、出租车公司提供准确、全面的运营状况信息,从而帮助公共交通运营企业诊断运营漏洞,优化资源配置,提高公交、地铁、出租的运行效率,从而为出行者提供安全、通畅、便捷的交通服务。例如,面向不同公共交通工具,对刷卡时间、类别、频率、数量等数据进行统计分析,分析不同类型公共交通工具承载能力;面向不同公共服务工具,对刷卡时间、类别、频率、数量等数据进行统计分析,分析不同类型公共服务工具服务能力;面向不同长途客运工具,对刷卡时间、类别、频率、数量等数据进行统计分析,分析不同类型长途客运工具的出行比例、承载能力;通过多种运输方式的交通一卡通联合服务,对购买票卡、候车前置时间等数据进行统计分析;通过交通卡在多种交通工具使用数据,承担多式联运优惠值测算,进一步促进公共交通使用率。

运营优化方面,大数据的服务主要体现在客流匹配、线路优化上,通过对交通一卡通刷卡数据、视频数据的分析挖掘,了解当前的客流分布状况与交通工具的运载情况,从而进行客流匹配,实现运营的优化。例如,结合公交 IC 卡数据和公交 GPS 数据,可分析公交系统的运行可靠性和服务水平。

1)成本分析

(1)对各公交企业、各条线路、月度成本本期、上期和同期运营成本的对比分析。

(2)对不同企业在各个月份本期、上期和同期车日营运成本的分析。

(3)根据企业报送数据,对各企业在各月份成本结构分析,并可做同比、环比分析。

(4)对各公交企业、各月份本期、上期和同期运营收入的对比分析,每月日均营运收入分析,每月车日收入分析对比等,同时也可对企业、线路的有关利润进行月度的分析或日均的分析。成本分析如表 5-9 所示。

成本分析 表 5-9

月份	企业名称	运营成本(万元)				
		本期	上期	上期环比(%)	同期	同期环比(%)
2010 年 01 月	A 巴士有限公司	6112.8	9584.58	−36.22	6074.85	0.62
2010 年 01 月	B 巴士有限公司	8081.33	7249.33	11.48	5676	42.38
2010 年 01 月	C 巴士有限公司	4282.44	5034	−14.93	3528.64	21.36
2010 年 01 月	D 巴士有限公司	5197.35	6390.06	−18.67	5140.46	1.11
2010 年 01 月	E 巴士有限公司	3455	3498.02	−1.23	3051.37	13.23
2010 年 01 月	F 巴士有限公司	9346	9802	−4.65	0	无
2010 年 01 月	G 客运有限公司	1740.65	1840.57	−5.43	1500.55	16.00
2010 年 01 月	H 巴士服务有限公司	3188.71	2744.92	−16.17	1960.08	62.68
2010 年 01 月	F 巴士有限公司	1015.88	1187.91	−14.48	865.03	17.44

2）线路客流规律分析

（1）对各企业不同日期、不同时段的客流占比分析，分析各企业客流在整个行业客流的比率，统计客流的整体分配情况。

（2）不同企业在同一日期或时段客流分析对比。

（3）对自定义线路组合两个指定日期段客流对比分析，可分析比较各年春运、五一黄金周客流变化，高峰期变化，下雨天和晴天对比。

（4）分析各线路、各企业不同发班类型的客流量，图5-18所示为企业客流日规律分析。

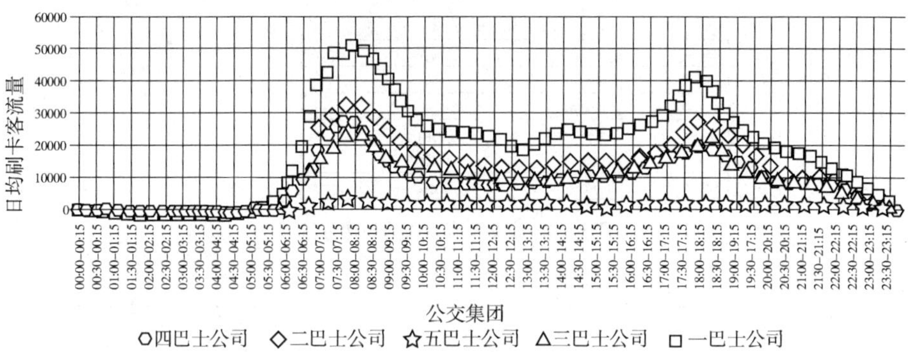

图5-18 企业客流日规律分析

3）线路发班规律分析

（1）在不同时间段，可对不同线路组合车辆发班规律进行统计分析。

（2）可对不同时间段、不同线路的车辆发班类型进行统计分析。

（3）对不同类型、不同车辆进行预警线路、次数统计分析。

（4）对不同企业、类型、线路出车率进行统计，对低于预警线的企业或线路进行预警，调整配车数量，如图5-19所示。

4）客流匹配分析

（1）对不同区域、不同线路组合、企业、线路任意日期段周规律发班与客流匹配分析，从而调整发班趋势，与客流的趋势一致比较合理。

（2）对单条线路、不同区域、线路、企业组合，在不同时间发班与客流匹配趋势分析。

（3）对线路发班规律与运能客流进行匹配分析。

（4）根据线路班次进行客流分析。

（5）对道路途经站点、线路途经站点、站点组、站点班次在任意日期、任意时间段内与客流趋势对比的周规律分析。

（6）调整线路发班趋势与客流趋势一致比较合理。图5-20所示为高峰期线路日均发班客流匹配图，图5-21所示为线路发班运能客流匹配图。

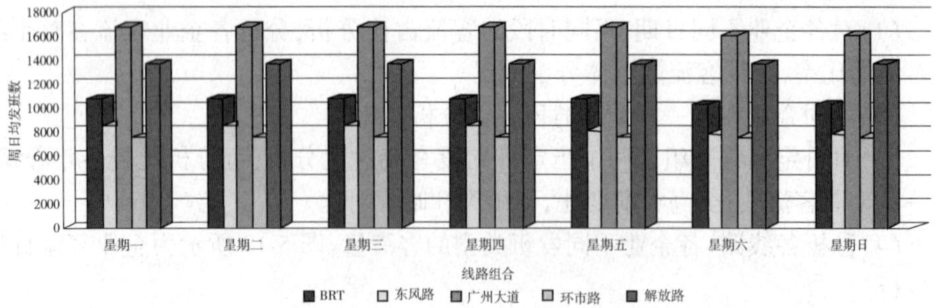

周	线路组合	发班数	周日均发班数
星期一	BRT	10637	10637
星期一	东风路	8385	8385
星期一	广州大道	16649	16649
星期一	环市路	7503	7503
星期一	解放路	13644	13644
星期二	BRT	10716	10716

图 5-19　线路组合发班周规律分析

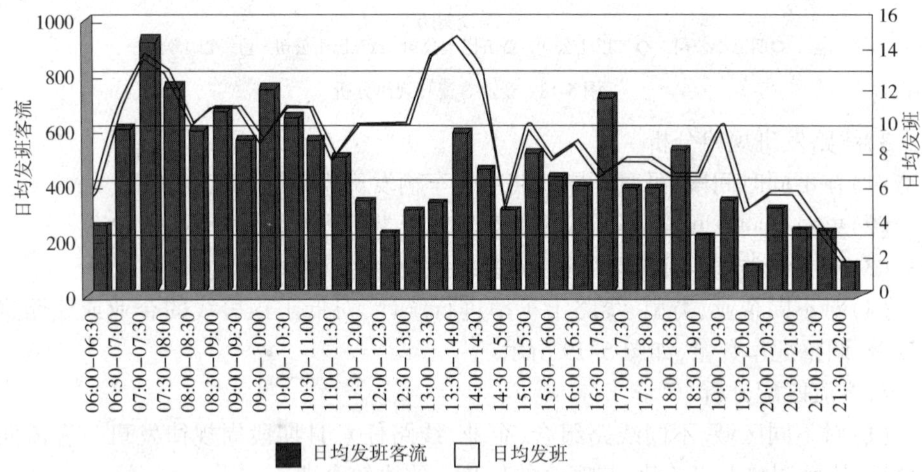

图 5-20　高峰期线路日均发班客流匹配

5）基于地理位置的打车需求模型

出租车运营中，常常会遇到乘客打不到车和出租司机找不到乘客之间的矛盾，借助城市交通一卡通数据，出租车运营公司可以建立基于地理位置的打车需求模型，每天实时更新热点地图（图 5-22），从而可以有效帮助车主缩短空载时间，同时帮乘客减少等待时长。接下来，车主会知道提前去哪里等待可以载到更多的乘客。

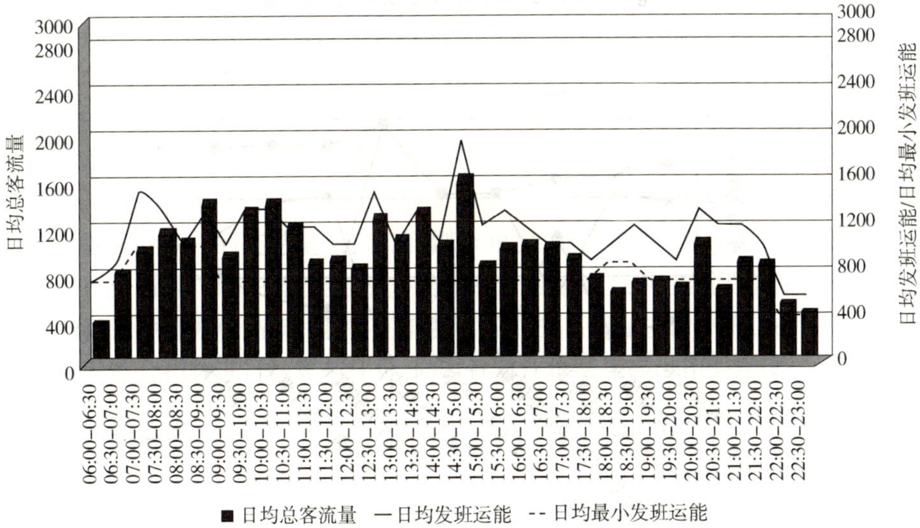

图 5-21 线路发班运能客流匹配

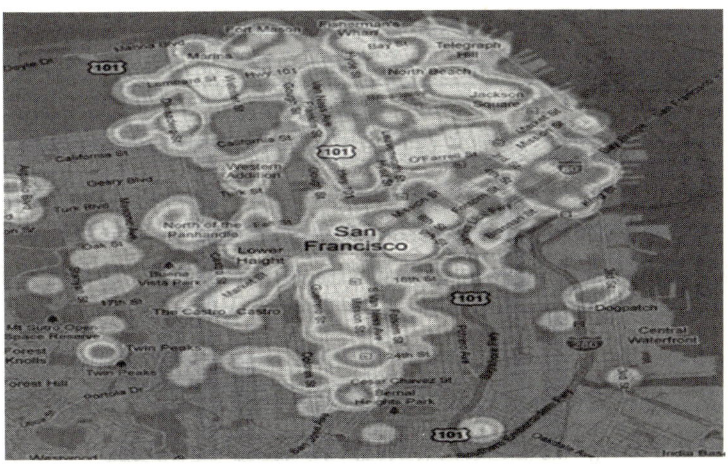

图 5-22 热点地图

5.5.2 小额消费

1)一卡通消费领域分析

分析城市交通一卡通在各个领域的刷卡次数分布、消费金额分布、增长趋势,为业务拓展提供数据支撑。根据刷卡数据,分析不同领域不同公司消费频率,为运营企业提供业务拓展计划依据,如图 5-23 和图 5-24 所示。

向，它是将先进的信息技术、数据通信传输技术、电子传感技术、控制技术及计算机技术等有效地集成，运用于整个地面交通管理系统而建立的一种在大范围内、全方位发挥作用的，实时、准确、高效的综合交通运输管理系统。而智慧出行旨在实时向交通参与者提供道路交通信息、公共交通信息、换乘信息、交通气象信息、停车场信息以及与出行相关的其他信息，使出行者可以根据这些实时信息灵活安排、调整自己的出行。

智慧出行业务的主要功能包括：

(1)自驾车出行路径规划：在自驾的过程中，任意输入 OD(起始点和终点)两点后可获取基于当前路况的最优路径，同时标注路线在地图上，如图 5-25 所示。

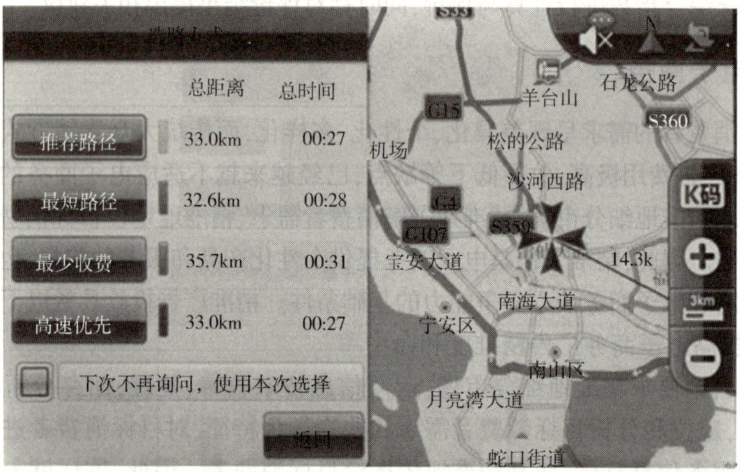

图 5-25　自驾车出行路径规划

(2)公交车出行规划：任意输入 OD(起始点终点)两点后可获取最优公交出行规划，如图 5-26 所示。

(3)拥堵提醒：在自驾的过程中，如果前方几百米外路段发生拥堵，将以语音播报的方式让自驾用户提前获知，并引导自驾用户做出判断和规避，如图 5-27 所示。

(4)交通事件查询：用户能够搜索到当前的突发事件、闸道控制、地铁客流等信息。

(5)停车场车位信息获取：在自驾用户接近目的地时，可获取目的地附近停车场的详细信息，包括停车场位置、总车位、当前车位等，如图 5-28 所示。

(6)智能订车：用户在任何位置，可查看周边所有空出租车的位置，同时可以通过发送自己的位置信息到调度中心，实现订车，并通过手机查看一空车来到所在地的实时移动轨迹。

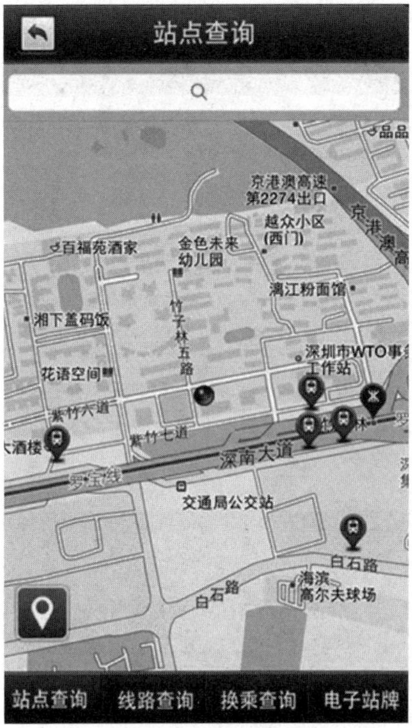

图 5-26 公交车出行路径规划

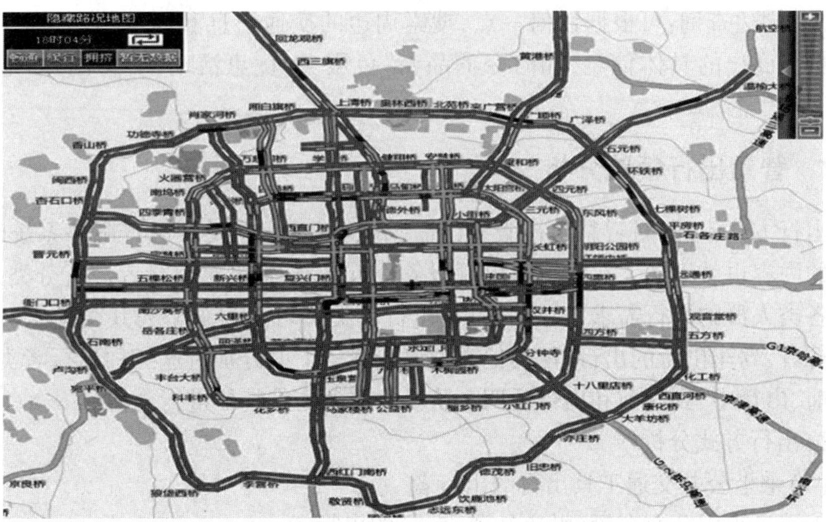

图 5-27 交通路况实时监测

图 5-28　停车场车位信息获取

(7)实时道路视频:提供部分道路途中主要交通路口的实时视频。

(8)周边查询:可根据任何一点,搜索周边的交通信息和商业信息,商户信息还包括该商户的具体信息,如时令商品、特色服务、优惠活动、实物图片、地址电话等。

5.6.2　智慧出行领域分析

出行方式不同,对智慧出行服务的需求也不相同,在设计出行服务系统时,要考虑的内容也就不同。在对智慧出行服务分析之前,首先对出行者进行分类,以便了解各类人群的出行需求。总的来说,出行者类型可分为乘坐公共交通工具出行的出行者、驾车出行的出行者、其他类型出行者。下面分别对这三种出行者类型在出行前、出行中、到达前和出行后四个阶段的服务需求特征进行分析。

1)出行方式分析

(1)乘坐公共交通工具出行的出行者

①乘坐市内公交车辆(城市轨道交通)的出行者。

出行前:需要了解公交线路、车站位置、运营时间、车票费用、旅行时间等,其最终需求是基于某种前提下的一条最佳乘车路线及几条备选乘车路线。如果需要换乘,则还需要了解换乘的步行路线。

出行中:对于等车的出行者,需要了解下一班车目前的位置及预计到站时间;对于已经上车的出行者,则需要了解当前路线是否可靠,是否发生了必须变更预计路线的情况,以及预计抵达终点的时间。如果需要换乘,则需要抵达换乘地点的提示服务。

到达前:需要抵达终点的提示服务。

出行后:需要评价(表扬、投诉等)—反馈服务及遗失物找寻服务。

②乘坐长途客运车辆的出行者。

出行前:需要了解公路客运班次信息包括发车站点、运行线路、班次号、发车时间、间隔时间、车型、核定人数、票价等信息;公路客运站场信息包括客运站场地理位置、热线电话、网站地址、站级、介绍、其他指南信息等;公路客运线路信息包括起始点(城市)、终点(城市)、途经点(城市)、路况、路径信息等和公路客运线路气象信息。

出行中:需要了解当前地点,以及到目的地的距离和预计到达时间。

到达前:需要抵达终点的提示服务;需要了解终点站附近的公交换乘信息、住宿信息、旅游景点、餐饮娱乐等信息。

出行后:需要评价(表扬、投诉等)—反馈服务及遗失物找寻服务。

③乘坐包括民航、铁路、航运等非道路交通工具的出行者。

出行前:可能需要了解航班信息、列车时刻表、轮船客运信息及抵达机场、火车站、港口码头客运站的方法等。

出行中:可能需要了解当前地点,以及到目的地距离和预计到达时间。

到达前:需要抵达终点的提示服务。需要了解终点站附近的公交换乘信息、住宿信息、旅游景点、餐饮娱乐等信息。

出行后:需要评价(表扬、投诉等)—反馈服务及遗失物找寻服务。

(2)驾车出行的出行者

对于驾车出行的人来说,需要独立应对各种交通状况,要使整个出行过程中能顺利、高效地完成,需要有大量的交通信息作为支撑。因而,对于该群体来说,做好出行前的准备是非常重要的。

出行前:需要了解以下三类信息,即高速公路信息,包括高速公路位置信息(起点、终点、途径点)、总里程、出入口信息(位置、距离);普通公路信息,包括普通公路位置信息(起点、终点、途径点)、等级、总里程、车道数;道路交通信息,包括道路各段交通状况(畅通、拥挤、阻塞等)、道路各段气象信息(雨、雪、雾等)、道路养护、维修等信息、交通事故信息、诱导信息及绕行路线等信息。

出行中:需要了解两点间或多点间的一条最优路径(时间最优、距离最短、资费最优或综合最优等)及几条备选路径。需了解目前路网通行状况、拥堵信息、事故信息、旅行时间预测信息以及当前位置附近的服务区、加油站、车辆维修地点以及医院、公安部门等应急部门相关信息。另外,还可能需要了解沿途餐饮与临时休息服务设施及停车场等相关信息。

到达前:需要了解目的地附近的停车场位置、到达停车场的路线、收费标准、当前剩余车位等信息。

出行后:沿途特殊情况的上报及遗失物上交服务。

(3)其他需求对象

①旅行社的主要业务是开辟各类旅游线路,并将游客组织为团队,集体出游。为了降低成本,他们需要准确了解各类交通工具的票务信息,并尽可能地获得团体票价。

②客货运输公司需要对出行车辆加强管理,如对车辆的跟踪等;还需要运输路径规划服务,如提供距离最短路径、资费最少路径、时间最少路径等。路径沿途的安全性、舒适性也应该是他们的考虑因素,因此还需要了解沿途的道路状况、应急设施等信息。

③公交调度中心需要了解公交车辆目前的分布情况,以及实际的OD出行情况,以便进行合理有效地调度;还需要了解是否有公交车发生交通事故,以便提醒随后的公交车驾驶员进行绕道行驶,并且督促下一班车加快行驶,保证公交服务质量。

④出租车调度中心为了满足电话叫车用户的需要,需要了解出租车目前的分布情况、空驶/载客情况等,以实现智能化调度。

⑤应急部门如安全、救护、消防、维修部门,需要了解紧急事件发生的地点、性质、严重程度等信息,作为启动应急预案的依据。

经过以上的需求分析,城市交通一卡通大数据在智慧出行领域的应用也就一目了然,为了更加全面地说明智慧出行在城市出行与城际出行中的应用,按应用领域的不同对其进行了分类,总的来说,可分为城市交通、城际交通,其中城市交通又可分为城市公交系统、出租车、私家车等,城际交通主要指道路客运。

2)城市交通

(1)城市公交系统

基于城市交通一卡通大数据智慧出行公交系统可提供以下服务:

①出行方式建议。通过手机APP方式,结合持卡人刷卡偏好数据及线路情况,为出行市民提供出行方式选择及建议。APP提供不同线路实时拥堵情况、拥堵路段运行情况及出行建议;向出行市民提供交通工具实时信息,使出行规划更科学;向出行市民提供最新线路更改、调整等信息。例如广州联通在广州市交委的指

导下推出的一款具有实时公交查询服务的手机终端软件沃·行讯通，该APP可提供公交线路、换乘信息、站点位置等信息查询服务。

②智慧行公交车实时信息发布平台方案。该方案在原有wap信息发布的基础上，提升了体验方式，充分运用交通可视化技术，对城市公交的车辆和乘客双向感知，有机结合弥补公交公司投入、维护成本高和运营需求旺盛的矛盾。

(2)出租车

城市出租车是城市公共交通中的重要组成部分，出租车的运行效率一直是政府、出租车司机、群众比较关心的问题，这是因为出行的人打不到出租车而行驶的出租车空载的矛盾一直存在，这种现象造成了能源的浪费和公共交通服务效率的低下。为了解决这一问题，早在很多年前，各地政府就在出租车上建立了呼叫系统，乘客需要车时拨打叫车热线，接线员了解乘客的需求后，在出租车广播上播报需求，就近的出租车司机接单即可。然而这种模式存在很大的漏洞，一是乘客无法与司机直接对话，也就无法知道出租车究竟还有多久能到，一旦在等待的过程中等到路过的别的出租车乘客，就放弃了呼叫的出租车，而呼叫的出租车到达目的地后找不到乘客，就造成了资源浪费。二是接线员在广播的过程中存在出租车司机抢单的情况，多个司机抢单时，若两个司机同时就职于一家公司且相互认识，就有可能让单，此外还存在不接单却默默去抢乘客的情况，久而久之出租车呼叫系统基本废置无用，矛盾依然存在。

这种矛盾的焦点在于乘客不知道附近空驶的出租车的信息，而司机也不知道需要打车的乘客在哪里，也就是出租车司机与打车者之间存在着信息不对称，从而导致非高峰时段出租车空载、高峰期和恶劣天气下司机拒载等现场频频发生，使得出行者的出行多有不便。2013年，上海出租行业兴起一款"手机打车软件"，用户在网上下载软件后，输入起点和目的地，自愿选"是否支付小费"，出租车司机则可根据线路、是否有小费等选择接受订单。这种打车软件实现了乘客通过手机发布打车信息，司机可在线查看打车需求并直接与乘客沟通的功能，大大提高了打车效率。随后，伴随着打车类软件的改进和用户量急速增加，出租车行业的整体效率有了大幅提升。截至2014年3月，两大打车软件公司的统计数据显示，嘀嘀打车注册用户8260万，司机83万，日订单数1500万单；快的方面注册用户超过9000万，司机80万，日均订单1200万单。

除此之外，出租车的运行效率还可进一步提高，在当前提倡节能减排、低碳出行的社会背景下，拼车的情况屡见不鲜，早在1991年，青岛就出台了出租车拼车政策。拼出租车有两个前提，一是乘客必须顺路；二是第二名上车的乘客必须征得第一名乘客的同意。双方均按照计价器显示金额的70%付费。如果两位乘客是从同一地点上车，并且同一地点下车，那么收费标准则是各付一半。

2012 年 3 月,北京出台相关政策,鼓励乘客合乘出租车,并对拼车的分摊费用及发票做出了规定,南京也就出租车拼车乘客合乘里程的收费做了明确规定。除此之外,拼车软件也进一步方便了乘客的拼车需求。

(3)私家车

大数据为私家车提供的服务主要体现在路线规划与导航,借助这两项服务,出行者可选择最适合自己的出行路线并准确找到行驶方法。除此之外,出行者还需要了解该条路线的拥堵状况。针对城市交通堵塞,人们使用“实时路况”软件来了解当前的路况信息,然而很多时候,等到人们发现前方有堵车时,已经为时过晚,来不及改道了。

车辆 GPS 信息是城市交通一卡通大数据重要的组成部分,借助 GPS 信息,建立数学模型,在堵车未发生时便预测出未来的道路拥堵状况,以便让市民提前得知交通路况,及时调整出行路线。这一系统一方面有着传统的实时路况系统,另一方面,又结合了日常的和已经发生了的交通出行模式,通过数学模型预测出可能将在哪儿发生堵塞,司机甚至可以提前 40min 就知晓哪个路段将难以前行,这样,他们就将有足够的时间转换路线、及时改道。

严重的堵车往往是因为所有车都往一个方向开造成的,因此,如果要预测即将发生的堵车,预测人们的出行模式十分重要。安装在收费站、大桥、公路路面等地方的感应器可以帮助收集交通情况的密度和速度。当汽车开过这些感应器时,车轮会令感应器的线圈产生瞬间电流,将这些电流数据收集起来进行分析即是了解车流下一步可能会在哪儿变得密集的一个途径。另一个重要的途径是来自于司机们的行驶决策。很多市民在开车时,会使用 GPS 导航系统,将这些 GPS 导航信息收集起来,记录下开车的人们的个人路线,了解他们将会在何时沿哪条路线开往何处,然后,再反过来向这些个人提供交通预测,向他们推荐量身定做的更好的路线。这个预测模型必须具有超强的自我学习和自我调整的能力,以免发生反应过度,具体表现为通过分析,告知人们某个地方可能会发生堵塞,结果人们可能因为这个建议被诱导到别的路径上去,反而会产生新的堵塞。

3)城际交通

(1)跨域交通出行服务

对城市交通一卡通大数据进行挖掘可以分析跨区域出行接驳匹配及分布情况,主要有城际轨道交通、道路客运、城市公共交通间接驳情况(反映城际网络铺设情况)和各类出行工具满载负荷情况(反映舒适程度),借助可视化技术反映跨际交通出行数据,改善跨区出行环境。

(2)跨区人群往来规律分析

借助 IC 卡交易数据、线路数据、公交 GPS 数据、联网售票数据等数据,可以了解跨区出行人群的出行特征和规律，包括交通方式选择行为、出行链选择行为、出发时间选择行为、出行和活动的关联性分析等，从而为交通管理、措施制定提供支持。

图 5-29 所示为 2015 年 1 月—8 月广东地区交通一卡通的跨区出行次数分布，由图中可以看到 2 月份的跨区消费交易次数锐减，由此可以挖掘出现这种现象的原因是什么，与此相关的会出现哪些变化。经过分析发现，广东地区很多持卡人交通卡的发卡地与常用地并不在一个地市，常见的是房子买在佛山、肇庆、清远等城市，工作地在广深等地，这样就产生了很多跨区交易。2 月份为春节所在的月份，由于春节在 2 月中，大部分通勤者在春节期间回家探亲，由此造成了跨区出行锐减，随着通勤者通勤出行次数的急剧锐减，由此可以推测全省的消费笔数也会同期减少，事实也证明了这一点，如图 5-29 所示，2 月份的跨区出行数据明显是比其他月份的要低得多。图 5-30 所示为 2015 年岭南通全省消费交易次数趋势分析。

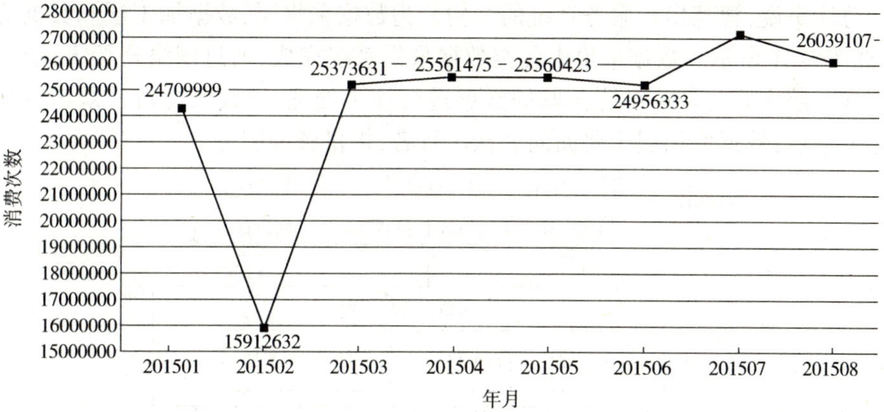

图 5-29 2015 年岭南通全省跨区消费交易次数趋势分析

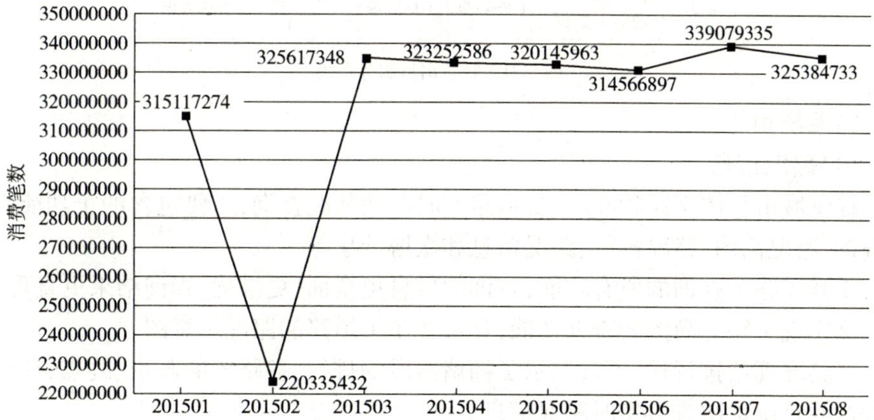

图 5-30 2015 年岭南通全省消费交易次数趋势分析

(3)实时交通信息播报

向用户发布主要道路、桥梁等关键路段车流量的通行状态信息,进行实时交通事件的播报,主要涉及长途班车、自驾车、气象信息等。

长途班车:包括班线信息查询、余票信息、购票地点、网上购票。提供包括客运站位置、汽车车次、发车时间、换乘等信息,发布春运等客流高峰时刻的动态信息。

自驾车:发布线路规划、线路导航等信息,对自驾车途中所涉及的驾车服务提供信息。在行驶的过程中,可以了解到最近的加油站、服务区、道路出入口等。

气象信息:发布道路和城市气象信息。

5.6.3 智慧出行服务系统

1)系统架构

总体来说,智慧出行服务系统的结构分为数据采集层、数据加工层和数据应用层,如图 5-31 所示。数据采集由各类数据采集系统完成,通过网络连接方式接入;数据加工层主要对采集系统获取的数据进行加工处理,使其成为对公众出行切实有用的信息;数据应用层主要面向公众出行者,提供各种服务。

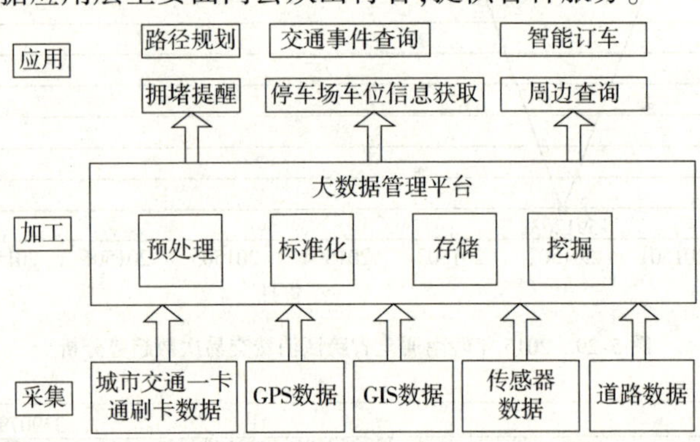

图 5-31 智慧出行服务系统

2)系统功能

(1)路况信息

提供城市整体交通状况、主要道路实时拥堵状况查询,主要包含的子功能有路况查询、路况简图、路况排行、路况信息和微博分享等。

①涵盖路况查询的所有功能,查询的信息更全面、更准确,查询结果更直观。

②实现了路况简图的查询功能,显示各主干道路的路况示意图。

③路况拥堵排行榜,不仅显示了拥堵路段的排行,各路段的起点、终点,还可同步关联到路况地图查看实时路况信息。

④路况信息中显示当日交通情况提醒。

(2)实时公交

提供公交线路、换乘信息、站点位置等信息查询服务。

(3)停车服务

①包括停车场分布、位置、空余车位数量查询、路线导航等功能,停车信息一览无遗。

②尽可能多地接入全面的停车场数据,实现停车场信息全覆盖。

③增加了停车场行驶线路的规划,起始点的选取采用了较人性化的方式:在地图上直接点选或者手动输入。另外还实现了周边查询的功能,扩大了停车场查询的范围。

(4)出行规划

①查找公交、自驾等不同方式最优路线规划。

②实现了地铁、公交、自驾等出行方式的相互关联查询,使查询操作更简单更方便。

③系统通过计算可得出多种出行方案供用户选择,并以文字描述和地图显示的方式,展示查询结果。

(5)地铁信息

①地铁线路途经站点、早末班车时间、换乘指引等服务。

②显示信息全面,包括起点站、终点站、发班时间等。

③提供关联商业点服务,帮助乘客快速找到所需服务,如便利店、充值网店信息等。

(6)的士查询

①查询指定位置周边空闲出租车数量、位置分布、每辆出租车基本信息,做到打车心中有数。

②与每台出租车进行数据连接,实时对出租车状态进行查询,可在软件中查询一定范围内的的士空车数据及车牌号、公司名称等相关信息。

(7)航班信息

①提供航空班次查询,为接送机用户提供航班起降、延误信息,轻点屏幕,航班动态一目了然。

②整合机场相关部门的实时信息数据,实现航班动态(出发时间、到达时间、状态和接机区等)的信息查询功能。

(8)铁路信息

①提供城市间列车班次查询,计划出发和到达时间、列车类型、行驶里程和时长等铁路列车信息。

②数据较准确,来源于广铁相关部门的实时信息数据,实现列车动态(离站时

间、到站时间和状态等)的信息查询功能。

(9)客运信息

①为用户提供指定时间、目的地的长途客运班次、站点、票价、剩余票数等查询服务。

②数据准确性高,主要是调用“长途汽车客运联网售票系统”相关的客票信息数据,在手机上实现客运信息查询。出行者只需输入目的城市及出行时间,即可查询到广州各客运站的发车时间、剩余票数以及票价等信息。

(10)驾培信息

①提供驾校基本情况、训练场地等信息查询和新手上路注意事项、交通法规、车辆保养等知识学习。

②提供驾校信息查询、车主必备信息查询。

(11)交通资讯

①实时播报广州最新交通新闻、城际出行最新资讯、公交调整通告等信息。

②整合“交通新闻”“公共交通”“城际出行”以及“交委微博”等栏目最新的交通动态信息,为出行者提供最新的动态交通信息。

(12)WIFI热点

①提供广州联通Wi-Fi热点地图。

②按行政区显示Wi-Fi地点列表,提供详细地址。

③用户可输入关键字查询附近热点。

(13)其他

①用户反馈。

②检查更新。

③清除记录。

智慧出行服务系统功能如表5-10所示。

智慧出行服务系统功能　　表5-10

功能名称	说明
出行信息查询	通过输入关键字,让公众出行者方便地检索自己需要了解的交通信息
出行信息定制	事先向服务提供单位请求定制其所需的信息,服务提供单位根据要求,定期或不定期地提供信息服务
出行信息提示	可以提供动态信息,通知公众出行者相关的情报,并给出应对建议
订票购票	查询余票,购买客票
路径诱导	利用移动终端和GPS定位确定当前位置,以语音提示或图形提示方式提供该功能

续上表

功能名称	说明
车辆定位	告知出行者目前所处位置
出行路径规划	提供两地点或多地点间的基于不同考虑的最优路径,如推荐路径、距离最短路径、出行时间最短路径、资费最低路径等,同时还可以提供几条次优路径以供备选
电子地图	让出行者可以查看目的地的位置及出行路径周围的情况等
应急服务	在发生紧急情况时,如前方突发车祸时,及时提醒变换路径规划
评价-反馈	对出行服务进行评价和反馈
出行信息上报	出行者在出行过程中发现的某些情报,如事故、拥堵、路面破损等,可以通过该系统上报
遗失物找回	发布物品丢失信息或招领信息
论坛	提供出行者交流的论坛,交换出行信息,系统也可以从中采集数据

第6章　城市交通一卡通大数据展望

6.1　概述

自2012年3月奥巴马政府宣布推出“大数据的美国研究和发展计划”以来，大数据从商业行为上升到国家战略层面，并逐步得到各国政府的重视。大数据技术和应用服务也得到快速的发展，从而也推动了交通领域大数据的发展。

经过十余年的建设，城市交通一卡通进入了快速发展阶段，应用范围在公共交通、公共服务、小额消费及电子商务领域不断扩大，并逐步实现跨地域公共交通一卡通的互联互通。广东省公共交通一卡通（岭南通）在促进跨区域互联互通和标准统一方面为全国树立了先进的典范。在当前大数据时代背景下，城市交通一卡通互联互通趋势的推动下，未来将有更多的城市加入全国交通一卡通互联互通体系，而且城市通卡的使用范围也会逐步扩大，涉及领域也将更广，通过城市之间跨区互联互通形式收集的数据也将更多，这加速了城市交通一卡通大数据的发展。

经过前面几章的介绍，读者对大数据及城市交通一卡通大数据有了一定的了解。城市交通一卡通大数据是城市交通一卡通发展到一定阶段的必然产物，是城市交通信息化建设发展过程中的必经之路。大数据带给我们的不仅仅是思维上的变革，也带来了技术的变革、管理决策的变革。城市交通一卡通大数据是未来城市交通规划、管理决策和应用服务领域的重要支撑，可以帮助解决很多传统方法无法解决的城市问题。

大数据挑战和机遇并存，大数据在未来几年的发展将从前几年的预期膨胀阶段、炒作阶段转入理性发展阶段、落地应用阶段，大数据在未来几年将逐渐步入理性发展期。未来的大数据发展依然存在诸多挑战，但前景非常乐观。

6.2　机遇

6.2.1　城市交通一卡通大数据是大数据发展与应用的一个全新领域

随着大数据技术的发展与应用范围的扩大，大数据的巨大应用价值逐步显现。未来的城市交通一卡通将不仅仅应用于交通领域，基于其强大用户黏性和硬需求的特点，将通过业务扩展与其他一卡通产业链上的各种场景应用结合在一起，例如交通一卡通上加载个人信息实现身份识别功能，加载其他业务应用可广泛应用于除交通领域外的其他消费领域，通过一卡通后台实现多种数据的共享，开辟全新的交通一卡通数据分析领域。未来一卡通系统将融合交通出行、小额消费、公共服务、在线交易、身份识别等各种不同领域信息，通过关联分析基于不同的需求得出有价值的结论。城市交通大数据、交通大数据与一卡通大数据的关系是一种你中有我、我中有你，但又不完全相同的两类数据。以覆盖范围来说，这两类数据的覆盖范围有相交部分，比如各类车辆的运营数据、道路基础设施信息等，但各自的侧重点又不相同，交通大数据与城市交通的关联性较高，而一卡通大数据由于一卡通的使用范围涉及公共服务、小额消费、电子商务等领域，其数据范围包容性更强、更加复杂。

6.2.2 城市交通一卡通大数据为城市交通一卡通发展带来新机遇

城市交通一卡通是国家工业和信息化部、住房和城乡建设部、交通运输部等部委重点支持项目，全国已有多个城市进行试点应用，且大多以交通领域整合开始，并不断向日常缴费、小额消费、在线充值等多领域发展，目前主要应用在公交、地铁、水电气煤、便利店、景点、超市等消费领域。城市交通一卡通大数据的应用前景是十分光明的，由于历史发展的原因，我国部分城市的公共交通基础建设尚不完善，交通一卡通产业体系发展尚不健全，一卡通应用范围、业务创新应用及大数据分析等方面还有很大的拓展空间。大数据分析对城市交通一卡通的发展具有重要意义，而城市交通一卡通的发展反过来又会促进城市交通一卡通大数据发展。

6.2.3 一卡通大数据技术发展和应用是改变传统交通发展模式的重要推动力

随着大数据技术的海量数据存储和高效计算能力的发展和应用，将实现交通管理系统跨区域、跨部门的集成和组合，将会更加有效地配置交通资源，从而大大提高交通运行效率、安全水平和服务能力。基于交通大数据的分析将为交通管理、决策、规划和运营、服务以及主动安全防范带来更加有效的支持。在政府管理方面，基于交通大数据的分析为公共安全和社会管理提供新的理念、模式和手段。

6.3 挑战

城市交通一卡通大数据的分析与应用虽然有着诱人的前景和广阔的发展机遇，但也存在着一些困难与挑战，主要体现在数据共享机制、技术与业务创新融合、大数据标准规范及大数据基础设施建设等方面。这些困难和挑战一定程度上限制了大数据的应用和拓展,未来将通过政策引导、技术进步、应用示范效应及行业间的合作共同推进大数据的发展。

6.3.1 部门数据垄断限制大数据形成

何谓大数据？大数据的本质不只是数据量要大,且要求数据类型广、维度多,来自不同行业的数据交集,提升数据之间的关联性和互补性,从而能弥补部分数据缺失带来的精度损失问题,保障了数据的有效性。

被称为“21 世纪石油”的大数据成为热点话题,并已在生产生活和科研等诸多领域发挥作用,受到发达国家的普遍重视。反观我国大数据产业的发展现状,由于各种行政因素和市场因素,存在数据打通难、数据开放严重不足、数据话语权堪忧等问题。

我国人口居世界首位,城市交通一卡通用户量十分庞大,产生的数据也最多,但数据碎片化严重,数据被各个部门分别掌握且缺乏共享机制,数据整合困难大。城市交通一卡通大数据的挖掘与利用离不开各类相关联数据的整合,例如要想得到准确的出行客流预测,除了一卡通刷卡数据,还需其他部门的关联数据配合分析,如公交公司的 GPS 数据、气象部门的气象数据、市政道路施工数据、节假日大型活动安排数据、公交站场排班数据等。政府应通过体制机制改革打破数据割据与封锁,建立数据共享机制,注重公开信息,重视数据挖掘。美国和英国政府已经建立统一数据开放门户网站,为社会提供信息服务并鼓励挖掘与利用。数据共享理念如图 6-1 所示。

图 6-1 数据共享

从本质上来说,政府数据是国家机关在履行职责时所获取的数据,采集这些数据的经费来自于公共财政,因而这些数据是公共产品,理应归全社会所共享。从全球范围来看,建立统一的政府开放数据门户,集中开放可加工的数据集是许多国家政府的普遍做法。2011 年 9 月,英国、美国等八个国家联合签署《开放数据声明》,成立开放政府合作伙伴(OGP),目前全球已有 60 多个国家加入其中。2013 年 6

月，八国集团首脑签署了《开放数据宪章》，要求最迟在2015年末，按照宪章和技术附件要求向公众开放可机读的政府数据。由此可见，政府开放数据运动已在全球逐步兴起。

不过，在我国，虽然政府掌握了这么庞大的数据资源，但在开发利用方面却依然存在着很大的问题。现实中，一些政府机构视本部门的数据为独有，往往以涉密为由拒绝向社会公众开放。而且各地各部门标准不一，各自为政，缺乏有效整合，“数据造假”“数据打架”的事情时有发生。数据的不公开透明不仅会导致政府的决策失误，还容易使民众对政府数据的真实性和科学性产生疑虑。

在大数据应用日益重要的今天，数据资源的开放共享已经成为在数据大战中保持优势的关键。商业数据和个人数据的共享应用，不仅能促进相关产业的发展，也能给我们的生活带来巨大的便利。由于政府、企业和行业信息化系统建设往往缺少统一规划，系统之间缺乏统一的标准，形成了众多“信息孤岛”，而且受行政垄断和商业利益所限，数据开放程度较低，这给数据利用造成极大障碍。另外一个制约我国数据资源开放和共享的一个重要因素是政策法规不完善，大数据挖掘缺乏相应的立法，无法既保证共享又防止滥用。因此，建立一个良性发展的数据共享生态系统，是我国大数据发展需要迈过去的一道砍。同时，开放与隐私如何平衡，也是大数据开放过程中面临的最大难题。如何在推动数据全面开放、应用和共享的同时有效地保护公民、企业隐私，逐步加强隐私保护立法，将是大数据时代的一个重大挑战。

6.3.2 缺乏统一的标准和规范制约着大数据发展

随着一卡通业务的拓展，来自不同领域的数据融合在一起，出现了数据来源的多样化、差异化，缺乏统一的数据标准和规范。如一卡通数据包括公交刷卡数据，小额消费数据、公共服务数据、电子商务数据、企业运营数据、票卡发行数据等，虽然这些数据表面上集中在了统一数据仓库中，但由于缺乏统一的数据标准，无法把不同类型的数据资源融合在一起，未能达到大数据分析的要求，这严重制约着大数据在一卡通领域的应用。

为了更好地打破不同业务领域一卡通数据的冲突，建立统一的数据标准和规范，在国家相关标准和行业标准的框架下，结合一卡通行业、企业的发展实际，共同研究一卡通现有业务交易数据标准兼容，促进数据互认互通，逐步规范数据间的交换过程，实现大数据的融合发展，如图6-2所示。

6.3.3 大数据基础设施制约大数据的发展

大数据的发展和应用涉及的数据量大且处理过程复杂，需要具备先进的技术和完善的基础设施支撑。目前我国的大数据基础设施,如云计算架构部署、数据中心等正在推进建设中,尚未形成大规模的产业能力,这制约着大数据的发展。

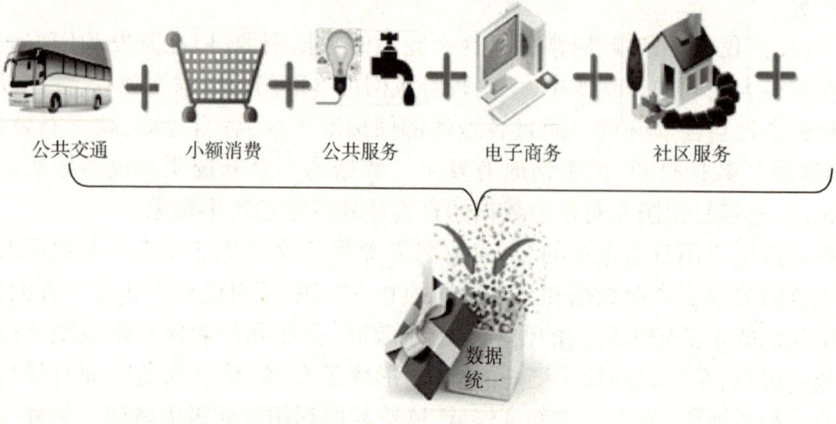

图 6-2 交通一卡通数据的融合

目前企业中普遍存在的问题是:

(1)传统的数据库部署不能处理 TB 级别的数据,快速增长的数据量超越了传统数据库的管理能力。如何构建分布式的数据仓库,并可以方便扩展大量的服务器成为很多传统企业的挑战。

(2)很多企业采用传统的数据库技术,在设计开始就没有考虑数据类别的多样性,尤其是对结构化数据、半结构化和非结构化数据的兼容。

(3)传统企业的数据库,对数据处理时间要求不高,这些数据的统计结果往往滞后一天或两天才能统计出来。但大数据需要实时处理数据,以分钟级甚至是秒级计算。传统的数据库架构师缺乏实时数据处理的能力。

(4)海量的数据需要很好的网络架构,需要强大的数据中心来支撑,数据中心的运维工作也将成为挑战。若没有强大、稳定的基础设施支撑大数据存储、传输和分析,再多的数据资源也将成为一种摆设,没法发挥数据资源的作用。因此,加快大数据基础设施的建设是解决大数据发展的基础,也是促进大数据研究和应用的重要保障。大数据基础设施建设内容包括云计算、物联网、移动互联网、分布式存储、数据安全机制等重要部分。

Hadoop 等大数据技术和其他大数据工具和设备的出现以及云计算数据处理与应用模式的广泛运用,为企业处理日益增长的海量非结构化数据提供了高效、可扩展的低成本解决方案,弥补了传统关系型数据库或数据仓库处理非结构化数据方面的不足,深化和拓展了企业商业智能和知识服务能力,形成了数据驱动的决策机制,提高了决策水平。

6.3.4 大数据安全的挑战

大数据的安全与隐私问题是人们十分关注的问题之一。当前，人们在互联网上的一言一行都掌握在互联网商家手中，包括购物习惯、好友联络情况、阅读习惯、检索习惯等等。多项实际案例说明，即使无害的数据被大量收集后，也会暴露个人隐私。事实上，大数据安全含义更为广泛，人们面临的威胁并不仅限于个人隐私泄漏。与其他信息一样，一卡通大数据在存储、处理、传输等过程中面临诸多安全风险，具有数据安全与隐私保护需求。而实现大数据安全与隐私保护，较以往其他安全问题（如云计算中的数据安全等）更为棘手，单纯通过技术手段限制商家对用户信息的使用，实现用户隐私保护是极其困难的事。

城市交通一卡通数据是通过卡片识别用户，目前大部分城市都是发行非实名卡片，单纯这些数据记录不会对某个特定人群的隐私或出行信息产生威胁，因为卡号无法与乘客一一对应。如果通过多种手段广泛采集到一卡通的刷卡数据，当这些数据量达到一定规模时，数据价值就会发生本质的变化。通过一卡通大数据分析，可以反映和预测城市公共交通发展运行态势，如线路客流量、换乘量、站点登乘量等指标都能有效体现公共交通的运行状态、运输企业效益、交通管理部门的治理效果等，涉及公共全体信息，具有一定的敏感性，必须要加强对这些数据的保护，防止被非法下载或使用。

6.3.5 专业人才缺口的挑战

随着大数据应用领域的扩展，人才需求凸显，目前的人才结构显然满足不了大数据发展要求，人才短缺已成为大数据发展的瓶颈，将对未来大数据在各行业的发展形成不小的挑战。

大数据产业所需的人才划分为基础技术层、数据层和复合型人才三个不同的层次。其中，基础技术型人才的工作集中在数据的获取和标准化加工等基本的内容，对知识技能与传统信息化相比并没有太多额外的要求。而数据型人才主要的工作内容为针对获取数据的存储管理、建模、映射和业务关联，在一定程度上与用户实际的应用场景相关，且对创造性也有一定的要求，目前在国内的供应较为稀缺。而在最高层次的复合型人才，则与用户结合紧密，了解行业信息化趋势并熟练掌握数据分析优化技能，以及如何结合用户实际环境创造价值，能够为用户提供咨询和实施服务。

与传统技术人才相比，大数据人才需要掌握的知识面更广。其必须掌握的知识包括对结构化、非结构化数据的处理，应用和基础设施的安全和管理，以及开放技术的使用。这就要求传统的IT人才从“专才”转型为“全才”，挑战是非常大的。

当前,大数据带来的人才缺口问题日渐加剧,这对大数据长远发展是十分不利的。基于此,培养大数据人才就显得十分必要,随着大数据人才的培养和形成,整个大数据产业发展也必将走上快车道。

大数据建设的每个环节都需要依靠专业人员完成,因此,必须培养和造就一支掌握大数据技术、懂管理、有大数据应用经验的大数据建设专业队伍。目前大数据相关人才的欠缺将阻碍大数据市场发展。未来,大数据将会出现约100万的人才缺口,在各个行业,大数据中高端人才都会成为最炙手可热的人才,涵盖了大数据的数据开发工程师、大数据分析师、数据架构师、大数据后台开发工程师、算法工程师等多个方向。

6.4 展望

6.4.1 展望一:未来数据将成为一种重要的资源

所谓资源化,是指大数据成为政府、企业和社会关注的重要战略资源,并已成为大家争相抢夺的新焦点。因而,未来必须要提前制定大数据战略计划,抢占市场先机。

数据是基础性资源。伴随着多媒体、社会媒体以及物联网的发展,大数据规模及其存储容量正在呈指数增长。“大数据”包括以公众互联网、社交媒体、政府数据库、地理空间数据、电子商务等方式形成的商业数据库、电子文献、各类调查以及其他富有洞察力和具有即时性的数据源。据国际数据资讯公司统计,2013年全球产生的数据达到3.5ZB,到2020年产生的数量将增至44ZB,超出存储空间6ZB(1ZB相当于343.6亿部32GB智能手机的存储容量)。

数据已经成为可以与土地、资金、物质资产和人力资本相提并论的重要基础性资源,可以提高企业和公共部门的生产率和竞争力,并大幅提高消费者福利。2011年麦肯锡的研究显示,充分利用大数据的零售商能够将营业利润率提高60%以上;如果欧洲发达国家政府行政管理利用大数据,将节省至少1000亿欧元的成本,而利用个人位置数据提供的服务,将可以创造6000亿美元的消费者经济剩余。

数据被认为是新时期的基础生活资料与市场要素,重要程度不亚于物质资产和人力资本。近年来,各行业产生的数据量呈指数级增长,信息资源爆炸式激增,其中非结构化的数据信息达到85%左右,传统的信息资源管理技术已经无法应对大数据时代的挑战。因此,大数据时代,企业应转变信息资源管理工作模式和利用方式,以价值创造为核心,以新一代信息技术深度应用为抓手,加强信息资源整合,精准、快速地提取增值性的有效信息,打响信息资源整合攻坚战。

大数据时代,推动企业管理模式转变主要体现在“数据资产化”和“决策智能化”两个方面。第一,大数据时代,数据信息逐渐成为企业的重要战略性资源,拥有的数据信息越多,能够挖掘分析获取的潜在价值就越丰富,信息化建设投资回报率就越大。第二,有关数据显示,企业数据智能化程度提升10%可提高15%的产品和服务质量。大数据时代,企业可对大量的客户、业务、营销、竞争等多方面数据信息进行分析挖掘,提取有用价值信息,进行智能化决策分析,制定更加可靠的战略。

6.4.2 展望二:未来大数据将融合云计算发展

大数据离不开云计算,云计算为大数据提供了弹性可拓展的基础设备,是产生大数据的重要平台之一。自2013年开始,大数据技术已开始和云计算技术紧密结合,预计未来两者关系将更为密切。除此之外,物联网、移动互联网等新兴计算形态,也将一齐助力大数据革命,让大数据营销发挥出更大的影响力。

大数据技术被认为是由硬件摩尔定律、并行计算体系创新的技术驱动,互联网应用、智慧地球的业务推动迅猛发展起来的,而大数据应用层面却需要解决成本、效率、质量的多重问题,为此,大数据只有经过云计算的降本增效才能快速发展。云计算的集中式存储、分布式数据库为大数据提供了良好的设施保障,而大数据的发展不能再依赖于人的智慧分析能力,它更多地需要机器具备一定的自我学习、自我成长、智慧处理的计算能力。未来一段时间,面对互联网、移动互联网催生的产业信息化浪潮,需要云计算这样庞大集群的基础设施,才能保证大数据的产出,才能保证价值服务的形成。

6.4.3 展望三:一卡通大数据应用的突破

1)完善交通的精细化管理,实现智慧交通

未来交通一卡通大数据将从采集、清洗、存储、分析、处理等各个环节的技术得到快速的发展,挖掘分析的手段将变得更加先进。通过建立交通一卡通数据模型,依靠先进的数据分析设备,预测未来城市交通的发展趋势,可视化地显示交通重要指标,包括线路流量、站点流量、沿线人口分布、拥堵程度等,为交通部门提供科学合理的决策依据,推动交通管理的精细化。通过各种的通信手段、移动设备实时记录交通路况的变化情况,并与交通管理中心实时互动,实现交通管理的智能化。

2)实现公众个人性化便捷出行服务

为了进一步提升公众的出行体验,未来的交通一卡通大数据分析与应用的一个重要发展方向将是面向公众出行服务。针对出行前、出行中、目的地等出行链,提供进行全面的分析和出行服务建议。出行前,大数据分析后台将收集公众的出行计划,分析出行过程的路况,为公众推荐最优的出行线路。在出行途中,大数据后台将通过调取出行者的消费习惯为其推送出行过程的信息,并提前为出行者提供餐饮、住宿、娱乐等资讯,让出行者在途中解决到达目的地后的相关事务安排。在达到目的后,大数据后台将为出行者提供各种交通方式的选择和换乘方案,解决出行者到达陌生地区后交通出行的困惑。通过这种大数据处理和分析,真正为公众提供个人性化、便捷的出行服务。

3)促进一卡通产业、业务创新发展

随着大数据技术发展与应用,大数据将渗透到一卡通产业的各个环节,通过对一卡通产业链上的各个环节数据的分析,为产业创新、资源整合提供科学合理的数据支撑。一卡通产业将聚拢不同单位、企业的大数据,通过对各式各样的数据融合处理,关联分析,促进一卡通产业联合创新发展。

一卡通产业涉及的海量数据包括芯片出货数据、卡片封装数据、卡片测试数据、终端出货数据、安装数据、卡片发行数据、卡片交易数据、退卡换卡数据、车辆线路数据等,这些大数据是以不同的格式、不同的结构存在,对未来一卡通数据发展提出较高的处理要求,如何整合这些数据将是未来大数据分析的方向和挑战。

4)加快应用于综合交通多式联运

通过"一票到家""一单到底"的服务发展模式,交通一卡通未来的应用将覆盖全出行链,从出发地的城市交通、换乘,到综合交通枢纽、城际轨道、道路客运等多种交通方式融合服务,这些出行服务过程将基于一卡通产生出行链完成数据,通过海量数据的分析,将服务于综合多式联运过程,优化联运线路调度、客流量平衡、快速接驳能力等,推动数据服务综合交通主体、运行管理、效率提升。

5)实现跨行业数据合作应用

目前城市交通一卡通的运营数据维度不够丰富,尽管包括了公共交通交易数据、小额消费数据、移动终端数据及相关服务运营数据,但若要更准确地预测未来的一卡通用户的出行意愿、消费意愿等信息,还缺少一些重要的关联数据支撑。未来的一卡通用户数据分析将向更多更广的维度发展,深度掌握用户在多种因素影响下的出行、消费行为。以后预测一卡通用户的出行,不仅是分析一卡通刷卡数据,还应融合其他相关领域数据,如气象数据、GPS 定位数据、移动位移数据、人口分布数据及相关交通信息等,实现跨行业、多维度数据融合分析,从而更精准地分析出行对象的行为结果。

6.4.4 展望四:大数据标准融合与统一

数据种类多,分布于不同领域,采集方式、存储方式、清洗处理等方式都存在各种差异,进行数据关联分析时将遇到极大的困难,迫切需要对与一卡通分析需求关联密切的数据制定统一的标准,为数据融合分析、得出精准分析模型创造有利的支撑条件。

统一的、权威性的大数据标准将为各行业大数据分析提供标准化、规范化的流程,同时,通过建立不同数据格式之间的转换规则和协议,使多种类型数据互融互通,加强不同数据之间的联系和紧密性,提升综合数据处理效率,促进大数据技术的融合发展。

6.4.5 展望五:大数据制度创新建设

1)建立数据共享制度

从政策和技术上突破交通数据资源互通、共享的壁垒,消除信息分散、孤岛现象。大数据的开放是未来数据发展的趋势,尤其政府数据作为公共资源更是应该尽量公开。近年来,我国十分重视和推动大数据的应用与发展,但对于什么样的数据可以公开,何时公开、如何公开都缺乏明确统一的规定。这在相当大程度上降低了大数据的价值,没能使其在政府服务公众、监督管理上发挥应有的作用。世界各地有很多经验可以借鉴:“公共资料,增值再用”,这是香港公共数据开放网站“资料一线通”的口号,该网站专门免费向公众提供交通资料、公共设施的地理参考数据、天气数据、空气污染指数和慈善筹款活动资料,用户可以通过手机客户端使用,并且香港政府还委托互联网产业协会开展网站的推广运动,鼓励公众用这些免费资料编写应用程序。

根据蒂姆·奥莱利制定的开放公共数据的8条规定:数据必须是完整的;数据必须是原始的;数据必须是及时的;数据必须是可读取的;数据必须是机器可处理的;数据的获取必须是无歧视的;数据格式必须是通用非专用的;数据必须是不需要许可证的。数据共享机制首先要做到政府的原始数据只要不涉及隐私和国家安全,都全部开放、开源。结合我国的具体情况,可从统计、气象、地震、交通、公安、社保、医疗卫生、教育等公共数据资源的开放入手,再重点推进至投资、生产、消费、审计等经济领域,使公共数据与民间、企业界拥有的数据资源相互融合,形成巨大财富,成为政府监管的重要依据;然后是要提供处理政府数据的应用程序开放入口,方便企业和个人对大数据资源进一步深入开发利用,形成全民监督,共同发现解决问题。

大数据共享方式再不是遥不可及,现正成为现实。据网易科技报道,2015年11月16日,百度公司与江苏省交通运输厅签署《战略合作框架协议》,双方将整合共享数据资源,应用云计算平台、大数据分析等产品和技术,在交通运输信息化服务领域展开深度合作。据了解,这是国内省级交通运输主管部门首次向互联网企业开放交通出行的大数据。此次战略合作中,江苏省交通运输厅将逐步向百度提供包括实时公交、实时路况、出租、交通公共设施信息、道路管养等丰富、权威的交通出行大数据,百度也将利用大数据和云计算技术、地图产品以及开放平台优势,向社会公众提供江苏出行信息服务。江苏省交通运输厅所提供的权威公交实时数据,为南京市民提供精准实时公交服务,覆盖南京的650条公交线路,覆盖率达85%,准确率更高达95%,将以更为精准的数据能力优化南京市民的出行体验。

另外,2015年12月,广东省交通运输厅与百度公司签订“互联网+”运输服务战略合作协议,双方将依托自身强大资源和服务优势,以《广东省“互联网+”交通运输服务行动》为抓手,在汽车票、百度开放云、百度地图、百度钱包等产品及有关领域展开全方位战略合作,加快互联网与广东交通运输服务的深度融合,构建旅客运输一票到家、货物运输一单到底、高速公路一卡通行、公共信息一站解决、服务监督一号畅通、监测应急一体联动的“互联网+”运输服务一张网的发展格局,形成线上线下融合发展的运输服务生态圈。广东省将逐渐开放全省运输服务数据,与百度公司在汽车票、百度开放云、百度地图和百度钱包等与广东省居民出行相关的产品和领域展开全面的战略合作。

2)建立大数据交易制度

当前宝贵的数据信息分散在不同的管理部门和企业中,呈现碎片化格局,并以任何方式被隔离保护起来。在未来发展之中,这些孤岛数据应该像水电气一样,建立比较好的市场化交易机制和相应的安全保护规范,在市场化的商业模式下,释放巨大的社会效益和经济效益。但要注意的是,大数据交易是有前置条件的,那就是在数据交易前必须明确数据的所有权和注重保护数据隐私,否则后期会带来更多的隐患,并应同步加强相关立法进度,保护交易双方的权益,促进大数据交易的加快发展。

我国的贵州省在大数据交易方面走在了其他省份,甚至是世界的前列。贵阳大数据交易所是全国首个大数据交易所,面向全国提供数据交易服务,旨在促进数据流通,规范数据交易行为,维护数据交易市场秩序,保护数据交易各方合法权益,向社会提供完善的数据交易、结算、交付、安全保障、数据资产管理和融资等综合配套服务。交易的数据是基于底层数据,通过数据的清洗、分析、建模、可视化后的结果。

3)大数据资源安全及知识产权保护

建立数据使用规范,规避大数据的使用风险。技术往往是一把双刃剑。大数据的收集和使用可能涉及国家信息安全和公民隐私等,需要在立法层面明确大数据采集和使用的原则。大数据平台本身的安全性也应引起重视,需要国家相关部门制定大数据技术标准和运营规范,重视大数据及信息安全体系建设,加强对重点领域敏感数据的监管。应当采取必要措施,构建大数据良性生态环境,调动全社会积极、有序地运用大数据技术来创新社会管理。

大数据从本质上要求信息开放，但信息开放就会涉及企业的行业机密、个人隐私等，因此在大数据应用的过程中，政府一定要制定相关隐私安全的法律法规，对如数据主权归属、大数据服务可靠性、出现争端时的化解与裁决等进行规范和保障。

数据时代，数据安全的保护模式应该更着重于数据使用者为其行为承担责任，而不是将重心放在收集数据之处的个人许可、匿名化上面。有了针对大数据安全的法律法规，使用数据的政府部门、公司就需要基于对数据生产者可能造成的影响、对涉及个人数据再利用的行为进行正规评估。此外，政府必须制定科学规范的方法，平衡数据二次利用的价值与个人信息过渡披露所带来的风险，明确不同种类的企业、个人数据必须删除的时间，以防止隐私泄露。除个体隐私层面外，大数据时代的国家信息安全也需要有明确的法律和惩罚措施，对大数据拥有者进行约束，需要政府高度重视、大力推动国家的网络信息安全建设。

6.5　探索

交通数据的不断积累、大数据技术的快速发展、大数据基础设施的日益完善和大数据分析思维的爆发，将有可能引发未来大数据的聚变和裂变。

6.5.1　探索一：交通大数据的聚变

所谓大数据的聚变是指由独立的、低价值的信息通过聚集、融合、分析、横向处理后变成整体性的高价值信息的过程。如交通企业数据、交通管理部门的数据、个人出行的数据，经过融合处理后，产生城市整体交通拥堵信息，实现数据间的聚变能力，如图6-3所示。

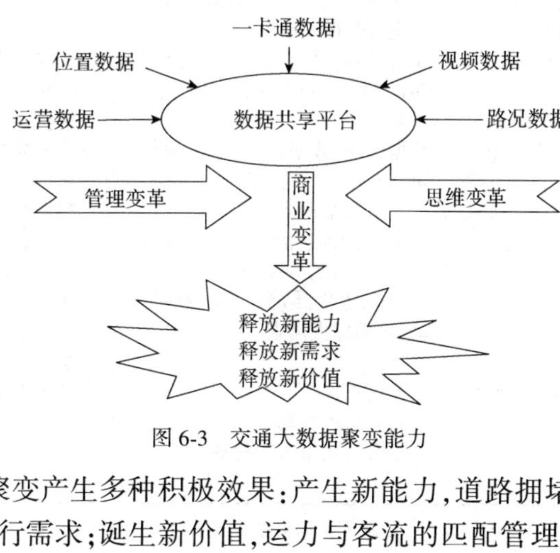

图6-3　交通大数据聚变能力

交通大数据聚变产生多种积极效果：产生新能力，道路拥堵指数的掌控；发现新需求，个性化出行需求；诞生新价值，运力与客流的匹配管理。交通实时路况的预测和展示其实就是交通大数据聚变的结果。图 6-4 所示为百度大数据路况预测图。

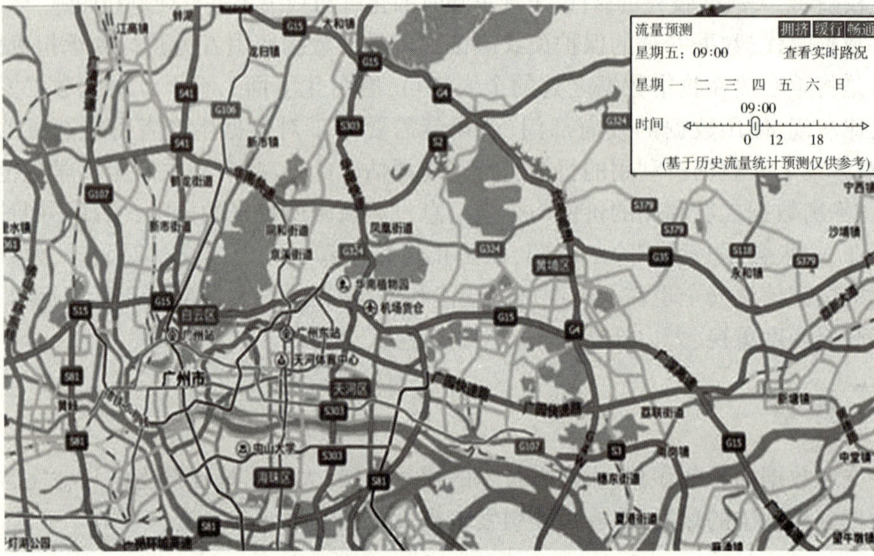

图 6-4　百度大数据路况预测图

交通大数据聚变将引发分析思维模式变革、交通管理模式变革、商业视角变革，如图 6-5 所示。

思维变革	管理变革	商业变革
• 整体思维 传统：只要把握了部分，整体就尽在掌握之中，如抽样研究 现在：整体不再是抽样的整体，样本 = 总体 • 容错思维 传统：追求数据的准确性和结果的精准性，为数据的分析设置很高门槛，使绝大部分数据成为“无用资源”而遭弃置（结构化数据） 现在：接受数据的纷繁复杂，不再追求精确性（半结构化和非结构化数据） • 相关思维 传统：执着于因果关系，导致解决问题的效率极低 现在：相关与因果现重要，因果性不再被摆在首位	• 从以经验制定管理计划到完全按数据说话 原有管理：凭经验、直觉、视野、知识积累、制度化流程、需求引导 数据管理：数据分析、动态调整、协同互动、引领需求、创造需求 • 组织结构的优化 原有组织：结构分散、反馈迟缓、资源错配、被动适应 组织优化：结构严谨、协同互动、主动捕捉需求、顶层设计 • 效果 调度更优 管理效率更高 资源利用率大幅提高	• 数据化 世间万物的数据化 一切皆可量化：文字变成数据、方位变成数据、沟通变成数据 • 价值 数据的再利用 开放数据 给数据估值 • 角色定位 基于数据本身的公司 基于技能的公司 基于思维的公司

图 6-5　交通大数据聚变引发的三大变革

6.5.2 探索二:交通大数据的裂变

交通大数据的裂变是指以创新为驱动,根据政府、企业、个人等需求及应用的不同,将大量聚集、融合在一起的数据通过纵向深度挖掘,产生新需求、新模式和新业态。数据裂变过程如图 6-6 所示。

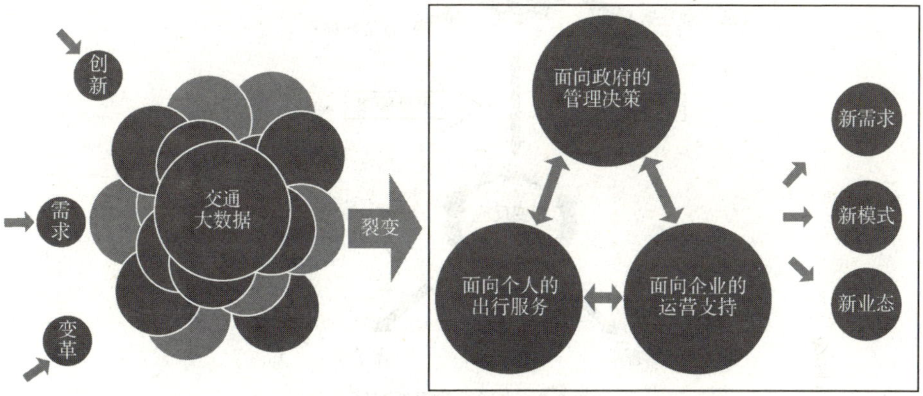

图 6-6 交通大数据裂变思想

汽车无人驾驶—大数据驱动车轮则是交通大数据裂变的一个重要案例。

汽车无人驾驶系统的核心是车顶上的激光测距仪,其能够提供精细的 3D 地图数据,自动汽车会把激光测到的数据与高分辨率的地图相结合,做出不同的数据模型,以便汽车能够识别障碍,遵守交通规则。在汽车的前后保险杠上有 4 个雷达,用于探测周边情况;后视镜的附近有一个摄像机,以检测交通灯情况;一个 GPS、一个惯性测试单元、一个车轮编码器,用来确定位置,跟踪其运动情况,如图 6-7所示。道路周边交通大数据聚合裂变成驾驶指令数据,形成无人驾驶。

图 6-7 汽车无人驾驶

交通大数据的裂变将产生三大变革:交通管理端变革、交通组织端变革和需求端变革,如图6-8所示。

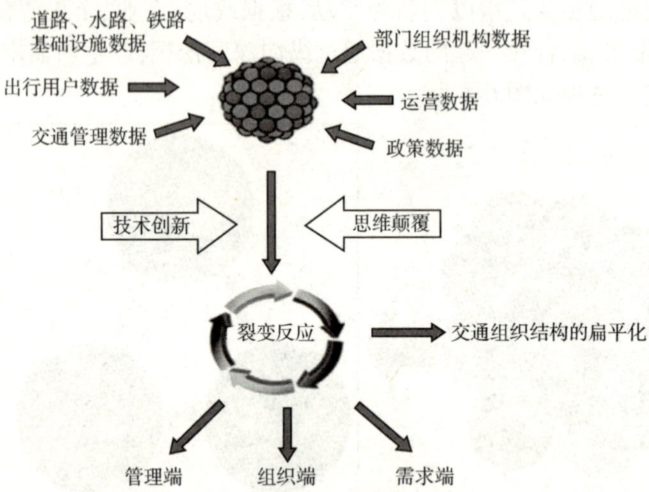

图6-8 交通大数据裂变形态

1)交通管理形式的裂变

管理端裂变思想:交通管理形式发生裂变,由被动管理变为主动规划、整体布局、协同管理,使得交通主管部门监管服务更加透明、公开、高效,实现社会管理成本的最低化,如图6-9所示。

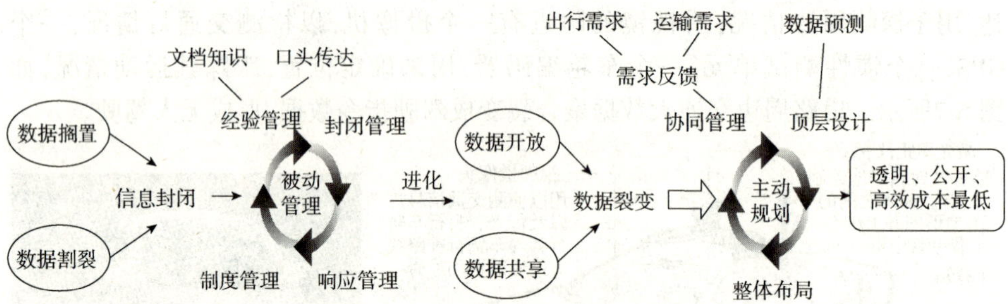

图6-9 交通管理端裂变

基于数据裂变产生的交通管理形式是平衡型和去中心化,掌握和结合运输组织资源及运营数据、出行群体需求等,充分协同管理多方需求,基于整体规划和数据预测进行顶层设计。

2)交通组织端裂变

组织端裂变思维:交通组织方式发生裂变,由基于资源导向组织变为需求导向组织,实现主动服务,如图6-10所示。

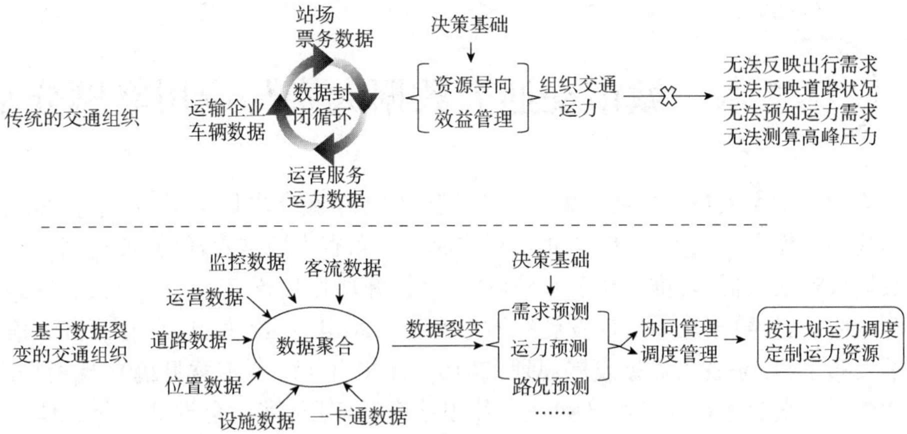

图 6-10　交通组织端裂变形态

3)出行需求形式的裂变

出行需求端裂变思维:需求层次和方式发生裂变,由被动适应供给变为需求管理、引导需求、自助规划,如图 6-11 所示。

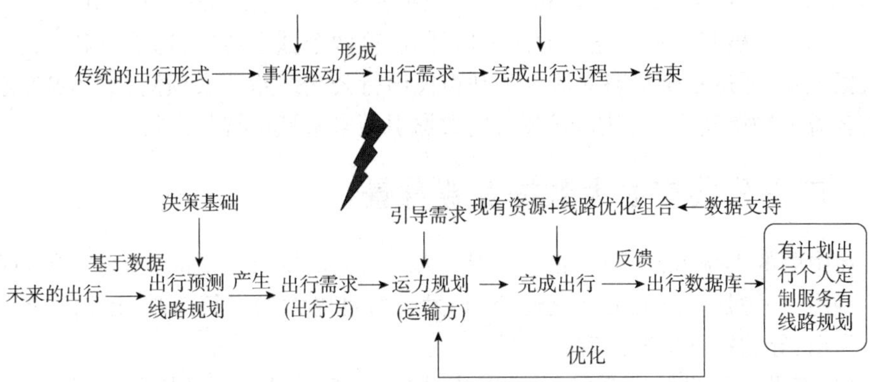

图 6-11　出行需求裂变形态

经过交通大数据的聚合聚变、裂变后,城市交通系统将变成一个自适应的生态系统。

在这个生态系统里,将有一个强大的交通大数据聚合平台,道路属性数据、标志标线数据、交通流量数据、交通需求数据、交通运力及组织数据、交通控制数据等大数据聚合在一起。经过聚变和裂变后,企业和个人出行及运输的私人订制、交通运力的动态调配、城市交通承载能力的实时计算、交通管理策略的实时优化等使该系统成为一个自适应的生态系统。在这个生态系统里,人、车、路始终处于协同的动态平衡的状况。

第7章 城市交通大数据大赛与应用案例分享

为响应国家大数据发展战略，广东省于2012年底率先提出了《广东省实施大数据战略工作方案》，并在2014年初正式成立广东省大数据管理局，加快制定实施大数据战略政策措施，推进相关基础设施建设，并加强政务、企业、社会大数据的综合开发应用，借数据之力实现发展的转型升级。2014年12月，广东省经济和信息化委发布了《广东省大数据发展规划（2015—2020年）》（征求意见稿），规划提出，到2020年，大数据在国民经济和社会各领域广泛应用，推动全省信息化总体水平再上新台阶，迈入世界先进水平。

2015年“数据引领飞粤云端”广东公共交通大数据竞赛的启动正是响应广东省推动大数据发展的重要活动之一，旨在通过本次交通大数据竞赛的举办，以公共交通领域应用为突破口，扩大广东公共交通大数据应用在全国的影响力，打造开放、分享的政府形象，全面引领和推动大数据在各个领域的分析与应用，建立大数据应用和创新机制。本次竞赛面向全球开放，设两个独立赛场，选手可利用海量公交数据记录，通过公交线路客流预测和市民出行公交线路选乘预测，缓解城市公交线路客流不均衡及出行拥堵等问题，用数据引领未来城市智慧出行。

7.1 广东公共交通大数据竞赛背景

在中国的大城市，特别是北上广深等人口密集的城市生活的人们，通常都有这样的经历：一边是有限的公共交通资源，另一边是庞大的出行需求，运输供求关系严重失衡，导致以下情况出现：

（1）某些线路设置不合理，导致客流过多，乘客等候时间过长，造成各种不便，如上班迟到、上学迟到等。

（2）部分线路客流过多，车上乘客拥挤，乘坐体验极差等各种的不舒适感。

（3）部分线路客流过多，车上乘客拥挤，存在一定的安全隐患（车辆负荷过重、紧急刹车容易造成人挤人事故）。

（4）线路车辆长期客流过多负荷过重，运营车辆存在一定的安全隐患，可能有危及乘客安全的风险。

随着广东经济的发展和交通一体化进程的加快，广东省主要城市交通需求量成倍增长，使得交通供给与交通需求之间的矛盾日益突出，诸如上述交通拥堵（图7-1）等问题严重影响了城市的可持续发展及人民生活水平的提高。

图 7-1 日常拥挤的公交车

面对日趋尖锐的城市交通问题,优先发展城市公共交通成为重要的共识。城市公共交通工具作为城市交通主要的出行方式,承担着疏导密集人流功能,对缓解城市及跨区交通拥堵起到重要作用。但随着珠三角城市一体化、广佛同城化的发展,跨区域流动人口数量猛增,对公共交通形成巨大的通行压力,特别是在上下班高峰期,城区及跨区公交线路流量十分密集,既不利于客流的快速疏导,也容易产生人身安全问题,导致极差的公交乘坐体验,且线路分流及负载功能不均衡,进一步加剧了公交线路的拥堵程度。另一方面,在粤港澳地区一体化的趋势下,对建设互联互通的跨区域公共交通体系提出了迫切的需求。广东岭南通股份有限公司的成立,推进了广东省公共交通一卡通的发展,目前累计发卡量超过 4485 万张,累计消费交易量 187 亿笔,跨区域消费笔数 7.1 亿笔,日刷卡量超过 1200 万人次,跨区域日刷卡量超过 90 万人次,为城区及跨区域的公交客运流量分析积累了大量宝贵的交易数据,构成了大数据分析的重要基础。

面对迫切的交通出行需求和复杂庞大的交通数据,如何有效利用大数据,合理配置公交线路问题,为出行客流与线路设置之间找到最佳的平衡点,缓解线路荷载不均衡情况,成为目前交通主管部门、公交企业迫切破解的难题。

为此希望通过对公交 IC 卡交易大数据的分析,建立线路与客流的关联模型,预测线路客流规律,并通过多种渠道向公众发布,引导乘客合理选择出行线路(或建议相关主管部门规划线路),避免高峰线路拥堵等问题,合理分流客运需求,整体缓解交通出行压力。

7.2 大数据竞赛简介

广东交通大数据竞赛是在广东省委省政府的指导下,由广东省经济和信息化委员会、广东省交通运输厅主办,阿里巴巴集团与广东岭南通股份有限公司共同承办,目的是推动大数据应用与分享、加强大数据对市场主体服务,全面推进全省大数据战略实施,充分发挥应用示范效应,推动社会数据资源的开发和大数据应用。

其中,大赛数据来源由全国跨区域一卡通应用领先者广东岭南通股份有限公司提供,著名的电子商务公司阿里巴巴为大赛提供完善的技术支持和开发平台。广东交通大数据竞赛以公共交通领域的数据应用为突破口,充分发掘公交刷卡数据背后的应用价值,为政府部门、公交企业、出行民众提供科学合理的信息指导和决策支撑。

2015"数据引领飞粤云端"广东公共交通大数据竞赛(图 7-2),面向全球开放,提供海量公交数据记录,要求选手挖掘市民在公共交通中的行为模式。本场比赛以公交线路客流预测为赛题,期望参赛者通过分析广东省部分公交线路的历史公交刷卡数据,预测不同线路的客流情况,根据客流分布的结果,提前为人们选择合适的公交线路、避开线路客流高峰以及合理调配公交资源提供信息支持,最终实现公交线路客流预测,为广大乘客提供信息对称、安全舒适的出行环境,用数据引领未来城市智慧出行。

图 7-2　广东公共交通大数据竞赛颁奖现场

基于以上公交出行的情景分析,给予参赛者开放部分一卡通交易数据,通过对这些数据的分析,构建关系数据模型,解决以下公交出行难点和痛点。

7.2.1　广东公共交通大数据竞赛的数据来源

大赛数据来源于广东岭南通股份有限公司提供的岭南通卡刷卡数据,其中包括 7 条广佛公交线路和 7 条广州市内线路在 2014 年 8 月—2015 年 1 月的公交刷卡数据(广佛线路数据:3900 万条,市内线路数据:3800 万条,共 7700 万条)。提供的数据字段包括岭南通卡使用地、发卡地、公交路线、卡号、终端号、交易时间和交易类型。

7.2.2　广东公共交通大数据竞赛赛题

(1)公交线路与客流关系的预测模型,避免乘客高峰线路拥挤情况。通过分析不同线路的公交刷卡交易数据,提取多段时间线路乘客上车记录,统计不同时段不同线路客流变化情况,经过数据整合和验证,预测未来相同时段和线路的客流量,并与实际刷卡记录进行对比分析,进而对预测模型进行评价和完善。

(2)乘客搭乘何种公交线路的预测模型,挖掘乘客背后的出行习惯与规律。通过对开放数据中的所有乘客(卡号)进行大数据分析,挖掘乘客的出行习惯和线路选择偏好,统计乘客在不同时段的出行情况,综合多种可变因素,建立数据分析模型,预测未来一周内,该乘客将选择何种线路出行方式。

1)赛题一——公交线路客流预测

要求选手根据广州市内及广佛同城公交线路的历史公交刷卡数据,挖掘固定人群在公共交通中的行为模式。建立公交线路乘车人次预测模型,并用模型预测未来一周(20150101—20150107)每日06时至21时每小时段各个线路的乘车人次。复赛将更换一批新数据。

大赛开放20140801—20141231五个月广东部分公交线路岭南通用户刷卡数据,共涉及近200万用户、2条线路、800多万条数据记录。同时大赛提供20140801—20150131期间广州市的天气状况信息。

(1)数据说明

大赛提供三类数据:一是公交IC卡刷卡数据,即乘客在登车后,通过刷卡由车载终端记录并存储下来形成的具有特定结构化信息,包括使用地、线路名称、刷卡终端ID、卡片ID、发卡地、交易时间和卡类型;二是公交线路数据,包括线路号、线路站点数和线路类型;三是天气状况信息,包括日期、天气状况、气温和风向风力。详细信息见表7-1~表7-4。

乘车刷卡交易数据(gd_train_data) 表7-1

列 名	类 型	说 明	示 例
Use_city	String	使用地	广州
Line_name	String	线路名称	线路1
Terminal_id	String	刷卡终端ID	4589bb610f9be53a43a7bc26bb40e44d
Card_id	String	卡片ID	8ce79e0b647053f191d20c5552eb49f0
Create_city	String	发卡地	佛山
Deal_time	String	交易时间(yyyymmddhh)	2014091008
Card_type	String	卡类型	学生卡

公交线路信息(gd_line_desc) 表7-2

列 名	类 型	说 明	示 例
Line_name	String	线路名称	线路1
Stop_cnt	String	线路站点数量	24
Line_type	String	线路类型	广州市内/广州佛山跨区域

广州市天气状况信息(gd_weather_report)　　表 7-3

列　名	类　型	说　明	示　例
Date_time	String	日期	2014/8/1
Weather	String	天气状况(白天/夜间)	小雨
Temperature	String	气温(最高/最低)	36℃/26℃
Wind_direction_force	String	风向风力(白天/夜间)	无持续风向≤3 级/无持续风向≤3 级

选手提交结果(gd_predict.txt)　　表 7-4

列　名	类　型	说　明	示　例
Line_name	string	线路名称	线路 1
Deal _date	string	日期	20150101
Deal_hour	string	小时段	08
Passenger_count	bigint	乘车人次	1234

(2)评估指标

评估指标的设计主要期望选手对未来一周每天 6:00 至 21:00 每个小时段各个线路乘车人次的总量数据预测得越准越好。积分公式的计算方法:计算每天每个小时段各个线路预测值的相对误差,然后根据用户预测乘车人次的相对误差,通过得分函数映射得到每个预测记录的得分,最后将所有预测记录得分求和除以理想状况的满分,得到最终评分。

具体的评分步骤如下:

①计算各个线路每天每个小时段在测试集中乘车人次的预测偏差。预测偏差 deviation_i=(|count_r-count_p|)/count_r,count_r 为真实乘车人次,count_p 为预测乘车人次。

②每个预测记录得分由预测偏差决定,偏差与得分之间的计算公式 F(deviation_i)不公布,但保证该计算公式为单调递减的,即偏差越小,得分越高,偏差越大,得分越低。当 deviation_i 为 0 时,得分为 10 分;当 deviation_i>0.3,得分为 0。

③最终得分 precision=($\sum_i^N$F(deviation_i)/(10N)

2)赛题二——市民出行公交线路选乘预测

本次大赛要求选手根据广州市内及广佛同城公交线路的历史公交刷卡数据,挖掘固定人群在公共交通中的行为模式。建立模型预测未来一周(20150101—20150107)乘客会搭乘哪些公交线路。复赛会更换一批数据。

大赛开放 20140801—20141231 五个月广东部分公交线路岭南通用户刷卡数据,共涉及 300 多万用户、7 个线路、3000 多万条数据记录。同时大赛提供

20140801—20150131 期间广州市的天气状况信息。

(1)数据说明

大赛提供三类数据:一是公交 IC 卡刷卡数据,即乘客在登车后,通过刷卡由车载终端记录并存储下来形成的具有特定结构化信息,包括使用地、线路名称、刷卡终端 ID、卡片 ID、发卡地、交易时间和卡类型;二是公交线路数据,包括线路号、线路站点数和线路类型;三是天气状况信息,包括日期、天气状况、气温和风向风力。详细信息见表 7-5~表 7-8。

乘车刷卡交易数据(gd_train_data)　　表 7-5

列　名	类 型	说　明	示　　例
Use_city	String	使用地	广州
Line_name	String	线路名称	线路 1
Terminal_id	String	刷卡终端 ID	193d6b838459b44c45f446a537d95447
Card_id	String	卡片 ID	b988e22a768f684c65be2d141537f9cc
Create_city	String	发卡地	佛山
Deal_time	String	交易时间(yyyymmddhh)	2014091008
Card_type	String	卡类型	学生卡

公交线路信息(gd_line_desc)　　表 7-6

列　名	类 型	说　明	示　　例
Line_name	String	线路名称	线路 1
Stop_cnt	String	线路站点数量	24
Line_type	String	线路类型	广州市内/广州佛山跨区域

广州市天气状况信息(gd_weather_report)　　表 7-7

列　名	类 型	说　明	示　　例
Date_time	String	日期	2014/8/1
Weather	String	天气状况(白天/夜间)	晴/雷阵雨
Temperature	String	气温(最高/最低)	36℃/26℃
Wind_direction_force	String	风向风力(白天/夜间)	无持续风向≤3 级/无持续风向≤3 级

选手提交结果(gd_predict)　　表 7-8

列　名	类 型	说　明	示　　例
Card_id	String	卡片 ID	b988e22a768f684c65be2d141537f9cc
Line_name	String	线路名称	线路 10

(2)评估指标

采用经典的精确度(precision)、召回率(recall)和 F1 值作为评估指标,且最终评分以 F1 值为排序指标。具体计算公式如下:

$$\text{Precision}=\frac{|\cap(\text{PredictionSet},\text{ReferenceSet}|}{|\text{PredictionSet}|}$$

$$\text{Recall}=\frac{|\cap(\text{PredictionSet},\text{ReferenceSet}|}{|\text{ReferenceSet}|}$$

$$\text{F1}=\frac{2\cdot\text{Precision}\cdot\text{Recall}}{\text{Precision}+\text{Recall}}$$

其中 PredictionSet 为算法预测的搭乘数据集合,ReferenceSet 为真实的答案搭乘数据集合。

7.3 大数据竞赛优秀算法分享

7.3.1 切入点问题的思考

基于岭南通 IC 卡的刷卡数据和天气数据,可从多个方面切入思考线路客流预测算法,根据天气的状态、时间序列、线路分布、节假日分布、人群类型等角度或综合多种可变因素完善预测模型的准确度。

1)算法建模存在的问题分析

(1)1 月 1 日—1 月 7 日包含元旦长假,不易通过训练集表达。

(2)天气特征不易通过训练集进行表达。

(3)训练集正负样例不平衡问题。

(4)数据存在噪声(少量数据存在重复或无效)。

2)模型构建切入问题点

(1)时间序列问题。

(2)回归问题。

(3)分类问题。

3)数据相关性问题分析

通过分析线路出行次数、最近出行时间及出行线路 Rank 等关键特征样本,发现线路之间存在一定的相关性。

7.3.2 特征工程的提取

1)训练集的构建

训练集构建如表 7-9 所示。

训练集构建 表 7-9

特征类型	描 述
统计类特征	用户活跃小时数、天数(指定时段、线路集合)
比值类特征	线路子集/线路全集,不同月份同一时段比值
时间特征	每天出行时段、每月出行时间,时间颗粒度划分
频率特征	出行时间最大间隔、平均间隔、间隔中位数
Rank 特征	对各线路出行次数进行排序,排序后的 Rank

2)统计集分析

统计集分析如图 7-3 所示。

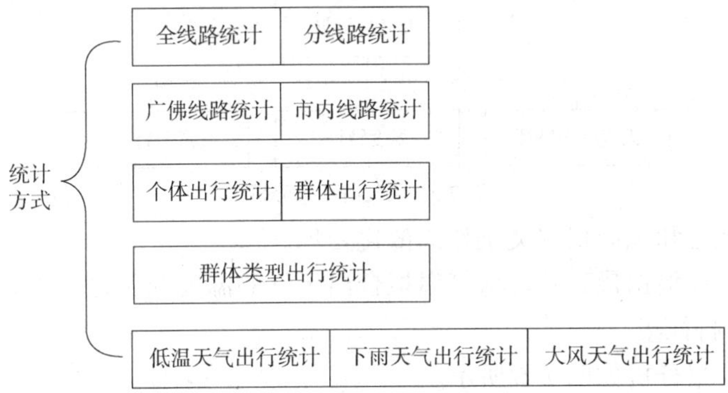

图 7-3 统计集分析

3)特征工程

特征集分类如图 7-4 所示,特征选取处理方法如表 7-10 所示。

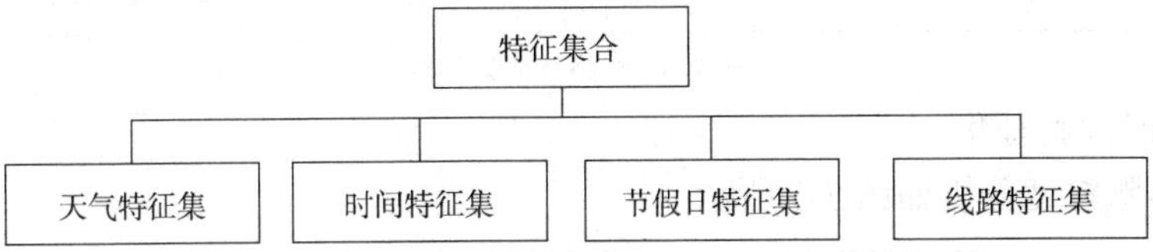

图 7-4 特征集分类

特征选取处理方法 表 7-10

RF	GBRT
Bagging,多决策分类器,输出类别由个别数输出类别的众数决定	Boosting,迭代决策树算法,后一棵树使用前($n-1$)棵树的残差作为学习目标,最后累加所有决策树的结构作为最终结果
优点:抗噪能力强	优点:拟合能力强

续上表

RF	GBRT
树模型特征选取： • 特征值分布与相关性 • 特性信息增益大小 • 特征调用频率 • 特征敲除影响	树模型特征处理： • Laplace 平滑 √ 数据缺失问题 √ 精准比较差异 • 保证单调性 • 去除离群点

(1)天气特征集

天气特征集分析如图 7-5 所示。

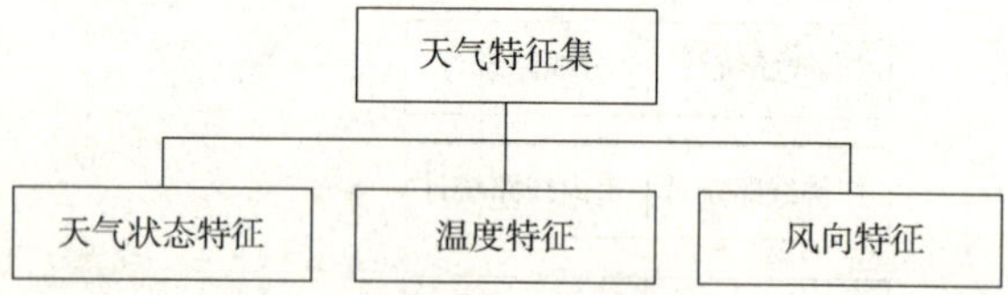

图 7-5 天气特征集分析

①天气状态和风向根据类别作离散化处理。

②温度特征根据最高及最低气温拟合出天气的温度变化趋势作为特征。

(2)线路特征集

线路特征集分析如图 7-6 所示。

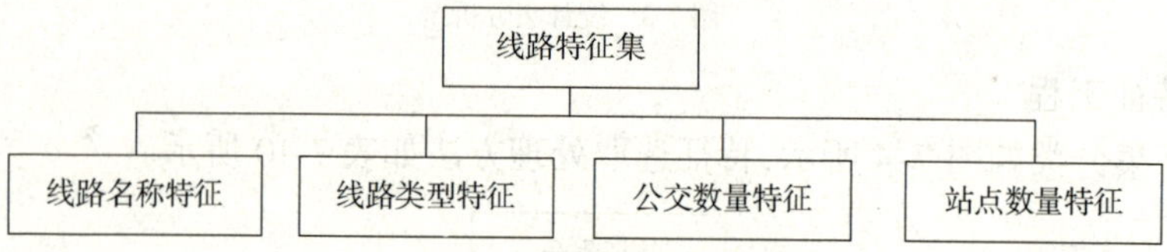

图 7-6 线路特征集分析

(3)时间特征集

时间颗粒度分析如图 7-7 所示。

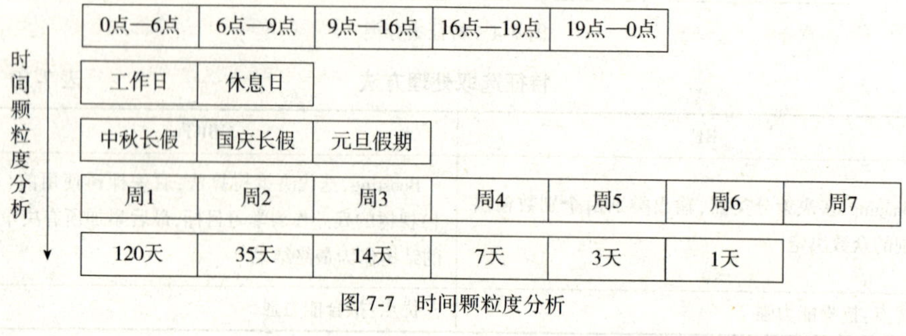

图 7-7 时间颗粒度分析

(4)节假日特征集

节假日特征集分析如图 7-8 所示。

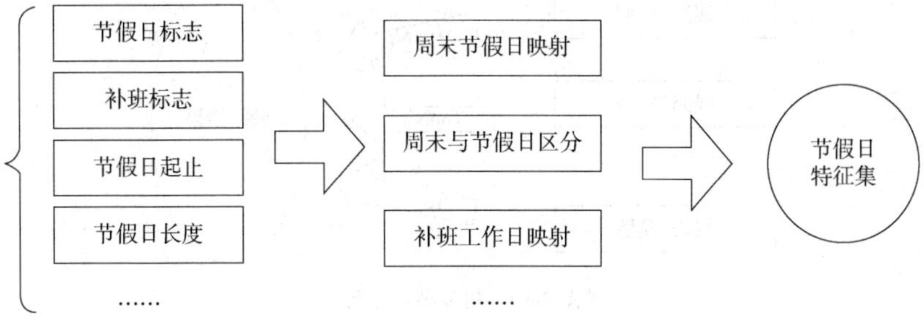

图 7-8　节假日特征集分析

7.3.3　算法模型的构建

建模思路与实施效果如表 7-11 所示。

建模思路与实施效果　　表 7-11

方案	模 型 设 计	训练集构建	实现难度及效果
方案一	所有线路统一建模	用户特征+线路特征+用户线路交叉+是否出行	特征工程烦琐,模型训练简单,未进行实现
方案二	各线路单独建模+模型融合	用户特征+是否出行	特征工程简单,模型训练相对烦琐,效果好
方案三	各线路、用户类型、时段的不同组合建模+模型融合	用户特征+是否出行	特征工程简单,模型训练十分烦琐,未进行实现

1)分析思路 1

对各条线路单独建立模型,单线路模型能更好地发现本线路与其他线路之间的相关性。

(1)单线路建模:利用回归方法对单线路建模,分别对线路、客流、时间段三个因素作相关性回归分析,如图 7-9 所示。

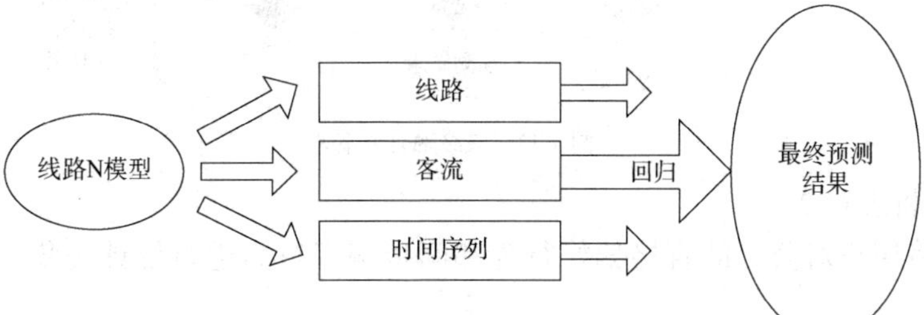

图 7-9　单线路回归分析

(2)融合模型如图7-10~图7-12所示。

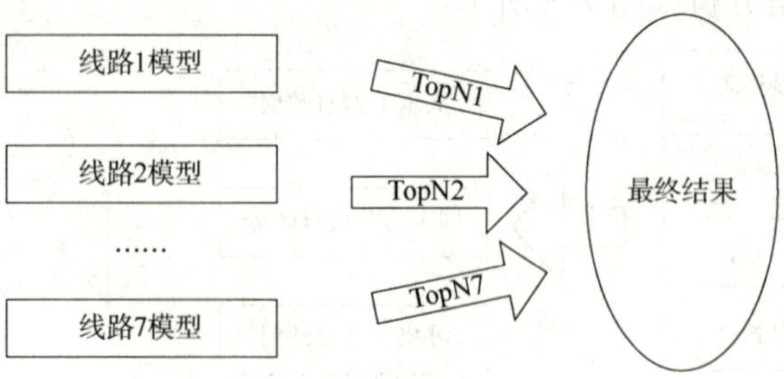

图7-10　初步融合方案

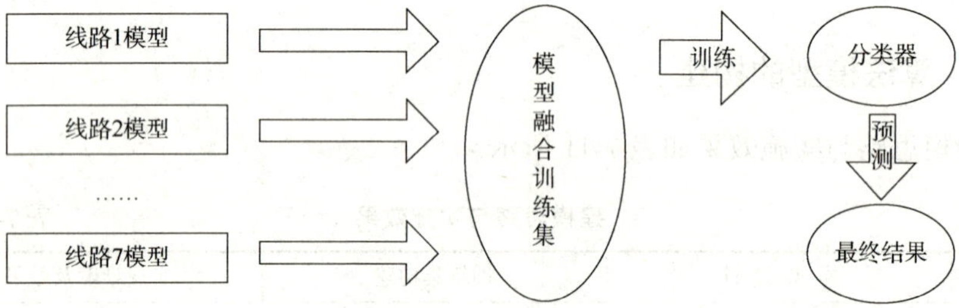

图7-11　优化融合方案

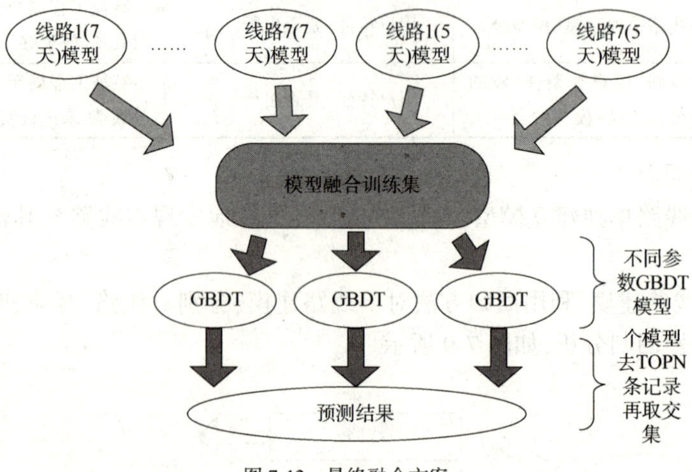

图7-12　最终融合方案

2)分析思路2

(1)将用户对公交的直接偏好行为和间接偏好行为进行统计类集,如图7-13所示。

(2)基于知识集的模型构建如图7-14所示。

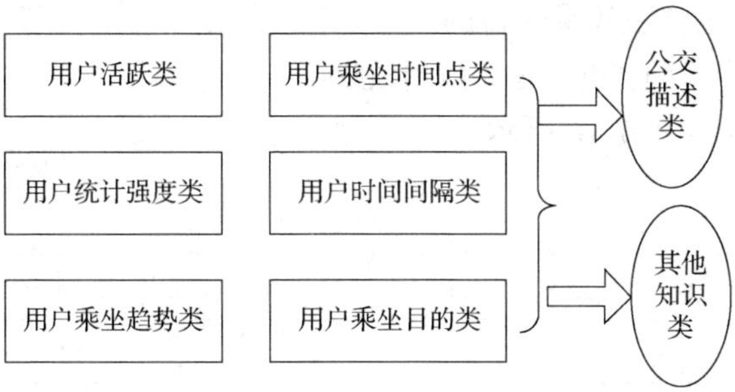

图 7-13　用户偏好分析

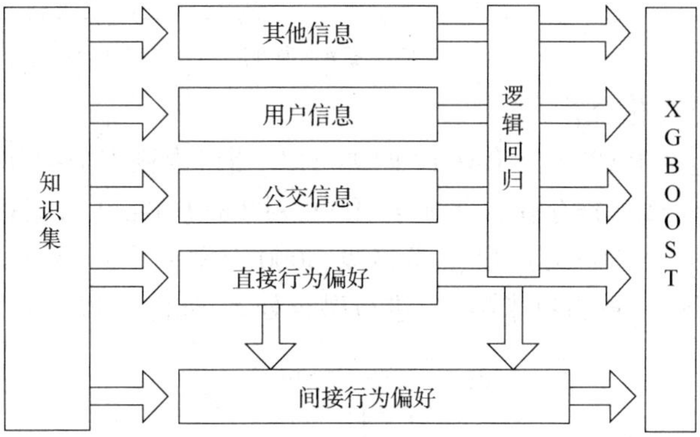

图 7-14　基于知识集的模型构建

3）分析思路 3

配合考虑不同时间窗口、不同特征集合、不同训练方式进行融合建模。图 7-15 所示为特征集建模方法。

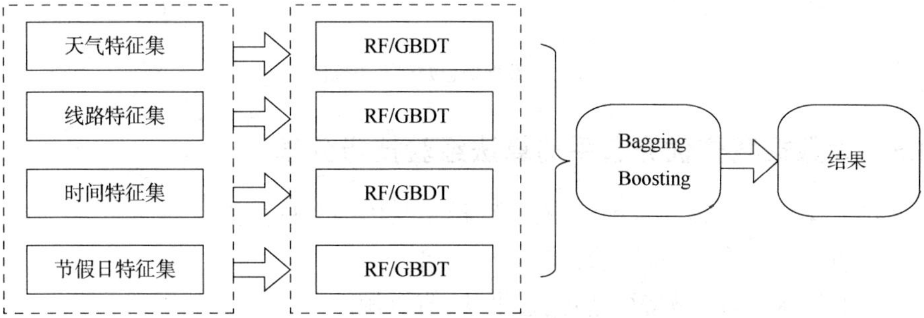

图 7-15　特征集建模方法

7.3.4　算法调优

对算法的调参、调优方式包括去噪声（去除异常数据）、不同算法运用不同的调优方法,达到优化算法效果的目的。

1)对数据噪声进行处理,提升预测效果

去噪处理方法如图 7-16 所示。

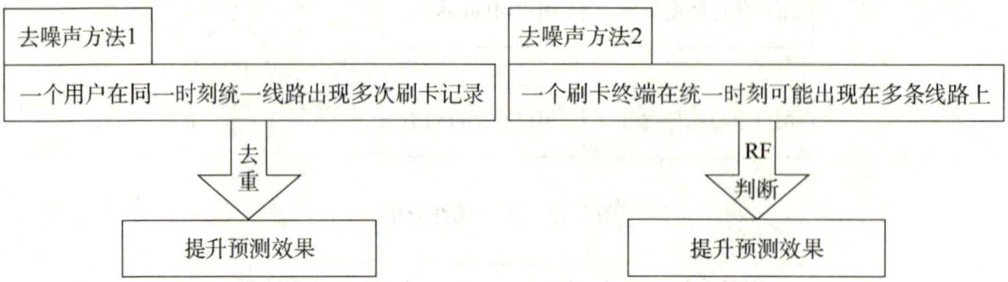

图 7-16　去噪处理方法

2)数据进行优化合并

总体数据包括 PART1 和 PART2 两类,即广州市内刷卡数据和广佛跨区数据。经分析,Part1、Part2 数据存在大量重合用户,对 Part1、Part2 数据进行数据扩充处理,将 Part1 数据(含 300 万用户、7 条路线、3000 万刷卡数据)和 Part2 数据(含 400 万用户、7 条线路、2000 万刷卡数据)进行融合处理,如图 7-17 所示。

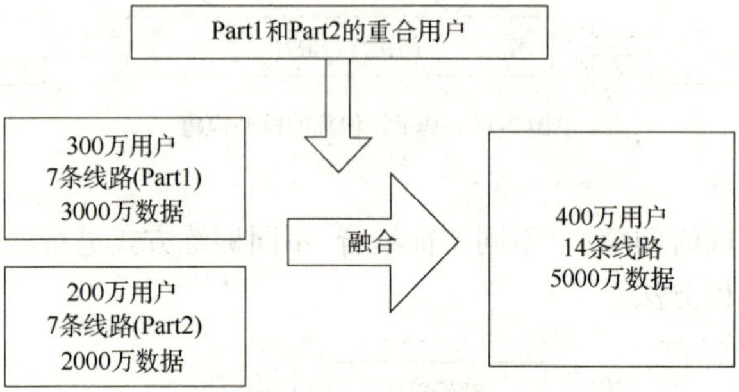

图 7-17　数据融合处理方法流程

7.3.5　大数据竞赛优秀选手的算法经验技巧分享

(1)简化特征工程的流程:所有线路模型共用一个特征集。

(2)重视变量命名:特征选择时事半功倍。

(3)利用 Xgboost 做特征选择:速度快,省资源。

(4)选择具有代表性的线路做特征选择:速度快,省资源,但存在以偏概全的风险。

(5)模型融合存在过拟合的问题:融合训练集分成训练集和验证集。

(6)对特征工程中的特征进行测试,过滤得到最优特征,代入回归模型。

(7)数据要做降噪、去噪处理(数据异常值)。

(8)尽可能用特征去拟合曲线的趋势(如间日起始特征)。

(9)深入理解业务、分析数据。特征工程和模型选择时注意细节(参数)。

通过本次交通大数据竞赛的举办,以公共交通领域应用为突破口,扩大广东公共交通大数据应用在全国的影响力,打造开放、分享的政府形象,全面引领和推动大数据在各个领域的分析与应用,建立大数据应用和创新机制,为政府、行业、企业及研究机构挖掘和输送高素质的数据分析人才,面向社会开展大数据品牌活动,借此孵化交通产业新形态;通过比赛方案的较量,激发公共交通领域的大数据分析的各种创新思维,产生多种的顶尖数据算法,探索创新商业模式,寻求更优的交通解决方案,推动广东交通发展,构建安全、舒适的交通出行环境。

附录A 术语说明

1.公交IC卡系统/城市公交一卡通/城市一卡通/市政一卡通/城市交通一卡通

以上四个名词是随着智能IC卡系统应用领域的扩大而随之改变的。最初,IC卡系统首先在公交上应用,实现了公共汽/电车电子支付,我们称之为"公交IC卡系统";随着公交IC卡系统的发展,其应用领域慢慢扩展到出租汽车、地铁、轮渡、城轨等综合公共交通领域,"公交IC卡系统"就演变成了"城市公交一卡通";随着近年来,城市公交一卡通的应用慢慢扩展到小额消费(如便利店、菜市场)、电子商务、水电费缴费、市政管理等领域,"城市公交一卡通"就变成了"城市一卡通"或者"市政一卡通"或"城市交通一卡通"。

2.智能交通系统(intelligent transportation system)

智能交通系统就是将先进的信息技术、计算机技术、数据通信技术、传感器技术、电子控制技术、自动控制理论、运筹学、人工智能等有效地综合运用于交通运输、服务控制和车辆制造,加强了车辆、道路、使用者三者之间的联系,从而形成一种定时、准确、高效的综合运输系统。智能交通系统是以缓和道路堵塞和减少交通事故,提高交通利用者的方便、舒适为目的,利用交通信息系统、通信网络、定位系统和智能化分析与选线的交通系统的总称。它通过传播实时的交通信息使出行者对即将面对的交通环境有足够的了解,并据此做出正确选择;通过消除道路堵塞等交通隐患,建设良好的交通管制系统,减轻对环境的污染;通过对智能交叉路口和自动驾驶技术的开发,提高行车安全,减少行驶时间。

3.产业生态/产业生态系统(industrial ecosystem,IES)

产业生态学家针对产业活动及其对自然系统的影响,通过比拟生物新陈代谢过程和生态系统的结构与功能,特别是物质流与能量流运动规律,提出了产业生态系统这一替代模式。

4.智慧城市

智慧城市是把新一代信息技术充分运用在城市的各行各业之中的基于知识社会下一代创新(创新2.0)的城市信息化高级形态。智慧城市基于物联网、云计算等新一代信息技术以及维基、社交网络、Fab Lab、Living Lab、综合集成法等工具和方法的应用,营造有利于创新涌现的生态,实现全面透彻的感知、宽带泛在的互联、智能融合的应用以及以用户创新、开放创新、大众创新、协同创新为特征的可持续创新。21 世纪的“智慧城市”能够充分运用信息和通信技术手段感测、分析、整合城市运行核心系统的各项关键信息,从而对于包括民生、环保、公共安全、城市服务、工商业活动在内的各种需求做出智能的响应,为人类创造更美好的城市生活。

5.移动互联网

移动互联网,就是将移动通信和互联网二者结合起来,成为一体。它是互联网的技术、平台、商业模式和应用与移动通信技术结合并实践的活动的总称。

6.云计算

云计算是一种按使用量付费的模式,这种模式提供可用的、便捷的、按需的网络访问,进入可配置的计算资源共享池(资源包括网络、服务器、存储、应用软件、服务),这些资源能够被快速提供,只需投入很少的管理工作或与服务供应商进行很少的交互。

7.物联网

物联网(the internet of things)是新一代信息技术的重要组成部分。物联网就是物物相连的互联网。这有两层意思:第一,物联网的核心和基础仍然是互联网,是在互联网基础上的延伸和扩展的网络;第二,其用户端延伸和扩展到了任何物品与物品之间,进行信息交换和通信。

8.射频识别

射频识别(radio frequency identification,RFID)技术,又称无线射频识别,是一种通信技术,可通过无线电讯号识别特定目标并读写相关数据,而无须识别系统与特定目标之间建立的机械或光学接触。

9.社交网络

社交网络即社交网络服务,源自英文 SNS(Social Network Service)的翻译,中文直译为社会性网络服务或社会化网络服务,意译为社交网络服务。社交网络含义包括硬件、软件、服务及应用,由于四字构成的词组更符合中国人的构词习惯,因此人们习惯上用社交网络来代指 SNS。Facebook 是美国的一个社交网络服务网站;Twitter(非官方汉语通称推特)是一家美国社交网络及微博客服务的网站,是全球互联网上访问量最大的十个网站之一,是微博客的典型应用;Tumblr(汤博乐)是一种介于传统博客和微博之间的全新媒体形态,既注重表达,又注重社交,而且注重个性化设置,成为当前最受年轻人欢迎的社交网站之一。

10.PDA

平板电脑(portable android device,Pad)是一种小型、方便携带的个人电脑,以触摸屏作为基本的输入设备。它拥有的触摸屏电容屏(也称为数位板技术)允许用户通过触控笔或数字笔来进行作业而不是传统的键盘或鼠标。用户可以通过内建的手写识别、屏幕上的软键盘、语音识别或者一个真正的键盘(如果该机型配备的话)来进行文字输入。

11.Hadoop

Hadoop 是一个由 Apache 基金会所开发的分布式系统基础架构。

12.MapReduce

MapReduce 是一种编程模型,用于大规模数据集(大于 1TB)的并行运算。概念“Map(映射)”和“Reduce(归约)”是它们的主要思想,都是从函数式编程语言里借来的,还有从矢量编程语言里借来的特性。它极大地方便了编程人员在不会分布式并行编程的情况下,将自己的程序运行在分布式系统上。

13.Splunk

Splunk 是机器数据的引擎。使用 Splunk 可收集、索引和利用所有应用程序、服务器和设备(物理、虚拟和云中)生成的快速移动型计算机数据。从一个位置搜索并分析所有实时和历史数据。使用 Splunk 处理计算机数据,可让您在几分钟内(而不是几个小时或几天)解决问题和调查安全事件。功能包括监视用户的端对端基础结构,避免服务性能降低或中断;以较低成本满足合规性要求;关联并分析跨越多个系统的复杂事件;获取新层次的运营可见性以及 IT 和业务智能。

14.字节(Byte)

字节是计算机信息技术用于计量存储容量和传输容量的一种计量单位,1 个字节等于 8 位二进制数(1B = 8bit),也就是“00001001”在计算机中所占的存储空间。

1kB(Kibibyte,千字节)= 1024B = 2^{10}B;

1MB(Mebibyte,兆字节,百万字节,简称“兆”)= 1024kB = 2^{20}B;

1GB(Gigabyte,吉字节,十亿字节,又称“千兆”)= 1024MB = 2^{30}B;

1TB(Terabyte,万亿字节,太字节)= 1024GB = 2^{40}B;

1PB(Petabyte,千万亿字节,拍字节)= 1024TB = 2^{50}B;

1EB(Exabyte,百亿亿字节,艾字节)= 1024PB = 2^{60}B;

1ZB(Zettabyte,十万亿亿字节,泽字节)= 1024EB = 2^{70}B;

1YB(Yottabyte,一亿亿亿字节,尧字节)= 1024ZB = 2^{80}B;

1BB(Brontobyte,一千亿亿亿字节)= 1024YB = 2^{90}B;

1NB(NonaByte,一百万亿亿亿字节)= 1024BB = 2^{100}B;

1DB(DoggaByte,十亿亿亿亿字节)= 1024NB = 2^{110}B;

15.POS 机

POS(Point of sales)的中文意思是“销售点”,全称为销售点情报管理系统,配有条码或 OCR 码(Optical character recognition,光字符码)终端阅读器,有现金或易货额度出纳功能。

16.IC 卡(integrated circuit card)

IC 卡是指集成电路卡,内部封装一个或多个集成电路用于执行处理和存储功能,根据卡与外界数据交换的界面不同,划分为接触式 IC 卡和非接触式 IC 卡。

17.GPS

GPS 是全球定位系统(global positioning system)的简称,系统是以 GPS 卫星为基础的无线电导航定位系统,具有全能性(陆地、海洋、航空和航天),能全天候、连续并且实时地实现导航定位功能,为各类用户提供精密的三维坐标、速度和时间。

18.Java

Java 是一种可以撰写跨平台应用程序的面向对象的程序设计语言。Java 技术具有卓越的通用性、高效性、平台移植性和安全性,广泛应用于 PC、数据中心、游戏控制台、科学超级计算机、移动电话和互联网,同时拥有全球最大的开发者专业社群。

19.车载终端

车载终端 terminal 是安装在城市公共交通车辆上用于 IC 卡刷卡的终端机具,硬件组成上由 IC 卡读写器、显示模块、语音模块等多种功能模块构成,可以用来实现 IC 卡查询、消费等功能。

20.OD 调查

OD 调查即交通起止点调查又称 OD 交通量调查,OD 交通量就是指起终点间的交通出行量。“O”来源于英文 origin,指出行的出发地点;“D”来源于英文 destination,指出行的目的地。

21.产业链

产业链是产业经济学中的一个概念,是各个产业部门之间基于一定的技术经济关联。产业链是一个包含价值链、企业链、供需链和空间链四个维度的概念。这四个维度在相互对接的均衡过程中形成了产业链,这种“对接机制”是产业链形成的内模式,作为一种客观规律,它像一只“无形之手”调控着产业链的形成。产业链的本质是用于描述一个具有某种内在联系的企业群结构,它是一个相对宏观的概念,存在两维属性:结构属性和价值属性。产业链中大量存在着上下游关系和相互价值的交换,上游环节向下游环节输送产品或服务,下游环节向上游环节反馈信息。

22.人口密度

人口密度是指单位面积土地上居住的人口数。它是表示世界各地人口的密集程度的指标。通常以每平方千米或每公顷内的常住人口为计算单位。

23.RDS-TMC

RDS(Radio Data System)是于 1984 年由欧洲广播联盟(EBU)制定的数据广播

系统的欧洲规范,1986 年,国际无线电咨询委员会(CCIR)通过了有关 RDS 的 643 号建议书,1990 年,正式通过和出版“实施 RDS 的准则”EN50067。自此欧洲各国纷纷开设 RDS 的广播业务。TMC(Traffic Message Channel,交通信息频道)是一个数字编码系统,能产生连续的交通信息流,如交通拥塞或事故,可报告出事地点与时间结果。RDS-TMC 是采用 RDS 技术实现信息发布的应用之一。交通信息在广播前按照标准编码,采用 RDS 技术发布。车载终端设备可接收该码型信息,并可选择信息的实现方式,如文本、简单图形和语言等。

24.地理信息系统

地理信息系统(geographic information system 或 geo-information system,GIS)有时又称为“地学信息系统”,是一种特定的十分重要的空间信息系统。它是在计算机硬、软件系统支持下,对整个或部分地球表层(包括大气层)空间中的有关地理分布数据进行采集、储存、管理、运算、分析、显示和描述的技术系统。

25.不停车收费系统

不停车收费系统又称电子收费系统(electronic toll collection system,简称 ETC 系统),是利用车辆自动识别(automatic vehicle identification,简称 AVI)技术完成车辆与收费站之间的无线数据通信,进行车辆自动识别和有关收费数据的交换,通过计算机网路进行收费数据的处理,实现不停车自动收费的全电子收费系统。

26.码分多址

码分多址(CDMA)是在数字技术的分支——扩频通信技术上发展起来的一种崭新而成熟的无线通信技术。CDMA 技术的原理是基于扩频技术,即将需传送的具有一定信号带宽信息数据,用一个带宽远大于信号带宽的高速伪随机码进行调制,使原数据信号的带宽被扩展,再经载波调制并发送出去。接收端使用完全相同的伪随机码,与接收的带宽信号做相关处理,把宽带信号换成原信息数据的窄带信号即解扩,以实现信息通信。CDMA 通过独特的代码序列建立信道,可用于二代和三代无线通信中的任何一种协议。

27.电子商务

电子商务是以信息网络技术为手段,以商品交换为中心的商务活动;也可理解为在互联网(internet)、企业内部网(intranet)和增值网(VAN,value added network)上以电子交易方式进行交易活动和相关服务的活动,是传统商业活动各环节的电子化、网络化、信息化。

附录B 缩 略 语

缩略语	英文全称	中 文
PCAST	Presidential Commission on Aviation Security and Terrorism	美国总统科技顾问委员会
CCF	China Computer Federation	中国计算机学会
CNNIC	China Internet Network Information Center	中国互联网络信息中心
RFID	Radio Frequency Identification	无线射频识别
GPS	Global Positioning System	全球定位系统
IEEE	Institute of Electrical and Electronics Engineers	美国电气和电子工程师协会
IT	Information Technology	信息技术
IBM	International Business Machines Corporation	国际商业机器公司
4V	Volume、Variety、Velocity and Value	体量大、种类多、速度快、价值大,简称“4V”
IDC	Internet Data Center	互联网络数据中心
XML	Extensible Markup Language	可扩展标识语言
HTML	HyperText Markup Language	超级文本标记语言
E-MAIL	Electronic Mail	电子邮件
NIH	National Institutes of Health	国家卫生研究院
NSF	National Science Foundation	国家科学基金会
PMI	Purchasing Manager´s Index	采购经理指数
CAN	Controller Area Network	控制器局域网络
ITS	Intelligent Transportation Systems	智能交通系统
ODBC	Open Database Connectivity	开放数据库连接
SSD	Solid State Drives	固态硬盘
SAS	Serial Attached SCSI	串行连接 SCSI 接口
SATA	Serial Advanced Technology Attachment	串行高级技术附件
DFS	Distributed File System	分布式文件系统
NFS	Network File System	网络文件系统
DCE	Distributed Computing Environment	分布式计算环境
HDFS	Hadoop Distributed File System	Hadoop 分布式文件系统

续上表

缩略语	英文全称	中文
SQL	Structured Query Language	结构化查询语言
VBA	Visual Basic Application	Visual Basic 宏语言
NoSQL	Not Only SQL	非关系型数据库管理系统
JSON	Java Script Object Notation	JavaScript 对象表示法
Amazon S3	Amazon Simple Storage Service	亚马逊简单存储服务
MPP	Massive Parallel Processing	大规模并行处理
DM	Data Mining	数据挖掘
RDBMS	Relational Database Management System	关系数据库管理系统
OLTP	On-Line Transaction Processing	联机事务处理
OLAP	On-Line Analytical Processing	联机分析处理
KDD	Knowledge Discovery in Database	知识发现
TAN	Tree Augmented Naive Bayes	树增强朴素贝叶斯算法
SVM	Support Vector Machine	支持向量机
SSE	sum of the squared error	准则函数
PAM	partitioning around Medoid	围绕中心点的划分
STING	Statistieal Information Grid	统计信息网格
GA	Genetic Algorithm	遗传算法
SIEM	security information and event management	信息安全事件管理
GDP	Gross Domestic Product	国内生产总值
APT	Advanced Persistent Threat	高级持续性威胁
DBMS	Database Management System	数据库管理系统
LED	Light Emitting Diode	发光二极管
TMC	Traffic Message Channel	交通信息频道
SCATS	Sydney Coordinated Adaptive Traffic System	悉尼自适应交通控制系统
GIS	Geographic Information System	地理信息系统
ETC	Electronic Toll Collection System	不停车收费系统
ERP	Electronic Road Pricing System	电子道路收费系统
CDMA	Code Division Multiple Access	码分多址
ITS America	America Intelligent Transportation Systems Association	美国智能交运系统协会
VER-TIS	Vehicle, Road and Traffic Intelligent Society	智能型车辆道路及交通协会

续上表

缩略语	英文全称	中 文
IP	Internet Protocol	网络协议
iSCSI	Internet Small Computer System Interface	小型计算机系统接口
SAN	Storage Area Network and SAN Protocols	存储区域网络
IaaS	Infrastructure as a Service	基础设施即服务
API	Application Programming Interface	应用程序编程接口
SMP	Symmetric Multi-Processing	对称多处理结构
EC	Electronic Commerce	E-Commerce 电子商务
2G	2-Generation wireless telephone technology	第二代手机通信技术
3G	3rd-Generation wireless telephone technology	第三代移动通信技术
BP	Back Propagation	网络模型

附录 C　IC 卡相关标准

[1] GB 50918—2013 城镇建设智能卡系统工程技术规范

[2] GB/T 16649.12—2010 IC 卡国家标准

[3] ISO 7816-1 接触式 IC 卡物理特性

[4] ISO 7816-2 接触式 IC 卡的触点尺寸和位置

[5] ISO 7816-4 行业间交换用命令

[6] ISO/IEC 7816 非接触式 IC 卡国际标准

[7] ISO/IEC 10536 电信号和传输协议

[8] ISO/IEC 14443 行业间交换用命令

[9] ISO/IEC 15693 应用标识符号系统

[10] ISO/IEC 7816-3:1989 识别卡带触点的集成电路卡第 3 部分:电信号和传输协议

[11] ISO/IEC 7816-4:1995 识别卡带触点的集成电路卡第 4 部分:行业间交换用指令

[12] ISO/IEC 7816-5:1987 识别卡带触点的集成电路卡第 5 部分:应用标识符的编号体系和注册程序

[13] ISO/IEC 10536-1:1992 识别卡无触点的集成电路卡第 1 部分:物理特性

[14] ISO/IEC 10536-2:1995 识别卡无触点的集成电路卡第 2 部分:耦合区的尺寸和位置

[15] ISO/IEC 10536-3:1996 识别卡无触点的集成电路卡第 3 部分:电信号和复位规程

[16] IEC 10536-4:1996 识别卡无触点的集成电路卡第 4 部分:互操作规程

[17] IEC 11693:1994 识别卡光存储卡第 1 部分:一般特性

[18] IEC 11694-1:1994 识别卡光存储卡线性记录方式第 1 部分:物理特性

[19] ISO/IEC 11694-2:1994 识别卡光存储卡线性记录方式第 2 部分:可访问光区的尺寸和位置

[20] ISO/IEC 11694-3:1994 识别卡光存储卡线性记录方式第 3 部分:光学性能和特性

[21] PBOC2.0. 中国金融集成电路(IC)卡规范 2.0 版

附录 D　全球十大著名的数据中心

1.微软位于芝加哥的数据中心

微软认为挑选一个合适的数据中心的建筑地点非常重要。数据中心的建设地应该能提供廉价且充足的电力、水以及其他重要因素。微软相关的官员表示,在数据中心破土动工之前,有70%的设施经济学问题必须要解决。在这个数据中心的第一层放置了多达56个集装箱,每个集装箱内放置了1800~2500台服务器。建设这样一个数据中心需要2400t铜,3400t钢材,2.6万立方码的混凝土以及190mile(1mile=1609m)的管道(图1)。

图1　微软位于芝加哥的数据中心

2.IBM位于科罗拉多的数据中心

在六大洲,IBM公司共经营着800万ft^2(约合74.322432万m^2)的数据中心。IBM这座位于科罗拉多州占地115000ft^2的数据中心。它是IBM改造规模最大的一座数据中心,也是第一座采用了节能计算的数据中心,因此被IBM命名为"The Green Machine"。这座数据中心利用了当地的气候条件,所以当室外温度和湿度适宜的话,这座数据中心就可以切换到自由冷却模式,通过采用一种节水器来降低能耗。所以这座数据中心是通过利用室外冷空气冷却,而不是通过制冷水来冷却的(图2)。

3.谷歌位于俄勒冈的数据中心

俄勒冈数据中心占地30acre(1acre=4046.856m^2),大小相当于一个标准足球场。谷歌之所以选择在这个仅有1.2万人的小镇建设数据中心,主要是看中了这里良好的环境。该镇有一个水坝,可租用大量土地,当地政府还提供为期15年的税收优惠及一条连接谷歌总部的光缆环线。水坝旁可建设大型冷却塔,以解决数据中心“超级电脑”的散热问题。据称,这里的电价也是全美最低廉的,这也是吸引谷歌的重要原因。Dalles数据中心有3个超大机房,每个机房有45个集装箱,每个集装箱可以放置1160台服务器,故Dalles数据中心可以存放约15万台服务器。谷歌提供最全面审视内部的IT基础设施,图像揭示了搜索巨头以技术为其信息帝国的实力(图3)。

图2 IBM位于科罗拉多的数据中心

图3 谷歌位于俄勒冈的数据中心

4.拉斯维加斯的SUPERNAP数据中心

Switch通信集团是北美洲最大的从事关联网络接入业务的电信运营商,其中SuperNAP是Switch通信集团最新推出的本地网络接入中心,它同时也是世界上最高密度的数据中心。该数据中心占地 40 万 ft^2，容纳 7000 箱有 250MW 发电能力的设备，1500W/ft^2 的高密度，拥有 100 万 MW 的功率。Switch 没有使用传统的冷却系统，而是用的自己设计的 t-scif(thermal separate compartment in facility，即热分离舱的设施)。架构外形就像卡车拖车，它们向室内的服务器输送冷风，然后使用大管道抽出热风(图 4)。

图 4 拉斯维加斯的 SUPERNAP 数据中心

5.美国凤凰城的 I/O 数据中心

凤凰城 I/O 数据中心占地 538000ft^2，庞大的数据中心采用了许多创新的设计，包括一个巨大的太阳能电池板屋顶的阵列，将最终产生 4.5MW 的数据中心的电力，还有一个热存储系统，使 I/O 数据中心在夜间运行的机组冷却系统断电时效率较低。该建筑能源效率的特点包括低功耗的 LED 灯光，为气候控制超声波加湿器，高度效率的计算机处理使用外挂，以及高效率机组等。它的一些很有创意的特色就是充满了“冰球和乙二醇”的冷却水箱，可以在夜间电价便宜时制冷，而在白天利用制冷液给数据中心降温(图 5)。

6.东京数据中心

位于日本东京湾 Toyosu 区的丰州数据中心入口像个实验室或科幻电影里的场景，这也是该数据中心的显著特征之一。这个数据中心规模非常庞大，下面有巨大的停车场，参观人员需要将从停车场乘坐电梯才能进入数据中心大厅，并且这里有严密的守卫来保证安全。它是世界上规模最大的数据中心之一，承载着日本互联网的主干网业务。它的外形也呈圆形分布，总面积高达 140 万 ft^2，其中大部分部署着托管的机架(图 6)。

7.芝加哥 350E.Cermak 数据中心

芝加哥 350E.Cermak 数据中心可谓壮观，110 万 ft^2 的数据中心出租给多家用

设计，微软戏称为“拖拉机棚”，每个可高度定制的空间内充满了服务器、存储设备、电源以及制冷基础设施等，其特点是即插即用进行模块化部署的基础设施，新部署的云计算提供了优异的灵活性。

图 9　微软的华盛顿昆西数据中心

10.日立数据系统在横滨的数据中心

在横滨的 HDS 公司数据中心总建筑面积达 1 万 m^2。据报道，该绿色设施采用高能效的数据中心技术，旨在实现 1.6PUE（能源利用效率）的基准评级。屋顶的花园可为建筑物遮挡太阳，并将夏天的室内温度最高降低 3℃。精心设计的热力系统冷却设备、不间断电源系统和高级电源转换器可以协同实现显著的能耗节省，冷却能力和空间利用率，如图 10 所示。

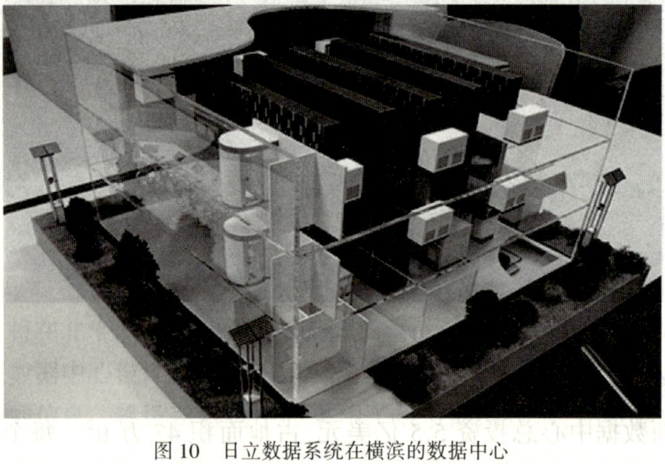

图 10　日立数据系统在横滨的数据中心

参考文献

[1] Consultant-Hank.大数据时代,客户服务将如何被改变.[EB/OL].http://www.huxiu.com/article/36440/1.html.

[2] 马建光,姜巍.大数据的概念、特征及其应用[J].国防科技,2013.

[3] 什么是大数据.[EB/OL].http://www.geta.gov.cn/art/2015/5/22/art_1328_27101.html.

[4] 大数据发展历程综述.[EB/OL].http://www.scimao.com/read/2507115.

[5] 星图数据发布大数据开放平台.[EB/OL].http://www.zhuayoukong.com/2477898.html.

[6] 韩翠峰.大数据带给图书馆的影响与挑战[J].图书与情报,2012,5.

[7] 大数据.[EB/OL].http://baike.baidu.com/subview/6954399/13647476.htm? fr=aladdin.

[8] 李国杰,程学旗.大数据研究:未来科技及经济社会发展的重大战略领域——大数据的研究现状与科学思考[J].中国科学院院刊,2012(6):647-657.

[9] Stephen Kaisler,frank Armour,J.alberto Espinosa,william Money.Big Data:Issues and Challenges Moving Forward[C]//proceedings of the 46th annual Hawaii International Conference on System Sciences,HICSS 2013 washington:IEEE computer society,2013:995-1004.

[10] Parth Chandarana,M.Vijayalakshmi.Big Data Analytics Frameworks,2014 International Conference on Circuits,Systems,Communication and Information Technology Applications(CSCITA).

[11] Avita Katal,Mohammad Wazid,R H Goudar.Big Data:Issues,Challenges,Tools and Good.

[12] 字节.[EB/OL].http://baike.haosou.com/doc/1114609.html.

[13] 赵国栋,易欢欢.大数据的历史机遇——产业变革与数据科学[M].北京:清华大学出版社,2013.

[14] 陈美.大数据在公共交通中的应用[J].图书与情报,2012.

[15] 大数据时代.[EB/OL].http://baike.baidu.com/subview/9424571/15364100.htm? fr=aladdin.

[16] 2020 年全球数据量达 40ZB 目前中国占 13%.[EB/OL].http://tech.hexun.

com /2012-12-13/149020734.html.

[17] F.Gantz and D.Reinsel.The 2011 digital universe study:extracting valuefromchaos.[EB/OL].[2012-08-18].www.emc.com/collateral/demos/microsites/emc-digitaluniverse-2011/index.htm.

[18] 李芬,朱志祥,刘盛辉.大数据发展现状及面临的问题[J].西安邮电大学学报,2013,18(5).

[19] 大数据的基本概念及相关问题[R].中国电子商务企业发展报告,2013.

[20] 于艳华,宋美娜.大数据[J].中兴通讯技术,2013,19(1).

[21] 郭三强,郭燕锦.大数据环境下的数据安全[J].研究科技广场,2013,2.

[22] 邬贺铨.大数据时代的机遇与挑战[J].科技与教育,2013(4).

[23] 大数据的基本概念及相关问题[R].中国电子商务企业发展报告,2013.

[24] 徐磊.大数据基础上的社会认知[J].中国电子科学研究院学报,2013,2(1).

[25] 张尼,张云勇,胡坤,等.大数据安全与应用[M].北京:人民邮电出版社,2014.

[26] 调查法.[EB/OL].http://baike.haosou.com/doc/5329713-5564887.html.

[27] 重庆大学.基于视频检测技术的道路拥堵判别方法.中国,2012103366294[P],2012-09-12.

[28] 刘前刚.GPS定位算法及其在智能公交中的应用[D].长沙:湖南大学,2009.

[29] Big Data Analytics Applied to Traffic Issues in New Jersey.[EB/OL].[2012-09-17].http://nyconvergence.com/2012/06/big-data-analytics-applied-traffic-issues-new-jersey.html.

[30] 广东:试水交通大数据.[EB/OL].[2014-05-06].http://news.xinhuanet.com /info/2014-05/26/c_133362098.htm

[31] 谢振东,方秋水,徐锋,等.城市交通一卡通技术与应用[M].北京:人民交通出版社,2014.

[32] 师富民.基于IC卡数据的公交OD矩阵构造方法研究[C].长春:吉林大学,2004.

[33] 永豪智能交通一体机智能公交智能调度解决方案.[EB/OL].http://project.yktworld.com/201209/201209071721528448_4.html.

[34] 翁剑成,刘文韬,陈智宏,等.基于浮动车数据的出租车运营管理研究[J].北京工业大学学报,2010,36(6).

[35] 关于广州市公共自行车使用现状的调查报告.[EB/OL].http://www.docin.com/p-500058471.html.

[36] 孙月洪.校园一卡通数据挖掘浅析[J].世界华商经济年鉴·高校教育研究,2008(16).

[37] 广州市2010年第六次全国人口普查主要数据公报.[EB/OL].http://www.gzstats.gov.cn/tjgb/glpcgb/201105/t20110517_25227.htm.

[38] 肖佳.广州市发展社区养老的优化对策研究[J].江苏科技信息,2013.

[39] 何承,朱扬勇.城市交通大数据[M].上海:上海科学技术出版社,2015.

[40] 杜治洲.电子政务条件下政府与公众互动的三种模式[J].中州学刊,2008.

[41] 耿彦斌,于雷.实时ITS数据管理现状与需求分析[J].交通运输系统工程与信息,2006,5(6).

[42] 企业发展战略.[EB/OL].http://baike.haosou.com /doc/158669-167650.html.

[43] 产业升级.[EB/OL].http://baike.haosou.com/doc/6140693-6353859.html.

[44] 产业整合.[EB/OL].http://baike.haosou.com/doc/2121478-2244597.html.

[45] 叶亮,大数据背景下我国交通数据管理应用的转型与发展[J],交通与运输,2013.

[46] 马英杰.交通大数据的发展现状与思路[J].道路交通与安全,2014(8).

[47] 季振东.大数据分析云平台技术在智能交通中的应用研究[J].硅谷,2015(01).

[48] Duckwon Chung,Xuhua Rui,Dugki Min,Hwasoo Yeo.Road traffic big data collision analysis processing framework[J].International Conference on Application of Information & Communication Technologies 2013:1-4.

[49] Yisheng Lv,Yanjie Duan,Wenwen Kang,Zhengxi Li,FeiYue Wang,traffic flow prediction with big data:a deep learning approach,2014.

[50] 周锐.基于IC卡数据的公交站点客流推算方法[D].北京:北京交通大学,2012.

[51] 戴霄.基于公交IC信息的公交数据分析方法研究[D].南京:东南大学,2006.

[52] 路智宁.对IC卡交易数据的挖掘和分析[D].广东:广东工业大学,2005.

[53] 师富民.基于IC卡数据的公交OD矩阵构造方法研究[D].吉林:吉林人学,2004.

[54] 戴霄,陈学武.单条公交线路的IC卡数据分析处理方法[J].城市交通,2005,3(4):73.

[55] 谢仲磊.基于IC卡数据的公交线网评价[J].交通工程,2013.

[56] James J. Barry,Robert Newhouser,Adam Rahbee,Shermeen Sayeda. Origin and Destination Estimation in New York City with Automated Fare System Data[J]. Transportation Research Record,Vol.1817,2002:183-187.

[57] Bagchi,White,P.Use of public transport smart card data for understanding travel behavior[C].Proceedings of the European Transport Conference,Strasbourg,8-10

October,2003.

[58] Shawn M.Turner.Advanced Techniques for Travel Time Data CollectionfJ].Transportation Research Record.Vol.l551,2007:51-58.

[59] Jin Young Park,Dong-Jun Kim.Use of Smart Card Data to Define Public Transit Use in Seoul,South Korea [J].Transportation Research Record:Journal of the Transportation Research Board.Vol.2063,2008.

[60] Masashi Tanaka. A smart card evaluation experience under a Japanese scheme [R].NTT Service Integration Laboratories,2008.

[61] 尚威,尚宁,覃明贵,等.交通事故的多维关联规则分析[J].计算机应用于软件,2006.

[62] 李桃迎,陈燕,张琳,等.基于模糊关联规则的交通事故分析应用研究[J].计算机仿真,2011,28(9).

[63] 王宏雁,王琪.多层多维关联规则在交通事故研究中的应用[J].交通科学与工程,2009,25(1).

[64] 余郁.城市公共交通线网优化技术研究[D].南京:东南大学,2003.

[65] 杨兆升,初连禹.动态路径诱导系统的研究进展[J].公路交通科技.2000.01.

[66] 张学军.智能交通诱导系统[D].沈阳:沈阳工业大学,2008.

[67] Susanne Bohler,Sylvie Grischkat,SonjaHaustein,MareelHuneeke.Encouraging environmentally sustainable holiday travel[J].Transportation Research PartA,2006,40,652-670.

[68] Understanding repetitive travel mode choies in a stable context:A Panel study approach[J].Transportation Research PartA,2006,40,621-638.

[69] ZHANG Junyi,FUJIWARA Akimasa,THEIN Soe.Capturing Travelers' StatedMode Choice Preferences Under Influence of Income in Yangon City,Myanmar[J]. JOURNAL OF TRANSPORTAION SYSTEMS ENGINEERING AND INFORMATION TECHNOLOGY,2008,8(4):49-62.

[70] Daniel G,Chatman.Deconstructing development density:Quality,quantity and Price effects on household non-work travel[J].Transportation Research Part A,2008,42,1008-1030.

[71] 邵昀泓.基于活动的出行需求分析方法及信息对出行决策的影响研究[D].南京:东南大学,2006.

[72] 李萌.基于活动链特征分析的出行方式选择模型研究[D].南京:东南大学,2008.

[73] 王伊丽.城市居民活动—出行特征分析方法研究[D].南京:东南大学,2008.

[74] 诸葛承祥,邵春福,李霞,等.通勤者出行时间与出行方式选择行为研究[J].交通运输系统工程与信息,2012,12(2).

[75] 龙瀛,张宇,催承印.利用公交刷卡数据分析北京职住关系与通勤出行[J].地理学报,2012.

[76] 陈锋.基于校园一卡通系统的高校用户就餐消费行为分析与数据挖掘[J].中国教育信息化,2014.

[77] 一卡通携拉卡拉进社区充值网点数量翻倍.[EB/OL].http://www.bmac.com.cn/hydt/2594.jhtml.

[78] 杨东援,林群,深圳市智能交通系统建设综述[J].城市交通,2007,5(5).

[79] 陈艳,何春明.智能交通系统应用现状及其存在问题分析[J].交通标准化,2007,6.

[80] 阮帅帅,高华,ITS 发展现状及对策研究[J].研究与开发,2014.

[81] 蔡五三.上海面向世博会的 ITS 建设及成效[J].城市交通,2008,6(2):40-42.

[82] 谢振东,方秋水,徐锋,等.城市交通一卡通技术与应用[M].北京:人民交通出版社,2014.

[83] 百度百科.巡更系统.[DB/OL]. http://baike. baidu. com/link? url = 8vAIDDBYxAYBCtOHalVz__emsALRBhvsHEr_jOZXztdtV4IjYM6aD_pdWPB6H_GeTKl2LwrSgzF-LmdAPYJa9q.

[84] 朱晓锋.缺失值填充的若干问题研究[D].桂林:广西师范大学,2007.

[85] 叶鸥,张璟,李军怀.中文数据清洗研究综述[J].计算机工程与应用,2012.

[86] 刘哲.ETL 过程中的数据清洗技术研究与应用[D].沈阳:沈阳航空工业学院,2007.

[87] 董艳.数据预处理方法在移动通信企业的应用研究[J].合肥工业大学,2010.

[88] 李万周.多种类采集设备的交通数据信息融合与应用[J].中国交通信息产业,2006(4):76-78.

[89] 数据转换.[EB/OL].http://baike.so.com/doc/6739126.html.

[90] 邬文俊.数据交换平台中数据转换的设计与实现[D].武汉:华中科技大学,2007.

[91] 陈继东.异构数据源集成及转换方法研究与实现[D].成都:西南石油学院,2003.

[92] 万里鹏.非结构化到结构化数据转换的研究与实现[D].成都:西南交通大学,2013.

[93] 刘云霞.数据归约的统计方法研究及应用[D].厦门:厦门大学,2007.

[94] 王培建.云计算环境下大规模数据存储技术研究[C].北京:北京邮电大

学,2013.

[95] 李海波,程耀东.大数据存储技术和标准化[J].大数据与云计算标准研究专题,2013,5.

[96] 黎敏.数据挖掘算法研究与应用[D].大连:大连理工大学,2004.

[97] KDD.[EB/OL].http://baike.baidu.com/ link? url=hWALgtLB89coiLBCRarreIF6ohrpWWOsmju5a485_zNyL0LWeP3Fmwt6XYCueWFzQ9ltC3-a825IYf8v_Iuv-Ca.

[98] 张良均,陈俊德,刘名军,等.数据挖掘应用案例分析[M].北京:机械工业出版社,2013.

[99] [EB/OL].http://www.cnblogs.com/witxjp/archive/2003/09/23/1986213.html

[100] 马飞.数据挖掘中的聚类算法研究[C].南京:南京理工大学,2008.

[101] 牟廉明.数据挖掘中聚类方法比较研究[J].内江师范学院学报,2003,18(2):16-20.

[102] R.Agrawal,T.Imielinski,and A.Swami.Mining association rules between sets of items in large databases.Proceedings of the ACM SIGMOD Conference on Management of data,p.p.207-216,May 1993.

[103] R.Agrawal,and R.Srikant.Fast algorithms for mining association rules in large database.Technical Report FJ9839,IBM Almaden Research Center,San Jose,CA,Jun.1994.

[104] H.Mannila,H.Toivonen,and A.Verkamo.Efficient algorithm for discovering association rules.AAAI Workshop on Knowledge Discovery in Databases,p.p.181-192,Jul.1994.

[105] J.S.Park,M.S.Chen,and P.S.Yu.Efficient parallel data mining of association rules.4th International Conference on Information and Knowledge Management,Baltimore,Maryland,Nov.1995.

[106] J,Han and Y.Fu.Discovery of multiple-level association rules from large databases.In Proc.1995 Int.Conf.Very Large Databases(VLDB'95),p.p.402-431,Sep.1995.

[107] A.Savasere,E.Omiecinski,and S.Navathe.An efficient algorithm for mining association rules in large databases.Proceedings of the 21st International Conference on Very Large Database,p.p.432-443,Sep.1995.

[108] R.Agrawal,and J.Shafer.Parallel mining of association rules:Design,Implementation,and Experience.IEEE Trans.Knowledge and data engineering,8:962-969,Jan.1996.

[109] H. Toivonen. Sampling large databases for association rules. Proceedings of the 22nd International Conference on Very Large Database, Bombay, India, p.p.134-145, Sep.1996.

[110] S.Brin, R.Motwani, J.D.Ullman, and S.Tsur. Dynamic itemset counting and implication rules for market basket data. In ACM SIGMOD International Conference On the Management of Data, p.p.255-264, May 1997.

[111] J.Han, J.Pei, and Y.Yin. Mining. Frequent patterns without candidate generation. In Proc.2000 ACM-SIGMOD Int.Conf.Management of Data(SIGMOD'00), p.p. 1-12, May 2000.

[112] M.Kamber, J.Han, J.Chang. Metarule-guided mining of multi-dimensional association rules using data cubes. In Proc. 1997 Int. Conf. Khowledge Discovery and Data Mining(KDD'97), p.p.207-210, Aug.1997.

[113] [EB/OL]. http://www.cnblogs.com/witxjp/archive/2003/09/23/1986213.html.

[114] 吉根林,孙志挥.数据挖掘技术[J].中国图象图形学报,2001,6(8).

[115] 于泓漪.道路交通事故原因的聚类分析[D].长春:吉林大学,2005.

[116] 杨祖元,徐蛟,罗兵,等.基于 SFLA-FCM 聚类的城市交通状态判别研究[J].计算机应用研究,2010,27(5):1743-745.

[117] 杜长海,黄席越,杨祖元,等.改进的 FcM 聚类在交通时段自动划分中的应用[J].计算机工程与应用,2009,45(24):190-293.

[118] 张磊,王建强,杨馥瑞,等.驾驶员行为模式的因子分析和模糊聚类[J].交通运输工程学报,2009,9(5):121-126.

[119] 许洪国,刘兆惠,王超.道路安全等级定权聚类评价模型及因素辨析[J].交通运输工程学报,2007,7(2):94-98.

[120] 胡江碧,曹新涛.道路交通事故肇事驾驶员特征分析[J].中国公路学报,2009,22(6):106-110.

[121] 张良春,夏利民,石华玮.基于模糊聚类支持向量机的高速公路事件检测[J].计算机工程与应用,2007,43(17):206-208.

[122] 曹阳,陈天滋,柴勇.基于 GIS 的道路事故黑点聚类应用研究[J].微计算机信息,2006,22(11-1):253-255.

[123] 鲍海涛.聚类分析在交通事故黑点智能排查中的应用[D].长春:吉林大学,2005.

[124] Tessa K Anderson. Kelnel density estimation and K-means clustering to Profile road accident hotsPots. Accident Analysis and Prevention, 2009, 41:359-364.

[125] Raktim Mitra, Ron N.Buliung, Guy E.J.Faulkner.Spatial clustering and the temporal mobility of walking school trips in the Greater Toronto Area, Canada. Health&plaee, 2010, 16(4):646-655.

[126] Jiuh-Biing Sheu.A fuzzy clustering approach to real-time demand-responsive bus dispatching control.Fuzzy Sets and systems, 2005, 150(3):437-455.

[127] Lynn B Meuleners, Delia Hendrie, Andy H.Lee, Matthew Legge.Effectiveness of the Black Spot Programs in Western Australia. Accident Analysis&Prevention, 2008, 40(3):1211-1216.

[128] 于泓漪.道路交通事故原因的聚类分析[D].长春:吉林大学,2005.

[129] 张心哲,关伟.基于聚类分析的城市交通路段划分研究[J].交通运输系统工程与信息,2009.

[130] 周锐.基于IC卡数据的公交站点客流推算方法[D].北京:北京交通大学,2012.

[131] 吴美娥.对公交IC卡数据处理分析及应用的探索[D].北京:北京交通大学,2010.

[132] 陈绍辉,陈艳艳,赖见辉.基于GPS与IC卡数据的公交站点匹配方法[J].公路交通科技,2012,29(5):102-108.

[133] 百度文库,可视化.[EB/OL].http://baike.baidu.com/link? url=o3AM6wYcKVpJ5X3v9WNUaoOtfitLwRkGAYZQUORm6nIQXdW83cl5KMvgteLTuAmKIV7dMmKymV1w8ZidQ4wGK.

[134] 洪文学,王金甲.可视化和可视化分析学[J].燕山大学学报,2010,34(2).

[135] 张卓,宣蕾,郝树勇.可视化技术研究与比较[J].现代电子技术,2010,17.

[136] 杨彦波,刘滨,祁明月.信息可视化研究综述[J].河北科技大学学报,2014.

[137] 胡坤,刘镝,刘明辉.大数据的安全理解及应对策略研究[J].电信科学,2014.

[138] 陈左宁,王广益,胡苏太,等.大数据安全与自主可控[J].2015,60(5-6):427-432.

[139] 大数据产业观察数据观,大数据可视化概念简介以及相关工具介绍.[EB/OL] http://www.cbdio.com/BigData/2015-11/30/ content_4216883_all.htm.

[140] Weizhong Zheng, Der-Horng Lee, Qixin Shi.Short-term freeway traffic flow prediction: Bayesian combined neural network approach [J]. Journal of Transportation Engineering, 2006:114-121.

[141] Manoel Castro-Neto, Young-Seon Jeong, Myong-Kee Jeong, Lee D.Han.Online-SVR for short-termtraffic flow prediction under typical and atypical traffic conditions [J], Expert Systems withApplications, 2009, 36:6164-6173.

[142] Yu Wei,Chen Mu-Chen.Forecasting the short-term metro passenger flow with empirical modedecomposition and neural networks [J].Transportation Research Part c,2012,21:148-162.

[143] 董海洋.公交客流实时分析与短时预测研究[D].大连:大连理工大学,2013.

[144] 杨军.地铁客流短期预测及客流疏散模拟研究[D].北京:北京交通大学,2014.

[145] 刘媛媛.基于GM模型的lc卡分时段客流预测[D].济南:山东大学,2011.

[146] 何刚.城市交通规划交通需求预测模型的研究[D].合肥:合肥工业大学,2003.

[147] 刘俊娟,王炜,程琳.城市公共交通规划后评价研究[J].现代城市研究,2007.

[148] 中兴软创决策分析系统解决方案.[EB/OL].http://www.ztesoft.com/cn/content/details_53_1809.html.

[149] Corbin,J,strategies to improve Management of Travel for All Planned Special Events in a Region[J],82nd Annual Meeting of the transportation Research Board, Washington D.C.,2003,12-16.

[150] 陈建华.2010年亚运会对广州城市规划的影响[J].规划师,2004,20(12):28-32.

[151] 谢振东,方秋水,吴金成,等.基于交通一卡通的产业生态研究[J].中国交通信息化,2015.

[152] V.Shankar, K.Smith, A.Rangaswamy.Customer satisfaction and loyalty inonline and offline environments.International Journal of Research in Marketing.2003,20(2):153-175.

[153] Zhilin Yang, Minjoon Jun, T.Peterson.Measuring customer perceived online service quality: Scale development and managerial implications. International Journal of Operations & Production Management,2004,24(11):1149-1174.

[154] 李岳松.校园一卡通清算系统的研究与实现[D].长济:国防科技大学,2004.

[155] 刘源.智慧出行:基于位置的个性化交通信息服务[J].上海信息化,2014.

[156] 公众出行交通信息服务系统需求分析.[EB/OL].http://www.zhinengjiaotong.com/tech/show-9055.html.

[157] 出租车拼车,您觉得合适吗.[EB/OL].http://news.qiaopinche.com/hxxw/352.html.

[158] 谢振东,方秋水,常振廷等.广东省公共交通一卡通发展政策研究[J].金卡工程,2012,12.

[159] 方秋水,谢振东,常振廷,等.广东省交通一卡通互联互通发展模式解析[C].

第八届中国智能交通年会论文集,第八届中国智能交通年会,合肥,2013,9.

[160] 方秋水,谢振东,常振廷等.广东省交通一卡通运行特征分析[J].中国交通信息化,2013,3.

[161] 大数据:抓住机遇、保存价值.[EB/OL].http://finance.ifeng.com/a/20140719/12753200_0.shtml.

[162] 中国信息通信研究院:我国大数据市场处在非常初级阶段.[EB/OL].http://www.chinaunicom.com.cn/news/ywsm/hyzx/file2716.html.

[163] 李芬,朱志祥,刘盛辉.大数据发展现状及面临的问题[J].西安邮电大学学报,2013,18(5).

[164] 傅志华.大数据在金融行业的应用.[EB/OL].http://www.leiphone.com/news/201411/BW3iFXbV2mdPrIDt.html.

[165] 交通大数据时代需解决的问题分析.[EB/OL].http://www.chinastor.com/a/dashuju/05143a22014.html.

[166] 陈美.大数据在公共交通中的应用[J].图书与情报,2012.

[167] 叶亮,大数据背景下我国交通数据管理应用的转型与发展[J],交通与运输,2013.

[168] 中国大数据的十大发展方向.[EB/OL].http://blog.sina.com.cn/s/blog_663d9a1f0102v1nk.html.

[169] 2014年度大数据十大发展趋势.[EB/OL].http://yjy.people.com.cn/n/2013/1219/c245081-23890109.html.

[170] 中国大数据的十大发展方向.[EB/OL].http://www.cnii.com.cn/technology/2014-08/04/content_1416681_2.htm.